Matemática Financeira

abdr
ASSOCIAÇÃO BRASILEIRA DE DIREITOS REPROGRÁFICOS
Respeite o direito autoral

O GEN | Grupo Editorial Nacional, a maior plataforma editorial no segmento CTP (científico, técnico e profissional), publica nas áreas de saúde, ciências exatas, jurídicas, sociais aplicadas, humanas e de concursos, além de prover serviços direcionados a educação, capacitação médica continuada e preparação para concursos. Conheça nosso catálogo, composto por mais de cinco mil obras e três mil e-books, em www.grupogen.com.br.

As editoras que integram o GEN, respeitadas no mercado editorial, construíram catálogos inigualáveis, com obras decisivas na formação acadêmica e no aperfeiçoamento de várias gerações de profissionais e de estudantes de Administração, Direito, Engenharia, Enfermagem, Fisioterapia, Medicina, Odontologia, Educação Física e muitas outras ciências, tendo se tornado sinônimo de seriedade e respeito.

Nossa missão é prover o melhor conteúdo científico e distribuí-lo de maneira flexível e conveniente, a preços justos, gerando benefícios e servindo a autores, docentes, livreiros, funcionários, colaboradores e acionistas.

Nosso comportamento ético incondicional e nossa responsabilidade social e ambiental são reforçados pela natureza educacional de nossa atividade, sem comprometer o crescimento contínuo e a rentabilidade do grupo.

Washington Franco Mathias
José Maria Gomes

Matemática Financeira

Com + de **600** exercícios resolvidos e propostos

6ª Edição

Os autores e a editora empenharam-se para citar adequadamente e dar o devido crédito a todos os detentores dos direitos autorais de qualquer material utilizado neste livro, dispondo-se a possíveis acertos caso, inadvertidamente, a identificação de algum deles tenha sido omitida.

Não é responsabilidade da editora nem dos autores a ocorrência de eventuais perdas ou danos a pessoas ou bens que tenham origem no uso desta publicação.

Apesar dos melhores esforços dos autores, do editor e dos revisores, é inevitável que surjam erros no texto.
Assim, são bem-vindas as comunicações de usuários sobre correções ou sugestões referentes ao conteúdo ou ao nível pedagógico que auxiliem o aprimoramento de edições futuras. Os comentários dos leitores podem ser encaminhados à **Editora Atlas S.A.** pelo e-mail editorialcsa@grupogen.com.br.

Direitos exclusivos para a língua portuguesa
Copyright © 1976 by
Editora Atlas S.A.
Uma editora integrante do GEN | Grupo Editorial Nacional

1. ed. 1977; 2. ed. 1993; 3. ed. 2002; 4. ed. 2007; 5. ed. 2008; 6. ed. 2009; 7. reimpressão 2016

Reservados todos os direitos. É proibida a duplicação ou reprodução deste volume, no todo ou em parte, sob quaisquer formas ou por quaisquer meios (eletrônico, mecânico, gravação, fotocópia, distribuição na internet ou outros), sem permissão expressa da editora.

Rua Conselheiro Nébias, 1384
Campos Elísios, São Paulo, SP – CEP 01203-904
Tels.: 21-3543-0770/11-5080-0770
editorialcsa@grupogen.com.br
www.grupogen.com.br

Capa: Leandro Guerra
Composição: Lino Jato Editoração Gráfica

Dados Internacionais de Catalogação na Publicação (CIP)
(Câmara Brasileira do Livro, SP, Brasil)

Mathias, Washington Franco.
    Matemática financeira / Washington Franco Mathias, José Maria Gomes. – 6. ed. – 7. reimpr. – São Paulo : Atlas, 2016.

    Bibliografia
    ISBN 978-85-224-5212-5

    1. Matemática financeira   2. Matemática financeira – Problemas, exercícios etc. I. Gomes, José Maria. II. Título.

92-0488   CDD-513.93

Índices para catálogo sistemático:

1. Matemática financeira 513.93

Aos nossos pais
  Benedito F. Mathias (in memoriam)
  Efigênia L. Franco

  Jorge F. Gomes (in memoriam)
  Mariana R. Gomes (in memoriam)

Sumário

Apresentação

Este livro apresenta os conceitos de Matemática Financeira de modo rigoroso, em linguagem simples e em uma seqüência lógica – juros simples, juros compostos, anuidades e sistemas de amortização. O Professor de Matemática Financeira é o guia e o mentor do aluno no processo de formar uma mente capaz de um raciocínio rigoroso para o uso desta metodologia. Neste processo não existem atalhos. Os experimentos educacionais com máquinas de calcular e mesmo com *softwares* de planilhas eletrônicas vêm demonstrando que o processo de raciocínio analítico precede o uso de uma ferramenta de cálculo. Entendemos que, quanto mais o aluno dominar os conceitos, mais proveito irá tirar destas ferramentas.

Neste contexto, o aprendizado de matemática precisa de um grande esforço por parte do aluno, passo a passo e sem atalhos. Daí a ênfase, neste livro, em um processo de apresentação gradual, em termos de complexidade dos temas. Outra providência foi colocar um grande número de exercícios resolvidos e propostos. Deste modo, o próprio aluno pode exercitar o seu aprendizado, pela resolução de exercícios com pequenas variações, mas abrangendo os aspectos relevantes de um determinado tópico.

Nesta edição foram suprimidos alguns anexos e o CD que acompanhava as edições anteriores. Este material encontra-se à disposição dos Professores no *site* da Editora Atlas, bem como exercícios complementares de aplicação.

Nosso agradecimento a todos os Professores que adotaram este livro, bem como aos alunos e leitores que prestigiaram esta publicação do modo mais gratificante, que é pela leitura.

Os Autores

Parte I

Juros Simples

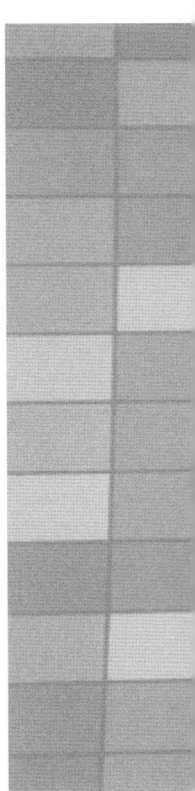

1
Juro e Montante

1 Introdução

O problema econômico decorre da escassez, ou seja, do fato de que as necessidades das pessoas são satisfeitas por bens e serviços cuja oferta é limitada. Ao longo do processo de desenvolvimento das sociedades, o problema de satisfazer às necessidades foi solucionado através da especialização e através do processo de troca de um bem por outro. Mais tarde surgiu um bem intermediário para este processo de trocas que é a moeda. Assim, o preço passou a ser o denominador comum de medida para o valor dos bens e a moeda um meio para acumular valor e constituir riqueza ou capital.

Constatou-se que os bens poderiam ser consumidos ou guardados para consumo futuro. Caso o bem fosse consumido ele desapareceria e, caso houvesse acumulação, o estoque de bens poderia servir para gerar novos bens e/ou riqueza através do processo produtivo.

A noção de juro decorre do fato de que a maioria das pessoas prefere consumir seus bens no presente e não no futuro. Em outras palavras, havendo uma preferência temporal para consumir, as pessoas querem uma recompensa pela abstinência. Este prêmio para que não haja consumo é o juro.

O juro também pode ser entendido como sendo o custo do crédito ou a remuneração do capital aplicado. Isto é, o juro é o pagamento pelo uso de poder aquisitivo por um determinado período de tempo. Associa-se então o juro à preferência temporal das pessoas, que é o desejo de efetuar o consumo o mais cedo possível. Nestas condições, a taxa de juros mede o custo da unidade de capital no período a que se refere a taxa.

Esta taxa é fixada no mercado de capitais pela interação entre as forças que regem a oferta de fundos e a procura de créditos. Em um mercado ideal ou perfeito, basicamente influirão os seguintes fatores:

- *Oferta de fundos*: nível de riqueza das pessoas, suas preferências temporais e o valor da taxa de juros.
- **Procura de fundos**: a rentabilidade das aplicações existentes na economia e a preferência temporal das pessoas.

No gráfico abaixo tem-se a oferta e a procura de fundos e a *taxa pura de juros* (i_0), que corresponde à situação de equilíbrio em que o *montante de capital procurado é M_0*:

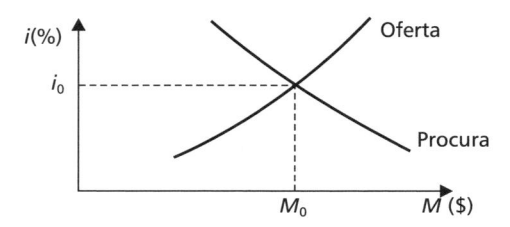

Diz-se que i_0 é uma taxa de juros pura porque exclui o fator risco que está associado às operações normais de mercado. O risco nas operações financeiras pode ser devido a causas diversas: o fato de que o devedor pode não pagar o débito, o maior ou menor tempo de empréstimo (as operações de curto prazo são menos arriscadas), o volume de capital emprestado etc.

Normalmente, o risco que acompanha as operações de empréstimo já é levado em conta na própria taxa:

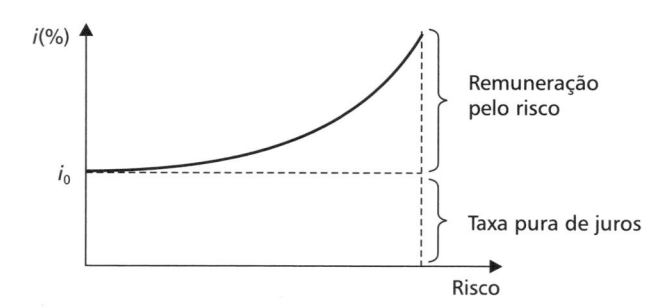

Pode-se associar ao acréscimo na taxa pelo maior risco, como sendo um *seguro* que o ofertante de fundos cobra para assumi-lo. Por outro lado, dada a inexistência de informações perfeitas entre tomadores e emprestadores de fundos, no mercado real de capitais, temos um intervalo de variação para a taxa de juros ao invés de um valor único de equilíbrio. Além disto, as operações financeiras têm um custo de efetivação referente aos contratos e à intermediação dos agentes envolvidos. Tais custos são, geralmente, as comissões, impostos sobre operações financeiras (IOF), avais etc.

O *custo real de* um empréstimo, portanto, é obtido somando-se à taxa de juros pura, o custo pelo risco e o custo de impostos e dos serviços de intermediação. Além disto, o problema da inflação (ou seja, o fato de que o valor da moeda pode alterar-se ao longo do tempo) pode produzir variações no custo real dos empréstimos.

Admitiremos a hipótese de *mercado perfeito,* consubstanciada no seguinte:

- – Qualquer valor pode ser obtido ou aplicado à taxa de juros de equilíbrio.
- – As taxas consideradas são únicas e estáveis ao longo do tempo.
- – Nas aplicações serão introduzidas as correções e ressalvas necessárias.

2 Definições

2.1 Taxa de juros

O juro é determinado através de um coeficiente referido a um dado intervalo de tempo. Tal coeficiente corresponde à remuneração da unidade de capital empregado por um prazo igual àquele da taxa.

Assim, por exemplo, falamos em 12% ao ano. Neste caso, a taxa de juros de 12% ao ano significa que, se empregarmos um certo capital àquela taxa, por um ano, obteremos 12% do capital.

As taxas de juros geralmente são apresentadas de dois modos:

2.1.1 Forma porcentual

Neste caso a taxa diz-se aplicada a *centos* do capital, ou seja, ao que se obtém após dividir-se o capital por 100.

Exemplo:　　Qual o juro que rende um capital de $ 1.000,00 aplicado por 1 ano à taxa de juros de 10% ao ano?

Resolução:　　$juro = \left(\dfrac{1.000,00}{100} \right) \times 10 \times 1$

$juro = 10,00 \times 10 \times 1 = \$ 100,00$

Então, é de $ 100,00 o total de juros que a aplicação rende em 1 ano.

2.1.2 Forma unitária

Agora a taxa refere-se à *unidade* do capital, ou seja, estamos calculando o que rende a aplicação de *uma unidade de capital* no intervalo de tempo referido pela taxa.

Se tivermos uma taxa de 0,12 ao ano, então a aplicação de $ 1,00 por um ano gera um juro de $ 0,12.

Exemplo: O exercício anterior, com a taxa na forma unitária (0,10 a.a.).

Resolução: juro $= 1.000,00 \times 0,10 \times 1$

juro $= \$ 100,00$

Para transformar a *forma porcentual* em *unitária* basta dividir-se a taxa expressa na forma porcentual por 100.

Exemplo:

Forma Porcentual	Transformação	Forma Unitária
12% a.a.	$\dfrac{12}{100}$	0,12 a.a.
6% a.s.	$\dfrac{6}{100}$	0,06 a.s.
1% a.m.	$\dfrac{1}{100}$	0,01 a.m.

De modo análogo, para transformar a taxa de juros da forma unitária para a forma porcentual, basta que se multiplique a taxa de juros unitária por 100.

O leitor deve observar que é mais fácil trabalhar-se com a *forma unitária,* pois isto simplifica a notação e os cálculos.

3 Cálculo do juro

Quando o regime é de juros simples, a remuneração pelo capital inicial aplicado (também chamado de principal) é diretamente proporcional ao seu valor e ao tempo de aplicação. O fator de proporcionalidade é a taxa de juros.

Exemplo: Suponhamos que se tome emprestada a quantia de $ 1.000,00 pelo prazo de 2 anos e à taxa de 10% a.a. Qual será o valor a ser pago como juro?

Resolução: Capital inicial (C) = 1.000,00

Taxa de juros (I) = 10% a.a.

Número de períodos (n) = 2 anos

Trabalhando com a taxa de juros na forma unitária, temos o juro do primeiro ano como sendo:

$$J_1 = 1.000,00 \times 0,10 \times 1 = \$ 100,00$$

No segundo ano, teremos:

$$J_2 = 1.000,00 \times 0,10 \times 1 = \$ 100,00$$

O juro total será a soma do juro devido no primeiro ano (J_1) mais o juro devido no segundo ano (J_2):

$$J = J_1 + J_2$$
$$J = 100,00 + 100,00 = \$ 200,00$$

Ou então, podemos resolver o problema diretamente:

$$J = 1.000,00 \times 0,10 \times 1 + 1.000,00 \times 0,10 \times 1$$
$$J = 1.000,00 \times 0,10 \times 2$$
$$J = \$ 200,00$$

Fazendo a passagem para uma notação literal:

$$C = 1.000,00$$
$$i = 0,10 \text{ a.a.}$$
$$n = 2 \text{ anos}$$

Temos: $J = 1.000,00 \times 0,10 \times 2$

ou:

$$\boxed{J = Cin}$$

Onde:

J = juro

C = capital inicial

i = taxa de juros

n = prazo de aplicação (na mesma unidade que a taxa)

Esta é a *fórmula básica* para o cálculo de juros em um regime simples de capitalização. Observe-se que, dados 3 valores da fórmula, poderemos obter o quarto, por simples transformação algébrica:

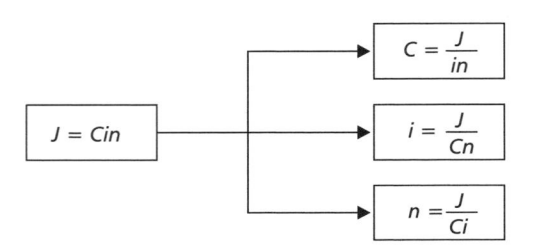

$$J = Cin$$

$$C = \frac{J}{in}$$

$$i = \frac{J}{Cn}$$

$$n = \frac{J}{Ci}$$

Pela fórmula podemos calcular o valor do juro para qualquer prazo (n). Entretanto, admite-se que o juro e o principal são devidos apenas no fim do prazo de aplicação, a menos que haja mudança de convenção:

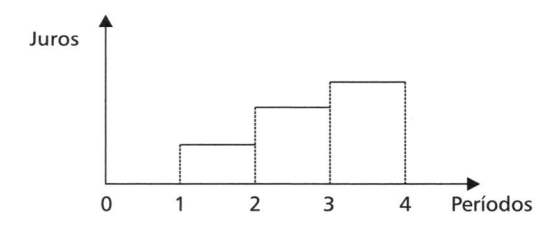

Veja que, apesar de a fórmula representar uma função contínua, pela convenção adotada ela se comporta de modo descontínuo.

Um outro ponto importante diz respeito ao fato de que o *prazo de aplicação* (n) *deve estar expresso, nas fórmulas, na mesma unidade de tempo a que se refere a taxa* (i) *considerada.*

Exemplo: Quanto rende um principal de $ 100,00 aplicado à taxa de 5% ao semestre e por um prazo de 2 anos?

Resolução: $C = 100,00$

            $i = 5\%$ a.s. ou $i = 0,05$ a.s.

            $n = 2$ anos $= 4$ semestres

Então, tem-se:

            $J = Cin$

            $J = 100,00 \times 0,05 \times 4 = \$ 20,00$

4 Montante

Define-se como montante de um capital, aplicado à taxa i e pelo prazo de n períodos, como sendo a soma do juro mais o capital inicial.

Sendo C o principal, aplicado por n períodos e à taxa de juros i, temos o montante (N) como sendo:

$$N = C + J$$
$$N = C + Cin$$

$$\boxed{N = C (1 + in)}$$

De modo análogo ao visto para o juro, dados 3 valores da fórmula poderemos obter o quarto valor:

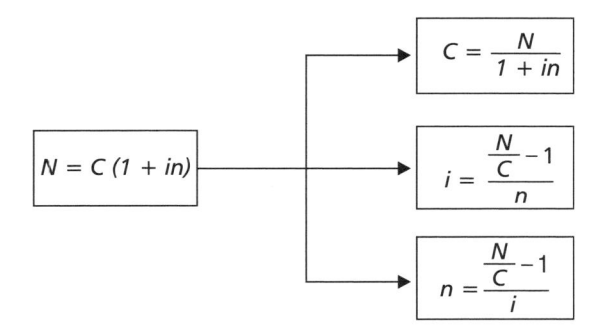

Exemplo: Qual é o montante de um capital de $ 1.000.00 aplicado à taxa de 10% a.a. pelo prazo de 2 anos?

Resolução: $C = 1.000,00$

$i = 0,10$ a.a.

$n = 2$ anos

E sendo:

$$N = C (1 + in)$$

Substituindo-se os valores, tem-se:

$$N = 1.000 (1 + 0,10 \times 2)$$
$$N = 1.000 (1 + 0,20)$$
$$N = 1.000 \times 1,20$$
$$N = \$ 1.200,00$$

É possível resolver o problema, seguindo-se a definição dada para montante:

a) Calculando o juro devido:

$$J = Cin$$

$$J = 1.000,00 \times 0,10 \times 2 = \$\ 200,00$$

b) Somando-se o juro com o principal:

$$N = C + J$$

$$N = 1.000.00 + 200,00 = \$\ 1.200,00$$

5 Taxa proporcional

Consideremos duas taxas de juros arbitrárias i_1 e i_2, relacionadas respectivamente aos períodos n_1 e n_2, referidos à unidade comum de tempo das taxas.

Estas taxas se dizem *proporcionais* se houver a igualdade de quociente das taxas com o quociente dos respectivos períodos, ou seja, se

$$\boxed{\frac{i_1}{i_2} = \frac{n_1}{n_2}}$$

Como em uma proporção o produto dos *meios* é igual ao produto dos *extremos,* temos:

$$i_1 n_2 = i_2 n_1$$

Ou seja, podemos escrever a fórmula do seguinte modo:

$$\frac{i_1}{n_1} = \frac{i_2}{n_2}$$

Vejamos esta relação de modo gráfico, através de semelhança de triângulos:

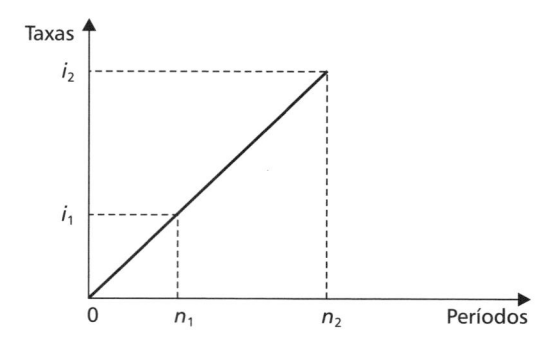

Exemplo: Verificar se as taxas de 5% ao trimestre e de 20% ao ano são proporcionais.

Resolução:

Temos: $i_1 = 5\%$ a.t. $= 0,05$ a.t.

$i_2 = 20\%$ a.a. $= 0,20$ a.a.

$n_1 = 3$ meses

$n_2 = 12$ meses

Como: $\dfrac{i_1}{i_2} = \dfrac{n_1}{n_2}$

Substituindo-se os valores: $\dfrac{0,05}{0,20} = \dfrac{3}{12}$

que são grandezas proporcionais, porque o produto dos *meios* ($0,20 \times 3$) é igual ao produto dos *extremos* ($0,05 \times 12$). Logo, as taxas dadas são *proporcionais.*

Exemplo: Sendo dada a taxa de juros de 24% ao ano, determinar a taxa proporcional mensal.

Resolução:

Tem-se: $i_1 = 0,24$ a.a.

$n_1 = 12$ meses

$i_2 = ?$

$n_2 = 1$ mês

E, como: $\dfrac{i_1}{i_2} = \dfrac{n_1}{n_2}$

tem-se: $\dfrac{0,24}{i_2} = \dfrac{12}{1}$

$0,24 \times 1 = i_2 \times 12 \therefore i_2 = \dfrac{0,24}{12} = 0,02$ a.m. ou $i = 2\%$ a.m.

Este problema (achar-se a taxa proporcional a uma fração de período) merece ser estudado com um pouco mais de cuidado. Sendo i a taxa de juros correspondente a 1 período e admitindo-se que queremos determinar a taxa proporcional i_m, correspondente à fração $1/m$ de um período, tem-se:

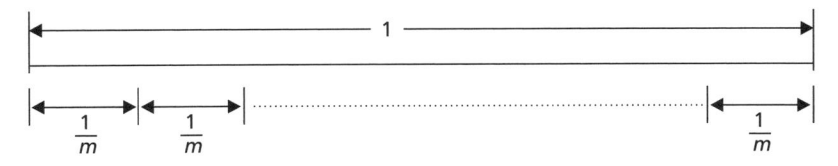

Ou seja, o intervalo de tempo unitário correspondente à taxa de juros i foi dividido em m partes iguais.

Temos então:

$$i_1 = i$$
$$n_1 = 1 \text{ período}$$
$$i_2 = i_m = ?$$
$$n_2 = \frac{1}{m} \text{ de período}$$

Como $\quad \dfrac{i_1}{i_2} = \dfrac{n_1}{n_2}$

tem-se $\quad \dfrac{1}{i_m} = \dfrac{1}{\dfrac{1}{m}}$

Portanto:

$$\boxed{i_m = \frac{i}{m}}$$

Ou seja, para achar-se a taxa proporcional a uma fração de um período basta dividir a taxa dada pelo denominador da fração. Esta fórmula é a mesma que seria obtida caso a taxa i se referisse a n períodos, dos quais se considerasse a fração n/m para cálculo da taxa proporcional i_m, como o leitor pode verificar:

$$\frac{i}{i_m} = \frac{n}{\dfrac{n}{m}} \quad \therefore \quad i_m = \frac{i}{m}$$

Exemplo: Sendo dada a taxa de 10% ao semestre, achar a taxa trimestral que lhe é proporcional.

Resolução: $i = 0,10$ a.s.

$m = 2$ (porque um semestre tem dois trimestres)

Como: $\quad i_m = \dfrac{i}{m}$

temos: $\quad i_2 = \dfrac{0,10}{2} = 0,05$ a.t. ou: $i_2 = 5\%$ a.t.

6 Taxa equivalente

Duas taxas se dizem *equivalentes* se, aplicado um mesmo capital às duas taxas e pelo mesmo intervalo de tempo, ambas produzirem o mesmo juro.

Sejam as taxas de juros i, referente a 1 período e i_m referente à fração $1/m$, supostas equivalentes.

Pela definição dada, seja:

$$J_i = C \cdot i \cdot 1 = Ci$$

que é o juro gerado quando se aplica o principal (C) à taxa dada (i) por um período.

Por outro lado, como o período da taxa i foi dividido em m partes, então o principal (C) deverá ser aplicado por m períodos à taxa i_m:

$$J_{i_m} = C \cdot i_m \cdot m$$

Como as taxas são supostas equivalentes, ambas devem ter gerado o mesmo juro, ou seja:

$$J_i = J_{i_m}$$

Portanto: $Ci = Ci_m m$

Isto é: $i_m = \dfrac{i}{m}$

Torna-se então evidente que, no regime de juros simples, as taxas de juros proporcionais são igualmente equivalentes. É, portanto, indiferente falar-se que duas taxas de juros são proporcionais ou que são equivalentes.

Exemplo: Seja um capital de $ 10.000,00, que pode ser aplicado alternativamente à taxa de 2% a.m. ou de 24% a.a. Supondo um prazo de aplicação de 2 anos, verificar se as taxas são equivalentes.

Resolução: Aplicando o principal à taxa de 2% a.m. e pelo prazo de 2 anos, teremos o juro de:

$$J = 10.000,00 \times 0,02 \times 24 = \$ 4.800,00$$

Aplicando o mesmo principal à taxa de 24% a.a., por 2 anos, teremos um juro igual a:

$$J = 10.000,00 \times 0,24 \times 2 = \$ 4.800,00$$

Constatamos que o juro que será gerado é igual nas duas hipóteses e, nestas condições, concluímos que a taxa de 2% a.m. é equivalente à taxa de 24% a.a.

7 Períodos não-inteiros

Já vimos que o juro e o principal se supõem devidos apenas no final do prazo de aplicação. Entretanto, podem ocorrer situações em que o prazo de aplicação (n) não é um número inteiro de períodos a que se refere a taxa dada, sendo necessário conside-rarem-se frações de períodos para que não se cometa erro no valor final.

A solução pode ser obtida em duas etapas:

1ª etapa: calcula-se o juro correspondente à parte inteira de períodos.

2ª etapa: calcula-se a taxa proporcional à fração de período que resta e o juro correspondente.

O juro total será igual à soma do juro referente à parte inteira de períodos com o juro da parte fracionária. O montante será a soma do principal com o juro total.

Exemplo: Qual o juro e qual o montante de um capital de $ 1.000,00 que é aplicado à taxa de juros simples de 12% ao semestre, pelo prazo de 5 anos e 9 meses?

Resolução: Sabemos que em 5 anos e 9 meses existem:

5 × 2 semestres = 10 semestres

9 meses = 1 semestre e 3 meses

Ou seja, em 5 anos e 9 meses temos 11 semestres e 3 meses.

a) Cálculo do juro:

1ª etapa: $J_1 = 1.000,00 \times 0,12 \times 11 = \$ 1.320,00$

2ª etapa: Calculamos a taxa de juros proporcional ao trimestre:

$$i_m = \frac{i}{m} = \frac{0,12}{2} = 0,06 \text{ a.t.}$$

Portanto: $J_2 = 1.000,00 \times 0,06 \times 1 = \$ 60,00$

Logo, o total de juros é:

$$J = J_1 + J_2$$
$$J = 1.320,00 + 60,00$$
$$J = \$ 1.380,00$$

Observe-se que a solução se obtém mais rapidamente lembrando-se que 3 meses é igual a 0,5 semestre e, nestas condições, 5 anos e 9 meses equivalem a 11,5 semestres:

$$J = 1.000,00 \times 0,12 \times 11,5 = \$ 1.380,00$$

b) *Montante*:

O montante é:

$$N = C + J$$

$$N = 1.000,00 + 1.380,00 \therefore N = \$ \, 2.380,00$$

Evidentemente poderíamos obter o mesmo resultado raciocinando por etapas para obter o montante.

8 Juro exato e juro comercial

Nas aplicações correntes, muito embora as taxas sejam expressas em termos anuais, os prazos são fixados em dias. Como a curto prazo o regime geralmente adotado é o de juros simples, torna-se necessário calcular a taxa proporcional referente a 1 dia.

Neste caso, podemos ter dois enfoques, dependendo do número de dias adotado para o ano:

a) ano civil: 365 dias;

b) ano comercial: 360 dias.

Nas aplicações práticas, onde é adotada a convenção de *ano comercial*, o *mês comercial* tem 30 dias. Por outro lado, como a contagem de dias deve ser exata, é necessário levar em conta também a existência de anos bissextos.

Exemplo: Dada a taxa de 36% ao ano, quer-se saber qual é a taxa proporcional a 1 dia para as convenções do ano civil e do ano comercial.

Resolução: Pelo ano civil: $i_{365} = \dfrac{36\%}{365} = 0,0986\% \, ao \, dia$

Pelo ano comercial: $i_{360} = \dfrac{36\%}{360} = 0,1\% \, ao \, dia$

Observe que a *taxa diária* obtida com base na convenção de ano comercial é ligeiramente *maior* que a obtida pela convenção de ano civil, pois o divisor utilizado é menor.

8.1 Juro exato

Chama-se *juro exato* aquele que é obtido quando o período (*n*) está expresso em dias e quando é adotada a convenção de *ano civil*:

$$J_e = \frac{Cin}{365}$$

Exemplo: Qual é o juro exato de um capital de $ 10.000,00 que é aplicado por 40 dias e à taxa de 36% a.a.?

Resolução: $J_e = \dfrac{Cin}{365}$

$$J_e = \frac{10.000,00 \times 0,36 \times 40}{365} = \$\ 394,52$$

8.2 Juro comercial

Denomina-se *juro comercial* (ou ordinário) o juro que é calculado quando se adota como base o *ano comercial*:

$$J_c = \frac{Cin}{360}$$

Analogamente, neste caso o período (*n*) deverá ser expresso em número de dias.

Exemplo: Calcular o juro comercial correspondente ao exercício do item anterior.

Resolução: $J_c = \dfrac{Cin}{360}$

$$J_c = \frac{10.000,00 \times 0,36 \times 40}{360} = \$\ 400,00$$

Observe que, nas mesmas condições de aplicação, o juro comercial é maior que o juro exato.

9 Valor nominal e valor atual

9.1 Diagramas de capital no tempo

Os problemas financeiros dependem basicamente do fluxo (entradas e saídas) de dinheiro no tempo. Este fluxo é mais conhecido na prática como fluxo de caixa e pode ser representado do seguinte modo:

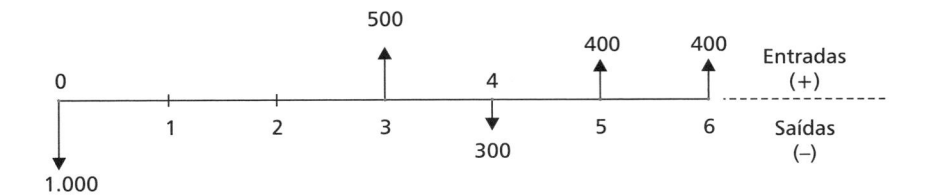

Esta representação é muito útil para situações em que é necessário visualizar-se o que está ocorrendo quando temos entradas a saídas de capital no tempo.

As convenções empregadas são as seguintes:

- A reta horizontal é uma escala de tempo, com a progressão de tempo dando-se da esquerda para a direita. Os períodos de tempo aparecem representados em intervalos contíguos, de modo que cada número representa os períodos acumulados. Podemos também utilizar a reta sem a escala, mas indicando o número de períodos envolvidos.

- As flechas significam entradas ou saídas de dinheiro. Assim, uma flecha para baixo significa uma saída ou aplicação de dinheiro (ou um valor negativo) e uma flecha para cima significa uma entrada ou recebimento de dinheiro (ou um valor positivo). Para que a convenção ficasse completa, o tamanho da flecha deveria representar proporcionalmente o valor do capital que está entrando ou saindo. Como esta representação tem um caráter auxiliar, optou-se por escrever o valor do dinheiro que está entrando ou saindo sem maiores preocupações de escala na própria flecha.

O diagrama anterior pode ser representado também do seguinte modo:

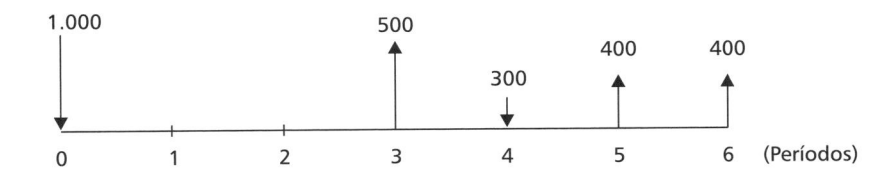

Ou então, lembrando que às saídas associamos valores negativos, a às entradas associamos valores positivos, tem-se:

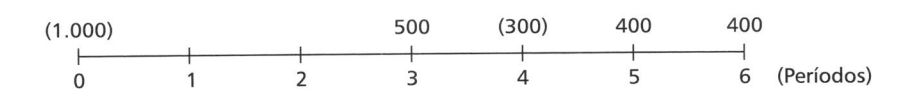

onde os valores negativos foram representados pelo número entre parênteses. Caso não interesse identificar o que é entrada ou saída de dinheiro, pode-se utilizar a representação gráfica acima com todos os valores positivos.

O diagrama de capital no tempo depende do ponto de vista. Por exemplo, admitamos que uma pessoa empreste $ 1.000,00 à taxa de juro simples de 12% a.a., pelo prazo de 1 ano. Para a pessoa que empresta o dinheiro o diagrama é o seguinte:

Já para a pessoa que toma o dinheiro emprestado, tem-se o diagrama:

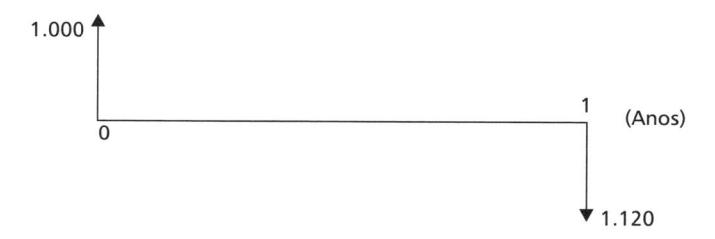

9.2 Valor nominal

É quanto vale um compromisso na data do seu vencimento. Se após o vencimento o compromisso não for saldado, entendemos que o mesmo continuará tendo seu valor nominal, acrescido de juros e de eventuais multas por atraso.

Exemplo: Uma pessoa que aplicou uma quantia hoje e que vai resgatá-la por $ 20.000,00 daqui a 12 meses.

A situação pode ser representada do seguinte modo:

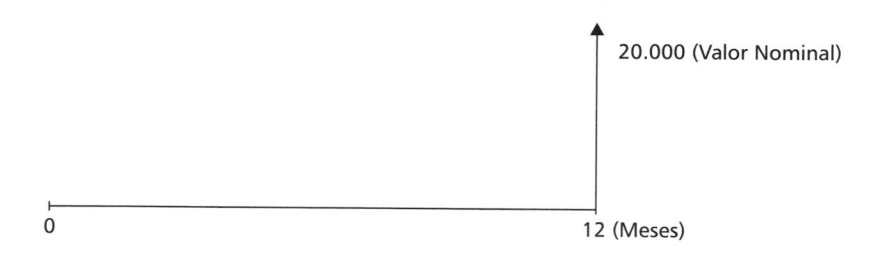

O valor nominal da aplicação é, portanto, igual a $ 20.000,00 no mês 12.

9.3 *Valor atual*

É o valor que um compromisso tem em uma data que antecede ao seu vencimento.

Para calcular o valor atual, é necessário especificar o valor nominal, a data de cálculo e a taxa de juros a ser utilizada na operação. Note então que o cálculo do valor atual pressupõe que já tenhamos um compromisso que vence numa data futura.

Exemplo: Vamos admitir que uma pessoa aplicou hoje uma certa quantia e que recebeu, pela aplicação, um título que irá valer $ 24.000,00 no mês 12.

A situação pode ser representada do seguinte modo:

Repare que não especificamos o valor aplicado (C) e nem a taxa de juros utilizada na aplicação. O leitor deve ter em mente que, uma vez tomada a decisão de aplicar, estes fatores deixam de ter influência nas decisões futuras que o aplicador irá tomar.

Examinemos agora algumas situações possíveis com esta aplicação:

a) Suponhamos que o valor aplicado hoje tenha sido de $ 15,000,00. Então, podemos calcular a taxa de juros simples utilizada na aplicação, do seguinte modo:

$$N = C \, (1 + in)$$

Onde: $N = 24.000,00$

$C = 15.000,00$

$i \; = ?$

$n = 12$ meses

Nestas condições:

$$24.000 = 15.000 \, (1 + i \cdot 12)$$

Dividindo os dois lados da igualdade por 15.000, a mesma não se altera:

$$\frac{24.000}{15.000} = \frac{\cancel{15.000} \, (1 + i \cdot 12)}{\cancel{15.000}}$$

Logo: $1,6 = 1 + i \cdot 12$

Somando-se − 1 aos dois lados da igualdade, a mesma não se altera:

$1,6 - 1 = 1-1 + i \cdot 12$

$0,6 = i \cdot 12$

E, dividindo de novo os dois lados da igualdade por 12, temos:

$$\frac{0,6}{12} = i$$

Logo: $i = 0,05$

Observe que, como a unidade de tempo utilizada foi o "mês", a taxa também fica referida ao mesmo intervalo de tempo.

Ou seja:

$i = 0,05$ ao mês

Ou, o que dá no mesmo:

$i = 5\%$ ao mês.

b) Vamos admitir agora que não sabemos qual o valor aplicado, mas que conhecemos a taxa de aplicação, que é de 6% ao mês. Neste caso podemos calcular o valor atual hoje (na data 0), que corresponde ao próprio valor aplicado:

$N = C \left(1 + i \cdot n\right)$

Onde: $N = 24.000,00$

$C = ?$

$i = 0,06$ (note que, para usar a fórmula deste modo, a taxa deve ser colocada na forma unitária)

$n = 12$ meses.

Então: $24.000 = C\,(1 + 0,06 \times 12)$

$24.000 = C\,(1 + 0,72)$

$24.000 = C \cdot 1,72$

Logo: $\dfrac{24.000}{1,72} = \dfrac{C \cdot \cancel{1,72}}{\cancel{1,72}}$

Ou seja: $C = 13.953,49$

que é o valor atual na data 0, isto é, quanto a pessoa aplicou hoje.

c) Vamos supor agora que, passados 6 meses da data da aplicação, a pessoa precisou de dinheiro. Então ela vai ao mercado para "descontar" seu título, isto é, para trocar seu título por dinheiro. Note que, se ela trocar seu título por dinheiro com um amigo, isto corresponde do mesmo modo a uma operação de desconto.

Admitamos que a taxa de juros vigente na data 6 seja de 7% ao mês. Nestas condições, quanto a pessoa pode obter pelo título?

A nova situação, em termos de representação gráfica, é a seguinte:

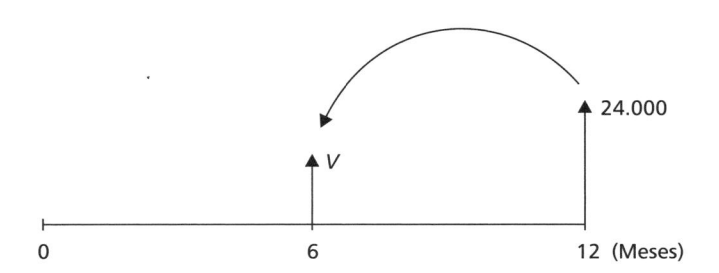

Chamemos de V o valor atual do título na data 6. Ou seja, 6 meses antes do seu vencimento.

Para obter V, procedemos do seguinte modo:

$$N = C \ (1 + i \cdot n)$$

Onde: $N = 24.000,00$

$C = V$

$i \ = 7\%$ ao mês

$n = 6$ meses

Logo, podemos calcular:

$$24.000 = V \ (1 + 0,07 \times 6)$$
$$24.000 = V \ (1,42)$$
$$V = 16.901,41$$

Observe que a pessoa possui um título no valor de $ 24.000,00 na data 12 (meses) e quer vendê-lo antes do vencimento. Foi por isto que "voltamos" 6 meses no tempo, para a data em que está sendo tomada a decisão. Outra consideração importante é que a taxa de juros mudou desde que a pessoa fez a aplicação e o novo aplicador vai querer ganhar a taxa em vigor, pois esta passa a ser o custo de oportunidade do mercado. Isto é, a melhor opção de ganho entre as alternativas disponíveis.

Uma pergunta que surge naturalmente é: quanto valeria o título no mês 6 se a pessoa o mantivesse consigo e o capitalizasse à taxa de aplicação de 5% ao mês?

Vejamos:

$$N = 15.000 \ (1 + 0,05 \times 6)$$
$$N = 15.000 \ (1,3)$$
$$N = 19.500,00$$

Como pode-se observar, o valor obtido através da operação de desconto é bem menor. Este valor seria menor mesmo que a taxa de desconto utilizada fosse de 5% ao mês, como o leitor pode verificar. A razão para isto ficará evidente nos capítulos seguintes.

d) Vamos admitir que a pessoa manteve o título em seu poder e que resolveu negociá-lo 3 meses antes do vencimento. Agora, a taxa de juros vigente no mercado é de 8% ao mês. Qual o valor do título nesta situação?

Podemos representar a operação do seguinte modo:

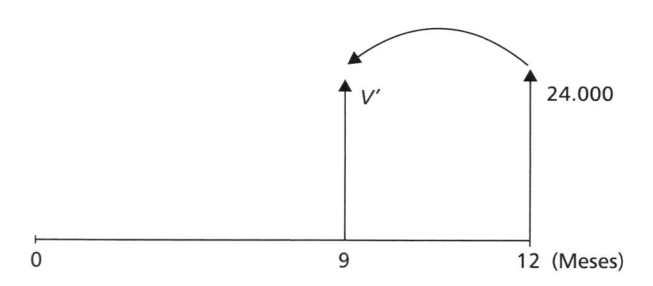

Chamemos de V' o valor atual do título na data 9, isto é, quanto a pessoa vai obter em dinheiro se fizer a operação de desconto.

Para obter V', procedemos de modo já explicitado:

$$24.000 = V'(1 + 0,08 \times 3)$$
$$V' = 19.354,84$$

Observe agora o que ocorre quando "capitalizamos" este valor atual à taxa de 8% ao mês:

$$N = 19.354,84 \ (1 + 0,08 \times 3)$$
$$N = 24.000,00$$

Isto quer dizer que o aplicador está recebendo seus 8% ao mês, como era esperado.

Podemos concluir que, em termos de decisão financeira, o passado é irrelevante, pois são as condições atuais de taxa que determinam o valor dos títulos. Ou seja, o valor atual da aplicação fica determinado pela taxa de juros, pelo valor nominal do título e pelo prazo de antecipação de vencimento.

A taxa de juros é aquela fixada pelo mercado na data de cálculo do valor atual, isto é, o custo de oportunidade para o aplicador. Por custo de oportunidade entende-se a taxa de juros que dê o maior ganho em determinada data para um mesmo nível de risco.

9.4 Valor futuro

Corresponde ao valor do título em qualquer data posterior à que estamos considerando no momento. É o mesmo que montante, quando a data considerada for a do vencimento da aplicação.

Exemplo: Considere que uma pessoa possui hoje a quantia de $ 10.000,00.

A situação é a seguinte:

a) Qual será o valor futuro se a pessoa aplicar esta importância à taxa de 5% ao mês, daqui a 3 meses?

Temos: $N = C (1 + i \cdot n)$

Onde: $N = ?$

$C = 10.000,00$

$i = 0,05$

$n = 3$ meses

Logo: $N = 10.000 (1 + 0,05 \times 3)$

$N = 10.000 (1,15)$

$N = 11.500,00$

O valor futuro será de $ 11.500,00 daqui a 3 meses.

b) Qual será o valor futuro dos mesmos $ 10.000,00 se a taxa for de 10% ao mês, daqui a 6 meses?

Temos: $N = C\,(1 + i \cdot n)$

$N = 10.000\,(1 + 0,10 \times 6)$

$N = 10.000\,(1,60)$

$N = 16.000,00$

Como o leitor já reparou, uma vez feita a aplicação, o valor futuro corresponde ao próprio montante ou valor nominal.

10 Exercícios resolvidos

1. Calcular a taxa de juros trimestral proporcional às seguintes taxas:

   a) 24% a.a.

   b) 36% ao biênio

   c) 6% ao semestre

Resolução: A proporção entre as taxas deve ser igual à proporção entre os períodos a que se referem. Portanto:

$$\frac{i_1}{i_2} = \frac{n_1}{n_2} \Rightarrow i_1 = i_2\,\frac{n_1}{n_2}$$

Expressando os períodos em termos de meses, teremos que a taxa proporcional será obtida, em cada um dos casos, por:

a) i_1 = taxa trimestral

i_2 = 24% a.a.

$n_1 = 3$ meses

$n_2 = 12$ meses

$i_1 = i_2\,\dfrac{n_1}{n_2}$

$i_1 = (24\%)\,\dfrac{3}{12}$

$\therefore i_1 = 6\%$ a.t.

b) i_1 = taxa trimestral

i_2 = 36% ao biênio

$n_1 = 3$ meses

$n_2 = 24$ meses (visto que em cada ano temos 12 meses)

$$i_1 = i_2 \frac{n_1}{n_2}$$

$$i_1 = (36\%) \frac{3}{24}$$

$$\therefore i_1 = 4{,}5\% \text{ a.t.}$$

c) $i_1 =$ taxa trimestral

$i_2 = 6\%$ a.s.

$n_1 = 3$ meses

$n_2 = 6$ meses

$$i_1 = i_2 \frac{n_1}{n_2}$$

$$i_1 = (6\%) \frac{3}{6}$$

$$\therefore i_1 = 3\% \text{ a.t.}$$

2. Determinar a taxa de juros anual proporcional, dadas as seguintes taxas.

a) 3% ao trimestre

b) 27% ao quadrimestre

c) 5% a.m.

Resolução: Transformando os períodos em meses, teremos:

a) $i_1 =$ taxa anual

$i_2 = 3\%$ a.t.

$n_1 = 12$ meses

$n_2 = 3$ meses

Como: $i_1 = i_2 \dfrac{n_1}{n_2}$

então $i_1 = (3\%) \dfrac{12}{3}$

$$\therefore i_1 = 12\% \text{ a.a.}$$

b) $i_1 =$ taxa anual

$i_2 = 27\%$ a.q.

$n_1 = 12$ meses

$n_2 = 4$ meses

$$i_1 = i_2 \frac{n_1}{n_2}$$

$$i_1 = (27\%)\ \frac{12}{4}$$

$$\therefore i_1 = 81\%\ \text{a.a.}$$

c) i_1 = taxa anual

i_2 = 5% a.m.

n_1 = 12 meses

n_2 = 1 mês

$$i_1 = i_2 \frac{n_1}{n_2}$$

$$i_1 = (5\%)\ \frac{12}{1}$$

$$\therefore i_1 = 60\%\ \text{a.a.}$$

3. Calcular o juro simples referente a um capital de $ 1.000.00 aplicado conforme hipóteses a seguir:

	Taxa de juros	Prazo
a)	15% a.a.	1 ano
b)	17% a.a.	4 anos
c)	21% a.a.	5 meses
d)	26,8% a.a.	30 meses
e)	30,8% a.a.	5 anos e meio
f)	38% a.a.	4 anos e 8 meses

Resolução: O cálculo dos juros devidos será feito pela fórmula:

$$J = Cin$$

onde: J = juros

C = capital inicial ou principal

i = taxa de juros na forma unitária

n = número de períodos da aplicação

Nota: A taxa de juros nos cálculos, salvo situações em que a forma porcentual for explicitada, encontrar-se-á sempre na forma unitária.

a) $C = 1.000$

   $i\ = 15\%$ a.a.

   $n = 1$ ano

      $J = Cin$

      $J = 1.000 \times 0,15 \times 1 = \$\ 150,00$

b) $C = 1.000$

   $i\ = 17\%$ a.a.

   $n = 4$ anos

      $J = Cin$

      $J = 1.000 \times 0,17 \times 4$

      $J = 1.000 \times 0,68 = \$\ 680,00$

c) $C = 1.000$

   $i\ = 21\%$ a.a.

   $n = 5$ meses

      $J = Cin$

      $J = 1.000 \times \dfrac{0,21}{12} \times 5$

A taxa de juros *i* foi dividida por 12, porque a taxa é anual e o número de períodos se refere a meses. Prosseguindo, teremos:

$$J = 1.000 \times 0,0875 = \$\ 87,50$$

d) $C = 1.000$

   $i\ = 26,8\%$ a.a.

   $n = 30$ meses

      $J = Cin$

      $J = 1.000 \times \dfrac{0,268}{12} \times 30$

      $J = 1.000 \times 0,67 = \$\ 670,00$

e) $C = 1.000$

   $i\ = 30,8\%$ a.a.

   $n = 5$ anos e meio ou 5,5 anos

      $J = Cin$

      $J = 1.000 \times 0,308 \times 5,5$

      $J = 1.000 \times 1,694 = \$\ 1.694,00$

f) $C = 1.000$

$i = 38\%$ a.a.

$n = 4$ anos e 8 meses

$J = Cin$

$J = 1.000 \times \dfrac{0,38}{12} \times 56$; onde $56 = 4$ anos e 8 meses

$J = 1.000 \times 1,77333 = \$\ 1.773,33$

Outro modo de se resolver o problema é transformar o número de períodos em termos anuais, onde os meses são representados por uma fração:

$J = 1.000 \times 0,38 \times \left(4 + \dfrac{8}{12}\right)$

$J = 1.000 \times 0,38 \times 4,666667$

$J = 1.000 \times 1,77333 = \$\ 1.773,33$

4. Que montante receberá um aplicador que tenha investido $\$\ 5.000,00$, se as hipóteses de taxas de aplicação e respectivos prazos forem:

Taxa de juros	Prazos
a) 18% a.a.	6 meses
b) 31,8% a.a.	2 anos e 7 meses
c) 42% a.a.	4 anos e 3 meses

Resolução: Considerando que o montante (N) é igual a

$N = C + J$

ou $N = C\,(1 + in)$

podemos solucionar o problema de dois modos. No primeiro caso, calculamos inicialmente o valor dos juros, os quais serão adicionados ao capital investido, ou seja, o cálculo do montante (N) é feito em duas etapas. Na segunda expressão, este cálculo é efetuado diretamente.

a) $C = 5.000$

$i = 18\%$ a.a.

$n = 6$ meses

$N = C + J$

Calculando os juros, teremos:

$J = Cin$

$J = 5.000 \times 0,18 \times \dfrac{6}{12}$

$J = 5.000 \times 0,09 = \$\ 450,00$

Portanto:

$$N = 5.000 + 450 = \$ 5.450,00$$

Efetuando o cálculo do montante em uma etapa apenas, teremos:

$$N = C\,(1 + in)$$

$$N = 5.000 \left(1 + 0,18 \times \frac{6}{12}\right)$$

$$N = 5.000\,(1 + 0,09)$$

$$N = 5.000 \times 1,09 = \$ 5.450,00$$

b) $C = 5.000$

   $i = 31,8\%$ a.a.

   $n = 2$ anos e 7 meses ou 31 meses

$$N = 5.000 \left(1 + 0,318 \times \frac{31}{12}\right)$$

$$N = 5.000\,(1 + 0,8215)$$

$$N = 5.000 \times 1,8215 = \$ 9.107,50$$

c) $C = 5.000$

   $i = 42\%$ a.a.

   $n = 4$ anos e 3 meses ou 51 meses ou 4,25 anos

$$N = C\,(1 + in)$$

$$N = 5.000 \left(1 + 0,42 \times \frac{51}{12}\right)$$

$$N = 5.000\,(1 + 1.785)$$

$$N = 5.000 \times 2,785 = \$ 13.925.00$$

5. Qual é a taxa de juros anual cobrada em cada um dos casos abaixo, se uma pessoa aplicou o capital de $ 1.000,00 e recebeu:

	Montante	*Prazos*
a)	$ 1.420,00	2 anos
b)	$ 1.150,00	10 meses
c)	$ 1.350,00	1 ano e 9 meses

Resolução: Analogamente às questões apresentadas no problema anterior, pode-se resolver este problema considerando uma das expressões:

$N = C + J$

ou $N = C(1 + in)$

a) $N = 1.420$

   $C = 1.000$

   $n = 2$ anos

   $N = C + J$

   $\therefore J = N - C$

   $J = 1.420 - 1.000 = \$ 420,00$

Pela fórmula de juros, teremos:

   $J = Cin$

   $420 = 1.000 \times i \times 2$

   $i = \dfrac{420}{2.000}$

   $\therefore i = 0,21$ ou $i = 21\%$ a.a.

Aplicando a fórmula do montante, obteremos:

   $N = C(1 + in)$

   $1.420 = 1.000 (1 + i \times 2)$

   $\dfrac{1.420}{1.000} = 1 + i \times 2$

   $1,42 = 1 + i \times 2$

   $i = \dfrac{0,42}{2}$

   $\therefore i = 0,21$ ou $i = 21\%$ a.a.

b) $N = 1.150$

   $C = 1.000$

   $n = 10$ meses

   $N = C(1 + in)$

   $1.150 = 1000 \left(1 + i \times \dfrac{10}{12}\right)$

A taxa i encontra-se dividida por 12, porque o número de períodos n está expresso em meses.

$$\frac{1.150}{1.000} = 1 + i \times \frac{10}{12}$$

$$1,15 = 1 + i \times \frac{10}{12}$$

$$1,15 - 1 = i \times \frac{10}{12}$$

$$i = 0,15 \times \frac{12}{10}$$

$$\therefore i = 0,18 \text{ ou } i = 18\% \text{ a.a.}$$

c) $N = 1.350$

   $C = 1.000$

   $n = 1$ ano e 9 meses ou 21 meses

   $N = C(1 + in)$

$$1.350 = 1.000 \left(1 + i \times \frac{21}{12}\right)$$

$$\frac{1.350}{1.000} = 1 + i \times \frac{21}{12}$$

$$1,35 = 1 + i \times \frac{21}{12}$$

$$i = 0,35 \times \frac{12}{21}$$

$$\therefore i = 0,20 \text{ ou } i = 20\% \text{ a.a.}$$

6. Quanto tempo deve ficar aplicado um capital para que as hipóteses abaixo sejam verdadeiras?

Capital inicial	Montante	Taxa de juros
a) $ 800,00	$ 832,00	16% a.a.
b) $ 1.200,00	$ 2.366,00	22% a.a.

Resolução:

a) $N = 832$

   $C = 800$

   $i = 16\%$ a.a.

   $J = N - C$

   $J = 832 - 800 = \$ 32,00$

Resolvendo pela fórmula de juros, teremos:

$$J = Cin$$
$$32 = 800\ (0,16)\ n$$
$$32 = 128n$$
$$n = \frac{32}{128}$$
$$\therefore n = 0,25\ anos$$

Se n fosse igual a 1, então concluiríamos que a aplicação foi feita por 1 ano. Isto porque sabemos que a taxa de juros e o número de períodos devem ser referidos à mesma unidade de tempo. Contudo, como $n < 1$, conclui-se que o prazo de aplicação é inferior a 1 ano.

Por proporções, teremos:

$$1 \quad ----------- \quad 12\ meses$$
$$0,25 \quad ----------- \quad X\ meses$$
$$\frac{1}{12} = \frac{0,25}{X}$$
$$X = 12 \times 0,25$$
$$\therefore X = 3\ meses$$

Caso optássemos pela resolução através da fórmula do montante, teríamos:

$$N = C\ (1 + in)$$
$$832 = 800\ (1 + 0,16n)$$
$$\frac{832}{800} = 1 + 0,16n$$
$$1,04 = 1 + 0,16n$$
$$0,04 = 0,16n$$
$$n = \frac{0,04}{0,16}$$
$$\therefore n = 0,25\ anos$$

O cálculo do valor em meses segue o raciocínio já apresentado.

b) $N = 2.366$

   $C = 1.200$

   $i = 22\%$ a.a.

   $N = C\ (1 + in)$

   $2.366 = 1.200\ (1 + 0,22n)$

$$\frac{2.366}{1.200} = 1 + 0,22n$$

$$1,97167 = 1 + 0,22n$$

$$0,97167 = 0,22n$$

$$n = \frac{0,97167}{0,22}$$

$$\therefore n = 4,41668 \text{ anos}$$

Temos, por conseguinte, que o período é de 4 anos mais 0,41668 do 5º ano. Em termos de meses, esta fração anual será:

$$1 - - - - - - - - - - - - -\ 12 \text{ meses}$$

$$0,41668 - - - - - - - - - - - - -\ X \text{ meses}$$

$$\frac{1}{12} = \frac{0,41668}{X}$$

$$X = 12 \times 0,41668$$

$$\therefore X = 5 \text{ meses}$$

Então, o prazo de aplicação total é de 4 anos e 5 meses.

7. Uma loja vende um gravador por $ 1.500.00 a vista. A prazo, vende por $ 1.800,00, sendo $ 200,00 de entrada e o restante após 1 ano. Qual é a taxa de juros anual cobrada?

Resolução: A pessoa, se optar por pagar a prazo, receberá financiamento por apenas $ 1.300,00, pois se possuísse esta quantia poderia comprar a vista, já que os $ 200,00 serão desembolsados em qualquer hipótese. Esta situação é mais visível no diagrama a seguir:

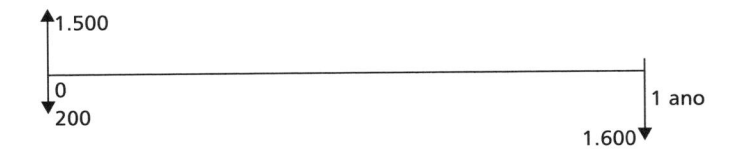

Este diagrama pode ser transformado em:

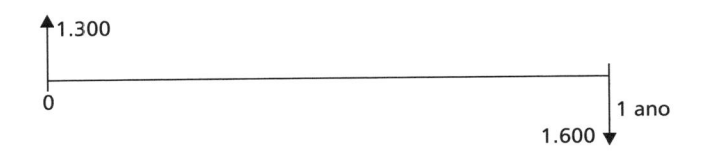

Tudo se passa como se o cliente tivesse recebido $ 1.300,00 emprestados, comprometendo-se a devolver $ 1.600,00 após o prazo de 1 ano.

Portanto: $N = 1.600$

$C = 1.300$

$n = 1$ ano

$N = C (1 + in)$

$1.600 = 1.300 (1 + i \times 1)$

$\dfrac{1.600}{1.300} = 1 + i$

$1,2307 = 1 + i$

$\therefore i = 0,2307$ ou $i = 23,07\%$ a.a.

8.   Quanto tempo deve permanecer aplicado um capital para que o juro seja igual a 5 vezes o capital, se a taxa de juros for de 25% a.a.?

Resolução: Pelo enunciado do problema, temos:

$J = 5C$

Temos, portanto, os seguintes dados:

$J \ = 5C$

$i \ = 25\%$ a.a.

$J \ = Cin$

$5C = C (0,25)n$

$n = \dfrac{5\cancel{C}}{0,25 \times \cancel{C}}$

$\therefore n = 20$ anos

9.   Em quanto tempo o montante produzido por um capital de $ 1.920,00 aplicado a 25% a.a. se iguala ao montante de um capital de $ 2.400,00 aplicado a 15% a.a.? Admitir que ambos sejam investidos na mesma data.

Resolução: Considerando N_1 o montante produzido por $ 1.920,00 à taxa de 25% a.a. e N_2 o montante produzido por $ 2.400,00 à taxa de 15% a.a. o problema é encontrar o número de períodos n, tal que N_1 seja igual a N_2.

$C_1 = 1.920$

$i_1 \ = 25\%$ a.a.

$N_1 = 1.920 (1 + 0,25n)$

e

$$C_2 = 2.400$$
$$i_2 = 15\% \text{ a.a.}$$
$$N_2 = 2.400 \ (1 + 0,15n)$$

Como os montantes deverão ser iguais, então:

$$N_1 = N_2$$
$$1.920 \ (1 + 0,25n) = 2.400 \ (1 + 0,15n)$$
$$1 + 0,25n = \frac{2.400 \ (1 + 0,15n)}{1.920}$$
$$1 + 0,25n = 1,25 \ (1 + 0,15n)$$
$$1 + 0,25n = 1,25 + 0,1875n$$
$$0,25n - 0,1875n = 1,25 - 1$$
$$0,0625n = 0,25$$
$$n = \frac{0,2500}{0,0625}$$
$$\therefore n = 4 \text{ anos}$$

10. Se um capital de $ 2.000,00 rendeu $ 840.00 de juros em 2 anos, qual é a taxa de juros equivalente trimestral?

Resolução: Em 2 anos temos 8 trimestres, portanto:

$$C = 2.000$$
$$n = 8 \text{ trimestres}$$
$$J = 840$$
$$J = Cin$$
$$840 = 2.000 \times i \times 8$$
$$i = \frac{840}{16.000}$$
$$\therefore i = 0,0525 \text{ ou } i = 5,25\% \text{ a.t.}$$

11. Uma pessoa aplicou $ 1.500,00 no mercado financeiro e após 5 anos recebeu o montante de $ 3.000,00. Que taxa equivalente semestral recebeu?

Resolução: De modo análogo ao apresentado no problema 10, aqui se pode transformar o prazo de aplicação em períodos a que se refere a taxa equivalente que desejamos calcular. Isto possibilita o cálculo direto da taxa equivalente. Entretanto, podemos também calcular a taxa referente ao prazo explicitado no enunciado do problema, sendo a taxa equivalente calculada a seguir.

$C = 1.500$

$n = 5$ anos

$N = 3.000$

$N = C(1 + in)$

$3.000 = 1.500(1 + i \times 5)$

$\dfrac{3.000}{1.500} = 1 + i \times 5$

$2 - 1 = i \times 5$

$i = \dfrac{1}{5}$

$\therefore i = 0{,}20$ ou 20% a.a.

Como queremos a taxa equivalente semestral, então vem:

$$i_m = \frac{i}{m}$$

onde i_m é a taxa equivalente e m é o número de períodos a que se refere i_m contidos no período a que se refere a taxa i. Neste problema, temos:

$i = 20\%$ a.a.

$i_m =$ taxa equivalente semestral

$m = 2$ (1 ano contém 2 semestres)

$$i_m = \frac{20\%}{2}$$

$\therefore i_m = 10\%$ a.s.

12. A quantia de $ 1.500,00 foi aplicada à taxa de juros de 42% a.a. pelo prazo de 100 dias. Qual será o juro desta aplicação se for considerado:

a) juro comercial?

b) juro exato?

Resolução:

a) *Juro comercial*:

Por convenção, o ano comercial tem 360 dias. Então:

$C = 1.500$

$i = 42\%$ a.a.

$n = 100$ dias

$$J_c = \frac{Cin}{360}$$

$$J_c = \frac{1.500 \times 0,42 \times 100}{360}$$

$$J_c = \frac{63.000}{360} = \$ \ 175,00$$

b) *Juro exato*:

No juro exato consideramos o ano civil, portanto, o prazo de 365 dias ou 366 dias no caso de ano bissexto. Supondo que o ano não seja bissexto, teremos neste problema:

$C = 1.500$

$i = 42\%$ a.a.

$n = 100$ dias

$$J_e = \frac{Cin}{365}$$

$$J_e = \frac{1.500 \times 0,42 \times 100}{365}$$

$$J_e = \frac{63.000}{365} = \$ \ 172,60$$

13. Um capital de $ 2.500,00 foi aplicado à taxa de 25% a.a. em 12 de fevereiro de 20X5. Se o resgate for efetuado em 3 de maio de 20X5, qual será o juro comercial recebido pelo aplicador?

Resolução: Utilizando-se da tabela de contagem de dias (ver Apêndice de Tabelas), calculamos o número exato de dias entre as datas:

$$\begin{array}{r} 03/05 = 123 \\ 12/02 = \underline{43} \\ 80 \end{array}$$

Então: $C = 2.500$

$i = 25\%$ a.a.

$n = 80$ dias

$$j_c = \frac{Cin}{360}$$

$$j_c = \frac{2.500 \times 0,25 \times 80}{360}$$

$$j_c = \frac{50.000}{360} = \$ \ 138,89$$

14. Um capital de $ 5.000,00 rendeu $ 625,00 de juro. Sabendo-se que a taxa de juros contratada foi de 30% a.a. e que a aplicação foi feita dia 18 de março de 20X6, pergunta-se qual foi a data de vencimento, se:

a) considerou-se juro comercial;

b) considerou-se juro exato.

Resolução: Devemos inicialmente calcular o número de dias em que o capital ficou aplicado, para depois encontrar qual foi a data de vencimento.

a) *Juro comercial*:

$$C = 5.000$$

$$i = 30\% \text{ a.a.}$$

$$J_c = 625$$

$$j_c = \frac{Cin}{360}$$

$$625 = \frac{5.000(0,30)n}{360}$$

$$625 = \frac{1.500n}{360}$$

$$n = \frac{625 \times 360}{1.500} = 150 \text{ dias}$$

Para o cálculo da data de vencimento, recorremos à tabela de contagem de dias. A data da aplicação, 18/03, é igual ao fator 77. Somando este fator com o número de dias da aplicação (150 dias), temos o fator 227.

$$18/03 = \begin{array}{r} 77 \\ \underline{150} \\ 227 \end{array} +$$

Procurando no corpo da tabela, vemos que o fator 227 corresponde a 15 de agosto. Portanto, a data 15 de agosto de 20X6 corresponde à data de vencimento na hipótese de juro comercial.

b) *Juro exato*:

$$C = 5.000$$

$$i = 30\% \text{ a.a.}$$

$$J_e = 625$$

$$J_e = \frac{Cin}{365}$$

$$625 = \frac{5.000(0,30)n}{365}$$

$$625 = \frac{1.500n}{365}$$

$$n = \frac{625 \times 365}{1.500} \cong 152 \text{ dias}$$

Calculando a data de vencimento, vem:

$$18/03 = \begin{array}{r} 77 \\ \underline{152} \\ 229 \end{array} +$$

O fator 229 corresponde a 17 de agosto de 20X6, sendo, por conseguinte, esta a data de vencimento se for considerado juro exato.

15. Qual é o valor nominal de uma Nota Promissória de $ 7.575,76, assinada hoje com vencimento daqui a 10 meses, se a taxa de aplicação for de 38,4% a.a.?

Resolução: Neste problema temos de calcular o valor nominal (N) da Nota Promissória. Ora, o valor nominal nada mais é do que o montante do valor aplicado, portanto:

$N = V (1 + in)$

onde: N = valor nominal

V = valor aplicado (valor atual)

i = taxa de juros por períodos

n = número de períodos até a data de vencimento

Então: $V = 7.575,76$

i = 38,4% a.a.

n = 10 meses

$N = V (1 + in)$

$$N = 7.575,76 \left(1 + 0,384 \times \frac{10}{12} \right)$$

$N = 7.575,76 (1 + 0,32)$

$N = 7.575,76 (1,32) = \$ 10.000,00$

16. O valor nominal de uma Nota Promissória é de $ 4.770,00. Qual é seu valor atual 3 meses antes do vencimento, considerando-se a taxa de juros de 24% a.a.?

Resolução: $N = 4.770$

i $= 24\%$ a.a.

n $= 3$ meses

$N = V\,(1 + in)$

$4.770 = V\left(1 + 0,24 \times \dfrac{3}{12}\right)$

$4.770 = V\,(1 + 0,06)$

$V = \dfrac{4.770}{1,06}$ $\$ 4.500,00$

17. Certa pessoa aplicou $ 10.000,00 à taxa de 29% a.a. pelo prazo de 9 meses. Dois meses antes da data de vencimento, esta pessoa propôs a transferência da aplicação a um amigo. Quanto deverá ser pago pelo título, se a taxa de juros de mercado for de 32% a.a. na ocasião da transferência?

Resolução: Inicialmente vamos calcular o valor nominal do título em seu vencimento:

V $= 10.000$

i $= 29\%$ a.a.

n $= 9$ meses

$N = V\,(1 + in)$

$N = 10.000\left(1 + 0,29 \times \dfrac{9}{12}\right)$

$N = 10.000\,(1,2175) = \$ 12.175,00$

Portanto, se o aplicador aguardasse o vencimento do título, ele receberia $ 12.175,00. Entretanto, como quer resgatar o título antes, receberá apenas o valor atual do título, considerando a taxa vigente no mercado financeiro, por ocasião da transferência. Isto porque o comprador pagará pelo título um valor que lhe garanta, no mínimo, a rentabilidade do mercado.

Portanto: $N = 12.175$

i $= 32\%$ a.a. (pois esta é a taxa que pode ser ganha no mercado)

n $= 2$ meses (prazo de aplicação para o comprador)

$N = V\,(1 + in)$

$12.175 = V\left(1 + 0,32 \times \dfrac{2}{12}\right)$

$V = \dfrac{12.175}{1,05333} = \$ 11.558,58$

O título será transferido por \$ 11.558,58, valor este que garantirá ao comprador uma rentabilidade de 32% a.a.

11 Exercícios propostos

1. Calcular a taxa quadrimestral proporcional às seguintes taxas:
   a) 21% a.a.
   b) 33% ao biênio.
   c) 10% a cada cinco meses.

2. Determinar a taxa proporcional referente a 5 meses, dadas as taxas seguintes:
   a) 1% a.m.
   b) 2,5% ao bimestre.
   c) 12% a.s.

3. Calcular o juro simples e o montante de:
   a) \$ 500,00 a 25% a.a. por 8 meses.
   b) \$ 2.200,00 a 30,2% a.a. por 2 anos e 5 meses.
   c) \$ 3.000,00 a 34% a.a. por 19 meses.

4. Qual é a taxa de juro que, de um capital de \$ 1.200.00, gera um montante de:
   a) \$ 1.998,00 em 3 anos e 2 meses.
   b) \$ 1.470,00 em 10 meses.
   c) \$ 2.064,00 em 1 ano e 8 meses.

5. Qual é o capital que rende:
   a) \$ 150,00 a 18% a.a. em 10 meses.
   b) \$ 648,00 a 21,6% a.a. em 2 anos e 6 meses.
   c) \$ 1.500,00 a 30% a.a. em 3 anos e 4 meses.

6. Em quanto tempo um capital de \$ 10.000,00 aplicado a 26,4% a.a.
   a) renderá \$ 4.620,00.
   b) elevar-se-á a \$ 16.160,00.

7. Qual é a taxa bimestral equivalente a 28,2% a.a.?

8. Assinalar as proposições corretas:
   a) 1% ao mês equivale a 12% ao ano.
   b) 2,25% ao bimestre equivale a 26,80% ao biênio.
   c) 3,4% ao trimestre equivale a 13,6% ao ano.
   d) 50% ao ano equivale a 20% em 5 meses.

9. Calcular o juro simples comercial e o exato das seguintes propostas:
   a) \$ 800,00 a 20% a.a. por 90 dias.
   b) \$ 1.100,00 a 27% a.a. por 135 dias.
   c) \$ 2.800,00 a 30% a.a. por 222 dias.

10. Qual é o valor nominal e a data de vencimento de cada um dos compromissos abaixo (juro comercial):

   a) $ 1.000,00 em 12/02 para 90 dias a 26% a.a.

   b) $ 1.500,00 em 20/04 para 180 dias a 28% a.a.

   c) $ 2.400,00 em 06/01 para 8 meses a 30% a.a.

   d) $ 3.500,00 em 30/05 para 65 dias a 24% a.a.

11. Se tenho um título com valor nominal de $ 15.000,00 com vencimento daqui a 2 anos e a taxa de juros correntes é de 28% a.a., qual o valor atual deste título nas seguintes datas:

   a) hoje.

   b) daqui a 1 ano.

   c) 4 meses antes de seu vencimento.

12. O valor nominal de um título é igual ao dobro de seu valor de face (valor da aplicação). Sabendo-se que a taxa de juros corrente é de 12,5% a.a., qual é o prazo da aplicação?

13. Se o valor atual for igual a 2/3 do valor nominal e o prazo de aplicação for de 2 anos, qual será a taxa de juros considerada?

14. Uma loja oferece um relógio por $ 3.000,00 a vista ou por 20% do valor a vista como entrada e mais um pagamento de $ 2.760,00 após 6 meses. Qual é a taxa de juros cobrada?

15. João emprestou $ 20.000,00 de Carlos para pagá-lo após 2 anos. A taxa ajustada foi de 30% a.a. Quanto Carlos poderia aceitar, se 6 meses antes do vencimento da divida João quisesse resgatá-la e se nesta época o dinheiro valesse 25% a.a.?

16. João tomou emprestado certa quantia de Carlos à taxa de 28,8% a.a. Sabendo-se que João pagou $ 2.061,42 para Carlos, saldando a dívida 2 meses antes de seu vencimento e que nesta época a taxa corrente de mercado era de 25,2% a.a., quanto João tomou emprestado e qual era o prazo inicial se os juros previstos montavam $ 648,00?

Respostas

1. a) 7% a.q.

   b) 5,5% a.q.

   c) 8% a.q.

2. a) 5%

   b) 6,25%

   c) 10%

3. a) $ 83,33; $ 583,33

   b) $ 1.605,63; $ 3.805,63

   c) $ 1.615,00; $ 4.615,00

4. a) 21% a.a.

   b) 27% a.a.

   c) 43,2% a.a.

5. a) $ 1.000,00

   b) $ 1.200,00

   c) $ 1.500,00

6. a) 21 meses

   b) 28 meses

7. 4,7% ao bimestre

8. a) e c)

9. a) $ 40,00; $ 39,45

   b) $ 111,37; $ 109,85

   c) $ 518,00; $ 510,90

10. a) $ 1.065,00 vencendo em 13/05

   b) $ 1.710,00 vencendo em 17/10

   c) $ 2.880,00 vencendo em 03/09

   d) $ 3.651,66 vencendo em 03/08

11. a) $ 9.615,38

   b) $ 11.718,75

   c) $ 13.719.52

12. 8 anos

13. 25% a.a.

14. 30% a.a.

15. $ 28.444,44

16. $ 1.500,00; 18 meses

2
Descontos

Quando se faz uma aplicação de capital com vencimento predeterminado, obtém-se um comprovante de aplicação que pode ser, por exemplo, uma nota promissória ou uma letra de câmbio.

Caso o aplicador precise do dinheiro antes de vencer o prazo de aplicação, deve voltar à instituição captadora, transferir a posse do título e levantar o principal e os juros já ganhos.

Uma outra situação diz respeito a uma empresa que faça uma venda a prazo, recebendo uma duplicata com vencimento determinado. Se a empresa precisar do dinheiro para suas operações, pode ir a um banco e transferir a posse da duplicata, recebendo dinheiro em troca.

As operações citadas são chamadas de "desconto" e o ato de efetuá-las é chamado de "descontar um título".

1 Desconto racional ou desconto "por dentro"

Definição: é o desconto obtido pela diferença entre o valor nominal e o valor atual de um compromisso que seja saldado n períodos antes do seu vencimento.

Desconto: é a quantia a ser abatida do valor nominal.

Valor descontado: é a diferença entre o valor nominal e o desconto.

Sendo: N : valor nominal (ou montante)

V_r: valor atual (ou valor descontado racional)

n : número de períodos antes do vencimento

i : taxa de desconto

D_r : valor do desconto

Temos:

$$V_r = \frac{N}{1 + in}$$

Tem-se: $D_r = N - V_r$

$$D_r = N - \frac{N}{1 + in}$$

$$D_r = \frac{N(1 + in) - N}{1 + in}$$

$$\boxed{D_r = \frac{Nin}{1 + in}}$$

Esta fórmula permite que seja obtido o *valor do desconto racional,* calculado para um dado valor nominal (N), a uma taxa de juros (i) e para um dado prazo de antecipação (n).

O *valor descontado,* de acordo com a definição, é dado por:

$$V_r = N - D_r$$

$$V_r = N - \frac{Nin}{1 + in}$$

$$V_r = \frac{N(1 + in) - Nin}{1 + in}$$

$$\boxed{V_r = \frac{N}{1 + in}}$$

Observe-se que, em juros simples, o *valor descontado* é o próprio *valor atual.*

Exemplo: Uma pessoa pretende saldar um título de $ 5,500,00, 3 meses antes de seu vencimento. Sabendo-se que a taxa de juros corrente é de 40% a.a., qual o desconto e quanto vai obter?

Resolução:

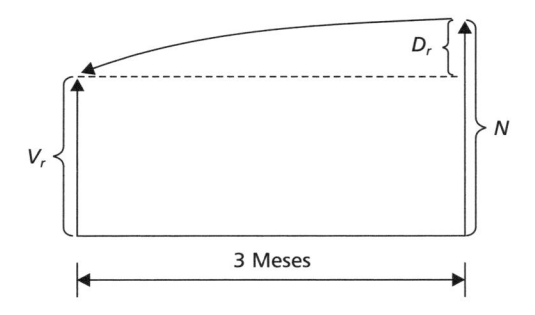

Temos: $N = 5.500,00$

$n = 3$ meses

Calculando a taxa proporcional a 1 mês:

$$i_{12} = \frac{0,40}{12}$$

Podemos calcular:

a) *O desconto*:

$$D_r = \frac{Nin}{1+in}$$

$$D_r = \frac{5.500,00 \times \dfrac{0,40}{12} \times 3}{1 + \dfrac{0,40}{12} \times 3}$$

$$D_r = \frac{5.500,00 \times 0,10}{1 + 0,10}$$

$$D_r = \frac{550,00}{1,10} = \$\ 500,00$$

b) *O valor descontado:*

$$V_r = 5.500,00 - 500,00 = \$\ 5.000,00$$

$\$\ 5.000,00$ é o próprio *valor atual* do compromisso. De fato, nos próximos 3 meses e à taxa de 40% a.a., a aplicação de $\$\ 5.000,00$ iria render:

$$J = Cin$$

$$J = 5.000,00 \times \frac{0,40}{12} \times 3 = \$\ 500,00$$

Observe-se que \$ 500,00 é o valor dos juros que a pessoa deixa de receber (ou de pagar) por saldar o compromisso antes do vencimento. Em forma literal:

$$D_r = J$$

$$\boxed{D_r = Cin}$$

Esta é outra forma de expressar o desconto racional. Note-se que podemos chegar à fórmula utilizando a definição inicial:

$$D_r = N - V_r$$

Substituindo N e V_r:

$$D_r = C\,(1 + in) - C$$
$$D_r = C + Cin - C$$
$$D_r = Cin$$

Conclusão: No regime de *juros simples,* o desconto racional aplicado ao valor no-minal é igual ao juro devido sobre o capital (valor descontado) desde que ambos sejam calculados à mesma taxa. Ou seja, a *taxa de juros da operação* é também a *taxa de desconto.*

2 Desconto comercial ou desconto "por fora"

Definição: é aquele valor que se obtém pelo cálculo do *juro simples* sobre o *valor nominal* do compromisso que seja saldado *n* períodos antes de seu ven-cimento.

Nota: Valem as observações do item anterior sobre o significado de *desconto* e de *valor descontado.*

   N: valor nominal (ou montante)

   n: número de períodos antes do vencimento

   i: taxa de desconto

   D_c: desconto comercial

   V_c: valor atual (ou valor descontado comercial)

Obtém-se o valor do *desconto comercial* aplicando-se a definição:

$$\boxed{D_c = Nin}$$

E o *valor descontado comercial*:

$$V_c = N - D_c$$
$$V_c = N - Nin$$

$$\boxed{V_c = N\,(1 - in)}$$

Este resultado é também chamado *valor atual comercial.*

Exemplo: Consideremos o exemplo do item anterior, em que o título de $ 5.500,00 é descontado à taxa de 40% a.a., 3 meses antes do vencimento.

Resolução: procedendo de modo análogo, temos:

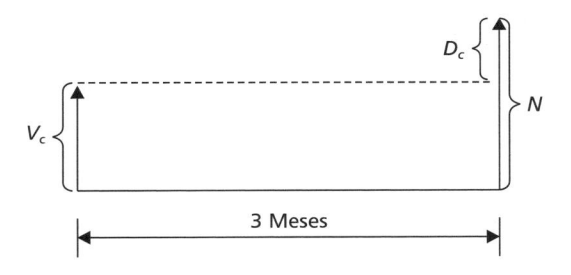

a) *O desconto comercial*:

$$D_c = Nin$$

$$D_c = 5.500,00 \times \frac{0,40}{12} \times 3 = \$\,550,00$$

b) *O valor descontado comercial*:

$$V_c = N\,(1 - in)$$
$$V_c = 5.500,00 \times \left(1 - \frac{0,40}{12} \times 3\right)$$
$$V_c = 5.500,00 \times 0,9$$
$$V_c = \$\,4.950,00$$

Então a pessoa vai receber $ 4.950,00 pelo desconto comercial, que é *menos* que os $ 5.000,00 que receberia se o desconto fosse racional.

É evidente, portanto, que ao se fazer um *desconto comercial* a taxa de desconto utilizada não é mais igual à taxa de juros simples capaz de reproduzir o montante. Observe-se que, se o banco ganha \$ 550,00 sobre um valor de \$ 4.950,00, em 3 meses, a taxa de juros da operação é:

$$i' = \frac{550,00}{4.950,00} = 0,1111 \text{ ao trimestre}$$

ou $\qquad i' \cong 0,44$ ao ano.

Note-se então que, no *desconto comercial*, é preciso distinguir entre a *taxa de desconto* utilizada na operação e a *taxa implícita* que é cobrada de fato.

2.1 Desconto bancário

Definição: Corresponde ao *desconto comercial* acrescido de uma taxa prefixada, cobrada sobre o valor nominal.

Nota: Esta *taxa de despesas bancárias* é referida freqüentemente como sendo as despesas administrativas do banco ou instituição que faz a operação. O desconto bancário pode ser entendido como uma extensão do desconto comercial.

Sendo: $\quad V_b$: valor atual (ou valor descontado bancário)

$\qquad D_b$: desconto bancário

$\qquad D_c$: desconto comercial

$\qquad h$: taxa de despesas administrativas

$\qquad N$: valor nominal (ou montante)

$\qquad n$: número de períodos antes do vencimento

$\qquad i$: taxa de desconto

Tem-se o valor do *desconto bancário*:

$$D_b = D_c + Nh$$
$$D_b = Nin + Nh$$

$$\boxed{D_b = N\,(in + h)}$$

E o valor *descontado bancário*:

$$V_b = N - D_b$$
$$V_b = N - N\,(in + h)$$

$$\boxed{V_b = N\,[1 - (in + h)]}$$

Exemplo: Um título de $ 5.500,00 foi descontado no Banco X, que cobra 2% como despesa administrativa. Sabendo-se que o título foi descontado 3 meses antes de seu vencimento e que a taxa corrente em desconto comercial é de 40% a.a., qual o desconto bancário? Quanto recebeu o proprietário do título?

Resolução: Lembrando que:

$$h = 0,02$$

e procedendo de modo análogo ao exemplo anterior:

a) *Desconto bancário*:

$$D_b = N \, (in + h)$$

$$D_b = 5.500,00 \left(\frac{0,40}{12} \times 3 + 0,02 \right)$$

$$D_b = 5.500,00 \, (0,10 + 0,02)$$

$$D_b = 5.500,00 \times 0,12$$

$$D_b = \$ \, 660,00$$

b) *Valor descontado bancário*:

$$V_b = N \, [1 - (in + h)]$$

$$V_b = 5.500,00 \left[1 - \left(\frac{0,40}{12} \times 3 + 0,02 \right) \right]$$

$$V_b = 5.500,00 \, [1 - (0,10 + 0,02)]$$

$$V_b = 5.500,00 \times 0,88$$

$$V_b = \$ \, 4.840,00$$

Compare-se este valor que o proprietário recebeu ao descontar seu título 3 meses antes com aquele obtido via *desconto racional* ($ 5.000,00) e via *desconto comercial* ($ 4.950,00). Mais uma vez notamos que a taxa de desconto não corresponde à taxa implícita na operação:

$$i'' = \frac{660}{4.840,00} \cong 0,1364 \text{ a.t.}$$

ou $\quad i'' \cong 0,5456$ ao ano.

É preciso, portanto, no caso dos descontos *comercial e bancário,* calcular a taxa que realmente está sendo cobrada na operação.

3 Taxa de juros efetiva

Definição: é a taxa de juros que aplicada sobre o valor descontado, comercial ou bancário gera no período considerado um montante igual ao valor nominal.

Sendo: i_f: taxa efetiva

V_c: valor atual comercial

V_b: valor atual bancário

n: número de períodos antes do vencimento

Usando a definição dada, temos:

a) *Taxa efetiva para desconto comercial*:

$$N = V_c \, (1 + i_f \cdot n)$$

$$\frac{N}{V_c} = 1 + i_f \cdot n$$

$$I_f \cdot n = \frac{N}{V_c} - 1$$

$$\boxed{i_f = \frac{\dfrac{N}{V_c} - 1}{n}}$$

Exemplo: Seja o mesmo exemplo dado no item 2, no qual já calculamos:

$V_c = 4.950,00$

$N = 5.500,00$

$n = 3$

Aplicando diretamente a fórmula, temos:

$$i_f = \frac{\dfrac{N}{V_c} - 1}{n}$$

$$i_f = \frac{\dfrac{5.500,00}{4.950,00} - 1}{3}$$

$$i_f = \frac{1,1111 - 1}{3}$$

$$i_f = 0,03703 \text{ a.m.}$$

ou $i_f \cong 0,44 \text{ a.a.}$

Observe-se que este é o mesmo resultado já obtido anteriormente, por cálculo direto.

b) *Taxa efetiva para desconto bancário*:

De modo análogo, temos:

$$N = V_b \ (1 + i_f \cdot n)$$

$$\frac{N}{V_b} = 1 + i_f \cdot n$$

$$i_f \cdot n = \frac{N}{V_b} - 1$$

$$\boxed{\ i_f = \frac{\dfrac{N}{V_b} - 1}{n}\ }$$

Esta fórmula é idêntica à anterior, desde que substituído o valor atual comercial pelo valor atual bancário.

Exemplo: O mesmo do item 2.1., para o qual já calculamos:

$$V_b = 4.840,00$$
$$N = 5.500.00$$
$$n = 3$$

Temos: $i_f = \dfrac{\dfrac{N}{V_b} - 1}{n}$

$$i_f = \frac{\dfrac{5.500,00}{4.840,00} - 1}{3}$$

$$i_f = \frac{1,1364 - 1}{3}$$

$$i_f = \frac{0,1364}{3}$$

$$i_f \cong 0,045 \text{ a.m.}$$

ou $i_f \cong 0,54 \text{ a.a.}$

Verifique-se mais uma vez que o resultado é o mesmo que o obtido anteriormente por raciocínio direto.

Nota: Como já observamos, no desconto racional a taxa de desconto é a própria taxa efetiva. Isto resulta do fato de ser o desconto racional derivado de considerações de convenção matemática e não financeira, como é o caso dos descontos comercial e bancário. Nestas condições, um método mais simples para o cálculo da taxa efetiva, porém não tão intuitivo, é o raciocínio via desconto racional.

A *taxa efetiva* será aquela que conduz, pelo *desconto racional*, ao mesmo valor calculado pelo desconto comercial ou bancário.

A demonstração pode ser feita considerando os descontos racional e comercial. por exemplo:

$$D_r = \frac{Ni_f \cdot n}{1 + i_f \cdot n}$$

$$D_c = Nin$$

Já que os dois descontos devem ser iguais:

$$D_r = D_c$$

$$\frac{Ni_f \cdot n}{1 + i_f \cdot n} = Nin$$

$$\frac{i_f}{1 + i_f \cdot n} = i$$

ou

$$\boxed{i_f = \frac{i}{1 - in}}$$

onde "i" é a taxa de desconto aplicada.

Exemplo: Consideremos de novo o exemplo do item 2 em que:

$$i = 0,40 \text{ a.a. ou } i = \frac{0,40}{12} \text{ a.m.}$$

$$n = 3 \text{ meses}$$

Temos: $i_f = \dfrac{i}{1 - in}$

$$i_f = \frac{\dfrac{0,40}{12}}{1 - \dfrac{0,40}{12} \times 3}$$

$$i_f = \frac{0,0333}{1 - 0,10}$$

$$i_f = \frac{0{,}0333}{0{,}9}$$

$$i_f \cong 0{,}037 \text{ a.m.}$$

ou $\qquad i_f \cong 0{,}44 \text{ a.a.}$

A mesma fórmula pode ser utilizada para se calcular a taxa efetiva no caso de desconto bancário. O único cuidado que se exige é calcular a *taxa proporcional* correspondente às despesas administrativas (h), colocando-a na mesma unidade de tempo da taxa de desconto.

Exemplo: Utilizando o caso do exemplo 2.1, tem-se:

$\qquad i = 0{,}40$ a.a. ou $i_m = 0{,}0333$ a.m.

$\qquad n = 3$ meses

$\qquad h = 2\%$

ou $\qquad h_m = \dfrac{2\%}{3} \cong 0{,}67\%$ a.m.

ou ainda: $\qquad h_m \cong 0{,}0067$ a.m.

Portanto, a *taxa de desconto bancário* agora é:

$$i' = i_m + h_m$$

$$i' = 0{,}0333 + 0{,}0067$$

ou $\qquad I' = 0{,}0400$

$$i_f = \frac{i'}{1 - i' \, n}$$

$$i_f = \frac{0{,}04}{1 - 0{,}04 \times 3}$$

$$i_f = \frac{0{,}04}{1 - 0{,}12}$$

$$i_f = \frac{0{,}04}{0{,}88}$$

$$i_f \cong 0{,}045 \text{ a.m.}$$

ou $\qquad i_f \cong 0{,}54 \text{ a.a.}$

4 Relação entre desconto racional e comercial

Já verificamos empiricamente que o desconto comercial é *maior* que o desconto racional feito nas mesmas condições. Ou seja:

$$D_c > D_r$$

Vamos examinar agora qual a relação existente entre os dois descontos:

$$D_r = \frac{Nin}{1 + in}$$
$$D_c = Nin$$

Fazendo a divisão do desconto comercial pelo desconto racional, membro a membro:

$$\frac{D_c}{D_r} = \frac{Nin}{\dfrac{Nin}{1 + in}}$$

Portanto: $\dfrac{D_c}{D_r} = 1 + in$

ou ainda:

$$\boxed{D_c = D_r(1 + in)}$$

Ou seja, o *desconto comercial* pode ser entendido como sendo o montante do desconto racional calculado para o mesmo período e à mesma taxa.

Exemplo: O desconto comercial de um título descontado 3 meses antes de seu vencimento e à taxa de 40% a.a. é de $ 550,00. Qual é o desconto racional?

Resolução: Aplicando diretamente a fórmula:

$$D_c = D_r(1 + in)$$

$$550,00 = D_r\left(1 + \frac{0,40}{12} \times 3\right)$$

$$550,00 = D_r(1 + 0,10)$$

$$D_r = \frac{550,00}{1,10}$$
$$D_r = \$ 500,00$$

Volte aos exercícios apresentados nos itens 1 e 2 para comparar o resultado obtido!

5 Exercícios resolvidos

1. Uma dívida de $ 12.000,00 será saldada 4 meses antes de seu vencimento. Que desconto racional será obtido, se a taxa de juros contratada for de 27% a.a.?

Resolução: Graficamente temos a seguinte situação:

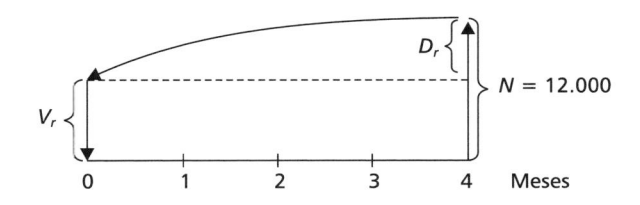

Portanto: $N = $ 12.000 (valor nominal do compromisso em sua data de vencimento)

$i\ = 27\%$ a.a.

$n\ = 4$ meses (número de períodos de antecipação)

$$D_r = \frac{Nin}{1+in}$$

$$D_r = \frac{12.000 \times \dfrac{0,27}{12} \times 4}{1+\dfrac{0,27}{12} \times 4}$$

$$D_r = \frac{12.000 \times 0,09}{1+0,09}$$

$$D_r = \frac{1.080}{1,09} = \$\ 990,83$$

$ 990,83 é, portanto, o desconto racional obtido pelo resgate antecipado da dívida.

2. Por quanto posso comprar um título com vencimento daqui a 6 meses, se seu valor nominal for de $ 20.000,00 e eu quiser ganhar 30% ao ano?

Resolução: Deve-se calcular o valor atual do título tal que seja possível obter a rentabilidade de 30% a.a.

$N\ = 20.000$

$i\ = 30\%$ a.a.

$n\ = 6$ meses

$$V_r = \frac{N}{1+in}$$

$$V_r = \frac{20.000}{1 + 0,30 \times \dfrac{6}{12}}$$

$$V_r = \frac{20.000}{1,15} = \$\ 17.391,30$$

Comprando-se o título por $ 17.391,30 e resgatando-o por $ 20.000,00 após 6 meses, ter-se-á um ganho de 15% em 6 meses, taxa esta que é equivalente a 30% a.a.

3. Determinar o desconto racional em cada uma das hipóteses abaixo, adotando-se o ano comercial:

Valor Nominal	Taxa de Juros	Prazo de Antecipação
a) $ 15.000,00	25% a.a.	8 meses
b) $ 3.000,00	20% a.a.	150 dias
c) $ 5.000,00	32% a.a.	25 dias
d) $ 6.000,00	28% a.a.	9 meses e 15 dias

Resolução: Aplicando-se a fórmula do desconto racional, teremos em cada hipótese:

a) $N = 15.000$

$i = 25\%$ a.a.

$n = 8$ meses

$$D_r = \frac{Nin}{1 + in}$$

$$D_r = \frac{15.000\,(0,25)\,\dfrac{8}{12}}{1 + (0,25)\,\dfrac{8}{12}}$$

$$D_r = \frac{2.500}{1,166667} = \$\ 2.142,86$$

b) $N = 3.000$

$i = 20\%$ a.a.

$n = 150$ dias

$$D_r = \frac{Nin}{1 + in}$$

$$D_r = \frac{3.000 \, (0,20) \, \dfrac{150}{360}}{1 + (0,20) \, \dfrac{150}{360}}$$

$$D_r = \frac{250}{1,083333} = \$ \, 230,77$$

Nota: Se tivéssemos considerado o período de antecipação em termos de meses, teríamos chegado ao mesmo resultado, uma vez que: $\dfrac{5}{12} = \dfrac{150}{360}$.

c) $N = 5.000$

   $i = 32\%$ a.a.

   $n = 25$ dias

$$D_r = \frac{Nin}{1 + in}$$

$$D_r = \frac{5.000 \, (0,32) \, \dfrac{25}{360}}{1 + (0,32) \, \dfrac{25}{360}}$$

$$D_r = \frac{111,11}{1,022222} = \$ \, 108,69$$

d) $N = 6.000$

   $i = 28\%$ a.a.

   $n = 9$ meses e 15 dias ou 285 dias

$$D_r = \frac{Nin}{1 + in}$$

$$D_r = \frac{6.000 \, (0,28) \, \dfrac{285}{360}}{1 + (0,28) \, \dfrac{285}{360}}$$

$$D_r = \frac{1.330}{1,221667} = \$ \, 1.088,68$$

4. Um título de valor nominal $ 10.000,00, com vencimento em 23/09/X5, é resgatado em 15/06/X5. Qual é o desconto racional se a taxa de juros contratada for de 27% a.a.?

Resolução: Fazendo-se a contagem exata do número de dias compreendido entre as duas datas, teremos:

23/09 = 266 $\underline{}$
15/06 = $\underline{166}$
 100

(Ver Tabela de Contagem de Dias do Ano Comercial.)

Portanto: N = 10.000

 i = 27% a.a.

 n = 100 dias

$$D_r = \frac{Nin}{1 + in}$$

$$D_r = \frac{10.000\,(0,27)\,\dfrac{100}{360}}{1 + (0,27)\,\dfrac{100}{360}}$$

$$D_r = \frac{750}{1,075} = \$\ 697,67$$

5. Um título de valor nominal $ 5.300,00 foi descontado à taxa de 18% a.a. Sabendo-se que o desconto racional foi de $ 300,00, quanto tempo antes do vencimento efetuou-se o resgate?

Resolução: N = 5.300

 i = 18% a.a.

 D_r = 300

Sabemos que: $D_r = N - V_r$

donde: $V_r = N - D_r$

portanto: $V_r = 5.300 - 300 = \$\ 5.000,00$

Por outro lado, tem-se que:

$$D_r = V_r\,in$$

Então: $300 = 5.000\,(0,18)\,n$

$$n = \frac{300}{900} = \frac{1}{3}$$

Como n se refere a período anual, vem:

$$1 \;-------\; 12 \text{ meses}$$

$$\frac{1}{3} \;-------\; X \text{ meses}$$

Portanto: $1\,X = 12 \cdot \dfrac{1}{3}$

$$\therefore X = 4 \text{ meses}$$

Obs.: Idêntica solução seria obtida pela fórmula: $D_r = \dfrac{Nin}{1+in}$

6. Uma Nota Promissória de valor nominal $ 8.856,00, com vencimento em 4 meses, foi comprada por $ 8.200,00. Qual é a taxa de desconto racional exigida pelo comprador?

Resolução: $N = 8.856$

$V_r = 8.200$

$n = 4$ meses

O valor de compra é o valor atual do título 4 meses antes de seu vencimento. Portanto:

$$D_r = N - Vr$$
$$D_r = 8.856 - 8.200 = \$\,656,00$$

A taxa de desconto anual pode, então, ser encontrada por:

$$D_r = V_r\, in$$

$$656 = 8.200\, i\; \frac{4}{12}$$

$$i = \frac{656 \times 12}{8.200 \times 4}$$

$$i = \frac{7.872}{32.800}$$

$$\therefore i = 0,24 \text{ ou } i = 24\% \text{ a.a.}$$

Outro modo de se calcular a taxa de desconto é através de:

$$N = V_r(1 + in)$$

$$8.856 = 8.200 \left(1 + i\, \frac{4}{12}\right)$$

$$\frac{8.856}{8.200} = 1 + i \frac{4}{12}$$

$$1,08 = 1 + i \frac{1}{3}$$

$$0,08 = \frac{i}{3}$$

$$i = (0,08) \, 3$$

$$\therefore i = 0,24 \text{ ou } i = 24\% \text{ a.a.}$$

7.   O desconto racional de um título, vencendo a 216 dias, é igual a $ 1.437,50. Qual seria seu valor nominal se a taxa de juros adotada fosse de 30% a.a.?

Resolução: $D_r = 1.437,50$

$i = 30\%$ a.a

$n = 216$ dias

$$D_r = \frac{Nin}{1 + in}$$

$$1.437,50 = \frac{N(0,30) \dfrac{216}{360}}{1 + (0,30) \dfrac{216}{360}}$$

$$1.437,50 = \frac{N\,(0,18)}{1,18}$$

$$N = \frac{1.437,50 \,(1,18)}{0,18} = \$ \, 9.423,61$$

8.   Determinar o desconto comercial em cada uma das hipóteses abaixo:

Valor Nominal	Taxa de Juros	Prazo de Antecipação
a) $ 15.000,00	25% a.a.	8 meses
b) $ 3.000,00	20% a.a.	150 dias
c) $ 5.000,00	32% a.a.	25 dias
d) $ 6.000,00	28% a.a.	9 meses e 15 dias

Resolução:

a) $N = 15.000$

$i = 25\%$ a.a.

$n = 8$ meses

O desconto comercial (D_c) será:

$$D_c = Nin$$

$$D_c = 15.000 \, (0,25) \, \frac{8}{12}$$

$$D_c = 15.000 \, (0,166667) = \$ \, 2.500,00$$

b) $N = 3.000$

$i = 20\%$ a.a.

$n = 150$ dias

$$D_c = Nin$$

$$D_c = 3.000 \, (0,20) \, \frac{150}{360}$$

$$D_c = 3.000 \, (0,083333) = \$ \, 250,00$$

c) $N = 5.000$

$i = 32\%$ a.a.

$n = 25$ dias

$$D_c = Nin$$

$$D_c = 5.000 \, (0,32) \, \frac{25}{360}$$

$$D_c = 5.000 \, (0,022222) = \$ \, 111,11$$

d) $N = 6.000$

$i = 28\%$ a.a.

$n = 9$ meses e 15 dias ou 285 dias

$$D_c = Nin$$

$$D_c = 6.000 \, (0,28) \, \frac{285}{360}$$

$$D_c = 6.000 \, (0,221667) = \$ \, 1.330,00$$

Nota: Comparar os resultados deste problema com os do problema nº 3.

9. Uma Nota Promissória, no valor de \$ 10.000,00 em seu vencimento, foi descontada 2 meses antes de seu prazo de resgate. Sabendo-se que a taxa de desconto comercial era de 28% a.a., qual foi o desconto? Qual foi o valor atual comercial?

Resolução: $N = 10.000$

$i = 28\%$ a.a.

$n = 2$ meses

$$D_c = Nin$$

$$D_c = 10.000 \ (0,28) \ \frac{2}{12}$$

$$D_c = 10.000 \ (0,046667) = \$ \ 466,67$$

Como já foi calculado o desconto comercial, o valor atual comercial (V_c) pode ser obtido por diferença:

$$V_c = N - D_c$$

$$V_c = 10.000 - 466,67 = \$ \ 9.533,33$$

Caso nos interessasse apenas o valor atual comercial, poderíamos calculá-lo diretamente por:

$$V_c = N \ (1 - in)$$

$$V_c = 10.000 \left[1 - (0,28) \ \frac{2}{12} \right]$$

$$V_c = 10.000 \ (1 - 0,046667)$$

$$V_c = 10.000 \ (0,953333) = \$ \ 9.533,33$$

10. O desconto comercial de um título foi de $ 750,00, adotando-se uma taxa de juros de 30% a.a. Quanto tempo faltaria para o vencimento do título, se seu valor nominal fosse de $ 20.000,00?

Resolução: $N = 20.000$

$i = 30\%$ a.a.

$D_c = 750$

$D_c = Nin$

$$750 = 20.000 \ (0,30) \ n$$

$$750 = 6.000 \ n$$

$$n = \frac{750}{6.000} = 0,125 \text{ anos}$$

Em termos de dias, teremos:

$$1 \ ------------ \ 360 \text{ dias}$$

$$0,125 \ ------------ \ X \text{ dias}$$

Então: $1 X = (0,125)\ 360$

$\therefore X = 45$ dias

11. Um título a vencer no dia 15/10/X5 foi descontado no dia 20/08/X5. Se o desconto comercial fosse de $ 1.470,00 e a taxa de juros fosse de 27% a.a., qual seria o valor nominal deste título?

Resolução: O número exato de dias entre as duas datas é:

$15/10 = 288$
$20/08 = \underline{232}$
$\qquad\qquad 56$ (ver Apêndice de Tabelas)

$D_c = 1.470$

$i\ \ = 27\%$ a.a.

$n\ = 56$ dias

$D_c = Nin$

$$1.470 = N\ (0,27)\ \frac{56}{360}$$

$$1.470 = N\ (0,042)$$

$$N\ = \frac{1.470}{0,042} = \$\ 35.000,00$$

12. Se o valor descontado comercial for de $ 14.195,00 e o prazo de antecipação for de 270 dias, qual será o valor do título no vencimento, considerando-se uma taxa de 22% a.a.?

Resolução: $V_c = 14.195$

$i\ \ = 22\%$ a.a.

$n\ = 270$ dias

Empregando-se a fórmula de cálculo direto do valor atual comercial, temos:

$$V_c = N\ (1 - in)$$

$$14.195 = N\left[1 - (0,22)\ \frac{270}{360}\right]$$

$$14.195 = N\ (1 - 0,165)$$

$$N = \frac{14.195}{0,835} = \$\ 17.000,00$$

13. João propõe a Pedro a venda de um título no valor nominal de $ 23.000,00, com vencimento para 3 meses. Considerando que Pedro quer ganhar 39,5% a.a., que taxa de desconto comercial oferecerá a João e quanto pagará pelo título?

Resolução: $N = 23.000$

$n = 3$ meses

Se Pedro quiser ganhar 39,5% a.a., então pagará pelo título certa quantia (V_r) que lhe renderá, quando resgatar o título após 3 meses, a taxa proporcional de 39,5% a.a.

Portanto: $23.000 = V_r \left[1 + (0,395) \dfrac{3}{12} \right]$

$23.000 = V_r (1 + 0,09875)$

$V_r = \dfrac{23.000}{1,09875} = \$ 20.932,88$

Como vemos, se Pedro comprar o título por $ 20.932,28, estará ganhando 39,5% *a.a.* ao resgatá-lo por $ 23.000,00, 3 meses depois.

A taxa de desconto comercial que lhe interessa é, por conseguinte, a taxa que conduz a um valor atual comercial de $ 20.932,88.

Então: $N = 23.000$

$V_c = 20.932,88$

$n = 3$ meses

$V_c = N (1 - in)$

$20.932,88 = 23.000 \left(1 - i \dfrac{3}{12} \right)$

$\dfrac{20.932,88}{23.000} = 1 - i \dfrac{3}{12}$

$0,910125 = 1 - \dfrac{i}{4}$

$-0,089875 = -\dfrac{i}{4}$

$i = (0,089875) \, 4$

$\therefore i = 0,3595$ ou $i = 35,95\%$ a.a.

14. Uma empresa retira do Banco Alfa um empréstimo por 3 meses no valor de $ 500.000,00. Se a taxa de juros for de 26% a.a. e, além disso, o banco cobrar 1% a título de despesas administrativas, qual será o desconto bancário?

Resolução: N = 500.000

i = 26% a. a.

n = 3 meses

h = 1% (taxa administrativa)

O desconto bancário (D_b) será:

$D_b = N (h + in)$

$D_b = 500.000 \left[0,01 + (0,26) \dfrac{3}{12} \right]$

$D_b = 500.000 (0,01 + 0,065)$

$D_b = 500.000 (0,075) = \$ 37.500,00$

15. Um banco cobra, em seus financiamentos, a taxa administrativa de 2% e sua taxa de juros corrente é de 29% a.a. Que financiamento por 3 meses deverá um cliente pedir a este banco se esta pessoa necessitar de $ 10.000,00?

Resolução: Se o cliente precisar de $ 10.000,00, então este é o valor líquido que quer receber, sendo portanto, no caso do desconto bancário, o valor descontado bancário (V_b). O valor do financiamento que o cliente irá pedir é o valor nominal.

V_b = 10.000

i = 29% a.a.

n = 3 meses

h = 2%

$V_b = N [1 - (h + in)]$

$10.000 = N \left\{ 1 - \left[0,02 + (0,29) \dfrac{3}{12} \right] \right\}$

$10.000 = N [1 - (0,02 + 0,0725)]$

$10.000 = N (1 - 0,0925)$

$N = \dfrac{10.000}{0,9075} = \$ 11.019,28$

16. No financiamento de $ 15.000,00, pelo prazo de 6 meses, o cliente recebeu o valor líquido de $ 12.525,00. Se a taxa de juros for fixada em 27% a.a., existirá taxa de serviço cobrada no desconto bancário?

Resolução: N = 15.000

i = 27% a.a.

n = 6 meses

$$V_b = 12.525$$

$$V_b = N \left[1 - (h + in) \right]$$

Se não existir taxa administrativa temos que "h", na fórmula, será igual a zero.

$$12.525 = 15.000 \left\{ 1 - \left[h + (0,27) \, \frac{6}{12} \right] \right\}$$

$$\frac{12.525}{15.000} = 1 - h - 0,135$$

$$0,835 = 0,865 - h$$

$$h = 0,865 - 0,835$$

$$\therefore h = 0,03 \text{ ou } h = 3\%$$

Como verificamos, o banco cobrou a taxa administrativa de 3%.

17. Uma Nota Promissória no valor nominal de $ 16.800,00 foi descontada em um banco que cobra 1% de taxa de serviço. O valor descontado bancário recebido foi de $ 15.000,00, uma vez que a taxa de juros considerada fora de 33% a.a. Com base nestas informações, pergunta-se: Qual foi o prazo de antecipação do resgate?

Resolução: $N = 16.800$

$i = 33\%$ a.a.

$h = 1\%$

$V_b = 15.000$

$V_b = N \left[1 - (h+in) \right]$

$15.000 = 16.800 \left[1 - (0,01 + 0,33 \, n) \right]$

$$\frac{15.000}{16.800} = 1 - (0,01 + 0,33 \, n)$$

$0,892857 = 1 - 0,01 - 0,33 \, n$

$0,33 \, n = 0,99 - 0,892857$

$$n = \frac{0,097143}{0,33}$$

$\therefore n = 0,29437$ anos

Em termos de dias, teremos:

$$1 \; -------------- \; 360 \text{ dias}$$

$$0,29437 \; ------------ \; X \text{ dias}$$

Portanto: $\dfrac{1}{360} = \dfrac{0,29437}{X}$

Então: $1\,X = (0,29437)\,360$

∴ $X \cong 106$ dias

18. Em um banco, com taxa de serviço de 2%, foi descontado no dia 05/03/X5 um título de valor nominal $ 10.000,00, com vencimento em 13/06/X5. Se o valor descontado bancário fosse de $ 9.100,00, qual seria a taxa de juros corrente adotada?

Resolução: Fazendo-se a contagem exata dos dias de antecipação do resgate, temos:

$$13/06 = 164$$
$$05/03 = \underline{\ \ 64\ }$$
$$100 \quad \text{(ver Apêndice de Tabelas)}$$

A antecipação foi de 100 dias. Portanto:

$N = 10.000$

$n = 100$ dias

$h = 2\%$

$V_b = 9.100$

O cálculo da taxa de juros pode ser feito tanto pela fórmula do valor descontado bancário quanto pela fórmula do desconto bancário. Por essa última, tem-se:

$D_b = N - V_b$

$D_b = 10.000 - 9.100 = \$ 900,00$

Como $D_b = N\,(h + in)$

então: $900 = 10.000 \left(0,02 + i\,\dfrac{100}{360}\right)$

$900 = 200 + \dfrac{1.000.000}{360}\,i$

$700 = 2.777,78\,i$

$i = \dfrac{700}{2.777,78}$

∴ $i = 0,252$ ou $i = 25,2\%$ a.a.

19. Calcular o desconto comercial de um compromisso no valor nominal de $ 7.500,00, considerando-se a taxa de juros de 28,8% a.a. e o prazo de antecipação do resgate como sendo de 50 dias. Que taxa de juros efetiva está sendo cobrada?

Resolução: Calculando-se inicialmente o desconto comercial, temos:

$$N = 7.500$$

$$i = 28,8\% \text{ a.a.}$$

$$n = 50 \text{ dias}$$

$$D_c = Nin$$

$$D_c = 7.500 \ (0,288) \ \frac{50}{360}$$

$$D_c = 7.500 \ (0,04) = \$ \ 300,00$$

O valor descontado comercial (V_c) será:

$$V_c = N - D_c$$

$$V_c = 7.500 - 300 = \$ \ 7.200,00$$

Portanto, pelo montante de $ 7.500,00 recebeu-se $ 7.200,00. Num diagrama de capitais no tempo, tem-se:

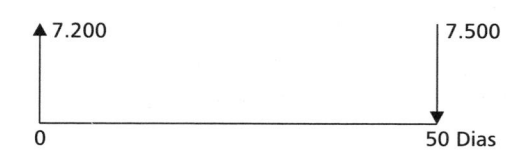

Pelo diagrama torna-se mais evidente que a taxa de juros, que no prazo de 50 dias torna o capital de $ 7.200,00 igual ao montante de $ 7.500,00, é a taxa que realmente está sendo cobrada na operação. A taxa de juros efetiva (i_f), por conseguinte, é tal que:

$$N = V_c \ (1 + i_f \, n)$$

$$7.500 = 7.200 \left(1 + i_f \ \frac{50}{360}\right)$$

$$\frac{7.500}{7.200} = 1 + i_f \cdot \frac{50}{360}$$

$$1,041667 = 1 + i_f \cdot \frac{50}{360}$$

$$i_f = (0,041667) \, \frac{360}{50}$$

$$\therefore \; i_f = 0,30 \text{ ou } i_f = 30\% \text{ a.a.}$$

Outro método para o cálculo da taxa efetiva é através da fórmula

$$i_f = \frac{i}{1 - in}$$

onde: i = taxa de desconto anual

n = número de períodos de antecedência da data de vencimento.

Neste problema, temos:

i = 28,8% a.a.

n = 50 dias

Portanto: $i_f = \dfrac{0,288}{1 - (0,288)\,\dfrac{50}{360}}$

$$i_f = \frac{0,288}{1 - 0,04}$$

$$i_f = \frac{0,288}{0,96} = 0,30 \text{ ou } i_f = 30\% \text{ a.a.}$$

20. O valor atual bancário de uma Nota Promissória descontada 3 meses antes de seu vencimento é de $ 11.040,00. Qual será a taxa de juros efetiva, se a taxa de desconto for de 27% a.a. e a taxa administrativa for de 1,25%?

Resolução: Calculamos inicialmente o valor nominal da Nota Promissória, para que possamos utilizar a relação do valor nominal com o valor descontado.

Portanto: $V_b = 11.040$

i = 27% a.a.

n = 3 meses

h = 1,25%

$V_b = N\,[1 - (h + in)]$

$$11.040 = N \left\{ 1 - \left[0,0125 + (0,27)\,\frac{3}{12} \right] \right\}$$

$$11.040 = N\,(1 - 0,08)$$

$$N = \frac{11.040}{0,92} = \$ \, 12.000,00$$

A taxa de juros efetiva (i_f) será obtida por:

$$N = V_b (1 + i_f \, n)$$

$$12.000 = 11.040 \left(1 + i_f \cdot \frac{3}{12} \right)$$

$$\frac{12.000}{11.040} = 1 + i_f \cdot \frac{3}{12}$$

$$1,086957 = 1 + i_f \cdot \frac{3}{12}$$

$$i_f = (0,086957) \, \frac{12}{3} = 0,3478 \text{ ou } i_f = 34,78\% \text{ a.a.}$$

Para a aplicação da fórmula de cálculo direto da taxa efetiva, é necessário, no caso do desconto bancário, calcular antes a taxa de desconto bancário mensal. Neste problema temos:

i = 27% a.a.

h = 1,25%

n = 3 meses

Portanto, as taxas proporcionais mensais serão, respectivamente:

$$i_m = \frac{0,27}{12} = 0,02250 \text{ a.m.}$$

$$h_m = \frac{0,0125}{3} = 0,00417 \text{ a.m.}$$

A taxa de desconto bancário mensal (i') será:

$$i' = i_m + h_m$$

$$i' = 0,02250 + 0,00417 = 0,02667 \text{ a.m.}$$

A taxa efetiva mensal será dada por:

$$i_f = \frac{i'}{1 - i'n}$$

$$i_f = \frac{0,02667}{1 - (0,02667)3}$$

$$i_f = \frac{0,02667}{0,91999} = 0,02899 \text{ a.m.}$$

ou em termos anuais:

$$i_f = 34,78\% \text{ a.m.}$$

21. Que taxa anual de desconto comercial exigirá uma entidade financeira numa antecipação de 6 meses, se ela deseja ganhar a taxa de juros efetiva de 26% a.a.?

Resolução: $i_f = 26\%$ a.a.

$n = 6$ meses ou 0,5 ano

Sabendo-se que:

$$V_c = N (1 - in)$$

onde (i) é a taxa anual de desconto e que

$$N = V_c (1 + i_f n)$$

onde (i_f) é a taxa de juros efetiva anual, podemos estabelecer a igualdade:

$$N = N (1 - in) (1 + i_f n)$$

$$N = N (1 - 0,5\ i) [1 + (0,26)\ 0,5]$$

$$\frac{N}{N} = (1 - 0,5\ i) (1,13)$$

$$\frac{1}{1,13} = 1 - 0,5\ i$$

$$0,884956 = 1 - 0,5\ i$$

$$i = \frac{1 - 0,884956}{0,5}$$

$$i = \frac{0,115044}{0,5} = 0,2301 \text{ ou } i = 23,01\% \text{ a.a.}$$

22. O valor descontado comercial de uma promissória é igual a um quarto de seu valor nominal. Qual será a taxa de desconto comercial anual, se o prazo de antecipação do resgate for de 8 meses?

Resolução: Se o valor descontado comercial for um quarto do valor nominal, então:

$$V_c = \frac{1}{4} N$$

Como o prazo de antecipação é de 8 meses, temos:

$$n = 8 \text{ meses}$$

Portanto: $V_c = N (1 - in)$

$$\frac{1}{4} N = N \left(1 - i \cdot \frac{8}{12} \right)$$

$$\frac{1 \cancel{N}}{4 \cancel{N}} = 1 - i \cdot \frac{8}{12}$$

$$0,25 = 1 - i \cdot \frac{8}{12}$$

$$i = (1 - 0,25) \frac{12}{8}$$

$$i = (0,75) \frac{12}{8} = 1,125 \text{ a.a. ou } i = 112,5\% \text{ a.a.}$$

23. Numa operação de desconto de um título a vencer em 5 meses, o desconto comercial é \$ 140,00 maior que o desconto racional. Qual será o valor nominal do título, se a taxa de juros empregada nos descontos for de 24% a.a.?

Resolução: $i = 24\%$ a.a.

$n = 5$ meses

Se o desconto comercial for \$ 140,00 maior que o desconto racional, isto quer dizer que:

$$D_c = D_r + 140$$

Lembrando que: $D_c = D_r (1 + in)$

então: $D_c = D_r + D_r in$

Considerando a questão proposta no problema, tem-se:

$$D_c = D_r + 140$$
$$D_c = D_r + D_r in$$

Por conseguinte:

$$140 = D_r in$$
$$140 = D_r (0,24) \frac{5}{12}$$
$$140 = D_r (0,10)$$
$$D_r = \frac{140}{0,10} = \$ 1.400,00$$

Tendo encontrado o valor do desconto racional, temos agora todos os dados necessários para calcular o valor nominal do título:

$$D_r = 1.400$$
$$i = 24\% \text{ a.a.}$$

$$n = 5 \text{ meses}$$

$$D_r = \frac{Nin}{1+in}$$

$$1.400 = \frac{N\,(0,24)\,\dfrac{5}{12}}{1+(0,24)\,\dfrac{5}{12}}$$

$$1.400 = \frac{N\,(0,10)}{1,10}$$

$$N = \frac{1.400\,(1,10)}{0,10} = \$\,15.400,00$$

24. Qual é o prazo de antecipação do resgate tal que o desconto racional seja igual a três quartos do desconto comercial, considerando-se uma taxa de juros de 40% a.a. em ambos os descontos?

Resolução: Se o desconto racional for igual a três quartos do desconto comercial, então:

$$D_r = \frac{3}{4}\,D_c$$

sendo a taxa de juros

$$i = 40\% \text{ a.a.}$$

Portanto, considerando a fórmula:

$$D_c = D_r\,(1 + in)$$

temos: $$D_c = \frac{3}{4}\,D_c\,(1 + 0,40\,n)$$

$$\frac{D_c}{D_c} = \frac{3}{4}\,(1 + 0,40\,n)$$

$$1 = \frac{3}{4} + \frac{3}{4}\,(0,40)\,n$$

$$1 = 0,75 + 0,30\,n$$

$$n = \frac{1 - 0,75}{0,30}$$

$$n = \frac{0,25}{0,30} = 0,83333 \text{ anos}$$

O prazo expresso em termos de meses será:

$$1 \; -\!-\!-\!-\!-\!-\!-\!-\!-\!-\!- \; 12 \text{ meses}$$

$$0,83333 \; -\!-\!-\!-\!-\!-\!-\!-\!-\!-\!- \; X \text{ meses}$$

Portanto: $\dfrac{1}{12} = \dfrac{0,83333}{X}$

então: $1\,X = 12\,(0,83333) = 10$ meses

25. A diferença entre o valor atual racional e o valor atual comercial é de \$ 25,00. Sabendo-se que o valor nominal do título é de \$ 10.500,00 e que o prazo de antecipação é de 2 meses, pergunta-se qual foi a taxa de juros adotada.

Resolução: $N = 10.500$

$n = 2$ meses

Pelo enunciado do problema, temos:

$$V_r = V_c + 25$$

Considerando-se as fórmulas do valor atual racional e do valor atual comercial, vem:

$$V_c = N\,(1 - in)$$
$$V_r = \dfrac{N}{1 + in}$$

Portanto: $V_c = 10.500 \left(1 - i \cdot \dfrac{2}{12}\right)$

e $\qquad V_r = \dfrac{10.500}{1 + i \cdot \dfrac{2}{12}}$

Como $\qquad V_r = V_c + 25$

podemos substituir na fórmula do valor atual racional:

$$V_c + 25 = \dfrac{10.500}{1 + i \cdot \dfrac{2}{12}}$$

Substituindo o valor atual comercial na expressão acima, temos:

$$10.500 \left(1 - i \cdot \dfrac{2}{12}\right) + 25 = \dfrac{10.500}{1 + i \cdot \dfrac{2}{12}}$$

$$10.525 - 1.750\,i = \dfrac{10.500}{1 + i \cdot \dfrac{2}{12}}$$

Donde $\quad -291,667\,i^2 + 4,167\,i + 25 = 0$

Resolvendo-se esta equação do 2º grau, consideraremos apenas a raiz positiva, visto que a taxa de juros negativa não tem significado financeiro.

A taxa de juros, que é solução da equação acima, é de:

$$i = 0,30 \text{ ou } i = 30\% \text{ a.a.}$$

6 Exercícios propostos

1. Determinar o desconto racional das hipóteses seguintes:

Valor Nominal	Taxa	Prazo até Vencimento
a) $ 10.000,00	23% a.a.	3 meses
b) $ 7.500,00	29% a.a.	100 dias
c) $ 8.200,00	20,5% a.a.	1 ano e 2 meses
d) $ 3.000,00	26% a.a.	3 meses e 20 dias

2. Determinar o valor atual racional dos seguintes títulos:

Valor Nominal	Taxa	Prazo até Vencimento
a) $ 20.000,00	15,9% a.a.	50 dias
b) $ 12.500,00	21% a.a .	125 dias
c) $ 6.420,00	30% a.a.	8 meses
d) $ 5.000,00	26,4% a.a.	181 dias

3. Quanto devo pagar por um título no valor nominal de $ 15.000,00 com vencimento em 150 dias se quero ganhar 36% a.a.?

4. O valor nominal de uma promissória com vencimento em 15/11/X5 é de $ 2.700,00. Se o dinheiro valer 36% a.a. e a promissória for saldada dia 19/08/X5, de quanto será o desconto por dentro obtido? Qual o valor atual?

5. Se o desconto racional concedido for de $ 57,63, qual será a taxa considerada, uma vez que o valor nominal é de $ 600,00 e o período de antecipação 5 meses?

6. Um título de valor nominal $ 1.300,00 foi resgatado antes de seu vencimento, sendo por isso bonificado com um desconto racional de $ 238,78. Considerando a taxa de 27% a.a., qual foi a antecedência?

7. O valor atual de uma promissória é de $ 1.449,28, tendo sido adotada a taxa de 18% a.a. Qual será o prazo de antecedência, se o desconto racional for de $ 50,72?

8. Um título cujo resgate foi efetuado 145 dias antes do vencimento foi negociado à taxa de 23% a.a. Qual era o valor nominal do título, uma vez que o valor atual racional recebido foi de $ 1.921,95?

9. Calcular o desconto comercial das hipóteses seguintes:

Valor Nominal	Taxa	Prazo até Vencimento
a) $ 12.500,00	37% a.a.	250 dias
b) $ 18.000,00	35% a.a.	3 meses
c) $ 20.000,00	28% a.a.	8 meses
d) $ 22.000,00	27% a.a.	4 meses e 12 dias

10. Determinar o valor descontado (valor atual comercial) das hipóteses apresentadas no exercício anterior.

11. Se o desconto comercial for de $ 1.125,00, qual será o valor nominal, se a taxa considerada for de 27% a.a. e o prazo de antecedência 100 dias?

12. Uma nota promissória foi descontada 4 meses antes de seu vencimento à taxa de 26% a.a. Sabendo-se que o valor atual comercial foi de $ 18.266,67, qual seria seu valor nominal?

13. Um título com vencimento em 28/08 foi descontado dia 01/03 do mesmo ano. Qual seria a taxa contratada se o valor nominal fosse de $ 12.000,00 e o desconto comercial de $ 1.500,00?

14. O valor nominal de um título é 15 vezes o desconto comercial a 30% a.a. Qual será o prazo de antecipação, se o desconto comercial for de $ 640,00?

15. O valor atual de um título é de $ 23.600,00, considerando-se a taxa de 28% a.a. e o prazo de antecipação de 72 dias. Pergunta-se: Qual é o desconto comercial?

16. Se a taxa de juros corrente for de 30% a.a., qual será o valor atual comercial se o desconto de um título no valor de $ 18.000,00 ocorrer 90 dias antes de seu vencimento?

17. Uma pessoa tomou emprestado $ 10.000,00 para pagar após um ano, tendo sido contratada a taxa de 25% a.a. Quatro meses antes do vencimento o devedor resolveu resgatar o título, contanto que fosse efetuado desconto comercial e à taxa, então vigorante no mercado, de 26,5% a.a. Qual o valor líquido que o devedor se propõe pagar?

18. Pelo valor nominal de $ 10.000,00 uma pessoa recebeu $ 9.556,94 como sendo o valor atual comercial. Qual foi a antecipação, se a taxa de juros adotada tivesse sido de 29% a.a.?

19. Qual será o desconto bancário em uma operação onde o valor nominal é de $ 7.000,00 e o prazo de antecipação é de 105 dias? Considerar juros correntes de 23,5% a.a. e taxa administrativa de 2%.

20. João, desejando comprar um carro, pediu empréstimo de $ 17.000,00 pelo prazo de 3 meses. Sabendo-se que o Banco Alfa cobra 2% de despesas administrativas e que a taxa de juros de mercado é de 28,4% a.a., qual é o preço do carro? (O valor recebido é o preço do carro.)

21. Se uma empresa necessitar de $ 10.740,00 para saldar uma duplicata, que compromisso deverá assumir por 90 dias, se a taxa corrente for de 36% a.a. e o banco cobrar 1,5% de taxa de serviço?

22. O Banco X anuncia que sua taxa de juros é a menor do mercado, cobrando apenas 3% de taxa administrativa. Exemplifica, dizendo que, para 6 meses, se o cliente pedir $ 45.000,00, sofrerá um desconto de apenas $ 8.550,00. Qual é a taxa de juros comercial considerada?

23. Por um empréstimo de $ 5.000,00 a 4 meses João recebeu líquido $ 4.291,67. Tendo perguntado ao gerente qual fora a taxa de juros empregada, este lhe garantiu que era de 24,5% *a.a.* Qual foi a taxa de serviço cobrada?

24. Um empréstimo de $ 4.000,00 foi retirado de um banco cuja taxa administrativa é de 2,5%. Se o desconto bancário fosse de $ 564,00 e a taxa de juros 27,84% a.a., qual seria o prazo contratado para tal empréstimo?

25. Um título a vencer em 90 dias, no valor de $ 10.000,00, foi descontado por $ 9.375,00 (valor atual comercial). Qual é a taxa de desconto e qual a taxa efetiva?

26. Uma duplicata de valor nominal $ 8.000,00 foi descontada 90 dias antes de seu vencimento a 23,5% a.a. Qual é o desconto comercial? Qual a taxa efetiva?

27. Um fornecedor oferece 3 meses de prazo em suas vendas. O cliente que optar pelo pagamento a vista receberá um desconto de 10% sobre o valor nominal. Que taxa de juros anual efetiva está sendo cobrada?

28. Se uma instituição desejar ganhar 36% a.a. (taxa efetiva), que taxa de desconto deverá aplicar para operações com os prazos de:

a) 1 mês; b) 3 meses: c) 6 meses.

29. O Banco Alfa cobra 2% de taxa de serviço e como taxa de juros emprega 26% a.a. Qual é o desconto bancário de um título com valor nominal de $ 3.000,00 e vencimento a 4 meses? Qual é a taxa efetiva?

30. Uma empresa vai ao banco para descontar uma duplicata de $ 7.200,00 com vencimento a 5 meses. Se a taxa de juros for de 25% a.a. e a taxa de serviço de 2,5%, qual será o valor líquido recebido e a taxa efetiva paga pela empresa?

31. Se o banco exigir 2% como taxa administrativa, qual será a taxa efetiva se a taxa de juros corrente for de 27% a.a. e os prazos de desconto forem:

a) 1 mês; b) 3 meses; c) 6 meses.

32. A diferença entre o desconto comercial e o desconto racional é de $ 36,13. Sabendo-se que o prazo de antecipação é de 3 meses e que a taxa de juros considerada é de 25,44% a.a., qual é o valor nominal do compromisso?

33. O quociente entre os descontos comercial e racional é de 1,06. Qual será o prazo de antecipação se a taxa de juros for de 24% a.a.?

34. O desconto comercial supera o desconto racional em $ 36,00 e o prazo de antecipação é de 90 dias. Qual é o desconto comercial, uma vez que o valor nominal do compromisso é $ 10.600,00?

35. O quociente entre o desconto comercial e o valor nominal é de 0,135, ao passo que o quociente entre os descontos comercial e racional é de 1,135. Qual será a taxa considerada, se a antecipação for de 6 meses?

36. A diferença entre o valor atual racional e o valor atual comercial é de $ 416,51, sendo o prazo de antecipação 8 meses e a taxa de juros 28,2% a.a. Qual é o valor nominal do título?

37. O desconto bancário supera o desconto racional em $ 733,23, considerando-se a taxa de juros de 30,6% a.a. e antecipação de 4 meses. Qual será a taxa administrativa no desconto bancário se a diferença entre os descontos comercial e racional for de $ 283,23?

Respostas

1. a) $ 543,74
   b) $ 559,13
   c) $ 1.582,65
   d) $ 220,79

2. a) $ 19.567,88
   b) $ 11.650,49
   c) $ 5.350,00
   d) $ 4.414,10

3. $ 13.043,48

4. a) $ 218,38
   b) $ 2.481,62

5. 25,5% a.a.

6. 300 dias

7. 70 dias

8. $ 2.100,00

9. a) $ 3.211,80
    b) $ 1.575,00
    c) $ 3.733,33
    d) $ 2.178,00

10. a) $ 9.288.20
    b) $ 16.425,00
    c) $ 16.266,67
    d) $ 19.822,00

11. $ 15.000,00

12. $ 20.000,00

13. 25% a.a.

14. 80 dias

15. $ 1.400,00

16. $ 16.650,00

17. $ 11.395,84

18. 55 dias

19. $ 619,79

20. $ 15.453,00

21. $ 12.000,00

22. 32% a.a.

23. 6%

24. 5 meses

25. 25% a.a.; 26,67% a.a.

26. $ 470,00; 24,97% a.a.

27. 44,44% a.a.

28. a) 34.95% a.a.
    b) 33,03% a.a.
    d) 30,51% a.a.

29. $ 320,00; 35,82% a.a.

30. $ 6.270,00; 35,60% a.a.

31. a) 53,26% a.a.
    b) 38,36% a.a.
    c) 36,69% a.a.

32. $ 9.500,18

33. 3 meses

34. $ 636,00

35. 27% a.a.

36. $ 14.000,00

37. 1,5%

Parte II

Juros Compostos

3
Juro e Montante

Já foi analisado o regime de juros simples, caracterizado pelo fato de apenas o capital inicial render juros e este ser diretamente proporcional ao tempo e à taxa.

No regime de **juros compostos**, que tem grande importância financeira por retratar melhor a realidade, o juro gerado pela aplicação será incorporado à mesma passando a participar da geração de juros no período seguinte. Dizemos então que os juros são capitalizados, e como não só o capital inicial rende juros mas estes são devidos também sobre os juros formados anteriormente, temos o nome de juros compostos.

1 Diferença entre os regimes de capitalização

A diferença entre um regime e outro pode ser mais facilmente verificada através de um exemplo: seja um principal de $ 1.000,00 aplicado à taxa de 20% a.a. por um período de 4 anos a juros simples e compostos.

Temos: $C_0 = 1.000,00$

$i\ = 20\%$ a.a.

$n\ = 4$ anos

n	Juros simples		Juros compostos	
	Juro por período	Montante	Juro por período	Montante
1	$1.000 \times 0,2 = 200$	1.200	$1.000 \times 0,2 = 200$	1.200
2	$1.000 \times 0,2 = 200$	1.400	$1.200 \times 0,2 = 240$	1.440
3	$1.000 \times 0,2 = 200$	1.600	$1.440 \times 0,2 = 288$	1.728
4	$1.000 \times 0,2 = 200$	1.800	$1.728 \times 0,2 = 346$	2.074

O gráfico a seguir permite uma comparação visual entre os montantes no regime de juros simples e de juros compostos. Verificamos que a formação do montante em juros simples é *linear* e em juros compostos é *exponencial*:

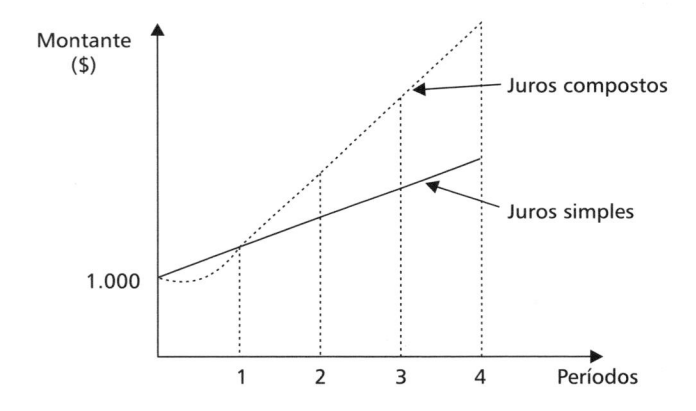

2 Montante

Recalculemos o montante de $ 2.074,00 obtido no exemplo anterior, utilizando uma notação literal:

$$C_1 = C_0 (1 + i) = \qquad 1.000 \, (1,2) = 1.200$$
$$C_2 = C_1 (1 + i) = \qquad 1.200 \, (1,2) = 1.440$$
$$C_3 = C_2 (1 + i) = \qquad 1.440 \, (1,2) = 1.728$$
$$C_4 = C_3 (1 + i) = \qquad 1.728 \, (1,2) \cong 2.074$$

Constata-se que o cálculo do montante pode ser feito facilmente passo a passo, desde que se utilize em cada período o montante do período anterior. Tal modo de calcular o montante pode ser utilizado eficientemente quando se tem o recurso de máquinas de calcular.

Entretanto, pode-se obter a fórmula do montante substituindo, no exemplo anterior, os resultados já achados:

$$C_1 = C_0 \,(1 + i)$$
$$C_2 = C_1 \,(1 + i)$$

Substituindo-se o valor de C_1 na segunda expressão, tem-se:

$$C_2 = C_0 \,(1 + i)\,(1 + i)$$
$$C_2 = C_0 \,(1 + i)^2$$

De modo análogo, temos:

$$C_3 = C_2 \,(1 + i)$$

E, substituindo-se o valor já calculado de C_2, tem-se:

$$C_3 = C_0 \,(1 + i)^2 \,(1 + i)$$
$$C_3 = C_0 \,(1 + i)^3$$

Repetindo o processo, obtém-se:

$$C_4 = C_3 \,(1 + i)$$
$$C_4 = C_0 \,(1 + i)^3 \,(1 + i)$$

Ou: $\quad \therefore C_4 = C_0 \,(1 + i)^4$

Pode-se generalizar o raciocínio anterior para se obter o montante ao final de n períodos à taxa i de juros:

$$\boxed{C_n = C_0 \,(1 + i)^n}$$

Nesta fórmula, a taxa de juros i refere-se à mesma medida de tempo utilizada para os n períodos e, além disto, deve ser expressa na forma unitária porque estamos operando algebricamente. O leitor deve observar que a fórmula exprime o montante, ao fim de n períodos, como uma *função exponencial* do capital inicial aplicado.

Exemplo: Uma pessoa toma $ 1.000,00 emprestado a juros de 2% a.m. pelo prazo de 10 meses com capitalização composta. Qual o montante a ser devolvido?

Resolução: $C_0 = 1.000$

$i\ \ = 2\%$ a.m.

$n\ = 10$ meses

Temos: $C_n = C_0 \,(1 + i)^n$

Portanto: $C_{10} = C_0 \,(1 + i)^{10}$

$C_{10} = 1.000 \,(1 + 0,02)^{10}$

$$C_{10} = 1.000 \, (1,02)^{10}$$
$$C_{10} = 1.000 \, (1,218994)$$
$$\therefore C_{10} = \$ \, 1.218,99$$

3 Cálculo do juro

Sabemos que o **montante** é igual à soma do principal (C_0) aos juros que a aplicação rende, no prazo considerado e à taxa de juros estipulada.

Calculemos os juros, período a período, do exemplo de juros compostos dado no quadro do item 1:

No primeiro período:

$$J_1 = C_1 - C_0$$
$$J_1 = 1.200 - 1.000 = 200$$

O valor dos juros devidos nos dois períodos iniciais é:

$$J_2 = C_2 - C_0$$
$$J_2 = 1.440 - 1.000 = 440$$

É fácil calcular os juros nos quatro períodos iniciais:

$$J_4 = C_4 - C_0$$
$$J_4 = 2.074 - 1.000 = 1.074$$

Para *n* períodos, podemos inferir que:

$$J_n = C_n - C_0$$

Mas, sendo

$$C_n = C_0 \, (1 + i)^n$$

temos:

$$J_n = C_0 \, (1 + i)^n - C_0 \therefore$$

$$\boxed{J_n = C_0 \, [(1 + i)^n - 1]}$$

A separação entre juros e principal apresenta aspectos práticos importantes, por exemplo, nos abatimentos fiscais que os juros geram para as pessoas física e jurídica.

Exemplo: Qual o juro pago no caso do empréstimo de $ 1.000,00 à taxa de juros compostos de 2% a.m. e pelo prazo de 10 meses?

Resolução: $C_0 = 1.000$

$I = 2\%$ a.m.

$n = 10$

Como: $J_n = C_0 [(1 + i)^n - 1]$

Temos: $J_{10} = 1.000 [(1 + 0,02)^{10} - 1]$

$J_{10} = 1.000 [(1,02)^{10} - 1]$

$J_{10} = 1.000 [1,21899 - 1]$

$J_{10} = 1.000 [0,21899]$

$\therefore J_{10} = \$ 218,99$

4 Valor atual e valor nominal

O montante de um capital (C_0) aplicado na data zero, à taxa de juros compostos (i), após n períodos, conforme já vimos, será dado por:

$$C_n = C_0 (1 + i)^n$$

O **valor atual**, como já visto em juros simples, corresponde ao valor da aplicação em uma data inferior à do vencimento.

O **valor nominal** é o valor do título na data do seu vencimento.

Vejamos estes conceitos aplicados ao regime de juros compostos: seja o montante dado (C_n), queremos saber qual é o valor atual do compromisso na data zero.

Sejam: $V = $ *valor atual* na data zero (C_0)

$N = $ *valor nominal* na data n (C_n)

Tem-se: $N = V (1 + i)^n$

Dividindo-se os dois membros por $(1 + i)^n$:

$$\frac{N}{(1+i)^n} = \frac{V\cancel{(1+i)^n}}{\cancel{(1+i)^n}}$$

Logo:

$$\boxed{V = \frac{N}{(1+i)^n}}$$

Deve ficar claro ao leitor que o valor atual pode ser calculado em qualquer data focal inferior à do montante, não precisando ser necessariamente a data zero que utilizamos na explicação. Constatamos que o cálculo do valor atual é apenas uma operação inversa do cálculo do montante. Nestas condições, o valor atual, aplicado à taxa de juros compostos contratada (*i*), da data do valor atual até à data do vencimento, reproduz o *valor nominal.*

Vejamos alguns exemplos:

a) Por quanto devo comprar um título, vencível daqui a 5 meses, com valor nominal de $ 1.131,40, se a taxa de juros compostos corrente for de 2,5% a.m.?

Resolução: $N = 1.131,40$

$i = 2,5\%$ a.m.

$n = 5$ meses

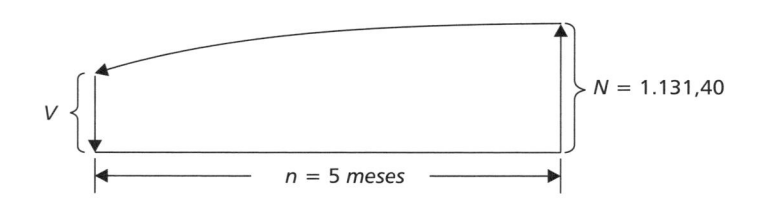

$$V = \frac{N}{(1+i)^n}$$

$$V = \frac{1.131,40}{(1,025)^5} \cong \frac{1.131,40}{1,131408}$$

$$V \cong \$\ 1.000,00$$

Portanto, se comprar o título por $ 1.000,00, não estarei fazendo mau negócio.

b) Uma pessoa possui uma letra de câmbio que vence daqui a 1 ano, com valor nominal de $ 1.344,89. Foi-lhe proposta a troca daquele título por outro, vencível daqui a 3 meses e no valor de $ 1.080,00. Sabendo-se que a taxa corrente de mercado é de 2,5% a.m., pergunta-se se a troca proposta é vantajosa.

Resolução: Um método simples é fazer a comparação de dois títulos em uma mesma data focal, calculando-se seus valores atuais. Adotemos como data focal, a data zero:

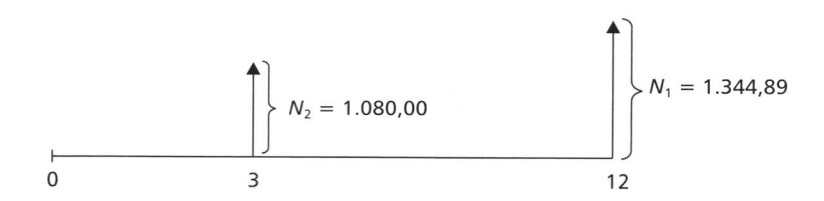

O valor atual na data focal zero da letra de câmbio que vence em 12 meses é dado por:

$$V_1 = \frac{N_1}{(1+i)^{12}} = \frac{1.344,89}{(1,025)^{12}}$$

$$V_1 = \frac{1.344,89}{1,344889} \cong 1.000,00$$

$$\therefore V_1 = \$\ 1.000,00$$

Calculemos agora o valor atual na data zero, da letra que vence em 3 meses:

$$V_2 = \frac{N_2}{(1+i)^3} = \frac{1.080,00}{(1,025)^3}$$

$$V_2 = \frac{1.080,00}{1,076891}$$

$$V_2 \cong \$\ 1.002,89$$

Comparando os dois valores atuais constatamos que:

$$V_2 > V_1$$

Ou seja, o título que vence em 3 meses tem um *valor atual um pouco maior* que o que vence em 12 meses. Portanto, a troca seria vantajosa.

Um modo mais simples para resolver-se o problema, seria calcular o valor atual do compromisso que vence em 12 meses, na data de vencimento da letra de 3 meses:

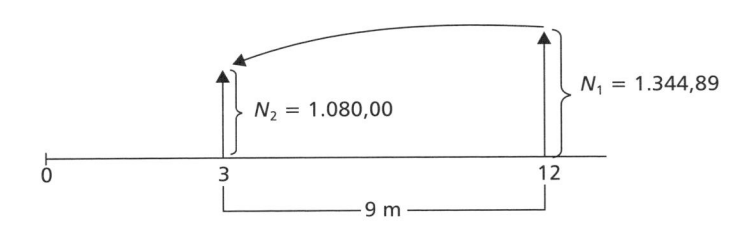

$$V'_1 = \frac{N_1}{(1+i)^9} = \frac{1.344,89}{(1,025)^9}$$

$$V'_1 = \frac{1.344,89}{1,248863}$$

$$V'_1 = \$\ 1.076,89$$

Este valor é *menor* que os $ 1.080,00 que a outra pessoa prometeu dar em troca na mesma data e, portanto, a transação é vantajosa.

Sugestão: O leitor deve fazer a comparação também na data focal 12 para dominar completamente este tipo de raciocínio.

5 Taxas equivalentes

Dizemos que duas taxas são equivalentes se, considerados o mesmo prazo de aplicação e o mesmo capital, for indiferente aplicar em uma ou em outra. De outro modo, considerando-se um mesmo capital aplicado por um mesmo intervalo de tempo a cada uma das taxas, ambas as taxas produzirão um mesmo montante se forem equivalentes.

Sejam as taxas:

i = referente a um intervalo de tempo p.

i_q = correspondente a um intervalo de tempo igual à fração própria p/q ($q > p$).

Para facilitar o raciocínio vamos admitir que $p = 1$ e, portanto, $p/q = 1/q$.

A fração $1/q$ pode ser visualizada do seguinte modo:

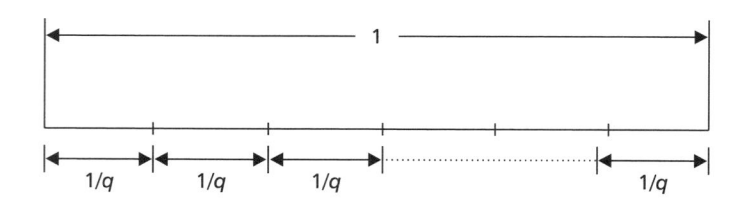

Ou seja, o intervalo de tempo unitário foi dividido em q partes iguais.

Admitindo-se um capital C_0 que será aplicado às duas taxas, temos o montante:

Após 1 período, à taxa i:

$$C_1 = C_0 (1 + i)^1$$

Aplicando o mesmo capital C_0 por q períodos, à taxa i_q, para que dê o mesmo intervalo de aplicação da taxa anterior, tem-se:

$$C_q = C_0 (1 + i_q)^q$$

Para que as taxas sejam equivalentes, devemos ter:

$$C_1 = C_q$$

Portanto:

$$\not\!\!C_0 \, (1 + i) = \not\!\!C_0 \, (1 + i_q)^q$$

$$(1 + i) = (1 + i_q)^q$$

Elevando-se os dois membros a $1/q$:

$$[(1 + i_q)^q]^{1/q} = [(1 + i)]^{1/q}$$

$$(1 + i_q)^{q/q} = (1 + i)^{1/q}$$

$$1 + i_q = \sqrt[q]{1 + i}$$

$$\boxed{i_q = \sqrt[q]{1 + i} - 1}$$

No apêndice é demonstrada esta fórmula sem a restrição de que um dos intervalos seja unitário.

Os exemplos seguintes permitirão que se entenda melhor a fórmula e o conceito de taxas equivalentes.

Exemplos:

a) Dada a taxa de juros de 9,2727% ao trimestre, determinar a taxa de juros compostos equivalente mensal.

Resolução: $i_q = \sqrt[q]{1 + i} - 1$

Sendo que: $q = 3$ meses

$i = 9,2727\%$ a.t.

Portanto: $i_3 = \sqrt[3]{1 + 0,092727} - 1$

$i_3 = \sqrt[3]{1,092727} - 1$

$i_3 = 1,03 - 1$

$\therefore i_3 = 0,03$ a.m. ou $i_3 = 3\%$ a.m.

b) Suponhamos que:

$$C_0 = 1.000,00$$

$$i_q = 2\% \text{ a.m.}$$

$$i = 26,824\% \text{ a.a.}$$

$$n = 1 \text{ ano}$$

Verificar se i e i_q são equivalentes.

Resolução: Para verificar se as duas taxas são equivalentes, vamos aplicar o capital de $ 1.000,00 pelo mesmo prazo. Vamos adotar 1 ano, que é o período de aplicação correspondente à taxa i.

O montante à taxa i, é:

$$C_1 = 1.000 \, (1,26824)$$
$$C_1 = \$ \, 1.268,24$$

Calculando-se o montante em 12 meses para a taxa i_q, tem-se:

$$C'_1 = 1.000 \, (1,02)^{12}$$
$$C'_1 = 1.000 \, (1,268242)$$

Logo:

$$C'_1 = \$ \, 1.268,24$$

Portanto, como $C_1 = C'_1$, podemos concluir que a taxa de 2% a.m. é *equivalente* à taxa de 26,824% ao ano.

Note-se que esta taxa é *maior* que a taxa equivalente obtida a juros simples (ou seja: 2% × 12 m = 24% ao ano).

c) Se um capital de $ 1.000,00 puder ser aplicado às taxas de juros compostos de 10% ao ano ou de 33,1% ao triênio, determinar a melhor aplicação.

Resolução: Para determinar qual a melhor aplicação, vamos aplicar o capital disponível às duas taxas e por um mesmo prazo. Façamos a aplicação por 3 anos, que é o período da segunda taxa.

Aplicando à taxa de 10% a.a.

$$C_3 = 1.000 \, (1 + 0,10)^3$$
$$C_3 = 1.000 \, (1,331)$$
$$C_3 = \$ \, 1.331,00$$

Aplicando à taxa de 33,1% ao triênio, por um triênio:

$$C_1 = 1.000 \, (1 + 0,331)^1$$
$$C_1 = 1.000 \, (1,331)$$
$$C_1 = \$ \, 1.331,00$$

É, portanto, indiferente aplicar-se a qualquer das taxas; ou seja, as taxas são equivalentes.

6 Períodos não-inteiros

Do mesmo modo que já foi visto em juros simples, poderemos encontrar em juros compostos o caso em que o prazo de aplicação não seja um número inteiro de períodos a que se refere a taxa considerada. Isto decorre do fato de que estamos considerando *capitalizações descontínuas,* ou seja, os juros supõem-se formados apenas no fim de cada período de capitalização. Devemos, portanto, considerar hipóteses adicionais para resolver o problema.

É prática comum adotarem-se duas convenções: a linear e a exponencial.

Vamos analisar apenas a convenção exponencial.

6.1 Convenção exponencial

É aquela em que os juros do período não-inteiro são calculados utilizando-se a taxa equivalente.

De modo análogo, procede-se em duas etapas:

1ª etapa: Calcula-se o montante correspondente à parte inteira de períodos, aplicando-se a fórmula de montante para juros compostos.

2ª etapa: Na fração de tempo não-inteiro restante, admite-se uma *formação exponencial* de juros. Ou seja, o montante obtido na *1ª etapa* passa a gerar *juros compostos* na fração não-inteira restante. Nestas condições, os juros devidos na fração de período serão obtidos multiplicando-se o montante obtido na *1ª etapa* pela taxa de juros compostos *equivalente* correspondente ao período não-inteiro.

Exemplificando de modo literal, seja um capital C_0, aplicado por n períodos inteiros, mais uma fração própria p/q (onde: $p < q$) de um período, à taxa de juros compostos i. Ou seja:

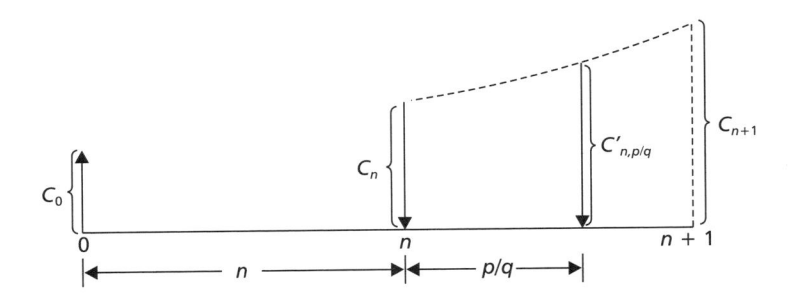

Observe-se que a parte final corresponde a um período inteiro que foi dividido em q partes, das quais estamos considerando p partes:

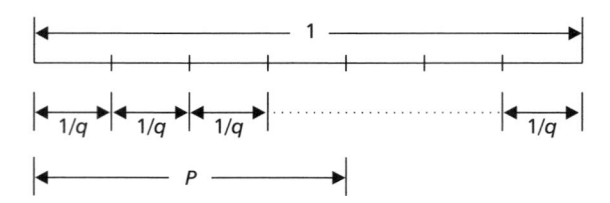

Calculemos o montante pelas duas etapas:

1ª etapa: calcula-se o montante em juros compostos:

$$C_n = C_0 (1 + i)^n$$

2ª etapa: calcula-se a taxa equivalente. Como se tem uma fração p/q, calculamos em primeiro lugar a taxa equivalente ao intervalo de tempo $1/q$, aplicando a fórmula:

$$i_q = \sqrt[q]{1+i} - 1$$

ou, de modo equivalente:

$$i_q + 1 = \sqrt[q]{1+i}$$
$$i_q + 1 = (1 + i)^{1/q}$$

Em segundo lugar, capitalizamos esta taxa pelos p períodos em que o montante C_n deve ser aplicado. Ou seja, potenciamos os dois membros a p:

$$[(1 + i_q)]^p = [(1 + i)^{1/q}]^p$$
$$(1 + i_q)^p = (1 + i)^{p/q}$$

Podemos calcular agora:

$$C'_{n,\, p/q} = C_n (1 + i_q)^p$$

Ou seja:

$$C'_{n,\, p/q} = C_n (1 + i)^{p/q}$$

Substituindo o valor de C_n:

$$C'_{n,\, p/q} = C_0 (1 + i)^n (1 + i)^{p/q}$$

Portanto:

$$\boxed{C'_{n,\, p/q} = C_0 (1 + i)^{n\, +\, p/q}}$$

Exemplo: Um capital de $ 1.000,00 é emprestado à taxa de juros compostos de 10% a.a., pelo prazo de 5 anos e 6 meses. Tendo por base a capitalização anual, qual será o montante?

Resolução:

a) *por etapas*:

1ª etapa: calculamos o montante para os períodos inteiros:

$$C_5 = C_0 (1 + i)^5$$

$$C_5 = 1.000 \,(1,10)^5$$

$$C_5 = 1.000 \,(1,61051)$$

$$C_5 = 1.610,51$$

2ª etapa: como a taxa está em base anual (12 meses), temos:

$$\left. \begin{array}{l} p = 6 \text{ meses} \\ q = 12 \text{ meses} \end{array} \right\} \therefore \; \frac{p}{q} = \frac{1}{2}$$

Portanto:

$$C'_{n,\,p/q} = C_n \,(1 + i)^{p/q}$$

$$C'_{5,\,1/2} = C_5 \,(1,10)^{1/2}$$

$$C'_{5,\,1/2} = 1.610,51 (1,048809)$$

$$C'_{5,\,1/2} = \$ \, 1.689,12$$

b) *usando a fórmula*:

$$C'_{n,\,p/q} = C_0 \,(1 + i)^{n + p/q}$$

$$C'_{5,\,1/2} = 1.000 \,(1,10)^{5 + 1/2}$$

$$C'_{5,\,1/2} = 1.000 \,(1,10)^{5,5}$$

$$C'_{5,\,1/2} \cong 1.000 \,(1,68912)$$

$$C'_{5,\,1/2} = \$ \, 1.689,12$$

No Apêndice a este capítulo pode-se ver como se eleva a um expoente real, por logaritmos e por tentativa e erro.

7 Taxa efetiva e taxa nominal: quando o período de capitalização não coincide com o período da taxa

Temos uma taxa de juros nominal quando o prazo de formação e incorporação de juros ao capital inicial não coincide com aquele a que a taxa se refere. Neste caso, é comum adotar-se a convenção de que a taxa por período de capitalização seja proporcional à taxa nominal.

Vamos utilizar um problema para introduzir este caso:

Exemplo: Um banco faz empréstimos à taxa de 5% a.a., mas adotando a capitalização semestral dos juros. Qual seria o juro pago por um empréstimo de $ 10.000,00, feito por 1 ano?

Resolução: Adotando-se a convenção de que a taxa por período de capitalização seja a taxa proporcional simples à taxa nominal dada, tem-se:

$$i = 5\% \text{ a.a.} \qquad i' = \frac{i}{k} = \frac{5}{2} = 2,5\% \text{ a.s.}$$

Onde k corresponde ao prazo de formação de juros, ou seja, é o número de vezes em que foi dividido o período correspondente à taxa dada.

Nestas condições, o montante no primeiro semestre é dado por:

$$C_1 = C_0 \times \left(1 + \frac{i}{k}\right)^1$$

$$C_1 = 10.000 \,(1 + 0,025)^1 = \$ \, 10.250,00$$

E, no segundo semestre, tem-se:

$$C_2 = 10.250 \,(1 + 0,025)^1 = \$ \, 10.506,25$$

O montante que *seria devido* caso a capitalização fosse anual é dado por:

$$C' = C_0 \,(1 + i)^1$$

$$C' = 10.000 \,(1 + 0,05) = \$ \, 10.500,00$$

Constatamos que existe uma pequena diferença para mais no montante, quando o prazo de capitalização não coincide com o prazo da taxa.

A *taxa efetiva* nesta operação, em que temos duas capitalizações, é dada por:

$$i_f = \frac{506,25}{10.000,00} = 0,050625 \text{ a.a.}$$

ou $i_f = 5,0625\% \text{ a.a.}$

E a *taxa efetiva* quando a capitalização é feita no período da taxa é:

$$i'_f = \frac{500,00}{10.000,00} = 0,05 \text{ a.a.}$$

ou $i'_f = 5\% \text{ a.a.}$

Observe-se que podemos obter o resultado diretamente, aplicando os $ 10.000,00 em dois semestres:

$$C_2 = 10.000 \ (1,025)^2 = 10.506,25$$

A taxa efetiva é dada por:

$$1 + i_f = (1,025)^2 = 1,050625$$

$$\therefore i_f = 5,0625\% \text{ a.a.}$$

Este exercício nos fornece um meio para calcular o montante e a taxa efetiva quando o período de capitalização não coincide com o período da taxa. Procedemos em duas etapas:

    a) Calculamos a taxa proporcional simples correspondente a um período de capitalização.

    b) Potenciamos esta taxa pelo número de períodos de capitalização existente no intervalo de tempo a que se refere a taxa nominal.

Sendo: i = taxa nominal

            i_f = taxa efetiva

            k = número de capitalizações para 1 período da taxa nominal

            n = número de períodos de capitalização da taxa nominal

            C_0 = principal

            C_{nk} = montante

temos:

$$C_{nk} = C_0 \left(1 + \frac{i}{k} \right)^{kn}$$

E a *taxa efetiva* é dada por:

$$1 + i_f = \left(1 + \frac{i}{k} \right)^{k}$$

$$i_f = \left(1 + \frac{i}{k} \right)^{k} - 1$$

Exemplo: Um capital de $ 1.000,00 foi aplicado por 3 anos, à taxa de 10% a.a. com capitalização semestral. Calcular o montante e a taxa efetiva da operação.

Resolução: $i = 10\%$ a.a.

$k = 2$

$n = 3$ anos

Portanto: $C_{nk} = \left(1 + \dfrac{i}{k}\right)^{kn}$

$$C_6 = 1.000 \left(1 + \dfrac{0{,}10}{2}\right)^{2 \cdot 3}$$

$$C_6 = 1.000 \, (1 + 0{,}05)^6$$

$$C_6 \cong \$ \, 1.340{,}10$$

A taxa efetiva é dada por:

$$i_f = \left(1 + \dfrac{i}{k}\right)^{k} - 1$$

$$i_f = (1 + 0{,}05)^2 - 1$$

$$i_f = 10{,}25\% \text{ a.a.}$$

Exemplo: Sabendo-se que uma taxa nominal de 12% a.a. é capitalizada trimestral-mente, calcular a taxa efetiva.

Resolução: Como em 1 ano existem 4 trimestres, temos $k = 4$.

Então: $i_f = \left(1 + \dfrac{i}{k}\right)^{k} - 1$

$$i_f = \left(1 + \dfrac{0{,}12}{4}\right)^{4} - 1$$

$$i_f = (1{,}03)^4 - 1$$

$$i_f \cong 1{,}12551 - 1$$

$$i_f \cong 0{,}12551 \text{ a.a. ou } i_f \cong 12{,}551\% \text{ a.a.}$$

Nota: Um caso muito comum nas aplicações é aquele em que a taxa nominal é dada em termos anuais e a capitalização é feita mensalmente.

Exemplo: Um banco emprestou a importância de $ 1.000,00 por 1 ano. Sabendo-se que o banco cobra a taxa de 12% a.a., com capitalização mensal, pergunta-se qual a taxa efetiva anual e qual o montante a ser devolvido ao final de 1 ano.

Resolução: Como a capitalização é mensal, $k = 12$.

Portanto: $i_f = \left(1 + \dfrac{i}{k}\right)^k - 1$

$$i_f = \left(1 + \dfrac{0,12}{12}\right)^{12} - 1$$

$$i_f = (1,01)^{12} - 1$$

$$i_f \cong 1.126825 - 1$$

$$i_f \cong 0,126825 \text{ ou } i_f \cong 12,6825\% \text{ a.a.}$$

O montante a ser devolvido será:

$$C_{nk} = C_0\left(1 + \dfrac{i}{k}\right)^{kn}$$

Como $n = 1$, temos:

$$C_{12} = C_0\left(1 + \dfrac{i}{k}\right)^{k}$$

Temos: $1 + i_f = \left(1 + \dfrac{i}{k}\right)^{k}$

Portanto: $C_{12} = C_0\,(1 + i_f)$

$$C_{12} = 1.000,00\,(1,126825)$$

$$C_{12} \cong \$\ 1.126,83$$

8 Exercícios resolvidos

1. Calcular o montante de uma aplicação de $\$\ 10.000,00$ sob as hipóteses a seguir:

Taxa	*Prazo*
a) 20% a.a.	5 anos
b) 5% a.s.	3 anos e meio
c) 2,5% a.m.	1 ano

   Para a resolução deste problema devemos aplicar a fórmula:

   $$C_n = C_0(1 + i)^n$$

Resolução: a) $C_0 = 10.000$

$i\ = 20\%$ a.a.

$n = 5$

Temos, portanto:

$$C_5\ = 10.000\ (1 + 0,2)^5$$

O fator $(1 + 0,2)^5$ encontra-se na tabela de $(1 + i)^n$, onde buscaremos $i = 20\%$ e $n = 5$ (ver Apêndice de Tabelas).

$$(1 + 0,2)^5 = 2,488320$$

$$\therefore C_5 = 10.000\ (2,488320) = \$ 24.883,20$$

Se não existir tabela para a taxa (i) dada, pode-se calcular o valor do fator $(1 + i)^n$ de dois modos:

1 – o primeiro e mais óbvio é calcular-se o valor do fator, efetuando-se a potenciação:

$$(1 + 0,2)^5 = \underbrace{1,2 \times 1,2 \times 1,2 \times 1,2 \times 1,2}_{n=5} = 2,48832$$

2 – o segundo é calcular-se o fator, via logaritmos:

$(1 + 0,2)^5 = x$, onde $x =$ fator

$5 \log (1,2) = \log x$

$5\ (0,079181) = \log x$

$0,395906 = \log x$

Extraindo o antilogaritmo:

$x = 2,48832$

b) $C_0 = 10.000$

$i\ = 5\%$ a.s.

$n = 3$ anos e meio

Para a aplicação direta da fórmula, é necessário que a taxa (i) e o período n refiram-se ao mesmo intervalo de tempo. Neste caso devemos, portanto, calcular o prazo em semestres.

$n\ = 3,5$ anos $= 7$ semestres

$C_7 = 10.000\ (1 + 0,05)^7$

$C_7 = 10.000\ (1,407100)$

$C_7 = \$ 14.071,00$

c) $C_0 = 10.000$

$i = 2.5\%$ a.m.

$n = 1$ ano

$C_{12} = 10.000 (1 + 0,025)^{12}$

$C_{12} = 10.000 (1,344889)$

$C_{12} = \$ 13.448,89$

2. Qual é o juro auferido de um capital de \$ 1.500,00, aplicado segundo as hipóteses abaixo:

Taxa	Prazo
a) 10% a.a.	10 anos
b) 8% a.t.	18 meses
c) 1% à semana	2 meses

Resolução: Temos que

$$J_n = C_0 [(1 + i)^n - 1]$$

portanto: a) $C_0 = 1.500$

$i = 10\%$ a.a.

$n = 10$

$J_{10} = 1.500 [(1 + 0,1)^{10} - 1]$

$J_{10} = 1.500 [(2,593742) - 1]$

$J_{10} = 1.500 (1,593742)$

$J_{10} = \$ 2.390,61$

b) $C_0 = 1.500$

$i = 8\%$ a.t.

$n = 18$ meses

Transformando o prazo de aplicação, 18 meses, em termos de trimestres. temos:

$18m = 6t$

Então: $J_6 = 1.500 [(1 + 0,08)^6 - 1]$

$J_6 = 1.500 [(1,586874) - 1]$

$J_6 = 1.500 (0,586874)$

$J_6 = \$ 880,31$

c) $C_0 = 1.500$

$i = 1\%$ à semana

$n = 2$ meses $= 8$ semanas

$J_8 = 1.500\,[(1 + 0,01)^8 - 1]$

$J_8 = 1.500\,[(1,082857) - 1]$

$J_8 = 1.500\,(0,082857)$

$J_8 = \$\,124,29$

3. Se eu quiser comprar um carro no valor de $\$\,60.000,00$, quanta devo aplicar hoje para que daqui a 2 anos possua tal valor? Considerar as seguintes taxas de aplicação:

a) 2,5% a.m.

b) 10% a.s.

c) 20% a.a.

Devemos calcular o capital inicial:

$$C_0 = \frac{C_n}{(1+i)^n}$$

Resolução: a) $C_n = 60.000$

$i = 2,5\%$ a.m.

$n = 2$ anos ou 24 meses

$$C_0 = \frac{60.000}{(1+0,025)^{24}}$$

$$C_0 = \frac{60.000}{1,808726}$$

$C_0 = \$\,33.172,52$

b) $C_n = 60.000$

$i = 10\%$ a.s.

$n = 2$ anos ou 4 semestres

$$C_0 = \frac{60.000}{(1+0,10)^4}$$

$$C_0 = \frac{60.000}{1,464100}$$

$C_0 = \$\,40.980,81$

c) $C_n = 60.000$

$i = 20\%$ a.a.

$n = 2$ anos

$$C_0 = \frac{60.000}{(1 + 0,20)^2}$$

$$C_0 = \frac{60.000}{1,44}$$

$C_0 = \$ 41.666,67$

4. Quanto deve ser aplicado hoje para que se aufiram $ 10.000,00 de juros ao fim de 5 anos, se a taxa de juros for de:

a) 4% a.t.

b) 20% a.q.

c) 30% a.a.

$$J_n = C_0 [(1 + i)^n - 1]$$

e, portanto:

$$C_0 = \frac{J_n}{[(1 + i)^n - 1]}$$

Resolução: a) $J_n = 10.000$

$i = 4\%$ a.t.

$n = 5$ anos ou 20 trimestres

$$C_0 = \frac{10.000}{[(1 + 0,04)^{20} - 1]}$$

$$C_0 = \frac{10.000}{[(2,191123) - 1]}$$

$$C_0 = \frac{10.000}{1,191123}$$

$C_0 = \$ 8.395,44$

b) $J_n = 10.000$

$i = 20\%$ a.q.

$n = 5$ anos ou 15 quadrimestres

$$C_0 = \frac{10.000}{[(1 + 0,20)^{15} - 1]}$$

$$C_0 = \frac{10.000}{[(15,407022) - 1]}$$

$$C_0 = \frac{10.000}{14,407022}$$

$$C_0 = \$\ 694,11$$

c) $J_n = 10.000$

$i = 30\%$ a.a.

$n = 5$ anos

$$C_0 = \frac{10.000}{[(1 + 0,30)^5 - 1]}$$

$$C_0 = \frac{10.000}{[(3,712930) - 1]}$$

$$C_0 = \frac{10.000}{2,712930} = \$\ 3.686,05$$

5. Qual é a taxa de juros mensal recebida por um investidor que aplica $\$\ 1.000,00$ e resgata os montantes, segundo as hipóteses abaixo:

a) $\$\ 1.076,89$ – 3 meses

b) $\$\ 1.125,51$ – 4 meses

c) $\$\ 1.340,10$ – 6 meses

Resolução: a) $C_n = 1.076,89$

$C_0 = 1.000,00$

$n = 3$ meses

Portanto: $1.076,89 = 1.000\ (1 + i)^3$

$$\frac{1.076,89}{1.000} = (1 + i)^3$$

$$1,07689 = (1 + i)^3$$

Devemos encontrar a taxa de juros (i), tal que esta igualdade seja verdadeira. Referindo-se às tabelas de $(1 + i)^n$, procuramos para $n = 3$ qual a taxa "i" que conduz àquele fator (ver Apêndice de Tabelas).

Encontramos que para $i = 2,5\%$ e $n = 3$, $(1 + i)^n \cong 1,07689$, portanto a taxa procurada é de 2,5% a.m. A taxa é mensal porque "n" está expresso em meses.

Sem o auxílio de tabelas podemos encontrar o valor da taxa pela radiciação:

$$1,07689 = (1 + i)^3$$
$$\therefore (1,07689)^{1/3} = (1 + i),$$

calculando-se a raiz cúbica neste caso.

Um dos métodos mais diretos de cálculo da raiz n-ésima de um número é o método via logaritmos:

$$\frac{1}{3} \log 1,07689 = \log (1 + i)$$

$$\frac{1}{3} (0,032171) = \log (1 + i)$$

$$0,010724 = \log (1 + i)$$

Extraindo o antilogaritmo:

$$1 + i = 1,025$$
$$\therefore i = 0,025 \text{ ou } 2,5\% \text{ a.m.}$$

Caso não se disponha de meios para calcular logaritmos, pode-se aplicar a *fórmula de recorrência* (v. Apêndice a este capítulo):

$$(1 + i_{k+1}) = \frac{n-1}{n} \left[(1 + i'_k) + \frac{(1+i)}{(n-1)(1 + i'_k)^{(n-1)}} \right]$$

onde, por iterações, se encontra a raiz n-ésima de $(1 + i)$. No presente problema tem-se:

$$\sqrt[3]{1,07689} = 1 + i$$

Como valor inicial, pode-se utilizar $1 + i'_k$, sendo i'_k, a taxa de juros proporcional (juros simples).

$$i'_k = \frac{0,07689}{3} = 0,02563$$

$$(1 + i_{k+1}) = \frac{2}{3} \left[1,02563 + \frac{1,07689}{2(1,02563)^2} \right]$$

$$(1 + i_{k+1}) = 1,025$$

Testando: $(1,025)^3 = 1,07689$

Neste caso, na primeira iteração chegou-se à raiz exata.

$1 + i = 1,025 \therefore i = 0,025$ ou 2,5% a.m.

b) $C_n = 1.125,51$

$C_0 = 1.000,00$

$n = 4$ meses

$1.125,51 = 1.000 (1 + i)^4$

$\dfrac{1.125,51}{1.000} = (1 + i)^4$

$1,12551 = (1 + i)^4$ (ver Apêndice de Tabelas.)

Para $i = 3\%$ e $n = 4$ (meses), $(1 + i)^n \cong 1,12551$.

Portanto, a taxa é de 3% a.m.

Pela radiciação:

$(1,12551)^{1/4} = (1 + i)$

Em logaritmos:

$\dfrac{1}{4} \log 1,12551 = \log (1 + i)$

$\dfrac{1}{4} (0,051349) = \log (1 + i)$

$0,012837 = \log (1 + i)$

Extraindo o antilogaritmo:

$(1 + i) = 1,03$

$\therefore i = 0,03$ ou 3% a.m.

Cálculo da raiz por iterações:

$i'_k = \dfrac{0,12551}{4} = 0,031378$

$1 + i'_k = 1,031378$

$(1 + i_{k+1}) = \dfrac{3}{4} \left[1,031378 + \dfrac{1,12551}{3(1,031378)^3} \right]$

$(1 + i_{k+1}) = 1,03000$

Testando: $1{,}03^4 \cong 1{,}12551$

$1 + i = 1{,}03$

$\therefore i = 0{,}03$ ou 3% a.m.

c) $C_n = 1.340{,}10$

$C_0 = 1.000{,}00$

$n = 6$ meses

$1.340{,}10 = 1.000 \, (1 + i)^6$

$\dfrac{1.340{,}10}{1.000} = (1 + i)^6$

$1{,}34010 = (1 + i)^6$ (ver Apêndice de Tabelas)

Para $i = 5\%$ e $n = 6$ (meses), $(1 + i)^n \cong 1{,}34010$. Portanto a taxa é de 5% a.m. Utilizando-se de logaritmos, teremos que

$(1{,}3401)^{1/6} = (1 + i)$

$\dfrac{1}{6} \log (1{,}34010) = \log (1 + i)$

$\dfrac{1}{6} (0{,}127137) = \log (1 + i)$

$0{,}021190 = \log (1 + i)$

Extraindo o antilogaritmo:

$(1 + i) = 1{,}05$

$\therefore i = 0{,}05$ ou 5% a.m.

Por iterações:

$i'_k = \dfrac{0{,}34010}{6} = 0{,}05668$

$(1 + i'_k) = 1{,}05668$

$(1 + i_{k+1}) = \dfrac{5}{6}\left[1{,}05668 + \dfrac{1{,}34010}{5(1{,}05668)^5} \right]$

$(1 + i_{k+1}) = 1{,}05011$

Testando: $(1{,}05011)^6 = 1{,}34094$

Processando-se a segunda iteração, temos:

$$(1 + i_{k+2}) = \frac{5}{6}\left[1{,}05011 + \frac{1{,}34010}{5(1{,}05011)^5}\right]$$

$$(1 + i_{k+2}) = 1{,}05000$$

Testando: $(1{,}05)^6 = 1{,}34010$

$$1 + i = 1{,}05 \therefore i = 0{,}05 \text{ ou } 5\% \text{ a.m.}$$

6. Uma pessoa aplicou $ 15.000,00 e após um ano recebeu $ 18.782,87 de juros. Qual foi a taxa de juros mensal paga pela financeira onde o dinheiro foi aplicado?

Resolução: $C_0 = 15.000,00$

$J_n = 18.782,87$

$n = 1$ ano ou 12 meses

$J_n = C_0\left[(1 + i)^n - 1\right]$

$18.782,87 = 15.000\left[(1 + i)^{12} - 1\right]$

$\dfrac{18.782,87}{15.000} = (1 + i)^{12} - 1$

$1{,}252191 = (1 + i)^{12} - 1$

$2{,}252191 = (1 + i)^{12}$

Procurando no Apêndice de Tabelas, encontramos para $i = 7\%$ e $n = 12$ $(1 + i)^n \cong$ 2,252191. Portanto, a taxa é de 7% a.m. Calculando-se por logaritmos:

$$(2{,}252191)^{1/12} = (1 + i)$$

$$\frac{1}{12}\log(2{,}252191) = \log(1 + i)$$

$$\frac{1}{12}(0{,}352605) = \log(1 + i)$$

$$0{,}029384 = \log(1 + i)$$

$$1{,}07 = (1 + i)$$

$$\therefore i = 0{,}07 \text{ ou } 7\% \text{ a.m.}$$

Por iterações:

$$i'_k = \frac{1{,}252191}{12} \cong 0{,}1043$$

$$(1 + i'_k) = 1{,}1043$$

$$(1 + i_{k+1}) = \frac{11}{12}\left[1{,}1043 + \frac{2{,}252191}{11(1{,}1043)^{11}}\right]$$

$$(1 + i_{k+1}) \cong 1{,}0752$$

Testando: $(1{,}0752)^{12} \cong 2{,}387102 > 2{,}252191$

Processando-se a segunda iteração:

$$(1 + i_{k+2}) = \frac{11}{12}\left[1{,}0752 + \frac{2{,}252191}{11(1{,}0752)^{11}}\right]$$

$$(1 + i_{k+2}) = 1{,}070136$$

Testando: $(1{,}070136)^{12} \cong 2{,}255629 > 2{,}252191$

Processando-se a terceira iteração:

$$(1 + i_{k+3}) = \frac{11}{12}\left[1{,}070136 + \frac{2{,}252191}{11(1{,}070136)^{11}}\right]$$

$$(1 + i_{k+3}) = 1{,}0700000$$

Testando: $(1{,}07)^{12} \cong 2{,}252191$

Portanto: $(1 + i) = 1{,}07 \therefore i = 0{,}07$ ou 7% a.m.

7. Qual é a taxa de juros mensal paga por uma instituição onde o aplicador recebeu, após 2 anos, o montante de $ 45.666,57, sendo $ 25.666,57 referente a juros?

Resolução: $C_n = 45.666{,}57$

$J_n = 25.666{,}57$

$n = 2$ anos ou 24 meses

$C_n = C_0 + J_n$

$45.666{,}57 = C_0 + 25.666{,}57$

$\therefore C_0 = 20.000.00$

$C_n = C_0 (1 + i)^n$

$45.666.56 = 20.000 (1 + i)^{24}$

$$\frac{45.666{,}57}{20.000} = (1 + i)^{24}$$

$2{,}283329 = (1 + i)^{24}$

Ver Apêndice de Tabelas, buscando "i" para $n = 24$. Em $i = 3{,}5\%$ e $n = 24$ (meses), $(1 + i)^n \cong 2{,}283329$. A taxa é, portanto, de 3,5% a.m.

Calculando a raiz por logaritmos, temos:

$$\frac{1}{24} \log 2{,}283329 = \log (1 + i)$$

$$\frac{1}{24} (0{,}358568) = \log (1 + i)$$

$$0{,}014940 = \log (1 + i)$$

Extraindo o antilogaritmo:

$$(1 + i) = 1{,}035$$

$$\therefore i = 0{,}035 \text{ ou } 3{,}5\% \text{ a.m.}$$

8. Um investidor aplicou $ 25.000,00 em uma instituição que paga 3% a.m. Após certo período de tempo, ele recebeu $ 35.644,02, estando neste valor incluídos os juros creditados e o capital investido. Quanto tempo ficou o dinheiro aplicado?

Resolução: $C_0 = 25.000{,}00$

$C_n = 35.644{,}02$

$i = 3\%$ a.m.

$35.644{,}02 = 25.000(1{,}03)^n$

$$\frac{35.644{,}02}{25.000} = (1{,}03)^n$$

$1{,}425761 = (1{,}03)^n$

O problema é então encontrar o número de períodos (n) que torne a igualdade acima verdadeira.

Referindo-se à tabela de 3%, procuramos o *"n" que* conduz àquele fator.

Encontramos, para $i = 3\%$ (a.m.) e $n = 12$, $(1 + i)^n = 1{,}425761$.

Portanto, o capital ficou aplicado por 12 meses. O período de tempo é expresso em meses, porque a taxa de juros considerada é mensal e sabemos que *"i"* e *"n"* devem referir-se à mesma unidade de tempo.

Outro método de resolução é por logaritmos:

$1{,}425761 = (1{,}03)^n$

$\log 1{,}425761 = n \cdot \log 1{,}03$

$$n = \frac{0{,}154047}{0{,}012837}$$

$\therefore n = 12$ meses

9. Um apartamento é vendido, a vista, por $ 220.000,00. Caso o comprador opte por pagar em uma única parcela após certo período de tempo, o vendedor exige $ 61.618,59 como juros, pois quer ganhar 2,5% a.m. Qual é o prazo de financiamento na hipótese acima?

Resolução: $C_0 = 220.000,00$

$i = 2,5\%$ a.m.

$J_n = 61.618,59$

Considerando a fórmula

$$J_n = C_0 [(1 + i)^n - 1]$$

temos: $61.618,59 = 220.000 [(1,025)^n - 1]$

$$\frac{61.618,59}{220.000} = (1,025)^n - 1$$

$0,280085 = (1,025)^n - 1$

$1 + 0,280085 = (1,025)^n$

$1,280085 = (1,025)^n$

Procurando na tabela de 2,5%, encontra-se para $i = 2,5\%$ e $n = 10$ o fator $(1 + i)^n$ = 1,280085. Como a taxa está expressa, no problema, em termos mensais, o período também é mensal, portanto: 10 meses é a resposta.

Resolvendo por logaritmos:

$$\log 1,280085 = n \cdot \log 1,025$$

$0,107239 = n (0,010724)$

$$n = \frac{0,107239}{0,010724} \therefore n = 10 \text{ meses}$$

10. Calcular a taxa equivalente anual dadas as seguintes taxas por período:

a) 1% a.m.

b) 2% a.t.

c) 5% a.q.

d) 10% as.

Neste caso devemos empregar a fórmula

$$1 + i = (1 + i_q)^q$$

onde i = taxa equivalente que se quer calcular

i_q = taxa por período

q = número de períodos a que se refere i_q, contidos no período a que se refere i

Resolução: a) i = taxa anual

i_q = 1% a.m.

q = 12 meses

$1 + i = (1 + 0,01)^{12}$

$1 + i = (1,01)^{12}$

Efetuando a potenciação ou buscando na tabela de 1%, com n = 12, encontramos que $(1,01)^{12}$ = 1,126825.

Portanto: $1 + i = 1,126825$

∴ i = 0,126825 ou $i \cong$ 12,68% a.a.

b) i = taxa anual

i_q = 2% a.t.

q = 4 trimestres

$1 + i = (1,02)^4$

$1 + i = 1,082432$

∴ i = 0,082432 ou $i \cong$ 8.24% a.a.

c) i = taxa anual

i_q = 5% a.q. (ao quadrimestre)

q = 3 quadrimestres

$1 + i = (1,05)^3$

$1 + i = 1,157625$

∴ i = 0,157625 ou $i \cong$ 15,76% a.a.

d) i = taxa anual

i_q = 10% a.s.

q = 2 semestres

$1 + i = (1,10)^2$

$1 + i = 1,21$

∴ i = 0,21 ou i = 21% a.a.

11. Calcular as taxas equivalentes a 20% a.a., conforme solicitado abaixo:

a) taxa semestral

b) taxa quadrimestral

c) taxa trimestral

d) taxa mensal

Utilizando-se da fórmula

$$i_q = \sqrt[q]{1+i} - 1$$

onde: i = taxa por período

i_q = taxa equivalente que se deseja calcular

q = número de períodos a que se refere i_q, contidos no período a que se refere i

a) i = 20% a.a.

i_q = taxa equivalente semestral

q = 2 (semestres)

$i_q = \sqrt[2]{1,20} - 1$

O cálculo da raiz, conforme foi visto em outros exemplos, pode ser feito por logaritmos ou por iterações. Neste caso, como temos esta taxa (20%) tabelada, o resultado da raiz pode ser encontrado no Apêndice de Tabelas.

Para i = 20% e q = 2, temos que i_q = 0,095445 ou $i \cong$ 9,54% a.s.

Cálculo por logaritmos:

$$x = \sqrt{1,20}$$

$$\log x = \frac{1}{2} \log 1,2$$

$$\log x = \frac{1}{2} (0,079181)$$

$$\log x = 0,039591$$

$$x = \text{antilog } 0,039591$$

$$x = 1,095445$$

$$\therefore i_q = 0,095445 \text{ ou } i_q \cong 9,54\% \text{ a.s.}$$

Cálculo por iterações:

$$i'_k = \frac{0,20}{2} = 0,10$$

$$(1 + i'_k) = 1,1$$

$$(1 + i_{k+1}) = \frac{1}{2}\left[1,1 + \frac{1,2}{1,1}\right]$$

$$(1 + i_{k+1}) = 1,095454$$

Testando: $(1,095454)^2 \cong 1,20$

Portanto, $i_q = 0,095454$ ou $i_q \cong 9,54\%$ a.s.

b) $i = 20\%$ a.a.

i_q = taxa equivalente quadrimestral

$q = 3$ (quadrimestres)

$i_q = \sqrt[3]{1,20} - 1$

Procurando na tabela, temos que para $i = 20\%$ e $q = 3$, $i_q = 0,062659$ ou $i_q \cong$ 6,27% a.q.

Por logaritmos:

$x = \sqrt[3]{1,20}$

$\log x = \dfrac{1}{3} \log 1,20$

$\log x = 0,026394$

$x = 1,062659$

$\therefore i_q = 0,062659$ ou $i_q \cong 6,27\%$ a.s.

Nota: Sugere-se que o leitor efetue o cálculo da raiz por iterações.

c) $i = 20\%$ a.a.

i_q = taxa equivalente trimestral

$q = 4$ (trimestres)

$i_q = \sqrt[4]{1,20} - 1$

Pela tabela temos que $i_q = 0,046635$ ou $i_q \cong 4,66\%$ a.t.

Cálculo por logaritmos:

$x = \sqrt[4]{1,20}$

$\log x = \dfrac{1}{4} \log 1,20$

$\log x = 0,019795$

$x = 1,046635$

$\therefore i_q = 0,046635$ ou $i_q \cong 4,66\%$ a.t.

d) $i = 20\%$ a.a.

i_q = taxa equivalente mensal

$q = 12$ (meses)

$i_q = \sqrt[12]{1,20} - 1$

Pela tabela encontramos $i_q = 0,015309$ ou $i_q \cong 1,53\%$ a.m.

Cálculo por logaritmos:

$$x = \sqrt[12]{1,20} \Rightarrow \log x = \frac{1}{12}\ \log 1,20$$

$$\therefore \log x = 0,006598 \Rightarrow x = 1,015309$$

$$\therefore i_q = 0,015309 \text{ ou } i_q \cong 1,53\% \text{ a.m.}$$

12. Um corretor de títulos propõe a seu cliente uma aplicação cuja rentabilidade é de 40% a.a. Se o investidor souber de outra alternativa onde possa ganhar 9% a.t., qual será sua escolha?

Resolução: Pode-se comparar as duas alternativas, verificando se suas taxas são equivalentes:

   a) Calculando a taxa anual equivalente a 9% a.t., temos:

   $(1 + i) = (1,09)^4$

   $(1 + i) = 1,4115816$

   $\therefore i \cong 0,4116$ ou $i \cong 41,16\%$ a.a.

Portanto, aplicar a 9% a.t., que conduz a uma taxa anual de 41,16%, é melhor que a primeira alternativa (40% a.a.).

   b) Outro enfoque, que leva à mesma conclusão, é o de calcular a taxa trimestral equivalente a 40% a.a., comparando-se, então, esta com a da segunda alternativa (9% a.t.).

   $(1 + i_q) = (1,40)^{1/4}$

   $(1 + i_q) = 1,087757$

   $\therefore i_q \cong 0,0878$ ou $i_q \cong 8,78\%$ a.t.

Como 8,78% a.t. < 9,00% a.t., temos que a segunda alternativa é a melhor.

13. O preço de uma mercadoria é de $ 2.000,00, sendo financiada até 3 meses, ou seja, o comprador tem 3 meses como prazo-limite para efetuar o pagamento. Caso opte por pagar a vista, a loja oferece um desconto de 10%. Sabendo-se que a taxa de mercado é de 40% a.a., vale a pena comprar a prazo?

Resolução: Devemos inicialmente descobrir que taxa está sendo cobrada na operação; a seguir podemos compará-la com a taxa de mercado.

   $C_0 = 2.000\ (1 - 0,10) = 1.800$

   $C_n = 2.000$

   $n\ = 3$ meses ou 1 trimestre

$2.000 = 1.800 (1 + i)^1$ (a taxa calculada será trimestral)

$(1 + i) = \dfrac{2.000}{1.800}$

$(1 + i) \cong 1,1111$

$i \cong 0,1111$ ou $11,11\%$ a.t.

A taxa equivalente anual será de:

$(1,1111)^4 \cong 1,5241 \therefore 52,41$ a.a.

A loja está, portanto, cobrando 52,41% a.a., taxa esta que é superior à de mercado (40% a.a.). Donde se conclui que a melhor alternativa é comprar à vista.

Sugestão: Comparar através das taxas trimestrais.

14. Ao resgatar um título, após 6 meses da aplicação, o investidor recebeu $ 25.083,86. Tendo sido informado de que este montante incluía $ 3.083,86 referentes aos juros creditados, deseja saber que taxa anual de juros ganhou?

Resolução: $C_n = 25.083,86$

$J_n = 3.083,86$

$n = 6$ meses ou 1 semestre

$C_0 = C_0 - J_n$

$C_0 = 25.083,86 - 3.083,86$

$C_0 = 22.000,00$

$25.083,86 = 22.000 (1 + i)^1$ (a taxa calculada será semestral)

$(1 + i) = \dfrac{25.083,86}{22.000}$

$(1 + i) \cong 1,140175 \therefore i \cong 0,140175$ a.s.

A taxa anual será de:

$(1,140175)^2 \cong 1,30 \therefore 30,00\%$ a.a.

15. Que taxa de juros mensal fará um capital dobrar em 1 ano?

Resolução: Supondo que tenhamos um capital inicial $C_0 = 1$, após 1 ano $C_n = 2$, então:

$C_0 = 1$

$C_n = 2$

$n = 12$ meses

$$2 = 1 (1 + i)^{12}$$

$$2 = (1 + i)^{12}$$

$$2^{1/12} = (1 + i) \text{ ou } \sqrt[12]{2} = (1 + i)$$

$$\frac{1}{12} \log 2 = \log (1 + i)$$

$$0{,}025086 = \log (1 + i)$$

$$1 + i = 1{,}059463$$

$$\therefore i = 0{,}059463 \text{ ou } i \cong 5{,}95\% \text{ a.m.}$$

16. Considerando a convenção exponencial, calcular o montante de um capital de $ 10.000,00, aplicado conforme as hipóteses abaixo:

Prazos	Taxas
a) 95 dias	3% a.m.
b) 450 dias	15% a.s.
c) 62 meses	20% a.a.

Para resolver o problema anterior, adotando a convenção exponencial, os juros referentes à fração própria serão calculados mediante aplicação da taxa equivalente. A fórmula empregada será:

$$C'_{n, p/q} = C_0 (1 + i)^{n + p/q}$$

Resolução: a) $C_0 = 10.000$

$$i = 3\% \text{ a.m.}$$

$$n = 3 \text{ meses}$$

$$p = 5 \text{ dias}$$

$$q = 30 \text{ dias}$$

$$C'_{n, p/q} = 10.000 (1{,}03)^{3 + 5/30}$$

$$C'_{n, p/q} = 10.000 (1{,}03)^{3 + 1/6}$$

A solução pode ser obtida por dois meios:

1º) Calculando $(1{,}03)^{3{,}166667}$, onde o expoente é igual a soma de $3 + \dfrac{1}{6}$.

2º) Calculando $(1{,}03)^3 \cdot (1{,}03)^{1/6}$, que naturalmente conduz ao mesmo resultado, mas que apresenta a facilidade proporcionada pela existência de raízes tabeladas.

Temos: 1º) $C'_{n, p/q} = 10.000 (1{,}03)^{3{,}166667}$

$$C'_{n, p/q} = 10.000 (1{,}098124)$$

$$C'_{n, p/q} \cong \$ 10.981{,}24$$

ou: 2º) $C'_{n, p/q} = 10.000 \ (1,03)^3 \ (1,03)^{1/6}$

$C'_{n, p/q} = 10.000 \ (1,092727) \ (1,004939)$

$C'_{n, p/q} = 10.000 \ (1,098124)$

$C'_{n, p/q} \cong \$ \ 10.981,24$

b) $C_0 = 10.000$

$i = 15\%$ a.s.

$n = 2$ semestres

$p = 3$ meses

$q = 6$ meses

$C'_{n, p/q} = 10.000 \ (1,15)^2 \ (1,15)^{3/6}$

$C'_{n, p/q} = 10.000 \ (1,15)^2 \ (1,15)^{1/2}$

$C'_{n, p/q} = 10.000 \ (1,3225) \ (1,072381)$

$C'_{n, p/q} = 10.000 \ (1,418224)$

$C'_{n, p/q} \cong 14.182,24$

c) $C_0 = 10.000$

$i = 20\%$ a.a.

$n = 5$ anos

$p = 2$ meses

$q = 12$ meses

$C'_{n, p/q} = 10.000 \ (1,20)^5 \ (1,20)^{2/12}$

$C'_{n, p/q} = 10.000 \ (1,20)^5 \ (1,20)^{1/6}$

$C'_{n, p/q} = 10.000 \ (2,488320) \ (1,030853)$

$C'_{n, p/q} \cong 10.000 \ (2,565092)$

$C'_{n, p/q} \cong \$ \ 25.650,92$

17. João aplicou certa quantia e após 18 meses verificou que o montante importava em $\$ \ 5.590,17$. Qual foi o valor investido, uma vez que a taxa de aplicação foi de 25% a.a.? Considerar a convenção exponencial.

Resolução: $C'_{n, p/q} = 5.590,17$

$i = 25\%$ a.a.

$n = 1$ ano

$p = 6$ meses

$q = 12$ meses

Convenção exponencial:

$$5.590,17 = C_0 \, (1,25)^1 \, (1,25)^{6/12}$$
$$5.590,17 = C_0 \, (1,25) \, (1,25)^{1/2}$$
$$5.590,17 = C_0 \, (1,25) \, (1,118034)$$
$$C_0 = \frac{5.590,17}{1,397543}$$
$$C_0 = \$ \, 4.000,00$$

18. Uma pessoa investiu $ 15.000,00 à taxa de 30% a.a. e após certo tempo recebeu o montante de $ 30.195,36. Quanto tempo o capital ficou aplicado? Considerar a convenção exponencial.

Resolução: Como não sabemos se o número de períodos é inteiro ou não, vamos calcular na hipótese de que fosse.

$C_n = 30.195,36$ $\qquad$ $i = 30\%$ a.a.

$C_0 = 15.000,00$

Então, $\qquad C_n = C_0(1 + i)^n$

$$30.195,36 = 15.000 \, (1,30)^n$$
$$\frac{30.195,36}{15.000} = (1,30)^n$$
$$2,013024 = (1,30)^n$$

Examinando os valores tabelados para $i = 30\%$, verificamos que o fator $(1 + i)^n$ assume os seguintes valores:

para $n = 2 \Rightarrow (1 + i)^n = 1,690$

para $n = 3 \Rightarrow (1 + i)^n = 2,197$

Como temos $(1,30)^n = 2,013024$, conclui-se que o número de períodos é fracionário, ou seja, encontra-se entre 2 anos e 3 anos.

Pela convenção exponencial, temos:

$$2,013024 = (1,30)^2 \, (1,30)^{P/12}$$
$$\frac{2,013024}{1,69} = (1,30)^{P/12}$$
$$1,191138 = [1,30^{1/12}]^P$$
$$1,191138 = (1,022104)^P$$
$$\log 1,191138 = P \, . \, \log 1,022104$$

$$0,075962 = p \cdot 0,009495$$

$$p = \frac{0,075962}{0,009495}$$

$$\therefore p \cong 8 \text{ meses}$$

O tempo de aplicação foi de 2 anos e 8 meses.

19. Qual é a taxa efetiva anual cobrada em cada uma das hipóteses abaixo:

Taxa nominal	*Capitalização*
a) 18% a.a.	mensal
b) 20% a.a.	trimestral
c) 25% aa.	semestral

Para a determinação da taxa efetiva vamos utilizar:

$$i_f = (1 + i')^n - 1$$

onde: i_f = taxa efetiva a ser calculada

n = número de períodos de capitalização contidos no período a que se refere a taxa nominal

i' = taxa proporcional $\left(i' = \dfrac{i}{n} \right)$

Resolução: a) i = 18% a.a.

n = 12 meses

$$i' = \frac{i}{n} = \frac{0,18}{12} = 0,015 \text{ a.m.}$$

$$i_f = ?$$

Portanto: $i_f = (1 + 0,015)^{12} - 1$

$$i_f = 1,195618 - 1$$

$$i_f = 0,195618 \text{ ou } i_f \cong 19,56\% \text{ a.a.}$$

b) i = 20% a.a.

n = 4 (trimestres)

$$i' = \frac{i}{n} = \frac{0,20}{4} = 0,05 \text{ a.t.}$$

$$i_f = ?$$

$$i_f = (1 + 0,05)^4 - 1$$

$$i_f = 1,215506 - 1$$

$$i_f = 0,215506 \text{ ou } i_f \cong 21,55\% \text{ a.a.}$$

c) $i = 25\%$ a.a.

$n = 2$ (semestres)

$i' = \dfrac{i}{n} = \dfrac{0{,}25}{2} = 0{,}125$ a.s.

$i_f = ?$

$i_f = (1 + 0{,}125)^2 - 1$

$i_f = 1{,}265625 - 1$

$i_f = 0{,}265625$ ou $i_f \cong 26{,}56\%$ a.a.

20. A taxa de juros cobrada pelo Banco A é de 30% a.a., sendo sua capitalização anual. O Banco B, numa campanha promocional, informa que sua taxa é de 27% a.a., tendo como algo a diferenciá-la apenas o fato de sua capitalização ser mensal. Qual é a melhor taxa para o cliente?

Resolução: É necessário que se calculem as taxas efetivas, pois somente estas serão comparáveis.

   1º) **Banco A**: $i_f = 30\%$ a.a., pois o período de capitalização coincide com aquele a que se refere a taxa.

   2º) **Banco B**: $i_f = ?$

   $i = 27\%$ a.a.

   $n = 12$ (meses)

   $i' = \dfrac{i}{n} = \dfrac{0{,}27}{12} = 0{,}0225$ a.m.

   $i_f = (1 + 0{,}0225)^{12} - 1$

   $i_f = 1{,}30605 - 1$

   $i_f = 0{,}30605$ ou $i_f \cong 30{,}61\%$ a.a.

A melhor taxa de juros para o cliente é logicamente oferecida pelo Banco A.

21. Uma empresa empresta $ 500.000,00 de um banco cuja taxa de juros é de 21 % a.a., com capitalizações quadrimestrais. Quanto deverá devolver ao fim de 2 anos?

Resolução:

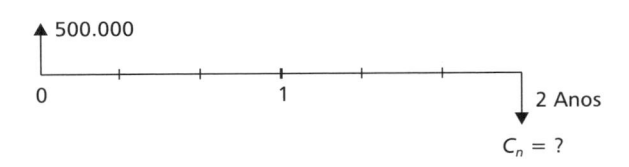

$C_0 = 500.000$

$i = 7\%$ a.q.

$n = 6$ (quadrimestres)

$C_n = ?$

$C_n = C_0 (1 + i)^n$

$C_n = 500.000 (1 + 0,07)^6$

$C_n = 500.000 (1,500730)$

$C_n = \$ 750.365,00$

22. Quanto deve uma pessoa depositar em um banco que paga 24% a.a. com capitalizações bimestrais, para que ao fim de 5 anos possua $ 200.000,00?

Resolução:

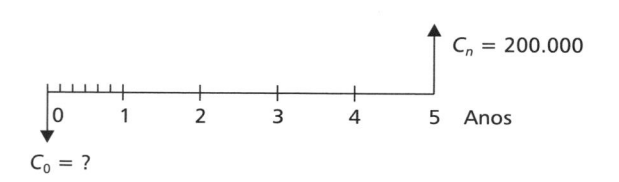

$C_n = 200.000$

$i = 4\%$ a.b.

$n = 30$ bimestres

$C_0 = ?$

$C_n = C_0 (1 + i)^n$

$200.000 = C_0 (1 + 0,04)^{30}$

$200.000 = C_0 (3,243398)$

$C_0 = \dfrac{200.000}{3,243398}$

$C_0 = \$ 61.663,72$

23. Qual é a taxa nominal anual, com capitalizações semestrais, que conduz à taxa efetiva de 40% a.a.?

Resolução: Temos que:

$i_f = (1 + i')^n - 1$

onde: $i' = \dfrac{i}{n} \Rightarrow i = i' \, n$

Juro e Montante **121**

Então: $0,40 = (1 + i')^2 - 1$

$1,40 = (1 + i')^2$

$\sqrt{1,40} = 1 + i'$

$1,183216 = 1 + i'$

$\therefore i' = 0,183216$

Portanto: $i = 2 (0,183216)$

$\therefore i = 0,366432$ ou $i = 36,64\%$ a.a.

9 Exercícios propostos

1. Qual é o montante gerado por um capital de $ 1.000,00 aplicado pelos prazos e taxas abaixo:

   a) 1% a.m. – 12 meses

   b) 1,5% a.m. – 3 anos

   c) 3% a.t. – 18 meses

   d) 10% a.a. – 120 meses

   e) 5% a.s. – 5 anos

   f) 1% a.a. – 2 anos

   g) 100% a. dia – 1 semana

   h) 250% a quinzena – 2 meses

2. Que juro receberá uma pessoa que aplique $ 1.000,00 conforme as hipóteses abaixo:

   a) 2% a.m. – 1 ano

   b) 1,5% a.t. – 2 anos

   c) 7% a.s. – 36 meses

   d) 1.000% cada dez dias – 1 mês

   e) 150% a semana – 21 dias

   f) 10% cada primavera – 3 anos

3. Certa pessoa pretende comprar uma casa por $ 500.000,00, daqui a 6 anos. Quanto deve aplicar esta pessoa hoje para que possa comprar a casa no valor e prazo estipulado, se a taxa de juros for:

   a) 3% a.t.

   b) 1% a.m.

   c) 15% a.a.

   d) 50% a.s.

4. Para ter $ 100.000,00 quanto devo aplicar hoje, se as taxas e prazos são os seguintes:

   a) 2,5% a.m. – 1 semestre

   b) 15% a.q. – 4 anos

   c) 50% ao dia – 10 dias

   d) 0% a.m. – 2 meses

5. O preço de um carro é $ 11.261,62, podendo este valor ser pago até o prazo máximo de 6 meses. Quem optar pelo pagamento a vista beneficia-se de um desconto de 11,2%. Qual é a taxa de juro cobrada nesta operação?

6. O banco X anuncia que sua taxa para empréstimo pessoal é de 2,5% a.m. Um cliente retirou $ 20.000,00 e quando foi saldar sua dívida o gerente lhe disse que esta importava em $ 31.193,17. Quanto tempo levou o cliente para restituir o empréstimo?

7. Certa loja tem como política de vendas a crédito exigir 30% do valor da mercadoria a vista como entrada e o restante a ser liquidado em até 3 meses. Neste caso, o valor da mercadoria sofre um acréscimo de 10%, que será pago na segunda parcela. Qual é a taxa de juros desta loja para este período?

8. Um sítio é posto a venda por $ 50.000,00 de entrada e $ 100.000,00 em 1 ano. Como opção o vendedor pede $ 124.000,00 a vista. Se a taxa de juros de mercado for de 2,5% a.m., qual a melhor alternativa?

9. Um investidor troca um título de $ 10.000,00, vencível em 3 meses, por outro de $ 13.500,00, vencível em 1 ano. Sabendo-se que a taxa de mercado é de 3% a.m., este investidor fez bom negócio? Que taxa ganhou por mês?

10. Um terreno é vendido por $ 200.000,00 a vista. A prazo, o vendedor oferece dois planos:
    a) $ 50.000,00 de entrada
       $ 55.181,96 em 6 meses
       $ 126.824,18 em 12 meses
    b) $ 60.000,00 de entrada
       $ 102.480,77 em 6 meses
       $ 63.412,09 em 12 meses
    Se a taxa de juro corrente for de 2% a.m., qual será a melhor alternativa?
    Sugestão: Calcular a soma dos valores atuais, descontados para a data zero e à taxa dada, nas hipóteses de financiamento.

11. Entre suas aplicações o Sr. Paulo tem um título com o valor de resgate de $ 3.000,00 e outro com o valor de $ 3.183,00, vencíveis, respectivamente, em 180 e 240 dias. Se a aplicação tivesse sido feita hoje, qual das duas seria a melhor, na hipótese de mesmo capital aplicado e taxa de mercado 3% a.a.?

12. Qual é a taxa equivalente anual às seguintes taxas:
    a) 1% a.m.
    b) 2% ao bimestre
    c) 5% ao trimestre
    d) 2,5% ao quadrimestre
    e) 8% a.s.

13. Que taxas são equivalentes a 25% a.a., se os prazos respectivos forem:
    a) 6 meses (semestral)
    b) 4 meses (quadrimestral)
    c) 3 meses (trimestral)
    d) 2 meses (bimestral)
    e) 1 mês (mensal)

f) 8 meses

g) 9 meses

h) 11 meses

14. Em 20X5 a rentabilidade das Cadernetas de Poupança foi de 31,66% a.a. Qual a taxa de rentabilidade trimestral?

15. Certa loja vende um conjunto de som por $ 10.000,00, podendo o pagamento ser efetuado sem nenhum acréscimo daqui a 4 meses. Contudo, se o cliente optar pelo pagamento a vista será bonificado com um abatimento de 10%. O custo de um empréstimo pessoal é de 2,7% a.m.; nestas condições vale a pena comprar a prazo?

16. Um grande magazine anuncia a venda de um jogo de rodas de magnésio por $ 5.000,00 a vista ou $ 1.000,00 de entrada e dois pagamentos mensais de $ 2.120,78. Se a taxa de juros de mercado for de 42,58% a.a., compensa a compra a vista?

    Sugestão: A mesma do problema nº 10, sendo desconhecida a taxa. Ao resolver a equação de 2º grau, considerar a raiz positiva.

17. O Produto Nacional Bruto de um país cresceu em 200% em 10 anos. Qual foi a taxa de crescimento anual?

18. Em quanto tempo dobra uma população que cresce 2,82% a.a.?

19. Um investidor aplicou $ 5.000,00 por 30 meses à taxa de 10% a.a. Qual é o montante por ele recebido? (Convenção exponencial.)

20. Com a finalidade de comprar um carro no valor de $ 7.500,00, um rapaz aplica $ 6.000,00 a taxa de 3% a.m. Quanto tempo levou para obter o valor do carro? (Convenção exponencial.)

21. Qual é o montante auferido em um investimento de $ 10.000.00 por 4 anos e 9 meses à taxa de 10% a.a.? (Convenção exponencial.)

22. Uma aplicação em Caderneta de Poupança rende $ 500,00 sobre um capital de $ 800,00 em 1 ano e 3 meses. Qual é a taxa de rentabilidade anual (Convenção exponencial.)

23. Tendo investido $ 25.000,00 na Bolsa de Valores, João esperava ganhar 100% a.a. Qual seria o lucro recebido por ele ao fim de 1 ano e 8 meses, caso tal rentabilidade ocorresse? (Convenção exponencial.)

24. A rentabilidade de uma aplicação é de 25% a.a. Sabendo-se que uma pessoa lucrou $ 980,00 sobre um capital de $ 2.500,00, pergunta-se quanto tempo ficou o dinheiro aplicado? (Convenção exponencial.)

25. Qual é a taxa de juros para 13 meses, nas hipóteses (Convenção exponencial):

    a) 27% a.a.

    b) 6% a.s.

    c) 5% a.q.

    d) 10% a.t.

26. Qual é a taxa efetiva anual nas hipóteses abaixo?

Taxa Nominal	Capitalização
a) 24% a.a.	mensal
b) 28% a.a.	trimestral
c) 21% a.a.	quadrimestral
d) 40% a.a.	semestral
e) 30% a.a.	anual

27. Se o banco deseja ganhar 30% a.a. como taxa efetiva, que taxa nominal anual deverá pedir em cada hipótese de capitalização abaixo:

    a) mensal

    b) trimestral

    c) quadrimestral

    d) semestral

28. O Banco Alfa propõe a um cliente a taxa de juros de 40% a.a., sendo a capitalização anual. O cliente, entretanto, opta pelo financiamento de outro banco, pois sua taxa é de 36,5% a.a., considerando ano civil de 365 dias. Como detalhe deste segundo financiamento deve-se acrescentar que sua capitalização é diária. Qual é a melhor taxa?

29. Uma empresa toma emprestado $ 100.000,00 pelo prazo de 2 anos. Se a taxa do banco for de 28% a.a., com capitalização trimestral, qual será o montante devolvido?

30. Se uma empresa deseja ganhar a taxa efetiva de 50% a.m., que capitalização deverá exigir para uma taxa nominal de 41,38% a.m.? (**Nota**: Solução por tentativa e erro.)

Respostas

1. a) $ 1.126,83
    b) $ 1.709,14
    c) $ 1.194,05
    d) $ 2.593,74
    e) $ 1.628,89
    f) $ 1.020,10
    g) $ 128.000,00
    h) $ 150.062,50

2. a) $ 268,24
    b) $ 126,49
    c) $ 500,73
    d) $ 1.330.000,00
    e) $ 14.625,00
    f) $ 331,00

3   a) $ 245.966,88
    b) $ 244.248,08
    c) $ 216.163,78
    d) $ 3.853,67

4   a) $ 86.229,72
    b) $ 18.690,72
    c) $ 1.734,15
    d) $ 100.000,00

5. 2% a.m.

6. 18 meses.

7. 70,60% a.a.

8. Comprar a vista, pois o valor atual da outra alternativa é de $ 124.355,58.

9. Sim. Ganhou 3,39% a.m.

10. O plano a), pois possui menor valor atual.

11. A aplicação para 240 dias é melhor, pois é superior em qualquer data de comparação.

12. a) 12,6825% a.a.
    b) 12,6162% a.a.
    c) 21,5506% a.a.
    d) 7,6891% a.a.
    e) 16,6400% a.a.

13. a) 11,803399% a.a.
    b) 7,721735% a.q.
    c) 5,737126% a.t.
    d) 3,789082% a.b.
    e) 1,876927% a.m.
    f) 16,040% em 8 meses
    g) 18,218% em 9 meses
    h) 22,697% em 11 meses

14. 7,1182% a.t.

15. Sim, pois a taxa é de 2,669% a.m

16. Sim, pois a taxa da loja é de 4% a.m. equivalendo a 60,10% a.a.

17. 11,6123% a.a.

18. 24,9 anos

19. $ 6.345,29 (convenção exponencial)

20. 7 meses e 16 dias (convenção exponencial)

21. $ 15.725,89 (convenção exponencial)

22. 47,46% a.a.

23. $ 54.370,05 (convenção exponencial)

24. 1 ano, 5 meses e 24 dias (convenção exponencial)

25. Convenção exponencial
    a) 29,5550%
    b) 13,4565%
    c) 17,1832%
    d) 51,1361%

26. a) 26,82% a.a.
    b) 31,08% a.a.
    c) 22,50% a.a.
    d) 44,00% a.a.
    e) 30,00% a.a.

27. a) 26,53% a.a.
    b) 27,12% a.a.
    c) 27,42% a.a.
    d) 28,04% a.a.

28. A melhor taxa é a do Banco Alfa, pois é de 40,00% a.a., enquanto que a taxa efetiva do outro banco é de 44,03% a.a.

29. $ 171.818,60

30. Capitalização a cada 3 dias.

Apêndice

1 Taxas equivalentes em períodos quaisquer

Sejam as taxas:

$$i_n = \text{referente a } n \text{ períodos de tempo}$$
$$i_m = \text{referente a } m \text{ períodos de tempo}$$

Admitamos que n e m sejam números primos entre si, de tal modo que o M.M.C. (mínimo múltiplo comum) seja obtido por multiplicação direta. Nestas condições, ao tomarmos a taxa i_n (n períodos) e ao aplicar um capital a esta taxa, mas por m períodos, estaremos fazendo uma aplicação pelo tempo total $(m \cdot n)$, que é o M.M.C. dos tempos. O mesmo raciocínio vale para i_m.

Suponhamos uma aplicação C_0 na data focal zero. Para a taxa i_n, após m períodos, o montante será:

$$C_m = C_0 (1 + i_n)^m$$

Analogamente, para a taxa i_m, após n períodos, teremos:

$$C_n = C_0 (1 + i_m)^n$$

Como as aplicações do mesmo capital inicial foram feitas por um prazo igual (que é M.M.C. $= m \cdot n$), se as taxas forem equivalentes então os montantes serão iguais:

$$C_m = C_n$$

Ou seja:

$$\not{C}_0 (1 + i_n)^m = \not{C}_0 (1 + i_m)^n$$
$$(1 + i_n)^m = (1 + i_m)^n$$

Ou ainda:

$$[(1 + i_n)^m]^{1/m} = [(1 + i_m)^n]^{1/m}$$
$$1 + i_n = (1 + i_m)^{n/m}$$

$$\boxed{i_n = \sqrt[m]{(1 + i_m)^n} - 1}$$

Exemplo: Verificar se a taxa de 2,01% em *dois meses* é equivalente à taxa de 3,0301% em *três meses*.

Resolução: a) direta:

Temos: $i_n = 2,01\%$ para $n = 2$ meses

$i_m = 3,0301\%$ para $m = 3$ meses

Calculamos diretamente:

$$(1 + i_n)^m = (1 + i_2)^3 = (1,0201)^3 = 1,06152$$
$$(1 + i_m)^n = (1 + i_3)^2 = (1,030301)^2 = 1,06152$$

Como as taxas resultaram iguais quando capitalizadas para um mesmo intervalo de tempo, concluímos que são equivalentes.

b) pela fórmula:

$$1 + i_n = (1 + i_m)^{n/m}$$
$$1 + i_2 = (1 + i_3)^{2/3}$$

Usando logaritmos:

$$\log (1 + i_2) = \log (1 + i_3)^{2/3}$$
$$\log (1 + i_2) = \frac{2}{3} \log (1,030301)$$

Procurando numa tabela de logaritmos (ver Bibliografia), achamos:

$$\log 1,030301 = 0,01296$$

Portanto: $\log (1 + i_2) = \dfrac{2}{3} \cdot 0,01296$

$$\log (1 + i_2) = 0,008643$$

Extraindo-se o antilogaritmo:

$$1 + i_2 = 1,0201$$
$$\therefore i_2 = 0,0201$$

Observe-se que partindo da *segunda taxa* (i_3) obtivemos um valor igual ao da *primeira taxa* (i_2). Portanto, as duas taxas são equivalentes.

2 Potenciação a expoentes fracionários

Exemplo: Um capital de $ 1.000,00 é emprestado à taxa de juros compostos de 10% a.a., pelo prazo de 5 anos e 7 meses. Sendo a capitalização anual, qual será o montante?

Resolução: Admitindo-se a convenção exponencial, aplicamos diretamente a Fórmula:

$$C'_{n,\,p/q} = C_0 (1 + i)^{n + p/q}$$
$$C'_{5,\,7/12} = 1.000 (1,10)^{5 + 7/12}$$
$$C'_{5,\,7/12} = 1.000 (1,10)^{5,5833}$$

O problema agora é obter $(1,10)^{5,5833}$, o que se pode fazer, em termos práticos, de dois modos:

I) *Por logaritmos:* Pondo

$$x = (1,10)^{5,5833}$$
$$\log x = \log (1,10)^{5,5833}$$
$$\log x = 5,5833 \log 1,10$$
$$\log x = 5,5833 \cdot 0,4139$$
$$\log x \cong 0,23111$$

Extraindo-se o antilogaritmo:

$$x = (1,10)^{5,5833} \cong 1,702581$$

Portanto: $C'_{5\,7/12} = 1.000 \cdot 1,702581 = $ 1.702,58$

II) *Por tentativa e erro:* Este método de resolução é indicado quando se dispõe de máquina de calcular eletrônica e que não possua exponenciação a número real. Para exemplificar, voltemos ao problema:

$$C'_{5,\,7/12} = 1.000 (1,10)^{5 + 7/12}$$
$$C'_{5,\,7/12} = 1.000 (1,10)^5 [(1\ 10)^{1/12}]^7$$

Devemos calcular em primeiro lugar:

$$(1,10)^{1/12} = \sqrt[12]{1,10}$$

Nosso problema é achar:

$$\sqrt[n]{1+i} = 1 + i_1$$

Onde: i = é a taxa dada

i_1 = é a taxa de juros equivalente cujo valor queremos determinar.

Ou seja, queremos achar a raiz positiva (i_1) da equação:

$$(1 + i_1)^n - (1 + i) = 0$$

Utilizando o *método de Newton* para achar as raízes de uma equação, temos a relação seguinte:

$$x_{k+1} = x_k - \frac{f(x_k)}{f'(x_k)}$$

Onde: x_k = é uma primeira estimativa da raiz a ser calculada;

$f(x_k)$ = é o valor da função quando se admite a estimativa inicial (x_k);

$f'(x_k)$ = é o valor da derivada primeira da função, quando se admite a estimativa inicial (x_k).

O leitor deve observar que a relação dada é uma *fórmula de recorrência,* ou seja, dado um valor (x_k) ela permite que se calcule outro (x_{k+1}) de tal modo que, por um processo de iteração, cheguemos à solução procurada. Como a solução pode não ser exata, deveremos fazer tantas iterações quantas sejam necessárias, de modo a obter uma solução que seja satisfatória quanto ao *erro cometido.*

Como o número de iterações depende, no nosso caso, do valor inicial, vamos admitir que:

$$X_k = 1 + i'_k$$

Onde: $i'_k = \dfrac{i}{n}$

Ou seja, vamos utilizar como estimativa inicial (x_k) a taxa proporcional.

Por outro lado, temos:

$$f(x_k) = (1 + i'_k)^n - (1 + i)$$

E, portanto:

$$f'(x_k) = n(1 + i'_k)^{n-1}$$

Substituindo-se estes valores na fórmula de iteração dada, tem-se:

$$(1 + i_{k+1}) = \frac{n-1}{n}\left[(1 + i'_k) + \frac{(1+i)}{(n-1)(1+i'_k)^{(n-1)}}\right]$$

Deveremos ter ainda:

n = inteiro e positivo

$i \geq 0$

Voltando ao problema, queremos calcular: $\sqrt[12]{1,10}$

Fazendo-se: $i'_k = \dfrac{0,10}{12} = 0,008333\ldots$

temos: $\sqrt[12]{1,10} \cong \dfrac{12-1}{12}\left[1,008333 + \dfrac{1,10}{(12-1)(1,008333)^{(12-1)}}\right] =$

$= \dfrac{11}{12}\left[1,008333 + \dfrac{1,10}{11(1,008333)^{11}}\right] =$

$= \dfrac{11}{12}\left[1,008333 + \dfrac{1,10}{11 \times 1,095579}\right] =$

$= \dfrac{11}{12}\left[1,008333 + \dfrac{1,10}{12,051371}\right] =$

$= \dfrac{11}{12}\,[1,008333 + 0,091276] =$

$= \dfrac{11}{12}\,[1,099609] = 1,007975$

Para verificar se a aproximação já é suficiente, fazemos o teste seguinte:

$$(1,007975)^{12} \cong 1,100011$$

Logo, podemos dizer que:

$$\sqrt[12]{1,10} \cong 1,007975$$

Utilizando este resultado, temos:

$$C'_{5,7112} = 1.000\,(1,10)^5\,(1,007975)^7 =$$

$$= 1.000 \, (1{,}610510) \, (1{,}057179) \cong$$
$$\cong 1.000 \, (1{,}70260) \cong 1.702{,}60$$

Portanto: $C'_{5,\,7/12} \cong 1.702{,}60$

Ou seja, comparando-se este resultado com o que se obteve antes, constatamos que eles são praticamente iguais.

Obs.: Respeitadas as restrições, a fórmula de iteração dada vale de modo geral. Seu uso, entretanto, deve ser precedido de uma análise prévia para ver se o número de iterações não será muito grande. Isto ocorrerá, por exemplo, quando a taxa e/ou o número de períodos forem grandes.

Exemplo: Aplicando-se $ 1.000,00 por um prazo de 15 anos, obteve-se um montante igual a $ 4.177,25. Pergunta-se qual a taxa de capitalização anual empregada.

Resolução: $4.177{,}25 = 1.000{,}00 \, (1 + i)^{15}$

$(1 + i)^{15} = 4{,}17725$

$1 + i = \sqrt[15]{4{,}17725}$

Neste caso, a taxa proporcional é:

$$i'_k = \frac{3{,}17725}{15} = 0{,}2118$$

Operando com esta estimativa inicial, *apenas na quarta iteração* estaremos obtendo a taxa aproximada que é de 10% a.a. Neste caso, então, recomenda-se o uso de logaritmos que fornecem a solução de modo mais rápido.

4

Equivalência de Capitais

Como já foi visto no caso das operações de desconto, é freqüente a necessidade de antecipar ou de prorrogar títulos nas operações financeiras. Às vezes queremos substituir um titulo por outro ou por vários. Podemos também ter vários títulos que queremos substituir por um único ou por vários.

Tais questões dizem respeito, de modo geral, à comparação de valores diferentes referidos a datas diferentes, considerando-se uma dada taxa de juros.

Na prática, estas comparações são feitas utilizando-se o critério de juros compostos.

1 Definições

1.1 Data focal

Data focal é a data que se considera como base de comparação dos valores referidos a datas diferentes.

A data focal também é chamada data de avaliação ou data de referência.

Exemplo: Certa pessoa tem uma nota promissória a receber com valor nominal de $ 15.000,00, que vencerá em dois anos. Além disto, possui $ 20.000,00 hoje, que irá aplicar à taxa de 2% a.m., durante dois anos. Considerando que o custo de oportunidade do capital hoje, ou seja, a taxa de juros vigente no mercado, é de 2% a.m., pergunta-se:

a) Quanto possui hoje?

b) Quanto possuirá daqui a um ano?

c) Quanto possuirá daqui a dois anos?

Resolução: Representemos o problema graficamente:

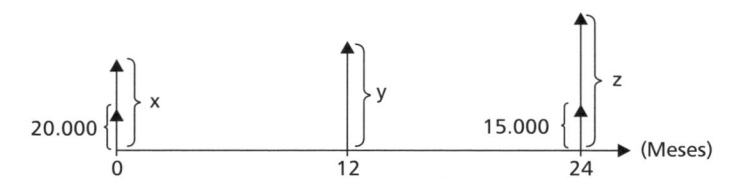

Sejam: x = quantia que possui na data zero.

y = quantia que possuirá na data 12 meses.

z = quantia que possuirá na data 24 meses.

Temos então:

a) Hoje: $x = 20.000 + \dfrac{15.000}{(1,02)^{24}} = 20.000,00 + 9.325,82$

Portanto: $x = 29.325,82$

b) Daqui a 1 ano:

$y = 20.000 \, (1,02)^{12} + \dfrac{15.000}{(1,02)^{12}}$

$y = 25.364,84 + 11.827,40$

$y = 37.192,24$

c) Daqui a 2 anos:

$z = 20.000 \, (1,02)^{24} + 15.000$

$z = 32.168,74 + 15.000$

$z = 47.168,74$

Assim, à taxa considerada, podemos dizer que a pessoa possui hoje $ 29.325,82. Ela possuirá $ 37.192,24 daqui a 1 ano e $ 47.168,74 daqui a 2 anos.

1.2 Equação de valor

A equação de valor permite que sejam igualados capitais diferentes, referidos a datas diferentes, para uma mesma data focal, desde que seja fixada uma certa taxa de juros.

Em outras palavras, a equação de valor pode ser obtida igualando-se em uma data focal as somas dos valores atuais e/ou montantes dos compromissos que formam a alternativa em análise.

Exemplo: Considere-se o exercício resolvido no item anterior. As expressões de primeiro grau em x, y e z são equações de valor.

Assim, o valor $y = 37.192,24$, calculado na data focal 12, é composto de duas parcelas: $ 25.364,84, que é o montante de $ 20.000,00 à taxa de juros compostos de 2% a.m., e $ 11.827,40, que é o valor atual ou valor presente de $ 15.000.00 à taxa de juros compostos de 2% a.m.

O valor $z = 47.168,74$ foi obtido através de uma equação de valor, com a qual passamos diretamente da data focal 0 para a data 24.

Podemos pensar em uma nova equação de valor, em que usemos o valor $y = 37.192,24$ referido à data focal 12 e, daí, passemos à data focal 24.

Nestas condições, temos:

$$z' = 37.192,24 \, (1,02)^{12}$$

$$z' = 47.168,74$$

Podemos concluir que, usando a taxa de juros compostos a que se referem as aplicações de capital, as equações de valor em z e z' dão resultados iguais. Logo, a solução deste problema de comparação de capitais no regime de juros compostos não depende da data focal considerada.

O leitor deve lembrar-se de que esta propriedade não é válida para o regime de juros simples.

Esta é uma das grandes vantagens do regime de juros compostos, pois nos permite garantir que uma comparação feita em uma dada data focal permanece válida em qualquer outra data focal.

2 Capitais equivalentes

Diz-se que dois ou mais capitais, com datas de vencimento determinadas, são equivalentes quando, levados para uma mesma data focal à mesma taxa de juros, tiverem valores iguais.

Seja um conjunto de valores nominais e suas respectivas datas de vencimento:

Capital	Data de vencimento
C_1	1
C_2	2
C_3	3
...	...
C_n	n

A representação destes capitais no tempo é a seguinte:

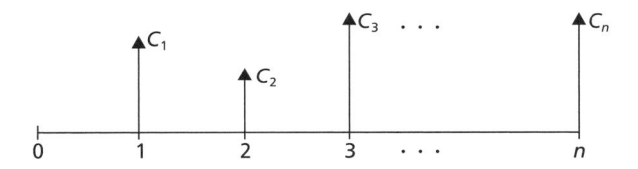

Adotando-se uma taxa de juros i, estes capitais serão equivalentes na data focal 0, se:

$$V = \frac{C_1}{(1+i)^1} = \frac{C_2}{(1+i)^2} = \frac{C_3}{(1+i)^3} = ... = \frac{C_n}{(1+i)^n}$$

Indicamos os valores por V, já que estes são valores atuais à taxa de juros i, na data focal 0.

Exemplo: Consideremos os valores nominais seguintes:

Capital ($)	Datas de vencimento (anos)
1.100,00	1
1.210,00	2
1.331,00	3
1.464,10	4
1.610,51	5

Admitindo-se uma taxa de juros compostos de 10% a.a., verificar se os capitais são equivalentes na data focal zero.

Resolução: Calculemos os valores atuais na data zero:

$$V_1 = \frac{C_1}{(1+i)^1} = \frac{1.100,00}{(1,10)^1} = 1.000,00$$

$$V_2 = \frac{C_2}{(1+i)^2} = \frac{1.210,00}{(1,10)^2} = 1.000,00$$

$$V_3 = \frac{C_3}{(1+i)^3} = \frac{1.331,00}{(1,10)^3} = 1.000,00$$

$$V_4 = \frac{C_4}{(1+i)^4} = \frac{1.464,10}{(1,10)^4} = 1.000,00$$

$$V_5 = \frac{C_5}{(1+i)^5} = \frac{1.610,51}{(1,10)^5} = 1.000,00$$

Logo, podemos concluir que:

$$V_1 = V_2 = V_3 = V_4 = V_5$$

Como os capitais são equivalentes a esta taxa de juros, isto quer dizer que o possuidor de dois ou mais destes capitais, ficará indiferente quanto aos valores nominais. Em outras palavras, a pessoa fica indiferente a possuir $ 1.100.00 em 1 ano ou $ 1.464,10 daqui a 4 anos, desde que a taxa de juros seja de 10% a.a.

Vamos verificar se estes capitais também são equivalentes em outra data focal. Para isto, tomemos uma data focal arbitrária, por exemplo, a data 3.

A situação é a seguinte:

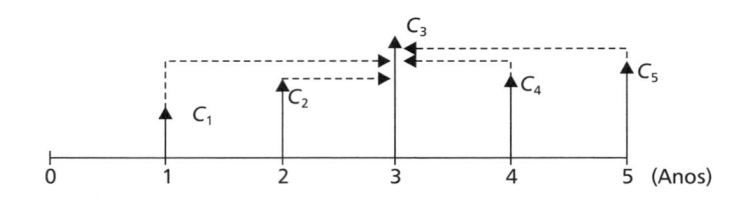

Calculemos os respectivos montantes e valores atuais à taxa de 10% a.a.:

$$V'_1 = C_1 (1+i)^2 = 1.100,00 (1,10)^2 = 1.331,00$$

$$V'_2 = C_2 (1+i)^1 = 1.210,00 (1,10)^1 = 1.331,00$$

$$V'_3 = C_3 (1+i)^0 = 1.331,00 (1,10)^0 = 1.331,00$$

$$V'_4 = \frac{C_4}{(1+i)^1} = \frac{1.464,10}{(1,10)^1} = 1.331,00$$

$$V'_5 = \frac{C_5}{(1+i)^2} = \frac{1.610,51}{(1,10)^2} = 1.331,00$$

Então, verificamos que:

$$V'_1 = V'_2 = V'_3 = V'_4 = V'_5 = 1.331,00$$

Ou seja, os capitais dados, que se demonstrou serem equivalentes na data focal zero, também o são na data focal 3. E, de fato, no apêndice a este capítulo demonstra-se que, uma vez constatada a equivalência para uma certa data focal, a mesma permanecerá válida para qualquer outra data focal.

3 Valor atual de um conjunto de capitais

Suponhamos que uma pessoa tenha uma carteira de aplicações em títulos de renda fixa com datas de vencimento diferentes.

Esta carteira de valores nominais é um conjunto de capitais. O conjunto pode ser caracterizado pelo valor nominal do título e por sua data de vencimento:

Capital	Data de vencimento
C_1	1
C_2	2
C_3	3
...	...
C_n	n

Uma questão normal é a de saber qual o valor da carteira, ou seja, do conjunto de capitais numa determinada data. Para isto, é necessário fixar-se a taxa de juros i e a data focal, que vamos admitir, neste caso, como sendo a data zero.

Nestas condições, o valor da carteira pode ser obtido descontando-se os títulos para a data zero e somando-se os valores obtidos:

$$V = \frac{C_1}{(1+i)^1} + \frac{C_2}{(1+i)^2} + \frac{C_3}{(1+i)^3} + ... + \frac{C_n}{(1+i)^n}$$

O total obtido *V* é o *valor atual* do conjunto de capitais na data zero. É o valor atual desta carteira, que é quanto ela vale. Ou seja, dado um custo de oportunidade de capital (a taxa de juros vigente no mercado) e uma data de comparação, podemos dizer que o valor atual naquela data "mede" o valor da carteira.

Exemplo: Admitamos o conjunto de capitais seguinte:

Capital ($)	Data de Vencimento (Mês)
1.000,00	6
2.000,00	12
5.000,00	15

Admitindo-se a taxa de juros de 3% a.m., pergunta-se qual o valor atual deste conjunto na data focal zero.

Resolução: A situação é a seguinte:

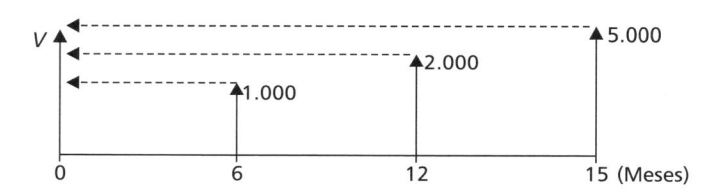

Temos, então:

$$V = \frac{1.000}{(1,03)^6} + \frac{2.000}{(1,03)^{12}} + \frac{5.000}{(1,03)^{15}}$$

$$V = 837,48 + 1.402,76 + 3.209,31$$

$$V = 5.449,55$$

Podemos concluir que $ 5.449,55 é o valor da carteira na data zero, à taxa de 3% a.m. Ou seja, se a pessoa vender a carteira hoje (data zero) por $ 5.449,55, o comprador estará ganhando uma taxa de 3% a.m.

É claro que, se o vendedor vender por mais do que $ 5.449,55, ele estará ganhando uma taxa maior do que 3% a.m. e vice-versa. Isto porque o capital equivalente na data focal zero, à taxa de 3% a.m. é exatamente $ 5.449,55.

Considerando-se que o possuidor da carteira a vendesse por $ 5.449,55 na data focal zero e aplicasse o dinheiro a 3% a.m., ocorreria com ele a seguinte situação:

a) possui um único capital aplicado; e

b) deixa de ter os resgates nos meses 6 ($ 1.000), 12 ($ 2.000) e 15 ($ 5.000).

Aplicando-se $ 5.449,55 na data focal zero à taxa de 3% a.m., ter-se-á na data focal 6 o seguinte montante:

$$C_6 = 5.449,55 \ (1,03)^6$$
$$C_6 = 6.507,05$$

Como ele deixa de resgatar $ 1.000,00 na data focal 6, o valor que "ficaria" aplicado seria a diferença: $ 6.507,05 menos $ 1.000,00, ou seja, $ 5.507,05.

Levando-se este valor ($ 5.507,05) na data 6 para a data focal 12, ter-se-ia:

$$C_{12} = 5.507,05 \ (1,03)^6$$
$$C_{12} = 6.575,71$$

Na data focal 12 ele estaria deixando de resgatar $ 2.000,00. Seguindo-se o mesmo raciocínio anterior, ele estaria aplicando apenas a diferença: $6.575,71 - 2.000.00 = 4.575,71$.

Se ele aplicar $ 4.575,71 por mais 3 meses (da data 12 para a data 15), terá:

$$C_{15} = 4.575,71 \ (1,03)^3$$
$$C_{15} = 5.000,00$$

O capital de $ 5.000,00 na data 15 é exatamente o valor do terceiro resgate, que o vendedor da carteira vai deixar de efetuar.

Vejamos o que ocorre em outra data focal, por exemplo, a data 10. A representação gráfica é a seguinte:

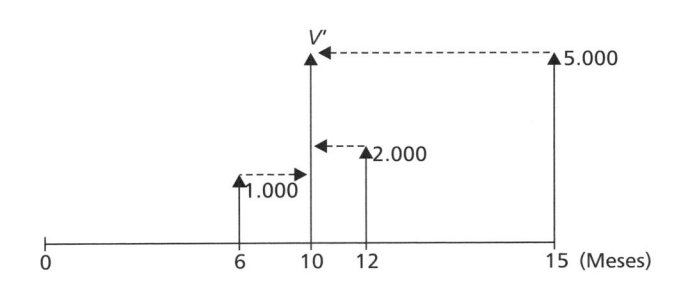

O valor é:

$$V' = 1.000 \ (1,03)^4 + \frac{2.000}{(1,03)^2} + \frac{5.000}{(1,03)^5}$$

$$V' = 1.125,51 + 1.885,19 + 4.313,04$$

$$V' = 7.323,74$$

Então, $ 7.323,74 é o valor da carteira na data 10 à taxa de 3% a.m.

Observe que, ao capitalizar o valor atual da data zero à data 10, à taxa de 3% am., obtemos:

$$V'' = 5.449,55 \, (1,03)^{10} = 7.323,74$$

que é o valor que já tínhamos obtido diretamente.

Este resultado permite-nos concluir que: quando se usa taxa de juros compostos, uma vez obtido o valor atual de um conjunto de capitais (carteira) numa dada data focal, para passar para outra data basta fazer a capitalização ou desconto à taxa de juros usada.

4 Conjuntos equivalentes de capitais

Sejam dados a taxa de juros i e dois conjuntos de valores nominais com seus respectivos prazos, contados a partir da mesma data de origem:

1º Conjunto		2º Conjunto	
Capital	Data de vencimento	Capital	Data de vencimento
C_1	m_1	C'_1	m'_1
C_2	m_2	C'_2	m'_2
...	...	...	...
C_n	m_n	C'_n	m'_n

Diz-se que os dois conjuntos são equivalentes quando, fixada uma data focal e uma taxa de juros, os valores atuais dos dois conjuntos forem iguais.

Deste modo, à taxa i e na data zero, os conjuntos dados serão equivalentes se:

$$\frac{C_1}{(1+i)^{m_1}} + \frac{C_2}{(1+i)^{m_2}} + ... + \frac{C_n}{(1+i)^{m_n}} = \frac{C'_1}{(1+i)^{m'_1}} + \frac{C'_2}{(1+i)^{m'_2}} + ... + \frac{C'_n}{(1+i)^{m'_n}}$$

Exemplo: Verificar se os conjuntos de valores nominais, referidos à data zero, são equivalentes à taxa de juros de 10% a.a.

1º Conjunto		2º Conjunto	
Capital ($)	Data de vencimento	Capital ($)	Data de vencimento
1.100,00	1º ano	2.200,00	1º ano
2.420,00	2º ano	1.210,00	2º ano
1.996,50	3º ano	665,50	3º ano
732,05	4º ano	2.196,15	4º ano

Resolução: Para fazer a comparação dos valores atuais à taxa dada, escolhemos a data focal zero:

a) 1º conjunto de capitais:

$$V_1 = \frac{1.100}{(1,1)^1} + \frac{2.420}{(1,1)^2} + \frac{1.996,50}{(1,1)^3} + \frac{732,05}{(1,1)^4}$$

$$V_1 = 1.000,00 + 2.000,00 + 1.500,00 + 500,00$$

$$V_1 = 5.000,00$$

b) 2º conjunto de capitais:

$$V_2 = \frac{2.200}{(1,1)^1} + \frac{1.210}{(1,1)^2} + \frac{665,50}{(1,1)^3} + \frac{2.196,15}{(1,1)^4}$$

$$V_2 = 2.000,00 + 1.000,00 + 500,00 + 1.500,00$$

$$V_2 = 5.000,00$$

Como $V_1 = V_2$, concluímos que, à taxa de 10% a.a., os dois conjuntos são equivalentes. Isto quer dizer que uma pessoa ficará indiferente entre possuir uma carteira de títulos igual ao 1º ou ao 2º conjunto, desde que a taxa de juros vigentes no mercado seja 10% a.a.

Vejamos agora se a equivalência permanece em uma outra data focal. Para fazer esta comparação vamos escolher, por exemplo, o 4º ano:

a) **1º conjunto**

$$V'_1 = 1.100(1,1)^3 + 2.420(1,1)^2 + 1.996,50(1,1)^1 + 732,05(1,1)^0$$

$$V'_1 = 1.464,10 + 2.928,20 + 2.196,15 + 732,05$$

$$V'_1 = 7.320,50$$

b) **2º conjunto**

$$V'_2 = 2.200(1,1)^3 + 1.210(1,1)^2 + 665,50(1,1)^1 + 2.196,15(1.1)^0$$

$$V'_2 = 2.928,20 + 1.464,10 + 732,05 + 2.196,15$$

$$V'_2 = 7.320,50$$

Logo, temos que $V'_1 = V'_2$ e os dois conjuntos também são equivalentes na data 4.

O leitor pode verificar também que:

$$V'_1 = V_1 (1 + i)^4$$

Ou seja:

$$V'_1 = 5.000 (1,1)^4 = 7.320,50$$

Podemos concluir que, verificada a equivalência em uma determinada data, a mesma permanece válida em outra data qualquer.

5 Exercícios resolvidos

1. Um título no valor nominal de $ 8.500,00, com vencimento para 5 meses, é trocado por outro de $ 7.934,84, com vencimento para 3 meses. Sabendo-se que a taxa de juros corrente de mercado é de 3,5% a.m., pergunta-se se a substituição foi vantajosa.

Resolução: Nosso problema é comparar esses dois capitais para verificar se são equivalentes ou não. A equivalência será feita através da taxa de juros:

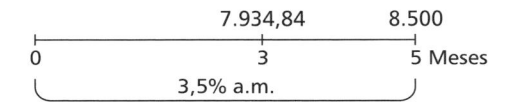

Como os capitais se encontram em instantes diferentes de tempo, devemos considerá-los em uma mesma data focal.

1º) *Data focal zero*:

$$V_3 = \frac{C_3}{(1 + i)^3}$$

$$V_3 = \frac{7.934,84}{(1,035)^3}$$

$$V_3 = \frac{7.934,84}{1,108718} = \$ 7.156,77$$

$$V_5 = \frac{C_5}{(1+i)^5}$$

$$V_5 = \frac{8.500}{(1,035)^5}$$

$$V_5 = \frac{8.500}{1,187686} = \$\ 7.156,77$$

Uma vez que os valores atuais são iguais, considerando a data focal zero e a taxa de 3,5% a.m., dizemos que os dois títulos são equivalentes à taxa de 3,5% a.m. Então, não houve vantagem alguma na substituição dos títulos.

A comparação foi feita na data focal zero, mas a conclusão seria a mesma em qualquer data focal que se escolhesse. Para exemplificar vamos compará-los nas datas focais 3 e 5.

2º) *Data focal três*:

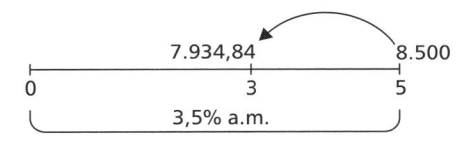

$$V'_3 = \frac{C_5}{(1+i)^2}$$

$$V'_3 = \frac{8.500}{(1,035)^2}$$

$$V'_3 = \frac{8.500}{1,071225} = \$\ 7.934,84$$

$$V'_3 = C_3 = \$\ 7.934,84$$

3º) *Data focal cinco*:

$$V'_5 = C_3 (1 + i)^2$$

$$V'_5 = 7.934,84 (1,035)^2$$

$$V'_5 = 7.934,84\ (1,071225) = \$\ 8.500,00$$
$$V'_5 = C_5 = \$\ 8.500,00$$

Sugestão: Comparar os dois capitais na data focal dois ou quatro.

2. João irá receber $ 6.600,00 dentro de um ano, como parte de seus direitos na venda de um barco. Contudo, necessitando de dinheiro, transfere seus direitos a um amigo que os compra, entregando-lhe uma Nota Promissória no valor de $ 6.000,00, com vencimento para 6 meses. João fez bom negócio, se a taxa de mercado for de 20% a.a.?

Resolução: A análise deve ser feita comparando-se os dois capitais na mesma data focal:

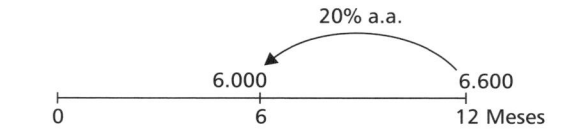

$$V_6 = \frac{C_{12}}{(1+i)^6}$$

$$V_6 = \frac{6.600}{[(1,20)^{1/12}]^6} = \frac{6.600}{(1,20)^{1/12}}$$

$$V_6 = \frac{6.600}{1,095445} = \$\ 6.024,95$$

Como $ 6.000,00 (valor que João irá receber em 6 meses) é menor que $ 6.024,95, conclui-se que, levando em conta a taxa de mercado, ele não fez bom negócio.

Examinando-se por outro enfoque, vemos que, se ele aplicar $ 6.000,00 a 20% a.a., não terá 6.600,00 após 6 meses.

3. $ 8.000,00 hoje são equivalentes a $ 10.000 em 6 meses, considerando-se a taxa de juros de 4% a.m.?

Resolução:

$$V'_6 = C_0\ (1+i)^6$$
$$V'_6 = 8.000\ (1,04)^6$$
$$V'_6 = 8.000\ (1,265319) = \$\ 10.122,55$$

Portanto, à taxa de 4% a.m., $ 8.000,00 hoje é melhor que $ 10.000,00 a 6 meses.

4. A que taxa de juros anuais $ 2.000,00 a 1 ano equivalem a $ 2.300,00 a 2 anos?

Resolução:

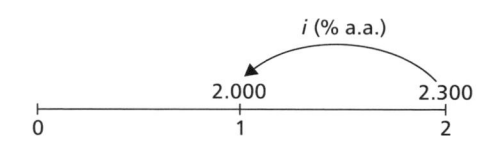

$$2.000 = \frac{2.300}{(1+i)^1}$$

$$1 + i = \frac{2.300}{2.000} = 1{,}15$$

$$\therefore i = 0{,}15 \text{ ou } i = 15\% \text{ a.a.}$$

Caso a comparação tivesse sido feita na data focal zero, teríamos:

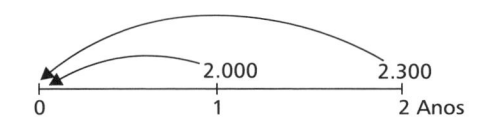

$$V_1 = \frac{2.000}{(1+i)^1}$$

$$V_2 = \frac{2.300}{(1+i)^2}$$

Para que sejam equivalentes, é necessário que $V_1 = V_2$, então:

$$V_1 = V_2$$

$$\frac{2.000}{(1+i)^1} = \frac{2.300}{(1+i)^2}$$

$$\frac{(1+i)^2}{(1+i)^1} = \frac{2.300}{2.000}$$

$$1 + i = 1{,}15$$

$$\therefore i = 0{,}15 \text{ ou } i = 15\% \text{ a.a.}$$

5. Uma financeira oferece a um cliente dois títulos, vencendo o primeiro em 1 ano, no valor de $ 15.000,00, e o segundo em 1 ano e meio, no valor de $ 25.000,00. O cliente aceita assinando uma Nota Promissória, com vencimento para 6 meses. Sabendo-se que a taxa de juros considerada na operação foi de 30% a.a.. qual é o valor da Nota Promissória em seu vencimento?

Resolução: Graficamente temos o seguinte problema:

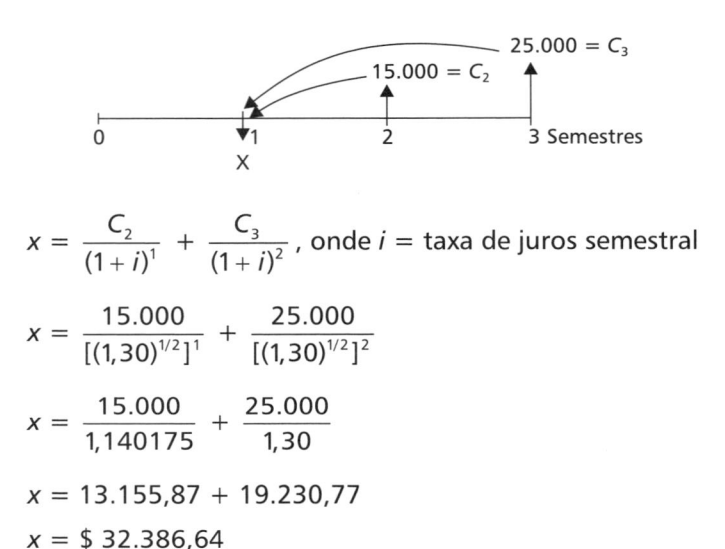

$$x = \frac{C_2}{(1+i)^1} + \frac{C_3}{(1+i)^2} \text{, onde } i = \text{taxa de juros semestral}$$

$$x = \frac{15.000}{[(1,30)^{1/2}]^1} + \frac{25.000}{[(1,30)^{1/2}]^2}$$

$$x = \frac{15.000}{1,140175} + \frac{25.000}{1,30}$$

$$x = 13.155,87 + 19.230,77$$

$$x = \$ 32.386,64$$

Considerando a taxa de juros de 30% a.a., um título com o valor de $ 32.386.64 para 6 meses equivale à soma de $ 15.000,00 para 1 ano com $ 25.000,00 para 1 ano e meio.

Sugestão: Resolver o problema utilizando a data focal zero.

6. Uma dona de casa, prevendo suas despesas com as festas de fim de ano, resolve depositar $ 4.000,00 em 30/03/20X6 e $ 5.000,00 em 30/07/20X6, em um banco que paga 8% ao quadrimestre. Quanto possuirá a depositante em 30/11/20X6?

Resolução:

$$x = C_1 (1 + i)^2 + C_2 (1 + i)^1$$

$$x = 4.000 (1,08)^2 + 5.000 (1,08)^1$$

$$x = 4.000\ (1,1664) + 5.000\ (1,08)$$

$$x = 4.665,60 + 5.400,00$$

$$x = \$\ 10.065,60$$

7. Um terreno é posto a venda por $ 100.000,00 a vista, ou, caso o comprador opte por financiamento, por $ 50.000,00 no ato mais duas parcelas semestrais, sendo a primeira de $ 34.000,00 e a segunda de $ 35.000,00. Qual é a melhor alternativa para o comprador, se considerarmos que a taxa de juros corrente é de 50% a.a.?

Resolução:

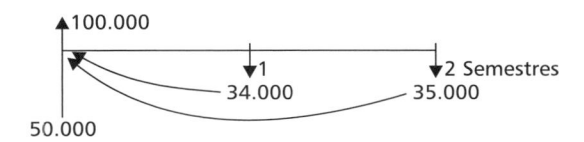

Comparando na data focal zero, temos:

$$Sv = 50.000 + \frac{34.000}{[(1,50)^{1/2}]^1} + \frac{35.000}{[(1,50)^{1/2}]^2}$$

$$Sv = 50.000 + \frac{34.000}{1,224745} + \frac{35.000}{1,50}$$

$$Sv = 50.000 + 27.760,88 + 23.333,33$$

$$Sv = \$\ 101.094,21$$

A melhor alternativa para o comprador é o pagamento a vista, pois possui menor valor atual ($ 100.000,00). A outra hipótese corresponderia à venda do terreno por $ 101.094,21.

Outro enfoque que podemos dar ao mesmo problema é o seguinte:

Se a pessoa vai comprar o terreno a prazo, deverá despender $ 50.000,00 como entrada. Ora, se o valor do terreno é de $ 100.000,00 a vista, então o comprador estará recebendo financiamento de apenas $ 50.000,00, pelos quais pagará $ 34.000,00 em 6 meses e $ 35.000,00 em 12 meses:

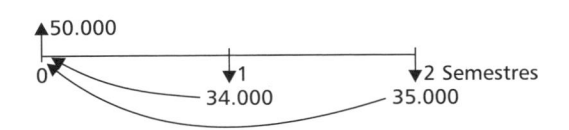

$$Sv_1 = \frac{34.000}{[(1,50)^{1/2}]^1} + \frac{35.000}{[(1,50)^{1/2}]^2}$$

$$Sv_1 = \frac{34.000}{1,224745} + \frac{35.000}{1,50}$$

$$Sv_1 = 27.760,88 + 23.333,33 = \$\ 51.094,21$$

Sendo $\$\ 51.094,21 > \$\ 50.000,00$, chegamos à mesma conclusão do enfoque anterior.

8. Certa pessoa contraiu uma dívida, comprometendo-se a saldá-la em dois pagamentos: o primeiro de $\$\ 2.500,00$ e o segundo, 6 meses após o primeiro, de $\$\ 3.500,00$. Contudo, no vencimento da primeira parcela, não dispondo de recursos, o devedor propôs adiamento de sua dívida. O esquema apresentado foi: pagamento de $\$\ 4.000,00$ daí a 3 meses e o saldo em 9 meses. Se a taxa de juros considerada foi de 2,5% a.m., qual é o saldo restante?

Resolução:

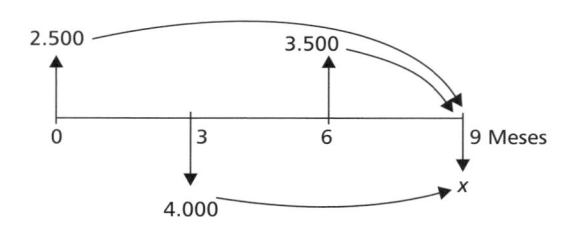

$i = 2,5\%$ a.m.

O problema é calcular x, tal que os conjuntos de capitais sejam equivalentes:

$2.500\ (1,025)^9 + 3.500\ (1,025)^3 = 4.000\ (1,025)^6 + x$

$2.500\ (1,248863) + 3.500\ (1,076891) = 4.000(1,159693) + x$

$3.122,16 + 3.769,12 = 4.638,77 + x$

$6.891,28 = 4.638,77 + x$

$\therefore x = \$\ 2.252,51$

Se escolhêssemos a *data zero* para comparação, teríamos:

$$2.500 + \frac{3.500}{(1,025)^6} = \frac{4.000}{(1,025)^3} + \frac{x}{(1,025)^9}$$

$$2.500 + 3.018,04 = 3.714,40 + \frac{x}{1,248863}$$

$$1.803,64 = \frac{x}{1,248863}$$

$$\therefore x = 1.803,64\ (1,248863) = \$\ 2.252,50$$

9. Um carro está a venda por \$ 20.000,00 de entrada e \$ 20.000,00 após 6 meses. Um comprador propõe pagar \$ 25.000,00 como segunda parcela, o que será feito, entretanto, após 8 meses. Neste caso, quanto deverá dar de entrada, se a taxa de juros de mercado for de 2% a.m.?

Resolução:

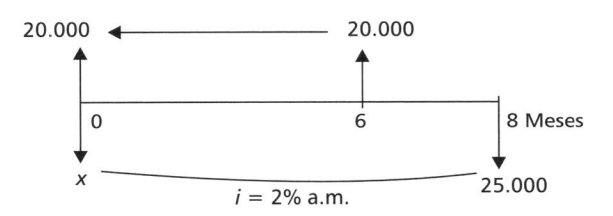

Tem-se: $20.000 + \dfrac{20.000}{(1,02)^6} = x + \dfrac{25.000}{(1,02)^8}$

$$x = 20.000 + \frac{20.000}{1,126162} - \frac{25.000}{1,171659}$$

$$x = 20.000 + 17.759,43 - 21.337,27$$

$$x = \$\ 16.422,16$$

10. Um conjunto de dormitório é vendido em uma loja por \$ 5.000,00 a vista ou a prazo em dois pagamentos trimestrais iguais, não se exigindo entrada. Qual é o valor dos pagamentos, se a taxa de juros considerada for de 8% a.t.?

Resolução:

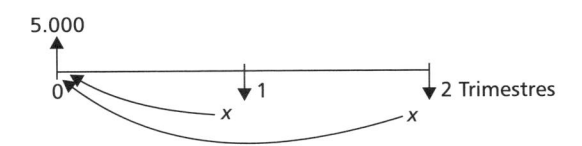

$i = 8\%$ a.t.

$$5.000 = \frac{x}{(1,08)^1} + \frac{x}{(1,08)^2}$$

pondo-se x em evidência, temos:

$$5.000 = x \left[\frac{1}{(1,08)} + \frac{1}{(1,08)^2} \right]$$

$$5.000 = x \left[\frac{1}{1,08} + \frac{1}{1,1664} \right]$$

$$5.000 = x \,(0,925926 + 0,857339)$$

$$5.000 = x \,(1,783265)$$

$$\therefore x = \frac{5.000}{1,783265} \cong 2.803,85$$

Portanto, na compra a prazo, deverão ser pagas duas parcelas trimestrais de $ 2.803,85.

11. Um sítio é posto a venda em uma imobiliária por $ 500.000,00 a vista. Como alternativa, a imobiliária propõe: entrada de $ 100.000,00, uma parcela de $ 200.000,00 para 1 ano e dois pagamentos iguais. vencendo o primeiro em 6 meses e o segundo em 1 ano e meio. Qual é o valor destes pagamentos, se a taxa de juros adotada for de 5% a.m.?

Resolução:

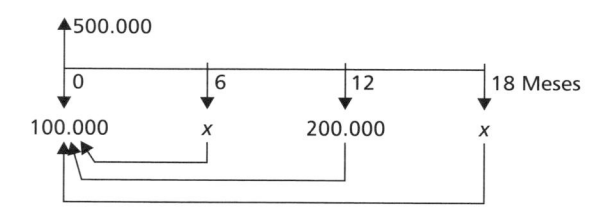

$i = 5\%$ a.m.

$$500.000 = 100.000 + \frac{x}{(1,05)^6} + \frac{200.000}{(1,05)^{12}} + \frac{x}{(1,05)^{18}}$$

$$500.000 = 100.000 + \frac{x}{1,340096} + \frac{200.000}{1,795856} + \frac{x}{2,406619}$$

$$500.000 = 100.000 + 111.367,50 + x \left(\frac{1}{1,340096} + \frac{1}{2,406619} \right)$$

$$288.632,50 = x \,(0,746215 + 0,415521)$$

$$\therefore x = \frac{288.632,50}{1,161736} = \$ \, 248.449,30$$

12. Na venda de um barco, a Loja Náutica S.A. oferece duas opções a seus clientes:

1ª) $ 30.000,00 de entrada mais duas parcelas semestrais, sendo a primeira de $ 50.000,00 e a segunda de $ 100.000,00.

2ª) sem entrada, sendo o pagamento efetuado em quatro parcelas trimestrais: $ 40.000,00 nas duas primeiras, e $ 50.000,00 nas duas últimas.

Qual é a melhor alternativa para o comprador, se considerarmos a taxa de juros de mercado de 4% a.m.?

Resolução:

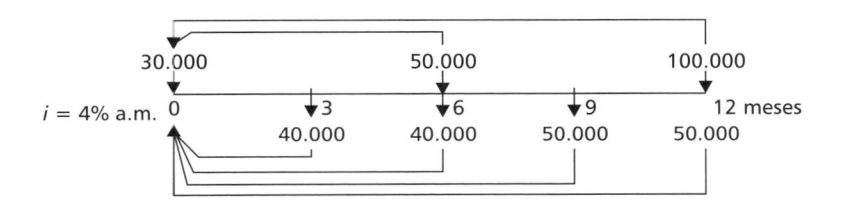

Calculando o valor atual, à taxa de 4% a.m., na data focal zero, teremos em cada alternativa:

a) *Alternativa I*:

$$Sv_1 = 30.000 + \frac{50.000}{(1,04)^6} + \frac{100.000}{(1,04)^{12}}$$

$$Sv_1 = 30.000 + \frac{50.000}{1,265319} + \frac{100.000}{1,601032}$$

$$Sv_1 = 30.000 + 39.515,73 + 62.459,70$$

$$Sv_1 = \$ 131.975,43$$

b) *Alternativa II*:

$$Sv_2 = \frac{40.000}{(1,04)^3} + \frac{40.000}{(1,04)^6} + \frac{50.000}{(1,04)^9} + \frac{50.000}{(1,04)^{12}}$$

$$Sv_2 = \frac{40.000}{1,124864} + \frac{40.000}{1,265319} + \frac{50.000}{1,423312} + \frac{50.000}{1,601032}$$

$$Sv_2 = 35.559,85 + 31.612,58 + 35.129,33 + 31.229,86$$

$$Sv_2 = \$ 133.531,62$$

Como a Alternativa I possui menor valor atual, conclui-se que esta é a melhor para o comprador.

13. Uma "butique" vende um vestido por $ 1.800.00, podendo este valor ser pago em três prestações mensais iguais, sendo a primeira paga na compra. Uma cliente propõe o pagamento de $ 1.000,00 como terceira parcela. De quanto devem ser as duas primeiras se forem iguais e a taxa de juros adotada pela "butique" for de 8% a.m.?

Resolução: O vestido pode ser pago em três parcelas iguais, então:

$$\frac{1.800}{3} = \$ 600,00$$

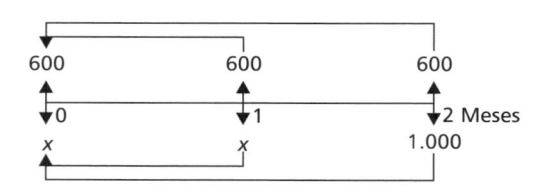

Considerando-se a taxa de juros de 8% a.m., à loja será indiferente se:

$$600 + \frac{600}{(1,08)} + \frac{600}{(1,08)^2} = x + \frac{x}{(1,08)^1} + \frac{1.000}{(1,08)^2}$$

$$600 + \frac{600}{1,08} + \frac{600}{1,1664} = x + \frac{x}{1,08} + \frac{1.000}{1,1664}$$

$$600 + 555,56 + 514,40 = x + \frac{x}{1,08} + 857,34$$

$$812,62 = x \left(1 + \frac{1}{1,08}\right)$$

$$812,62 = x \, (1 + 0,925926)$$

$$x = \frac{812,62}{1,925926} = \$ 421,94$$

14. Uma loja tem como norma facilitar os pagamentos, proporcionando a seus clientes a possibilidade de pagar em três meses sem acréscimo. Neste caso o preço a vista é dividido por 3 e a primeira parcela é dada como entrada. Qual é o desconto sobre o preço a vista que a loja pode conceder, se sua taxa for de 7,5% a.m.?

Resolução: Para simplificar o raciocínio, vamos supor uma mercadoria no valor de $ 30,00. Então a parcela será de:

$$\frac{30}{3} = \$ 10,00$$

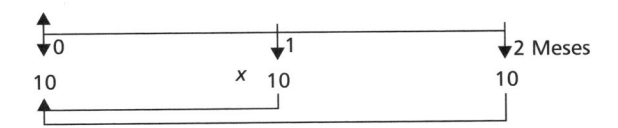

x = preço com desconto (valor atual das parcelas)

$$x = 10 + \frac{10}{(1,075)} + \frac{10}{(1,075)^2}$$

$$x = 10 + \frac{10}{1,075} + \frac{10}{1,155625}$$

$$x = \$\ 27,96$$

Isto significa que para a loja é indiferente vender a mercadoria por $ 27,96 a vista ou pelo esquema de três parcelas. O desconto máximo concedido sobre o preço a vista pela loja será de:

$$\text{desconto} = \frac{30 - 27,96}{30} = 0,068 \text{ ou } 6,8\%$$

15. Um imóvel está a venda por 4 parcelas semestrais de $ 50.000,00, vencendo a primeira em 6 meses. Um financista propõe a compra deste imóvel, pagando-o em duas parcelas iguais, uma no ato da compra e outra após 1 ano. Qual é o valor das parcelas, se a taxa de juros ajustada for de 20% a.s.?

Resolução:

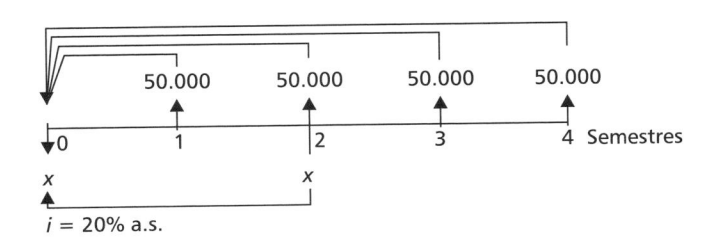

$i = 20\%$ a.s.

$$x + \frac{x}{(1,20)^2} = \frac{50.000}{(1,20)} + \frac{50.000}{(1,20)^2} + \frac{50.000}{(1,20)^3} + \frac{50.000}{(1,20)^4}$$

pondo-se x e 50.000 em evidência, temos:

$$x\left[1 + \frac{1}{1,44}\right] = 50.000\left[\frac{1}{1,20} + \frac{1}{1,44} + \frac{1}{1,728} + \frac{1}{2,0736}\right]$$

$$x\,(1,694444) = 50.000\,(0,833333 + 0,694444 +$$
$$+\ 0,578704 + 0,482253)$$

$$x \ (1{,}694444) = 50.000 \ (2{,}588734)$$

$$x = \frac{129.436{,}70}{1{,}694444}$$

$$x = \$ \ 76.388{,}89$$

6 Exercícios propostos

1. Uma pessoa tem condições de aplicar seu dinheiro a 3,5% a.m. no mercado de capitais. Se um amigo lhe pedir emprestado $ 12.000,00 por um ano, quanto deverá devolver para que sua aplicação seja equivalente neste período?

2. Certo aplicador possui em seus haveres dois títulos, de $ 4.000,00 e $ 5.000,00, com vencimentos para 180 e 360 dias. Pretendendo comprar uma máquina de calcular, procura descontar os títulos em um banco. O gerente, que é seu amigo, avisa-lhe que a taxa nominal é de 30% a.a., contudo a capitalização é mensal. O cliente aceita as condições do banco, pois o valor a receber é igual ao preço da máquina. Qual é o seu valor?

3. Para viajar daqui a um ano, Maria vende seu carro hoje e seu apartamento a 6 meses, aplicando o dinheiro em uma instituição que paga 40% a.a. O carro será vendido por $ 30.000,00 e o apartamento por $ 250.000,00, sendo que na viagem ela pretende gastar $ 300.000,00. Que saldo poderá deixar aplicado?

4. João comprou uma enciclopédia, sem dar nada de entrada sob a condição de pagá-la em 4 parcelas quadrimestrais de $ 1.000,00. Como opção, o gerente da livraria lhe propôs uma entrada de $ 1.500,00 e o saldo para 1 ano. De quanto será este saldo, se a taxa de juros for de 3% a.m.?

5. O preço de um terreno é de $ 50.000,00 a vista, ou $ 60.000,00 a prazo, sendo este seu valor total. No segundo caso, o comprador deverá dar 20% como entrada e o restante em duas parcelas iguais semestrais. Se a taxa de juros de mercado for de 30% a.a., qual será a melhor opção?

6. Um fazendeiro aplicou $ 100.000,00 em um banco que paga 25% a.a., pretendendo retirar o montante na época da colheita (6 meses) para evitar problemas de capital de giro. Entretanto, decorridos 3 meses ele necessitou de dinheiro, retirando então $ 30.000,00. Que saldo poderá retirar na época da colheita?

7. Uma pessoa deve $ 2.000,00 hoje e $ 5.000,00 para 1 ano. Propõe a seu credor refinanciamento de sua dívida, comprometendo-se a liquidá-la em 3 parcelas semestrais iguais, vencendo a primeira em 6 meses. De quanto serão as parcelas, se a taxa contratada for de 20% a.a.?

8. O Sr. Carlos vendeu um carro para um amigo seu, pelo preço de $ 50.000,00. Quanto às condições de pagamento, ele disse que o amigo pagar-lhe-ia na medida do possível, sendo os juros de 40% a.a. Os pagamentos efetuados foram: $ 5.000,00 (3º mês), $ 10.000,00 (5º mês), $ 20.000,00 (6º mês). No fim do 12º mês o comprador diz querer saldar seu débito total. Qual é o valor do acerto final?

9. Uma divida de $ 150.000,00 para 12 meses e de $ 300.000.00 para 24 meses foi transformada em 4 parcelas iguais semestrais, vencendo a primeira a 6 meses. Qual é o valor das parcelas se considerarmos a taxa de 25% a.a.?

10. Se uma instituição financeira pagar 20% a.a., quanto deverei depositar trimestralmente para, ao fim do 4º depósito, possuir $ 10.000,00?

11. O preço a vista de uma casa é de $ 500.000,00. O vendedor facilita a transação, propondo o seguinte esquema: $ 100.000,00 como entrada, duas parcelas semestrais de $ 200.000,00 e um pagamento final de $ 157.010,59. Se a taxa contratada for de 3% a.m., quando será o último pagamento?

12. Uma loja vende um gravador por $ 600,00 a vista, ou a prazo em 3 pagamentos mensais de $ 200,00 e uma pequena entrada. A taxa de juros adotada pela loja é de 7% a.m.; portanto, de quanto deve ser a entrada?

13. Dado o fluxo de caixa de uma alternativa de investimento:

Data (anos)	Fluxo de caixa ($)
0	− 1.000,00
1	2.000,00
2	3.000,00
3	4.000,00

Pede-se calcular:

a) O valor atual às taxas de juros de 5% a.a., 10% a.a., 15% a.a. e 20% a.a.

b) A taxa interna de retorno.

14. Um aplicador tem duas opções de investimento mutuamente exclusivas, isto é, ele só pode optar por uma das alternativas.

Os fluxos de caixa das opções são os seguintes:

Período (anos)	Alternativa A ($)	Alternativa B ($)
0	− 100	− 70
1	30	20
2	60	40
3	30	25

Qual é a melhor alternativa, sabendo-se que sua taxa de desconto é de 5% a.a.? O que aconteceria se esta taxa fosse para 10% a.a.? Qual é a taxa de retorno marginal, ou seja, qual é a taxa de Fisher para estas alternativas?

15. Dado o fluxo de caixa seguinte:

Data (anos)	Fluxo ($)
0	− 40
1	10
2	− 20

Pede-se calcular a taxa interna de retorno.

Sugestão: resolver a equação do segundo grau.

16. A um investidor foi oferecido um projeto que apresentava, nos quatro primeiros anos, os seguintes fluxos de caixa líquidos:

Ano	Fluxo de caixa ($)
0	
1	1.500
2	1.800
3	2.500
4	3.000

Sabendo-se que o investidor quer ganhar a taxa de retorno de 50% a.a., pergunta-se:

a) Quanto ele estará disposto a investir no ano zero, para obter o retorno de 50% a.a.?

b) Se, por questão de restrição orçamentária, o investidor pudesse investir apenas $ 2.000,00 no ano zero, então até quanto, adicionalmente, poderia investir no ano 1 para que ainda mantivesse a taxa de retorno de 50% a.a.?

Respostas

1. $ 18.132,82

2. $ 7.166,97

3. $ 37.803,99

4. $ 2.142,12

5. Melhor opção é comprar a vista, pois possui menor valor atual. A taxa do financiamento é de 37,11% a.a.

6. $ 80.082,26

7. $ 2.459,85

8. $ 27.731,80

9. $ 102.296,12

10. $ 2.331,76

11. 6 meses após a 2ª parcela semestral, ou seja, a 1 ano e meio da entrada.

12. $ 75,14

13. a)

Taxa (a.a.)	Valor atual ($)
5%	7.081,20
10%	6.302,78
15%	5.637,63
20%	5.064,81

b) Taxa de retorno: 228,43% a.a.

14.

Taxa	Valor atual ($)	
	A	B
5%	8,91	6,92
10%	– 0,60	0,02

A taxa de Fisher é 8,74% a.a.

15. Este fluxo de caixa não apresenta taxa de retorno.

16. a) $ 3.133,33

b) $ 1.700,00

Apêndice

1 Equivalência de capitais em datas quaisquer sob o critério de juros compostos

Dois ou mais valores nominais, equivalentes sob o critério de juros compostos em uma certa data focal, são equivalentes em qualquer data focal.

Demonstração: Para facilitar, admitamos apenas dois valores nominais com suas respectivas datas de vencimento:

$$C_2 \rightarrow 2$$
$$C_n \rightarrow n$$

Admitamos que estes dois valores sejam equivalentes na data zero, à taxa i:

$$\frac{C_2}{(1+i)^2} = \frac{C_n}{(1+i)^n} \qquad \text{(I)}$$

Seja s uma data focal arbitrária tal que:

$$s = m + n$$

Ou seja, os intervalos são:

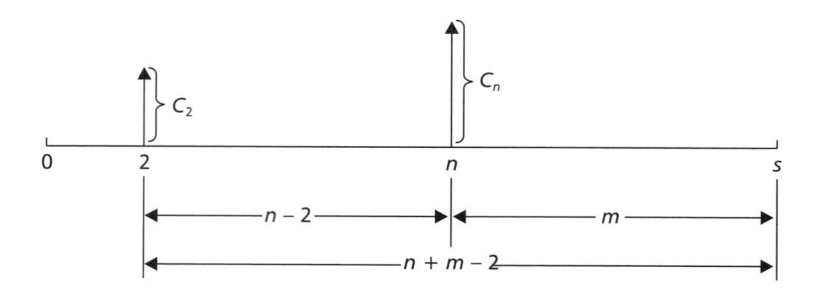

Calculando-se os montantes na data focal s, temos:

a) o valor nominal C_2 será capitalizado por um prazo igual a $(n + m - 2)$, como pode ser visto no gráfico. Logo, o montante é dado por:

$$C_s = C_2 (1 + i)^{(n+m-2)} \qquad \text{(II)}$$

b) o valor nominal C_n será capitalizado por m períodos e o montante correspondente será:

$$C'_s = C_n (1 + i)^m \qquad \text{(III)}$$

Consideremos agora a expressão (I), que é a hipótese inicial:

$$\frac{C_2}{(1+i)^2} = \frac{C_n}{(1+i)^n}$$

$$C_2 = C_n (1 + i)^{-n} (1 + i)^2$$

$$C_2 = C_n (1 + i)^{(2-n)}$$

Substituindo-se esse valor de C_2 na expressão (II), temos:

$$C_s = [C_n (1 + i)^{(2-n)}] (1 + i)^{(n+m-2)}$$

$$C_s = C_n (1 + i)^{(2-n+n+m-2)}$$

$$\therefore C_s = C_n (1 + i)^m$$

Como este valor é igual ao segundo membro da expressão (III), concluímos que:

$$C_s = C'_s$$

Logo, como C_s é o montante quando se capitaliza C_2 e como C'_s é o montante quando se capitaliza C_n, ambos à mesma taxa, concluímos que os citados capitais também são equivalentes na data s.

2 Valor atual e taxa de retorno

Vamos admitir que uma pessoa fez um investimento, caracterizado por desembolsos iniciais (saídas).

O investimento feito produziu rendimentos (entradas de recursos) após algum tempo.

Para exemplificar, suponhamos o fluxo de caixa seguinte:

Data (anos) / Item (Em $)		1	2	3	4
Entradas (1)	–	5	25	25	40
Saídas (2)	30	20	5	–	–
Saldo: (1) – (2)	– 30	– 15	20	25	40

A representação deste fluxo, segundo a convenção adotada, é:

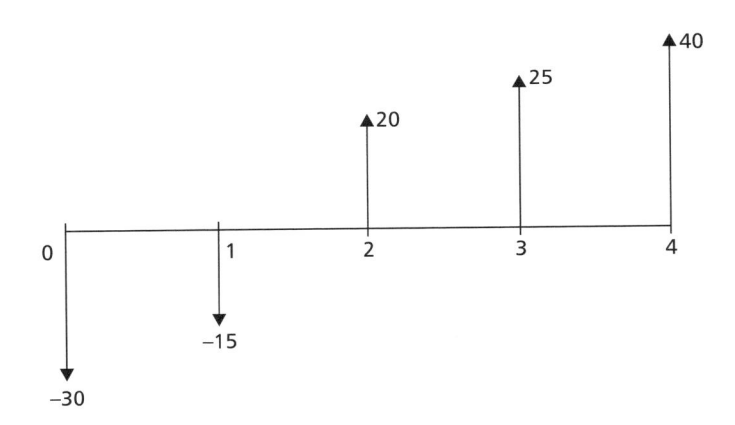

Admitindo-se uma taxa de juros, o valor atual líquido pode ser definido como a soma algébrica dos saldos do fluxo de caixa descontado àquela taxa, para uma data determinada.

Adotando a taxa de desconto de 8% a.a., por exemplo, podemos calcular o valor atual líquido na data zero, do seguinte modo:

$$VAL = \frac{-30}{(1,08)^0} + \frac{-15}{(1,08)^1} + \frac{20}{(1,08)^2} + \frac{25}{(1,08)^3} + \frac{40}{(1,08)^4}$$

$$VAL = -30 - 13,9 + 17,2 + 19,9 + 29,4$$

$$VAL = \$ \ 22,6$$

O valor atual líquido positivo de $ 22,6 significa que os ganhos remuneram o investimento feito em 8% a.a. e ainda aumentam a riqueza na data zero daquele valor. Ou, ainda, que se poderia gastar mais $ 22,6 como investimento no início do primeiro período e, mesmo assim, os ganhos remunerariam o investimento em 8% a.a.

E, de fato:

$$VAL = \frac{-52,6}{(1,08)^0} + \frac{-15}{(1,08)^1} + \frac{20}{(1,08)^2} + \frac{25}{(1,08)^3} + \frac{40}{(1,08)^4} = 0$$

Vamos admitir que 8% a.a. seja a taxa de aplicação vigente no mercado, ou o custo de oportunidade. Pode-se dizer então, neste caso em que o valor atual líquido é positivo, que o investimento deve ser aceito porque cobre o custo de aplicação. Quanto maior o valor atual líquido a uma dada taxa, mais desejável é o investimento, pois maior é o potencial de ganho na data zero.

Por outro lado, se o valor atual líquido for menor do que zero, então o investimento deve ser rejeitado, porque os ganhos não cobrem a taxa de aplicação no mercado, ou seja, a taxa de desconto adotada.

Como vimos, se o valor atual for positivo, o investimento deve ser aceito. Se for negativo, o investimento deve ser rejeitado.

Resta então a possibilidade de que o valor atual seja nulo.

A taxa de retorno é a taxa de desconto que torna nulo o valor atual do investimento.

Para calcular a taxa de retorno, consideremos o fluxo dado, cujo saldo foi descontado a taxas de juros crescentes:

Taxa (%)	Valor atual ($)
0	40,00
10	19,00
20	5,15
30	− 4,32
40	− 10,99

Como se observa, o valor atual passa de positivo para negativo no intervalo de taxas de 20% a 30% a.a.

A situação é a seguinte:

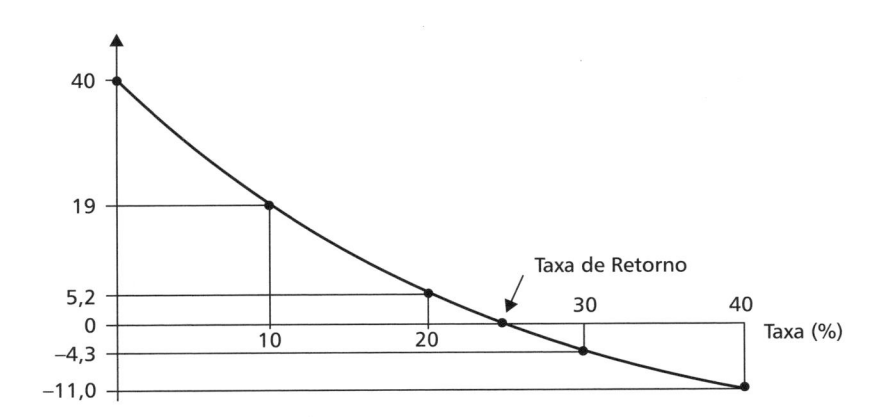

Agora que sabemos em que intervalo se encontra a taxa de retorno, podemos prosseguir por aproximações sucessivas. Para tanto, vamos considerar o intervalo que contém a taxa de retorno, mas trabalhando com mais casas decimais:

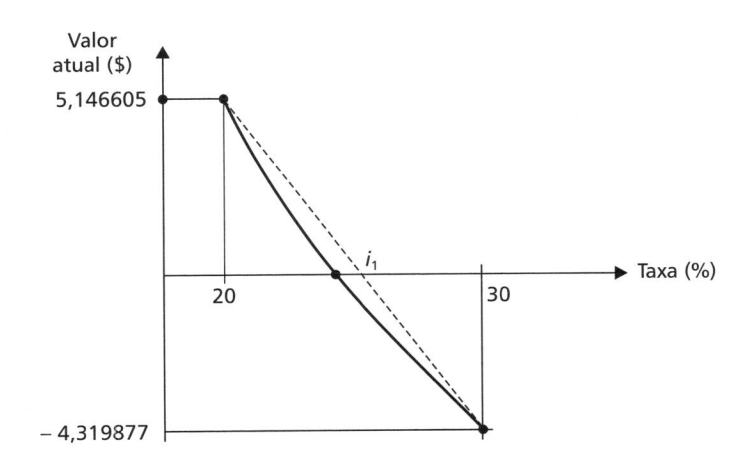

Podemos fazer uma interpolação linear no intervalo e obter uma primeira aproximação da taxa de retorno, que é i_1.

A interpolação pode ser feita do seguinte modo:

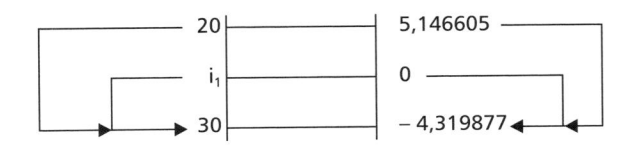

Temos: $\dfrac{i_1 - 30}{20 - 30} = \dfrac{0 - (-4,319877)}{5,146605 - (-4,319877)}$

$i_1 - 30 = -4,563351$

$i_1 = 30 - 4,563351$

$i_1 = 25,436649$

Observe que as setas têm por finalidade apenas indicar a coerência da proporção. O mesmo resultado é obtido quando se faz:

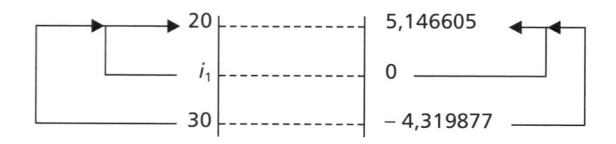

Experimente fazer este cálculo para verificar que o resultado é praticamente o mesmo.

Agora que obtivemos uma estimativa da taxa de retorno aproximadamente igual a 25,4% a.a., o que temos de fazer é verificar se ela torna nulo o fluxo original:

$$V_1 = \frac{-30}{(1,25436649)^0} + \frac{-15}{(1,25436649)^1} + \frac{20}{(1,25436649)^2} +$$

$$+ \frac{25}{(1,25436649)^3} + \frac{40}{(1,25436649)^4}$$

$$V_1 \cong -0,423338$$

Como vemos, o valor atual V_1 está próximo de zero, mas ainda não é nulo.

Isto ocorre porque, pela aproximação linear, substituímos a curva do valor atual por uma reta:

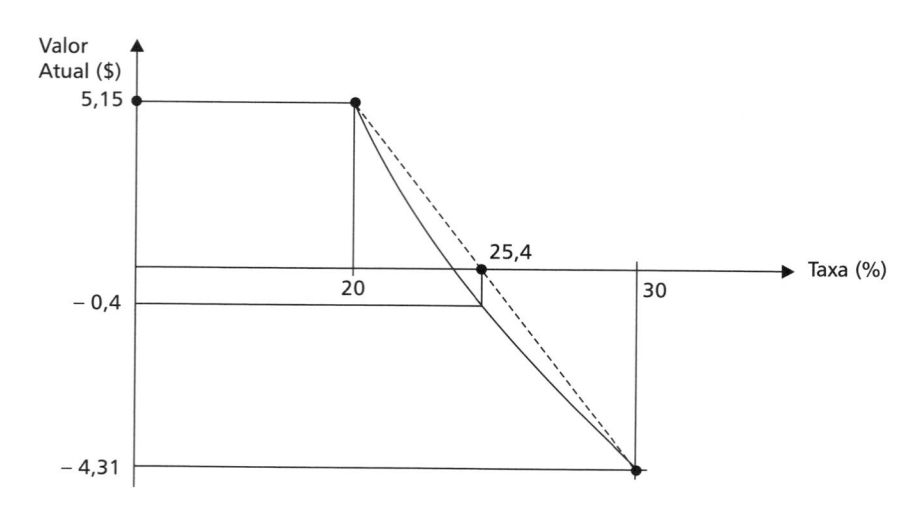

Podemos julgar a aproximação obtida razoável, ou então procurar uma aproximação melhor:

Vamos ver qual é o valor atual do fluxo à taxa de desconto de 24,8% a.a., uma taxa arbitrária que estimamos abaixo da taxa anteriormente obtida:

$$V_2 = \frac{-30}{(1,248)^0} + \frac{-15}{(1,248)^1} + \frac{20}{(1,248)^2} + \frac{25}{(1,248)^3} + \frac{40}{(1,248)^4}$$

$$V_2 = 0,172743$$

Como o valor é positivo, podemos fazer uma nova tentativa de interpolação entre a taxa de 24,8% a.a. e a taxa de 25,4% a.a., já que neste intervalo estamos com um valor atual positivo e outro negativo:

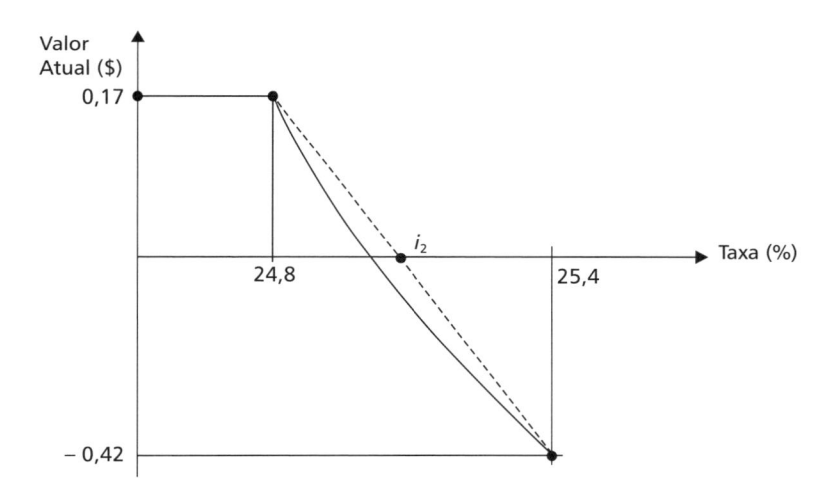

Seguindo o critério já explicitado, podemos calcular:

$$\frac{i_2 - 24,8}{25,436649 - 24,8} = \frac{0 - 0,172743}{-0,423338 - 0,172743}$$

$$i_2 \cong 24,984499$$

Aplicando esta taxa ao fluxo de caixa, temos:

$$V_3 = -0,001420$$

Como vemos, o valor atual V_3 é aproximadamente nulo.

Se o leitor continuar interpolando, vai obter, com seis casas decimais, uma taxa de retorno igual a 24,982989% a.a.

A taxa interna de retorno, ou simplesmente taxa de retorno, tem a interpretação seguinte: os fluxos negativos (de – $ 30 no início e de – $ 15 no final do primeiro ano) rendem uma taxa de juros composta de aproximadamente 25% a.a., ao longo do período considerado.

A regra de decisão para este critério é escolher aplicação que dê a maior taxa de retorno. Ou seja, quanto maior a taxa de retorno, mais desejável será a aplicação, desde que esta taxa seja igual ou maior que o custo de oportunidade do capital da empresa ou da pessoa que está decidindo.

3 Comparação entre o valor atual e a taxa de retorno

Como vimos, o critério de decisão para o valor atual é: quanto maior o valor atual, calculado a uma dada taxa, melhor é a aplicação.

Para a taxa de retorno, o critério é: quanto maior a taxa de retorno, melhor a aplicação, pois o ganho em juros compostos também será maior.

O leitor já notou que o valor atual faz a comparação em valor ($), enquanto que na taxa de retorno a comparação é feita em porcentagem (%).

A pergunta que se pode fazer agora é se os dois critérios são consistentes, isto é, se a conclusão a que se chega por um dos critérios pode ser extrapolada para o outro.

Para examinar este ponto, consideremos duas aplicações mutuamente exclusivas, ou seja, a pessoa só pode aplicar em uma das opções. Admitamos ainda que a pessoa possui recursos suficientes para fazer qualquer uma das duas aplicações ou, alternativamente, que os recursos necessários possam ser levantados no mercado financeiro a uma determinada taxa de juros.

Suponhamos então que os fluxos de caixa das duas aplicações (A e B) como sendo os seguintes:

($)		
Data (anos)	Aplicação (A)	Aplicação (B)
0	– 30	– 20
1	– 15	– 10
2	20	15
3	25	20
4	40	25

Observe que as aplicações são comparáveis porque duram o mesmo tempo, isto é, têm o mesmo horizonte. Além disto, deve-se notar que a aplicação *A* tem um desembolso inicial maior do que o de *B*, mas que também gera receitas maiores do que as geradas por *B*.

Calculando-se a taxa de retorno das duas aplicações, obtém-se:

Aplicação *A*: 25% a.a.

Aplicação *B*: 28,3% a.a.

Portanto, com base na taxa de retorno, pode-se concluir que a aplicação *B* é preferível à aplicação *A*.

Calculando-se agora o valor atual das duas aplicações às taxas de desconto de 10% e de 20% a.a., obtém-se os resultados seguintes:

($)		
Aplicação Taxa (%)	Valor atual de A	Valor atual de B
10	19,0	15,4
20	5,1	5,7

Pode-se constatar que, à taxa de desconto de 10% a.a., a aplicação *A* tem um valor atual maior do que a aplicação *B*. Nestas condições a aplicação *A* será preferível.

Já à taxa de 20% a.a., a situação se inverte, sendo *B* a aplicação preferível, por ter o maior valor atual.

Para entender o que está ocorrendo, vamos calcular a diferença entre as duas aplicações:

($)			
Data (anos)	Aplicação (A)	Aplicação (B)	Diferença (A-B)
0	– 30	– 20	– 10
1	– 15	– 10	– 5
2	20	15	5
3	25	20	5
4	40	25	15

A taxa de retorno do fluxo obtido pela diferença (A-B) é aproximadamente 18,4% a.a.

Colocando em um gráfico o valor atual das duas aplicações, temos o seguinte:

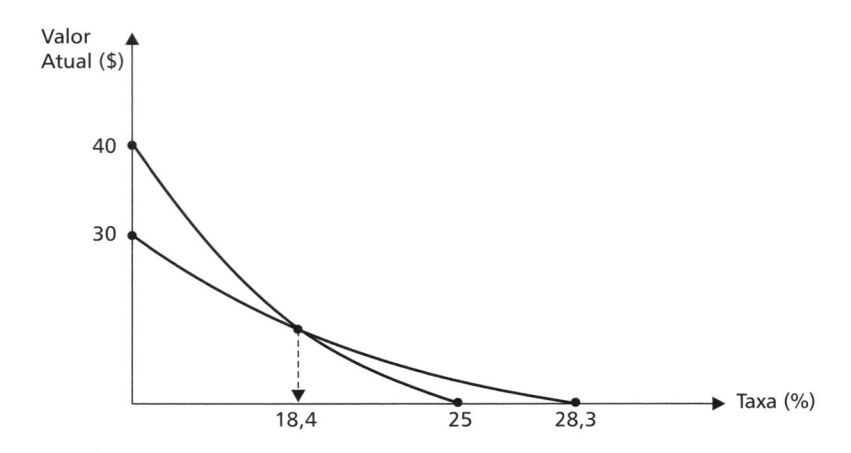

Observa-se que, para taxas de desconto inferiores a 18,4% a.a. a aplicação *A* apresenta um valor atual líquido superior a *B*, sendo preferível a esta. Já para taxas de desconto superiores a 18,4% a.a. a situação se inverte, sendo *B* a preferível. Caso a taxa de desconto coincida com 18,4% a.a., então as aplicações serão consideradas equivalentes por este critério.

A taxa de 18,4% a.a. é chamada taxa de retorno sobre os custos ou taxa de Fisher. Sua existência deve-se ao fato de que o critério da taxa interna de retorno não leva em conta a diferença nos gastos de investimento (e de ganhos) da aplicação *A* em relação a *B*. Assim, caso a diferença de desembolso da aplicação *A* em relação a *B* possa ser financiada a uma taxa de juros inferior a 18,4% a.a., então a aplicação *A* será a preferível por qualquer dos dois critérios.

Para exemplificar este fato, admitamos que a diferença de investimentos entre as aplicações *A* e *B* ($ 10 no início e $ 15 no fim do primeiro ano) possa ser financiada a uma taxa de 10% ao ano, como está indicado na tabela seguinte:

($)				
Data (anos)	Aplicação A (1)	Financiamento (2)	Prestação do financiamento (3)	Fluxo de caixa C: (1) − (2) − (3)
0	− 30	10	−	− 20
1	− 15	5	−	− 10
2	20	−	6,43	13,57
3	25	−	6,43	18,57
4	40	−	6,43	33,57

Nestas condições, a taxa de retorno de *C* passa a ser de aproximadamente 30,9% a.a., o que torna a aplicação *C* preferível a *B* por este critério. Por outro lado, podemos constatar que o valor atual de *C* passa a ser superior ao valor atual de *B*, para qualquer taxa.

Nestas condições, uma vez que é necessário considerar a taxa de retorno marginal e mais o fato de que, para alternativas de investimento não convencionais, podem ocorrer taxas múltiplas de retorno (ver Woiler & Mathias, 2008), recomenda-se o uso do critério do valor atual para selecionar opções de aplicação:

($)		
Aplicação Taxa (%)	Valor atual de C	Valor atual de B
0	35,71	30,00
5	26,44	21,93
10	19,00	15,41
15	12,97	10,09
20	8,03	5,71
25	3,94	2,08
30	0,54	− 0,96

Bibliografia

1. WOILER, S.; MATHIAS, W.F. *Projetos:* planejamento, elaboração e análise. 2. ed. São Paulo: Atlas. 2008.

APLICAÇÃO DO APÊNDICE

1. Uma pessoa tem duas opções para investir seu capital, com os fluxos de caixa seguintes:

($)		
Alternativa Período (mês)	A	B
0	− 1.000	− 1.000,00
1	50	−
2	50	−
3	50	−
4	1.050	1.215,51

Considerando que a taxa de juros vigente no mercado é de 5% ao mês, qual é a melhor opção? Usar o critério do valor atual e da taxa de retorno.

Resolução:

Alternativa A: O valor atual é:

$$V_A = \frac{-1.000}{(1,05)^0} + \frac{50}{(1,05)^1} + \frac{50}{(1,05)^2} + \frac{50}{(1,05)^3} + \frac{1.050}{(1,05)^4}$$

$$V_A = 1.000 + 47,62 + 45,35 + 43,19 + 863,84$$

$$V_A = 0$$

Como o valor atual é nulo à taxa de 5% ao mês, podemos concluir que esta taxa também é a taxa de retorno da alternativa *A*.

Alternativa B: De modo análogo, calculamos o valor atual à taxa de 5% ao mês:

$$V_B = -1.000 + \frac{1.215,51}{(1,05)^4}$$

$$V_B = -1.000 + \frac{1.215,51}{1,21551} = 0$$

Neste caso também, como o valor atual é nulo à taxa de 5% ao mês, esta taxa é a própria taxa de retorno da alternativa *B*.

Podemos concluir, então, que a pessoa fica indiferente entre as duas aplicações, quando a taxa de desconto é de 5% a.m.

2. Uma empresa tem duas opções de investimento para aplicar seus recursos. Os fluxos de caixa para cada opção são os seguintes:

($)		
Período (mês) \ Opções	I	II
0	– 20	– 30
1	5	10
2	15	30
3	25	15

Calcular qual a melhor opção de investimento, utilizando o critério do valor atual para as taxas de 10% a.a., 15% a.a. e 20% a.a. e o critério da taxa interna de retorno.

Resolução:

Alternativa I: O valor atual à taxa de 10% a.a. pode ser calculado do seguinte modo:

$$V_I = \frac{-20}{(1,10)^0} + \frac{5}{(1,10)^1} + \frac{15}{(1,10)^2} + \frac{25}{(1,10)^3}$$

Logo:

$$V_I = -20 + 4,55 + 12,40 + 18,78$$
$$V_I = 15,73$$

Procedendo de modo análogo para as taxas de 15% a.a. e de 20% a.a., obtemos a tabela seguinte para a Alternativa I.

Taxa (a.a.)	Valor atual ($)
10%	15,73
15%	12,13
20%	9,05

Esta já é uma parte da resposta do exercício. Mas, para calcularmos a taxa de retorno, temos que obter uma faixa de taxa tal que o valor atual passe de positivo para negativo.

Vamos então ampliar a tabela anterior e calcular o valor atual até à taxa de 50% a.a.:

Taxa (a.a.)	Valor atual ($)
30%	4,10
40%	0,34
50%	−2,59

Como vemos, o valor atual passou de positivo para negativo na transição entre 40% e 50% a.a.

A situação, de modo gráfico, é a seguinte:

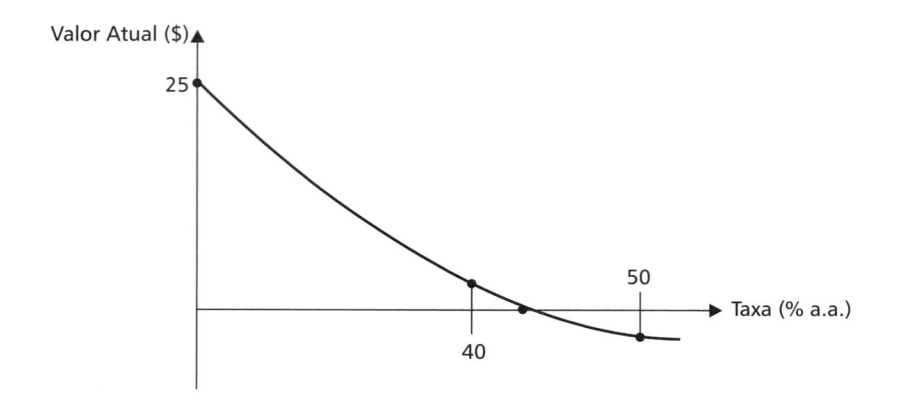

Nosso objetivo agora é fazer uma interpolação linear no intervalo de taxas de 40% e 50% a.a.:

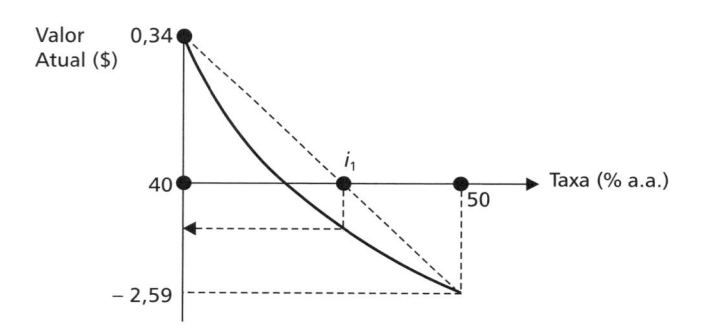

A interpolação pode ser feita do seguinte modo:

$$\frac{0 - 0,335277}{-2,592593 - 0,335277} = \frac{i_1 - 40}{50 - 40}$$

$$0,114512 = i_1 - 40$$

$$i_1 = 41,145123\% \text{ a.a.}$$

O valor atual a esta taxa é de − 0,037330. Podemos então considerar esta aproximação como adequada e admitir como sendo esta a taxa de retorno (se o leitor quiser obter uma aproximação melhor, é só prosseguir e estreitar o intervalo até chegar a

41,028911% a.a., que é uma aproximação mais precisa da taxa de retorno: experimente calcular o valor atual a esta taxa para verificar).

Alternativa II: Calculemos, de modo análogo para esta alternativa, o valor atual às diversas taxas de desconto:

Taxa (a.a.)	Valor atual ($)
10%	15,15
15%	11,24
20%	7,85
30%	2,27
40%	− 2,08
50%	− 5,56

Como podemos notar, a taxa de retorno encontra-se no intervalo de 30% a 40% a.a. Interpolando neste intervalo, obtemos:

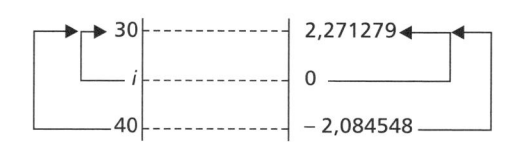

$$\frac{i - 30}{40 - 30} = \frac{0 - 2{,}271279}{-2{,}084548 - 2{,}271279}$$

$$\frac{i - 30}{10} = 0{,}521435$$

$$i = 35{,}214346$$

Calculando o valor atual com esta taxa, obtemos − 0,127893. Se o leitor quiser interpolar mais algumas vezes, a título de exercício, vai chegar a uma aproximação melhor da taxa, que é 34,919344% a.a.

Comparando agora as duas alternativas, podemos concluir que a Alternativa I é preferível à Alternativa II porque:

a) Tem maior valor atual para todas as taxas testadas.

b) Tem maior taxa de retorno.

A situação, em termos gráficos é a seguinte:

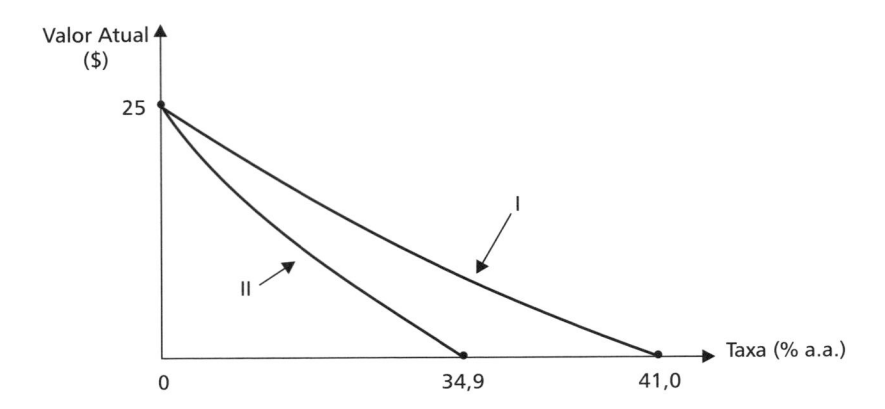

3.   Uma alternativa de investimento tem o fluxo de caixa seguinte:

Data (anos)	Fluxo de caixa ($)
0	50
1	– 100
2	100

Calcular a taxa de retorno.

Resolução: Para calcular a taxa de retorno, calculemos antes o valor atual do fluxo a diversas taxas de desconto, até atingir uma faixa que contenha uma passagem de um valor atual positivo para um negativo.

A tabela seguinte contém o valor atual do fluxo de diversas taxas de desconto:

Taxa (a.a.)	Valor atual ($)
0%	50,00
20%	36,11
40%	29,59
60%	26,56
80%	25,31
100%	25,00
120%	25,21

Como podemos perceber, a taxa de retorno não pode ser obtida. A situação pode ser visualizada no gráfico seguinte:

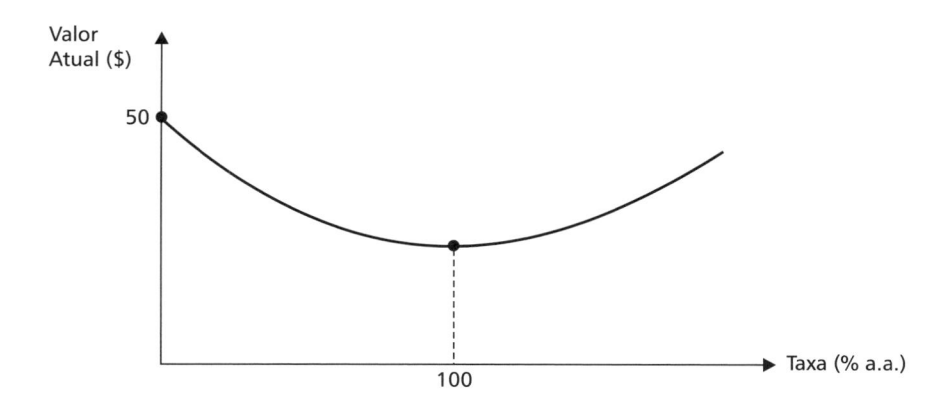

Para entender melhor o que está ocorrendo, examinemos a equação que resulta quando calculamos a taxa de retorno:

$$\frac{50}{(1+i)^0} - \frac{100}{(1+i)^1} + \frac{100}{(1+i)^2} = 0$$

Colocando: $\dfrac{1}{1+i} = x$

Temos: $50 - 100\,x + 100\,x^2 = 0$

Ou:

$$2x^2 - 2x + 1 = 0$$

Esta é uma equação do 2º grau em x, do tipo:

$$ax^2 + bx + c = 0$$

Cujas raízes podem ser obtidas pela fórmula:

$$x = \frac{-b \pm \sqrt{b^2 - 4 \cdot a \cdot c}}{2 \cdot a}$$

Aplicando esta fórmula à equação acima, podemos obter as raízes:

$$x = \frac{2 \pm \sqrt{4 - 4 \cdot 2 \cdot 1}}{2 \cdot 2}$$

$$x = \frac{2 \pm \sqrt{-4}}{4}$$

Como não é possível obter a raiz quadrada de um número negativo no campo dos números reais, podemos concluir que esta equação não tem raízes reais (o leitor deve se lembrar, entretanto, que esta equação apresenta duas raízes imagináras).

Logo, temos uma alternativa de investimento cujo fluxo de caixa só pode ser comparado com outro em termos do seu valor atual.

4. Um investidor tem duas opções de aplicações, cujos fluxos de caixa são os seguintes:

($)		
Data (anos)	Alternativa A	Alternativa B
0	– 177,88	– 100,00
1	276,79	100,00
2	100,00	200,00

O investidor só pode investir em uma das alternativas. Ou seja, as aplicações são mutuamente exclusivas.

O investidor não sabe ainda qual o seu custo de oportunidade, isto é, a taxa de juros que ele vai usar. Por isto, decidiu calcular qual a melhor opção utilizando as taxas de 15% a.a. e de 25% a.a. Qual a melhor alternativa?

Resolução: Calculando o valor atual das duas alternativas às taxas dadas, obtemos:

Alternativa / Período (mês)	Valor atual ($)	
	A	B
15%	138,42	138,19
25%	107,55	108,00

Como podemos ver, à taxa de desconto de 15% a.a., a alternativa *A* é preferível, porque possui um valor atual maior.

Já à taxa de desconto de 25% a.a., a alternativa *B* será preferível, porque apresenta um valor atual maior.

Para entender melhor o que está ocorrendo, vamos calcular o fluxo incremental:

($)			
Data	Alternativa A	Alternativa B	Diferença: A – B
0	– 177,88	– 100,00	– 77,88
1	276,79	100,00	176,79
2	100,00	200,00	– 100,00

Para calcular a taxa de retorno deste fluxo incremental, ou seja, a taxa de Fisher, procedemos de modo análogo ao que fizemos no exercício anterior:

$$\frac{-77,88}{(1+i)^0} + \frac{176,79}{(1+i)^1} - \frac{100,00}{(1+i)^2} = 0$$

Pondo: $\dfrac{1}{1+i} = x$

Obtemos: $-100,00x^2 + 176,79\,x - 77,88 = 0$

Logo: $x = \dfrac{-176,79 \pm \sqrt{(176,79)^2 - 4\,(-100)\,(-77,88)}}{2\,(-100)}$

$$x = \frac{-176,79 \pm \sqrt{102,70}}{-200}$$

$$x = \frac{-176,79 \pm 10,13}{-200}$$

Podemos, então, calcular as duas raízes:

$$x_1 = \frac{-176,79 + 10,13}{-200} = 0,8333$$

Então, temos:

$$x_1 = \frac{1}{1+i_1} = 0,8333$$

Portanto, $i_1 = 20\%$ a.a.

E, do mesmo modo:

$$x_2 = \frac{-176,79 - 10,13}{-200}$$

$$x_2 = 0,9346$$

Logo, $i_2 = 7\%$ a.a.

Como vemos, o fluxo da diferença apresenta duas taxas de retorno. Para entender o que está ocorrendo, calculemos o valor atual das duas alternativas a diversas taxas de desconto:

($)		
Taxa (a.a.)	Alternativa A	Alternativa B
0%	198,91	200,00
4%	180,72	181,07
7%	168,15	168,15
15%	138,42	138,19
20%	122,22	122,22
25%	107,55	108,00

Como podemos ver, até à taxa de 7% a.a., a alternativa *B* é preferível, por ter valor atual maior do que a alternativa *A*. De 7% a.a. a 20% a.a., a alternativa *A* é preferível. E acima de 20% a.a., a alternativa *B* volta a ser preferível.

A situação, em termos gráficos, é a seguinte:

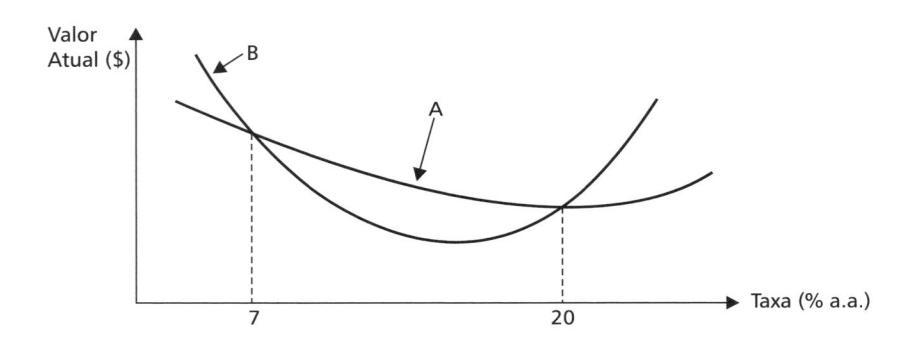

5. Um investidor defronta-se com as seguintes alternativas:

    a) Investir no mercado financeiro e receber a remuneração líquida de 30% a.a.

    b) Investir em um projeto que possibilitará um fluxo de caixa conforme a seguir:

Ano	Fluxo de caixa ($)
0	– 3.470
1	500
2	2.600
3	3.000
4	4.000

Admitindo-se que o risco seja o mesmo nas duas alternativas, pergunta-se:

a) Qual é a melhor alternativa de investimento, segundo o critério de taxa de retorno?

Resolução: A taxa de retorno do investimento no mercado financeiro é de 30% a.a., conforme enunciado. Portanto, devemos apenas calcular a taxa de retorno do projeto para efetuarmos a comparação das alternativas.

A taxa de retorno i será a taxa que torna o valor atual (V) do fluxo de caixa igual a zero.

Assim, inicialmente, calcularemos o valor atual do fluxo à taxa de 30% a.a.:

$$V\,(30\%) = \frac{-3.470}{(1+i)^0} + \frac{500}{(1+i)^1} + \frac{2.600}{(1+i)^2} + \frac{3.000}{(1+i)^3} + \frac{4.000}{(1+i)^4}$$

$$V\,(30\%) = \frac{-3.470}{(1,30)^0} + \frac{500}{(1,30)^1} + \frac{2.600}{(1,30)^2} + \frac{3.000}{(1,30)^3} + \frac{4.000}{(1,30)^4}$$

$$V\,(30\%) = 1.219,09$$

Sendo o valor atual positivo à taxa de 30% a.a., sabemos que a taxa de retorno do projeto é superior a 30% a.a.

Calculando-se o valor atual à taxa de 50% a.a., tem-se:

$$V\,(50\%) = \frac{-3.470}{(1,50)^0} + \frac{500}{(1,50)^1} + \frac{2.600}{(1,50)^2} + \frac{3.000}{(1,50)^3} + \frac{4.000}{(1,50)^4}$$

$$V\,(50\%) = -302,10$$

Interpolando-se linearmente, tem-se:

$$\frac{0 - 1.219,09}{-302,10 - 1.219,09} = \frac{i - 30}{50 - 30}$$

$$\frac{-1.219,09}{-1.521,19} = \frac{i - 30}{20}$$

$$0,8014 = \frac{i - 30}{20}$$

$$i = 30 + 20 \times 0,8014$$

$$i = 46,028\% \text{ a.a.}$$

Calculando-se o valor atual à taxa de 46,03% a.a., tem-se:

$$V\,(46,03) = -65,38$$

Interpolando-se as taxas de 46,03% a.a. (valor atual negativo) e 30% a.a. (valor atual positivo), obtêm-se:

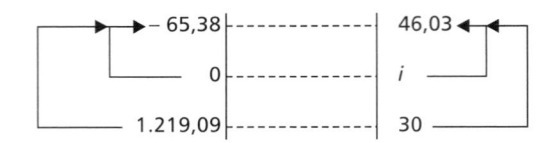

$$\frac{0 + 65,38}{1.219,09 + 65,38} = \frac{i - 46,03}{30 - 46,03}$$

$$\frac{65,38}{1.284,47} = \frac{i - 46,03}{-16,03}$$

$$0,0509 = \frac{i - 46,03}{-16,03}$$

$$i = 46,03 - 0,816$$

$$i = 45,21\% \text{ a.a.}$$

O valor atual à taxa de 45,21% a.a. é – 13,18; portanto, muito próximo de zero. Se continuarmos com as interpolações, chegaremos à taxa exata, que é 45,005784817% a.a.

Concluímos, então, que entre as duas alternativas, a melhor é a de investir no projeto, pois ele oferece uma taxa de retorno de 45,01% a.a., que é superior à taxa de retorno do mercado financeiro (30% a.a.)

No caso do projeto, o investidor desembolsa $ 3.470,00 no instante zero e após o primeiro ano recebe $ 500,00; no final do segundo ano $ 2.600,00; no final do terceiro $ 3.000,00 e no final do quarto $ 4.000.00.

Vamos ver o que ocorre com os recursos que estão investindo no projeto. Se for verdade que está recebendo a taxa de 45,01% a.a., então, ao final do primeiro ano, seu investimento deve render:

$$I_1 = - 3.470 \, (1,4501) = - \$ 5.031,85$$

Como ele recebe $ 500,00, então fica investida no projeto apenas a diferença:

$$- 5.031,85 + 500,00 = - \$ 4.531,85$$

O valor do investimento no final do segundo ano será:

$$I_2 = - 4.531,85 \, (1,4501) = - \$ 6.571,64$$

O saldo será:

$$- 6.571,64 + 2.600,00 = - \$ \ 3.971,64$$

Seqüencialmente:

$$I_3 = - 3.971,64 \ (1,4501) = - \$ \ 5.759,28$$

Saldo:

$$- 5.759,28 + 3.000,00 = - \$ \ 2.759,28$$
$$I_4 = - 2.759,28 \ (1,4501) = - \$ \ 4.001,23$$

Saldo no final do projeto (quarto ano):

$$- \$ \ 4.001,23 + \$ \ 4.000,00 = - \$ \ 1,23, \text{ ou seja, aproximadamente igual}$$
a zero.

Parte III

Anuidades e Empréstimos

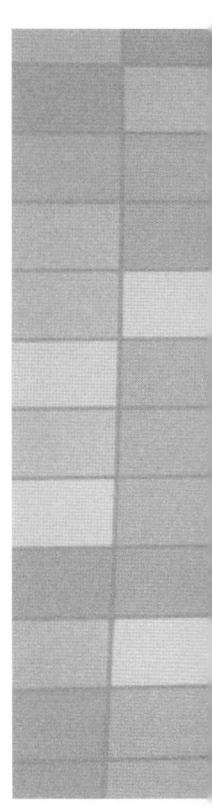

5

Rendas Certas ou Anuidades

Nas aplicações financeiras o capital pode ser pago ou recebido de uma só vez ou através de uma sucessão de pagamentos ou de recebimentos.

Quando o objetivo é constituir-se um capital em uma data futura, tem-se um processo de *capitalização*. Caso contrário, quando se quer pagar uma dívida, tem-se um processo de *amortização*.

Pode ocorrer também o caso em que se tem o pagamento pelo uso, sem que haja amortização, que é o caso dos aluguéis.

Estes exemplos caracterizam a existência de rendas ou anuidades, que podem ser basicamente de dois tipos:

a) **Rendas certas ou determinísticas**: São aquelas cuja duração e pagamentos são predeterminados, não dependendo de condições externas.

Os diversos parâmetros, como o valor dos termos, prazo de duração, taxa de juros etc., são fixos e imutáveis.

Tais tipos de renda são estudados pela Matemática Financeira.

b) **Rendas aleatórias ou probabilísticas**: Os valores e/ou as datas de pagamentos ou de recebimentos podem ser variáveis aleatórias. É o que ocorre, por exemplo, com os seguros de vida: os valores de pagamentos (mensalidades) são certos, sendo aleatórios o valor do seguro a receber e a data de recebimento.

Rendas com essas características são estudadas pela Matemática Atuarial.

Neste texto serão abordadas apenas as *rendas certas ou anuidades*, sob o regime de *juros compostos*, a menos que explicitado o contrário. Opera-se em juros compostos porque este regime de juros retrata melhor a realidade e porque as fórmulas são mais fáceis de manejar, encontrando-se tabelados seus coeficientes.

1 Definições

Seja a série seguinte de capitais, referidos às suas respectivas datas, que por sua vez são referidos a uma dada data focal:

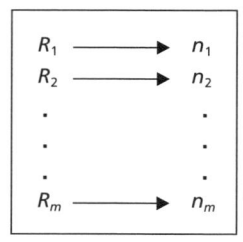

Estes capitais, que podem ser pagamentos ou recebimentos, referidos a uma dada taxa de juros i, caracterizam uma *anuidade ou renda certa*.

Os valores que constituem a renda são os *termos* da mesma. O intervalo de tempo entre dois termos chama-se *período* e a soma dos períodos define a *duração* da anuidade.

O *valor atual de* uma anuidade é a soma dos valores atuais dos seus termos, soma esta feita para uma mesma data focal e à mesma taxa de juros. De modo análogo, o *montante* de uma anuidade é a soma dos montantes de seus termos, considerada uma dada taxa de juros e uma data focal.

2 Classificação das anuidades

2.1 *Quanto ao prazo*

    a) *Temporárias*: quando a duração for limitada.

    b) *Perpétuas*: quando a duração for ilimitada.

2.2 *Quanto ao valor dos termos*

    a) *Constante*: se todos os termos são iguais.

    b) *Variável*: se os termos não são iguais entre si.

2.3 Quanto à forma de pagamento ou de recebimento

a) **Imediatas**: quando os termos são exigíveis a partir do primeiro período.

    1) **Postecipadas ou vencidas**: Se os termos são exigíveis no fim dos períodos.

    2) **Antecipadas**: Se os termos são exigíveis no início dos períodos.

b) **Diferidas**: se os termos forem exigíveis a partir de uma data que não seja o primeiro período.

    1) **Postecipadas ou vencidas**: se os termos são exigíveis no fim dos períodos.

    2) **Antecipadas**: se os termos são exigíveis no início dos períodos.

2.4 Quanto à periodicidade

a) **Periódicas**: se todos os períodos são iguais.

b) **Não-periódicas**: se os períodos não são iguais entre si.

2.5 Quadro-resumo

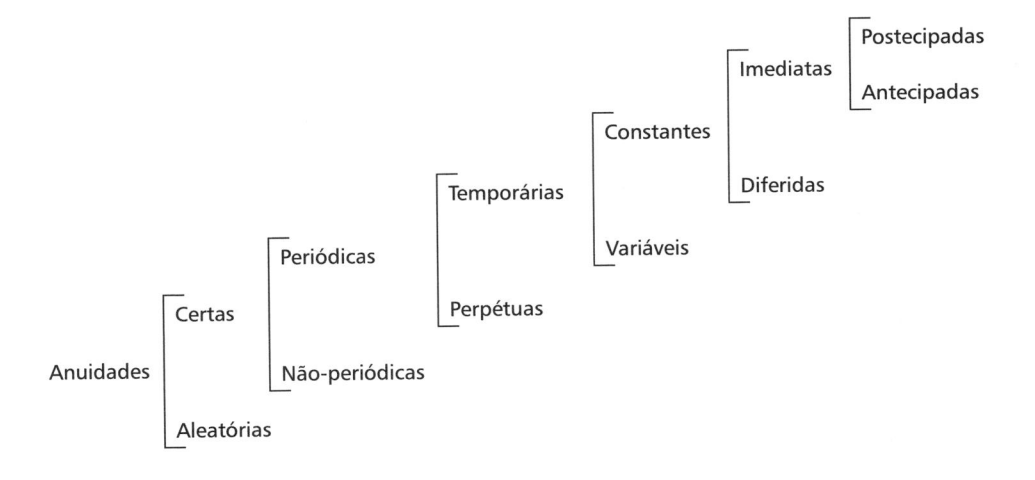

3 Modelo básico de anuidade

3.1 Introdução

Por modelo básico de anuidade entendemos as anuidades que são simultaneamente:

- temporárias;

- constantes;

- imediatas e postecipadas;

- periódicas.

E que a taxa de juros "i" seja referida ao mesmo período dos termos.

Para a melhor compreensão do modelo básico de anuidade suponhamos um exemplo:

"João compra um carro, que irá pagar em 4 prestações mensais de $ 2.626,24, sem entrada. As prestações serão pagas a partir do mês seguinte ao da compra e o vendedor afirmou estar cobrando uma taxa de juros compostos de 2% a.m. Pergunta-se o preço do carro a vista".

Resolução: O preço do carro a vista corresponde à soma dos valores atuais das prestações na data focal zero, calculados à taxa de 2% a.m.

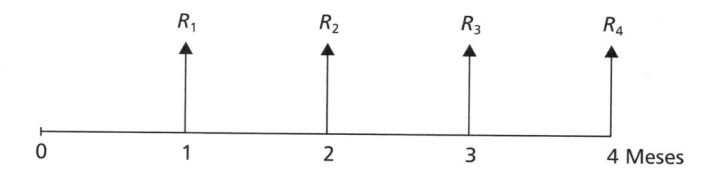

A soma dos valores atuais *(P)* é dada por:

$$P = \frac{R_1}{(1,02)^1} + \frac{R_2}{(1,02)^2} + \frac{R_3}{(1,02)^3} + \frac{R_4}{(1,02)^4}$$

Porém, colocando:

$$R_1 = R_2 = R_3 = R_4 = R$$

tem-se:

$$P = \frac{R}{(1,02)^1} + \frac{R}{(1,02)^2} + \frac{R}{(1,02)^3} + \frac{R}{(1,02)^4}$$

$$P = R \left[\frac{1}{1,02} + \frac{1}{(1,02)^2} + \frac{1}{(1,02)^3} + \frac{1}{(1,02)^4} \right]$$

$$P = R \, [0,980392 + 0,961169 + 0,942322 + 0,923845]$$

$$P = R \, [3,807728]$$

Como $R = 2.626,24$, tem-se:

$$P = 2.626,24 \times 3,807728 \cong \$ \, 10.000,00$$

Concluímos que o preço do carro a vista é de $ 10.000,00. Observe-se que este valor foi obtido multiplicando-se a prestação dada por uma constante numérica que depende do número de períodos e da taxa de juros adotada.

De modo inverso, se tivermos o preço do carro a vista, calculando-se esta constante, poderemos obter o valor da prestação. Para tanto, bastará fazer-se a divisão do valor a vista pelo valor da constante.

3.2 Valor atual do modelo básico

Seja um principal P a ser pago em n termos iguais a R, imediatos, postecipados e periódicos. Seja também uma taxa de juros i, referida ao mesmo período dos termos.

A representação gráfica do modelo é a seguinte:

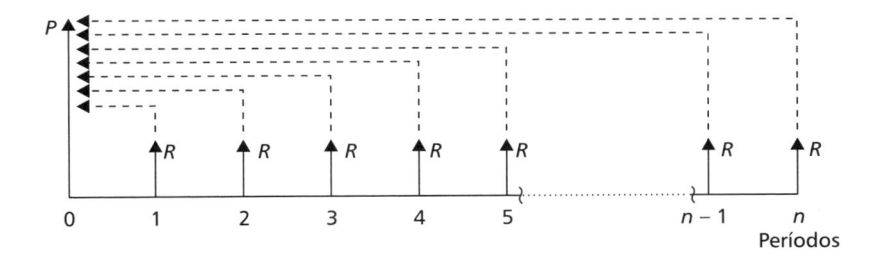

A soma do valor atual dos termos na data zero é dada por:

$$P = \frac{R}{(1+i)} + \frac{R}{(1+i)^2} + \frac{R}{(1+i)^3} + \cdots + \frac{R}{(1+i)^n}$$

Ou, colocando-se R em evidência:

$$P = R \left[\frac{1}{(1+i)} + \frac{1}{(1+i)^2} + \frac{1}{(1+i)^3} + \cdots + \frac{1}{(1+i)^n} \right]$$

Colocando-se a soma entre colchetes como sendo:

$$\boxed{a_{\overline{n}|i} = \frac{1}{(1+i)} + \frac{1}{(1+i)^2} + \frac{1}{(1+i)^3} + \cdots + \frac{1}{(1+i)^n}}$$

Temos: $\quad P = R \cdot a_{\overline{n}|i}$

$a_{\overline{n}|i}$ lê-se "a, n cantoneira i" ou, simplesmente, "a, n, i".

O valor de $a_{\overline{n}|i}$ é obtido pela soma dos termos de uma *progressão geométrica* com as seguintes características:

Valor da soma: $S_n = \dfrac{a_1 - a_n q}{1 - q}$

1º termo: $a_1 = \dfrac{1}{(1+i)} = (1+i)^{-1}$

n-ésimo termo: $a_n = \dfrac{1}{(1+i)^n} = (1+i)^{-n}$

razão: $q = \dfrac{1}{(1+i)} = (1+i)^{-1}$

Como na prática $i \geq 0$, tem-se $q \leq 1$.

Substituindo-se os valores respectivos na fórmula da soma, tem-se:

$$S_n = \frac{a_1 - a_n q}{1 - q} = a_{\overline{n}|i}$$

$$a_{\overline{n}|i} = \frac{(1+i)^{-1} - (1+i)^{-n}(1+i)^{-1}}{1 - (1+i)^{-1}}$$

$$a_{\overline{n}|i} = \frac{(1+i)^{-1}[1 - (1+i)^{-n}]}{1 - (1+i)^{-1}}$$

Multiplicando-se o numerador e o denominador por $(1+i)$, temos:

$$a_{\overline{n}|i} = \frac{(1+i)(1+i)^{-1}[1 - (1+i)^{-n}]}{(1+i) - (1+i)(1+i)^{-1}}$$

$$a_{\overline{n}|i} = \frac{(1+i)^0[1 - (1+i)^{-n}]}{(1+i) - (1+i)^0}$$

Como $(1+i)^0 = 1$, temos:

$$a_{\overline{n}|i} = \frac{1 - (1+i)^{-n}}{1 + i - 1}$$

$$\therefore \boxed{\; a_{\overline{n}|i} = \frac{1 - (1+i)^{-n}}{i} \;}$$

A fórmula mais usual para o $a_{\overline{n}|i}$ é obtida multiplicando-se o numerador e o denominador da expressão anterior por $(1 + i)^n$:

$$a_{\overline{n}|i} = \frac{[1 - (1 + i)^{-n}](1 + i)^n}{i(1 + i)^n}$$

$$a_{\overline{n}|i} = \frac{(1 + i)^n - (1 + i)^{n-n}}{i(1 + i)^n}$$

$$a_{\overline{n}|i} = \frac{(1 + i)^n - (1 + i)^0}{i(1 + i)^n}$$

Logo:

$$\boxed{a_{\overline{n}|i} = \frac{(1 + i)^n - 1}{i(1 + i)^n}}$$

Esta fórmula encontra-se tabelada para diversos valores de i ou de n (ver Apêndice de Tabelas Financeiras).

O leitor pode obter quaisquer valores desejados pelo cálculo direto através da fórmula.

A dedução feita permite expressar o *valor atual* do modelo básico como sendo:

$$\boxed{P = R \cdot a_{\overline{n}|i}}$$

Por outro lado, sendo fornecido o principal (P), a taxa de juros (i) e o número de períodos (n), o valor da prestação (ou termo constante da anuidade – R) é dado por:

$$\boxed{R = \frac{P}{a_{\overline{n}|i}}}$$

Estas duas expressões permitem, respectivamente, que se calcule o principal, dado o termo, e, dado o principal, calcular o termo.

Vejamos alguns exemplos:

Exemplo I: Seja o exemplo já resolvido na Introdução (item 3.1.).

Resolução: $a_{\overline{n}|i} = \dfrac{(1 + i)^n - 1}{i(1 + i)^n}$

onde: $n = 4$ m.

$i = 2\%$ a.m.

$$a_{\overline{n}|i} = \frac{(1,02)^4 - 1}{(1,02)^4 \cdot 0,02} \cong 3,807729$$

Portanto, como $R = 2.626,24$:

$$P = 2.626,24 \times 3,807729 \cong 10.000,00$$

Exemplo II: Um televisor em cores custa \$ 5.000,00 a vista, mas pode ser financiado sem entrada em 10 prestações mensais à taxa de 3% a.m. Calcular a prestação a ser paga pelo comprador.

Resolução: $R = \dfrac{P}{a_{\overline{n}|i}}$

onde: $P = 5.000,00$

$n = 10$ m.

$i = 3\%$ a.m.

Procurando numa tabela ou calculando diretamente, tem-se:

$$a_{\overline{10}|3} \cong 8,530203$$

Logo: $R = \dfrac{5.000,00}{8,530203} = \$\ 586,15$

Portanto, o comprador deverá pagar uma prestação mensal de \$ 586,15, por 10 meses.

Exemplo III: Uma aparelhagem de som estereofônico está anunciada nas seguintes condições: \$ 1.500,00 de entrada e 3 prestações mensais iguais de \$ 1.225,48. Sabendo-se que o juro cobrado nas lojas de som é de 2,5% a.m., calcular o preço a vista.

Resolução: Chamando a entrada de E e as prestações de R, temos:

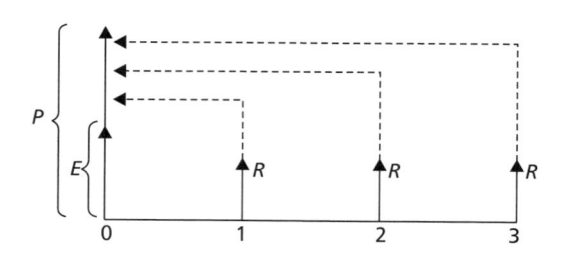

Portanto, o principal (*P*), que é o valor atual das prestações na data zero somado à entrada (*E*), pode ser expresso do seguinte modo:

$$P = E + Ra_{\overline{3}|2,5}$$

onde:

$E = 1.500,00$

$R = 1.225,48$

$a_{\overline{3}|2,5} \cong 2,856024$

Logo:

$P = 1.500,00 + 1.225,48 \times 2,856024$

$P = 1.500,00 + 3.500,00$

$\therefore P = \$\ 5.000,00$

Portanto, o preço a vista nas condições dadas é de $\$\ 5.000,00$.

Exemplo IV: Um carro é vendido por $\$\ 20.000,00$ a vista, ou em 12 prestações mensais de $\$\ 1.949,74$. Qual é a taxa de juros mensal que está sendo cobrada?

Resolução:

$P = R \cdot a_{\overline{n}|i}$

$20.000 = 1.949,74 \cdot a_{\overline{n}|i}$

$a_{\overline{n}|i} = \dfrac{20.000}{1.949,74} \cong 10,257778$

Logo:

$a_{\overline{12}|i} \cong 10,257778$

Como:

$a_{\overline{12}|i} = \dfrac{1 - (1+i)^{-12}}{i}$

o problema é encontrar-se a taxa de juros *i* que satisfaça a igualdade:

$$\frac{1 - (1+i)^{-12}}{i} = 10,257778$$

Como não é possível a determinação direta da taxa através da fórmula, devemos proceder por tentativa e erro ou procurando numa tabela.

O gráfico de $a_{\overline{n}|i}$ em função de i tem o seguinte aspecto:

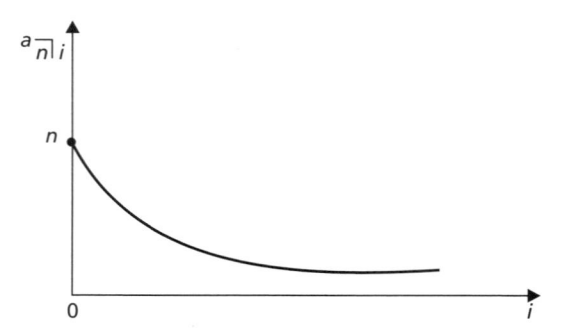

Como já temos o valor de $a_{\overline{n}|i}$, nosso problema é determinar uma taxa inicial que sirva de ponto de partida:

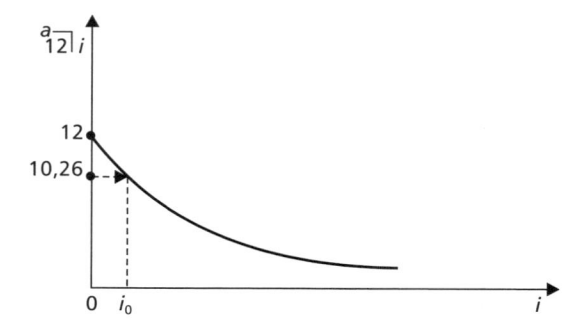

Evidentemente, podemos admitir um intervalo arbitrário para a taxa (por exemplo, 1% a.m.) e, partindo de zero, ir calculando valores sucessivos de $a_{\overline{n}|i}$ até obter duas taxas que contenham o valor dado de $a_{\overline{n}|i}$. Entretanto, uma boa aproximação para uma primeira estimativa da taxa pode ser obtida através da seguinte fórmula:

$$i_0 = \frac{1}{a_{\overline{n}|i}} - \frac{a_{\overline{n}|i}}{n^2}$$

Aplicando-se os valores dados a esta expressão, obtém-se:

$$i_0 = \frac{1}{10{,}257778} - \frac{10{,}257778}{12^2}$$

$$i_0 = 0{,}097487 - 0{,}071235$$

$$i_0 = 0{,}026252$$

$$i_0 \cong 2{,}62\% \text{ a.m.}$$

Calculando-se o valor do $a_{\overline{12}|2,62}$, para fazer-se o teste em relação ao valor dado, tem-se:

$$a_{\overline{12}|2,62} = \frac{1 - (1,0262)^{-12}}{0,0262} = \frac{1 - 0,733189}{0,0262}$$

$$a_{\overline{12}|2,62} = 10,183630$$

Temos então:

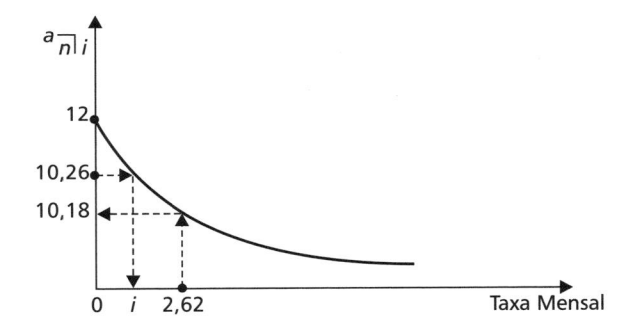

Ou seja, a taxa obtida tem valor superior à taxa de juros (i) que queremos obter.

Vamos admitir uma taxa de juros menor (por exemplo, $i_1 = 2\%$ a.m.) para se tentar obter um valor inferior, de tal modo que a taxa procurada esteja contida no intervalo.

Temos:
$$a_{\overline{12}|2} = \frac{1 - (1,02)^{-12}}{0,02}$$

$$a_{\overline{12}|2} = 10,575341$$

Graficamente, a situação é a seguinte:

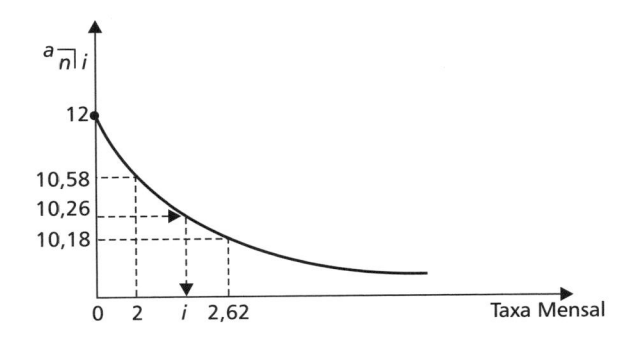

Podemos obter agora uma aproximação da taxa (i), fazendo uma interpolação linear:

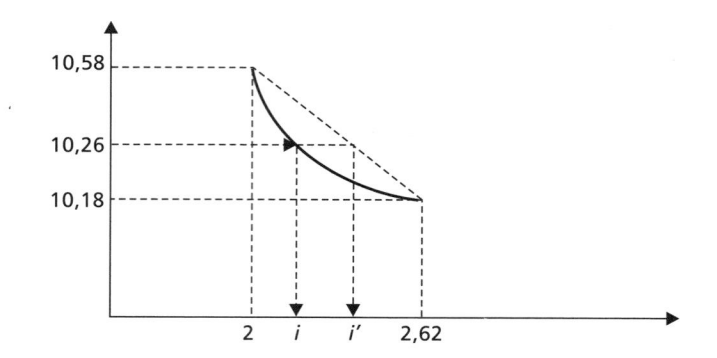

A interpolação linear permitirá obter um valor da taxa igual a i', enquanto que a taxa verdadeira é i. Como já foi visto antes, estaremos cometendo um erro de aproximação, que pode ser diminuído por interpolações sucessivas.

A interpolação pode ser feita do seguinte modo:

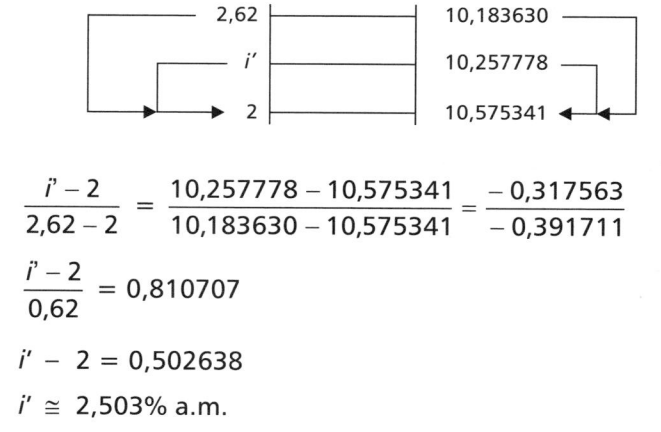

$$\frac{i'-2}{2,62-2} = \frac{10,257778 - 10,575341}{10,183630 - 10,575341} = \frac{-0,317563}{-0,391711}$$

$$\frac{i'-2}{0,62} = 0,810707$$

$$i' - 2 = 0,502638$$

$$i' \cong 2,503\% \text{ a.m.}$$

O leitor poderá prosseguir interpolando até chegar à taxa exata, que é 2,5% a.m.

Exemplo V: Um tapete persa é vendido por $ 15.000,00 a vista. Pode ser adquirido também em prestações mensais de $ 885,71, a juros de 3% a.m. Sabendo que as prestações vencem a partir do mês seguinte ao da compra, pede-se para calcular o número de prestações.

Resolução: $P = R \cdot a_{\overline{n}|i}$

$$15.000 = 885,71 \cdot a_{\overline{n}|i}$$

$$a_{\overline{n}|3} = \frac{15.000}{885,71} = 16,935566$$

Temos que: $16,935566 = \dfrac{1-(1,03)^{-n}}{0,03}$

$$1 - (1,03)^{-n} = 0,508067$$

$$(1,03)^{-n} = 0,491933$$

Extraindo-se o logaritmo dos dois membros, tem-se:

$$-n \log (1,03) = \log (0,491933)$$

$$n = -\dfrac{\log (0,491933)}{\log (1,03)}$$

$$n = -\dfrac{-0,308094}{0,012837} \cong 24$$

Obs.: sabendo que a taxa é de 3% a.m. e que:

$$(1,03)^{-n} = 0,491933$$

Temos: $(1,03)^{n} = \dfrac{1}{0,491933} = 2,032797$

Procurando na tabela, para uma taxa de 3%, encontramos $n = 24$.

3.3 Montante do modelo básico

Seja um processo de capitalização em que são aplicadas parcelas iguais a R, periódicas e postecipadas, a uma taxa de juros i, referida ao mesmo período dos termos. O problema é determinar o montante (S) na data focal n, que resulta deste processo de capitalização.

A representação gráfica deste modelo é a seguinte:

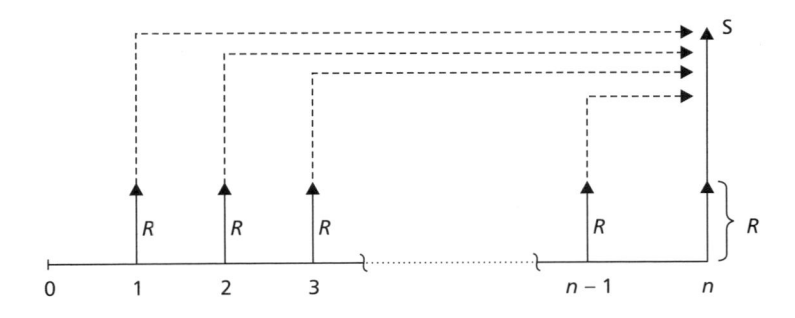

O montante (S) é o resultado da soma dos montantes de cada um dos termos, à taxa de juros i, na data focal n. Vamos admitir que estejamos fazendo esta soma a partir do termo de n-ésima ordem (ou seja, o último termo) e até o termo de 1ª ordem (que é o primeiro termo):

$$S = R + R(1+i)^1 + R(1+i)^2 + ... + R(1+i)^{n-1}$$

Colocando-se o R em evidência:

$$S = R[1 + (1+i) + (1+i)^2 + ... + (1+i)^{n-1}]$$

Seja a seguinte notação para o valor da soma entre colchetes:

$$\boxed{s_{\overline{n}|i} = 1 + (1+i)^1 + (1+i)^2 + ... + (1+i)^{n-1}}$$

Logo, temos: $S = R\, s_{\overline{n}|i}$

$s_{\overline{n}|i}$ lê-se: "S, n cantoneira i" ou, simplesmente, "s, n, i".

A fórmula do $s_{\overline{n}|i}$ é obtida pela soma dos termos de uma *progressão geométrica*:

Valor da soma: $S_n = \dfrac{a_1 - a_n\, q}{1 - q}$

1º termo: $a_1 = 1$

n-ésimo termo: $a_n = (1+i)^{n-1}$

razão: $q = (1+i)$

Substituindo-se na fórmula da soma:

$$S_n = \frac{a_1 - a_n\, q}{1-q} = s_{\overline{n}|i}$$

$$s_{\overline{n}|i} = \frac{1 - (1+i)^{n-1}(1+i)}{1 - (1+i)}$$

$$s_{\overline{n}|i} = \frac{1 - (1+i)^n}{-i}$$

Multiplicando-se o numerador e denominador por (– 1):

$$\boxed{s_{\overline{n}|i} = \frac{(1+i)^n - 1}{i}}$$

Esta fórmula também se encontra tabelada para diversos valores de i e de n. O leitor deve observar que é possível o cálculo direto de qualquer valor desejado através da fórmula.

Podemos agora expressar o montante (*S*) do modelo básico de anuidades como sendo:

$$S = R \cdot s_{\overline{n}|i}$$

Através desta relação pode-se calcular o montante que resulta quando são capitalizadas *n* parcelas de valor *R* à taxa de juros *i*.

Por outro lado, sabendo-se qual o montante (*S*) desejado, e sabendo-se qual a taxa de juros (*i*) de aplicação, pode-se calcular o valor dos termos que devem ser aplicados:

$$R = \frac{S}{s_{\overline{n}|i}}$$

Exemplo 1: Uma pessoa deposita $ 1.000,00 mensalmente. Sabendo-se que ela está ganhando 2% a.m., quanta possuirá em 2 anos?

Resolução: $S = R\, s_{\overline{n}|i}$

onde: $R = 1.000,00$

$$s_{\overline{24}|2} = 30,421862$$

Portanto: $S = 1.000,00 \times 30,421862$

$S = \$ 30.421,86$

Logo, após 2 anos, a pessoa possuirá $ 30.421,86.

Exemplo 2: Uma pessoa deseja comprar um carro por $ 40.000,00 a vista, daqui a 12 meses. Admitindo-se que ela vá poupar uma certa quantia mensal que será aplicada em letras de câmbio rendendo 2,2% a.m. de juros compostos, determinar quanto deve ser poupado mensalmente.

Resolução: Neste caso, o montante é dado:

$S = 40.000,00$

Como a taxa de 2,2% não se encontra tabelada, fazemos o cálculo diretamente:

$$s_{\overline{12}|2,2} = \frac{(1,022)^{12} - 1}{0,022} = \frac{1,298407 - 1}{0,022}$$

$$= \frac{0,298407}{0,022} = 13,563955$$

Temos:
$$R = \frac{S}{s_{\overline{12}|2,2}}$$

$$R = \frac{40.000,00}{13,563955} = 2.948,99$$

$$\therefore R \cong \$\ 2.949,00$$

Então, se a pessoa poupar $ 2.949,00 por mês e fizer a aplicação a 2,2% a.m. por 12 meses poderá comprar o carro pretendido.

3.4 Relação entre os fatores $a_{\overline{n}|i}$ e $s_{\overline{n}|i}$

Pela fórmula temos:

$$a_{\overline{n}|i} = \frac{(1+i)^n - 1}{i\,(1+i)^n}$$

Multiplicando-se os dois membros por $(1 + i)^n$:

$$(1+i)^n \cdot a_{\overline{n}|i} = \frac{(1+i) - 1}{i\,(1+i)^n} \cdot (1+i)^n$$

$$(1+i)^n \cdot a_{\overline{n}|i} = \frac{(1+i)^n - 1}{i}$$

Como o segundo membro desta igualdade é, exatamente, o valor de $s_{\overline{n}|i}$ podemos escrever:

$$\boxed{s_{\overline{n}|i} = (1+i)^n \cdot a_{\overline{n}|i}}$$

Esta relação permite que se relacione o principal (P) com o montante (S) do modelo básico.

De fato, sendo:

$$S = R \cdot s_{\overline{n}|i}$$

Substituindo a relação:

$$S = (1 + i)^n \cdot a_{\overline{n}|i}\, R$$

Como sabemos que:

$$P = R \cdot a_{\overline{n}|i}$$

Temos:

$$S = P(1+i)^n$$

Ou seja, o montante (S) do modelo básico é igual ao principal (P) capitalizado por n períodos à taxa de juros i.

Nota: Veja no Apêndice a este capítulo outra relação entre o $a_{\overline{n}|i}$ e o $s_{\overline{n}|i}$.

Exemplo: Uma pessoa possui $ 30.000,00, que pode aplicar do seguinte modo:

a) no banco A, que paga um juro de 3% a.m. ao fim de cada mês, devolvendo o capital no fim do 12º mês.

b) no banco B, que devolve $ 42.000,00 no fim do 12º mês.

Pede-se determinar a melhor aplicação.

Resolução: A melhor aplicação será aquela que conduzir ao maior montante na data focal 12:

Banco A: A aplicação de $ 30.000,00 a um juro de 3% a.m. produz uma renda mensal de $ 900,00. Portanto, o montante na data focal 12 é:

$$S_A = 30.000,00 + 900,00 \cdot s_{\overline{12}|3}$$
$$S_A = 30.000,00 + 900,00 \times 14,192030$$
$$S_A = 30.000,00 + 12.772,83$$
$$S_A = \$ 42.772,83$$

Note-se que pela fórmula este resultado pode ser obtido diretamente.

$$S = P(1+i)^n$$
$$S_A = 30.000,00 (1,03)^{12}$$
$$S_A = 30.000,00 \times 1,425761$$
$$S_A = \$ 42.772,83$$

Já sabemos que o Banco B devolve:

$$S_B = \$ 42.000,00$$

Logo, concluímos que é melhor aplicar no banco A, ganhando um adicional de $ 772,83.

4 Exercícios resolvidos

1. Qual é o valor atual de uma anuidade periódica de $ 1.000,00, nas hipóteses abaixo:

	Taxa de juros	Prazo
a)	1% a.m.	24 meses
b)	5% a.b.	12 bimestres
c)	8% a.t.	10 trimestres
d)	10% a.s.	20 semestres
e)	30% a.a.	30 anos

Resolução: Para o cálculo do valor atual de uma série periódica de n termos, á taxa i, temos a fórmula:

$$P = R \cdot a_{\overline{n}|i}$$

onde: P = valor atual

R = valor do termo (ou da prestação)

$$a_{\overline{n}|i} = \frac{1-(1+i)^{-n}}{i}$$

O fator $a_{\overline{n}|i}$ pode ser calculado, conforme expressão acima, ou então procurado em tabelas financeiras, onde seu resultado é apresentado para taxas e períodos mais usuais (ver Apêndice de Tabelas).

a) $R = 1.000$

$n = 24$ meses

$i = 1\%$ a.m.

$$P = R \cdot a_{\overline{n}|i}$$

$$P = 1.000 \cdot a_{\overline{24}|1}$$

Procurando nas tabelas, encontramos que, para $i = 1\%$ a.m. e $n = 24$, $a_{\overline{n}|i} = 21,243387$.

Se quiséssemos calcular este fator, teríamos:

$$a_{\overline{24}|1} = \frac{1-(1,01)^{-24}}{0,01} = \frac{1-\dfrac{1}{(1,01)^{24}}}{0,01}$$

$$a_{\overline{24}|1} = \frac{1-0,787566}{0,01} = \frac{0,212434}{0,01} = 21,2434$$

Então: $P = 1.000 \,(21{,}243387)$

$P = \$\ 21.243{,}39$

b) $R = 1.000$

$n = 12$ bimestres

$i = 5\%$ a.b.

$P = 1.000 \cdot a_{\overline{12}|5}$

$P = 1.000 \,(8{,}863252)$

$P = \$\ 8.863{,}25$

c) $R = 1.000$

$n = 10$ trimestres

$i = 8\%$ a.t.

$P = 1.000 \cdot a_{\overline{10}|8}$

$P = 1.000 \,(6{,}710081)$

$P = \$\ 6.710{,}08$

d) $R = 1.000$

$n = 20$ semestres

$i = 10\%$ a.s.

$P = 1.000 \cdot a_{\overline{20}|10}$

$P = 1.000 \,(8{,}513564)$

$P = \$\ 8.513{,}56$

e) $R = 1.000$

$n = 30$ anos

$i = 30\%$ a.a.

$P = 1.000 \cdot a_{\overline{30}|30}$

$P = 1.000 \,(3{,}332061)$

$P = \$\ 3.332{,}06$

2. Qual é o preço a vista de uma mercadoria cuja prestação mensal é de $ 300,00, se as taxas e prazos abaixo forem considerados:

a) 3% a.m. – 24 meses

b) 3% a.m. – 36 meses

c) 4% a.m. – 24 meses

d) 5% a.m. – 12 meses

Resolução: O preço a vista nada mais é do que o valor atual das prestações:

$P = R \cdot a_{\overline{n}|i}$, onde P = preço a vista

a) $R = 300$

$n = 24$ meses

$i = 3\%$ a.m.

$P = 300 \cdot a_{\overline{24}|3}$

$P = 300 \, (16{,}935542)$

$P = \$ 5.080{,}66$ (preço a vista)

b) $R = 300$

$n = 36$ meses

$i = 3\%$ a.m.

$P = 300 \cdot a_{\overline{36}|3}$

$P = 300 \, (21{,}832252)$

$P = \$ 6.549{,}68$

c) $R = 300$

$n = 24$ meses

$i = 4\%$ a.m.

$P = 300 \cdot a_{\overline{24}|4}$

$P = 300 \, (15{,}246963)$

$P = \$ 4.574{,}09$

d) $R = 300$

$n = 12$ meses

$i = 5\%$ a. m.

$P = 300 \cdot a_{\overline{12}|5}$

$P = 300 \, (8{,}863252)$

$P = \$ 2.658{,}98$

3. Uma loja vende um tapete em 12 prestações mensais de $ 97,49 ou em 24 prestações mensais de $ 61,50. Nos dois casos, o cliente não dará entrada alguma. Sabendo-se que a taxa de juros do crédito pessoal é de 2,5% a.m., pergunta-se: Qual é o melhor sistema para o comprador?

Resolução: Para compararmos os dois esquemas de pagamento, basta calcular o preço a vista em cada caso. Se os dois preços forem iguais, os esquemas serão equivalentes.

1ᵃ Alternativa:

$$R = 97,49$$

$$n = 12 \text{ meses}$$

$$i = 2,5\% \text{ a.m.}$$

$$P = R \cdot a_{\overline{12}|2,5}$$

$$P = 97,49 \,(10,257765)$$

$$P = \$\ 1.000,03 \text{ (preço a vista)}$$

2ᵃ Alternativa:

$$R = 61,50$$

$$n = 24 \text{ meses}$$

$$i = 2,5\% \text{ a.m.}$$

$$P = R \cdot a_{\overline{24}|2,5}$$

$$P = 61,50 \,(17,884986)$$

$$P = \$\ 1.099,93 \text{ (preço a vista)}$$

Fica, portanto, patente que na segunda alternativa o preço a vista é maior, donde se conclui que a melhor alternativa é a primeira.

4. Um carro está à venda por $ 10.000,00 de entrada mais 24 prestações mensais de $ 2.236,51. Como opção, a agência vende em 36 prestações mensais de $ 1.613,16, sendo neste caso exigida uma entrada de $ 12.000,00. Qual é a melhor alternativa, se a taxa de mercado for de 3% a.m.?

Resolução: *1ᵃ Alternativa*

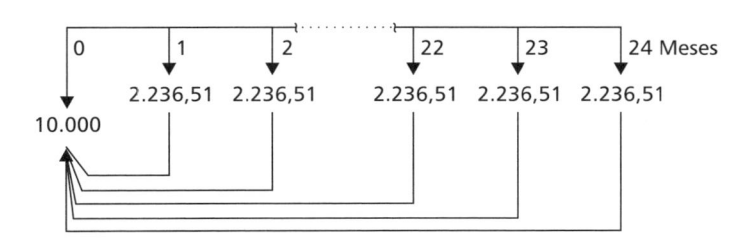

O valor atual desta alternativa, à taxa de 3% a.m., será:

$$P = E + R \cdot a_{\overline{24}|3}, \text{ onde } E = \text{entrada}$$

$$P = 10.000 + 2.236,51 \,(16,935542)$$

$$P = \$\ 47.876,51$$

2ª Alternativa:

$P = E + R \cdot a_{\overline{36}|3}$

$P = 12.000 + 1.613,16\ (21,832252)$

$P = \$\ 47.218,92$

A segunda alternativa é a melhor para o comprador, visto que possui menor valor atual.

5. A Imobiliária Barracão S/A vende um pequeno apartamento usado por $ 150.000,00 a vista. Como alternativas a seus clientes, oferece dois planos de financiamento:

Plano A: entrada de $ 50.000,00 mais 4 prestações trimestrais de $ 31.600,00.

Plano B: entrada de $ 30.000,00 mais 8 prestações trimestrais de $ 23.000,00.

O Sr. João de Souza, capitalista que aplica seu dinheiro a 10% a.t., deseja saber qual é a sua melhor opção de compra.

Resolução: Calculando-se o valor atual em cada caso, à taxa de 10% a.t., teremos:

Plano A: $P = E + R \cdot a_{\overline{n}|i}$

$P = 50.000 + 31.600 \cdot a_{\overline{4}|10}$

$P = 50.000 + 31.600\ (3,169865)$

$P = \$\ 150.167,75$

Plano B: $P = E + R \cdot a_{\overline{n}|i}$

$P = 30.000 + 23.000 \cdot a_{\overline{8}|10}$

$P = 30.000 + 23.000\ (5,334926)$

$P = \$\ 152.703,30$

Como nos dois planos de financiamento o valor atual é superior ao preço a vista ($ 150.000,00), então a melhor opção de compra será esta.

6. Qual é a anuidade periódica equivalente a um valor atual de $ 10.000,00, se forem observadas as taxas e prazos abaixo:

Taxa de juros	Prazo
a) 2,5% a.m.	24 meses
b) 4 a.m.	12 meses
c) 30% a.a.	5 anos

Resolução: Aplicando a fórmula do valor atual, temos:

$P = R \cdot a_{\overline{n}|i}$

onde: P = valor atual

R = termo (prestação)

$a_{\overline{n}|i}$ = fator de valor atual para n períodos e à taxa i por período.

Como queremos encontrar o valor do termo, consideraremos:

$$R = \frac{P}{a_{\overline{n}|i}}$$

a) P = 10.000

n = 24 meses

i = 2,5% a.m.

$$R = \frac{10.000}{a_{\overline{24}|2,5}}$$

$$R = \frac{10.000}{17,884986}$$

$$R = \$ 559,13$$

Nota: Algumas tabelas financeiras apresentam, além do fator $a_{\overline{n}|i}$, o seu inverso $\frac{1}{a_{\overline{n}|i}}$.

Neste último caso, naturalmente, multiplicamos o valor atual pelo inverso.

No problema acima exposto, teríamos:

$$R = 10.000 \cdot \frac{1}{a_{\overline{24}|2,5}}$$

Como $a_{\overline{24}|2,5}$ = 17,884986,

então: $\dfrac{1}{a_{\overline{24}|2,5}} = \dfrac{1}{17,884986} = 0,055913$

Portanto: R = 10.000 (0,055913)

R = \$559,13

b) P = 10.000

n = 12 meses

i = 4% a.m.

$$R = \frac{10.000}{a_{\overline{12}|4}}$$

$$R = \frac{10.000}{9,385074}$$

$$R = \$\ 1.065,52$$

c) $P = 10.000$

$n = 5$ anos

$i = 30\%$ a.a.

$$R = \frac{10.000}{a_{\overline{5}|30}}$$

$$R = \frac{10.000}{2,435570}$$

$$R = \$\ 4.105,82$$

7. Uma loja vende a geladeira X por $ 2.000,00 a vista ou financiada em 18 meses, a juros de 3,5% a.m. Qual será a prestação mensal, se não for dada entrada alguma e a primeira prestação vencer após 1 mês?

Resolução: $P = 2.000$

$n = 18$ meses

$i = 3,5\%$ a.m.

$$R = \frac{P}{a_{\overline{n}|i}}$$

$$R = \frac{2.000}{a_{\overline{18}|3,5}}$$

$$R = \frac{2.000}{13,189682}$$

$$R = \$\ 151,63$$

8. Numa agência de automóveis o preço de um carro, a vista é de $ 50.000,00. Qual é o valor da prestação mensal, se o carro for financiado em 24 meses, sem entrada, e a taxa de juros contratada for de 3% a.m.?

Resolução: $P = 50.000$

$n = 24$ meses

$i = 3\%$ a.m.

$$R = \frac{P}{a_{\overline{n}|i}}$$

$$R = \frac{50.000}{a_{\overline{24}|3}}$$

$$R = \frac{50.000}{16,935542}$$

$$R = \$\ 2.952,37$$

9. A loja de confecções Roupa Certa Ltda. vende um terno por $ 3.000,00. No credi-ário é exigida uma entrada de 40% do valor da mercadoria e são cobrados juros de 5% a.m. Qual será o valor das prestações, se um cliente optar por 6 prestações mensais?

Resolução: $P = 3.000$

$n = 6$

$i\ = 5\%$ a.m.

$E = 0,4 \cdot P$ (entrada)

$E = 0,4\ (3.000) = \$\ 1.200,00$

$P = E + R \cdot a_{\overline{n}|i}$

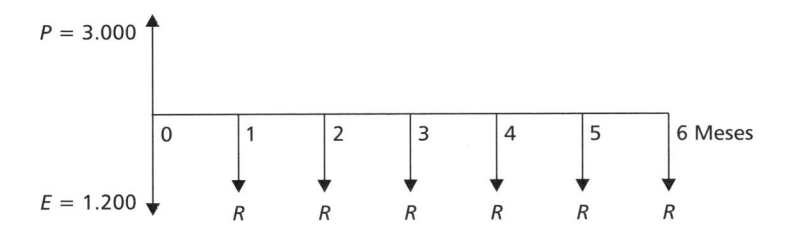

$P\ -E = $ Valor Financiado

$P\ -E = R \cdot a_{\overline{n}|i}$

$3.000 - 1.200 = R \cdot a_{\overline{6}|5}$

O valor financiado é de apenas $ 1.800,00. Portanto, a prestação é igual a:

$$R\ = \frac{1.800}{5,075692}$$

$$R = \$\ 354,63$$

10. O gerente financeiro de uma loja deseja estabelecer coeficientes de financiamento por unidade de capital emprestado. O resultado da multiplicação do coeficiente pelo valor financiado é igual à prestação mensal. Sabendo-se que a taxa de juros da loja é de 4% a.m., quais são os coeficientes unitários nas hipóteses de prazos abaixo?

a) 6 meses

b) 12 meses

c) 18 meses

d) 24 meses

Resolução: Temos de calcular um coeficiente "α" (alfa), tal que seu produto pelo capital financiado $(\alpha \cdot P)$ seja igual à prestação mensal (R).

Portanto: $R = \alpha \cdot P$

Mas $R = \dfrac{1}{a_{\overline{n}|i}} \cdot P$

Então: $\alpha = \dfrac{1}{a_{\overline{n}|i}}$

onde $a_{\overline{n}|i} = \dfrac{1 - (1 + i)^{-n}}{i}$

Isto implica que

$$\frac{1}{a_{\overline{n}|i}} = \alpha = \frac{i}{1 - (1 + i)^{-n}}$$

a) $i = 4\%$ a.m.

$n = 6$ meses

$a_{\overline{6}|4} = 5,242137$

$\alpha = \dfrac{1}{a_{\overline{n}|i}} = \dfrac{1}{5,242137} = 0,190762$

Por conseguinte, este será o fator que, aplicado ao valor financiado, dará o valor das 6 prestações mensais, considerando-se a taxa de 4% a.m.

Exemplo: Preço a vista: 10.000,00.

Pagamento: 6 prestações mensais.

Qual a prestação?

$$R = 10.000 \, (0,190762)$$

$$R = \$ \, 1.907,62$$

b) $i = 4\%$ a.m.

$n = 12$ meses

$a_{\overline{12}|4} = 9,385074$

$$\alpha = \frac{1}{a_{\overline{n}|i}} = \frac{1}{9,385074} = 0,106552$$

c) $i = 4\%$ a.m.

$n = 18$ meses

$a_{\overline{18}|4} = 12,659297$

$$\alpha = \frac{1}{a_{\overline{n}|i}} = \frac{1}{12,659297} = 0,078993$$

d) $i = 4\%$ a.m.

$n = 24$ meses

$a_{\overline{24}|4} = 15,246963$

$$\alpha = \frac{1}{a_{\overline{n}|i}} = \frac{1}{15,246963} = 0,065587$$

11. O preço a vista de um barco é de $ 500.000,00. João comprou o barco por $ 200.000,00 de entrada mais 12 prestações mensais de $ 33.847,62. Qual é a taxa de juros cobrada neste financiamento?

Resolução: $P' = 500.000 - 200.000 = 300.000$

$R = 33.847,62$

$n = 12$

$i = ?$

$P' = R \cdot a_{\overline{n}|i}$

$300.000 = 33.847,62 \cdot a_{\overline{n}|i}$

$a_{\overline{n}|i} = 8,863252$

1ª solução: pesquisa em tabelas

O número de períodos "n" é igual a 12, portanto devemos encontrar a taxa "i" que torna o fator $a_{\overline{12}|i} = 8,863252$.

Procurando no Apêndice de Tabelas, para $n = 12$, encontramos, à taxa de 5%, $a_{\overline{n}|i} = 8{,}863252$.

Então, $a_{\overline{12}|5} = 8{,}863252$; donde se conclui que a taxa de juros cobrada é de 5% a.m. (é mensal porque o número de períodos e as anuidades estão expressos em meses).

$2^{\underline{a}}$ **solução**:   além da pesquisa em tabelas financeiras, podemos calcular o valor da taxa "i" por tentativa e erro.

Sabemos que:

$$a_{\overline{n}|i} = \frac{1 - (1 + i)^{-n}}{i}$$

Neste problema. tem-se

$$a_{\overline{12}|i} = 8{,}863252$$

Portanto, procura-se a taxa "i", tal que:

$$8{,}863252 = \frac{1 - (1 + i)^{-12}}{i}$$

Para cálculo de primeira aproximação da taxa verdadeira, utiliza-se a fórmula:

$$i_0 = \frac{1}{a_{\overline{n}|i}} - \frac{a_{\overline{n}|i}}{n^2}$$

$$i_0 = \frac{1}{8{,}863252} - \frac{8{,}863252}{12^2}$$

$$i_0 = 0{,}112825 - 0{,}061550$$

$$i_0 = 0{,}051275 \text{ ou } 5{,}1275\% \text{ a.m.}$$

Testando este resultado, temos:

$$a_{\overline{12}|i_0} = \frac{1 - (1{,}051275)^{-12}}{0{,}051275}$$

$$a_{\overline{12}|5{,}1275} = 8{,}799860$$

Como $8{,}799860 < 8.863252 \Rightarrow i_0 > i$

Portanto, 5,1275% é superior á taxa verdadeira "i", devendo-se testar uma taxa inferior a ela. Testando-se 4% a.m. e chamando-a de i_1, teremos:

$$a_{\overline{12}|4} = \frac{1 - (1{,}04)^{-12}}{0{,}04}$$

$$a_{\overline{12}|4} = 9{,}385074$$

Sendo $9,385074 > 8,863252 \Rightarrow i_1 < i$.

A taxa verdadeira "i" encontra-se entre i_0 e i_1. Dizemos que: $i_0 < i < i_1$.

Fazendo-se a interpolação linear, vem:

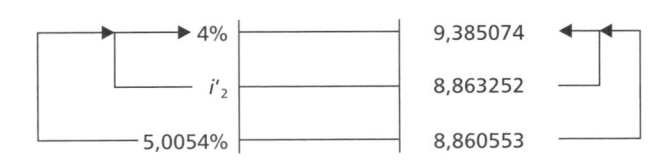

$$\frac{i' - 4}{5,1275 - 4} = \frac{8,863252 - 9,385074}{8,799860 - 9,385074}$$

$$\frac{i' - 4}{1,1275} = \frac{-0,521822}{-0,585214}$$

$$i'_1 - 4 = 1,1275 \, (0,891677)$$

$$i'_1 = 4 + 1,005366$$

$$\therefore i'_1 = 5,005366\% \text{ a.m.}$$

Testando o resultado, tem-se:

$$a_{\overline{12}|i'_1} = \frac{1 - (1,050054)^{-12}}{0,050054}$$

$$a_{\overline{12}|5,0054} = 8,860553$$

Comparando: $8,860553 < 8,863252 \Rightarrow i'_1 > i$.

Como a diferença entre os fatores é pequena, pode-se concluir que a taxa de juros é de 5,01% a.m. Caso se queira a taxa exata, deve-se prosseguir com as interpolações.

Assim, teríamos:

$$\frac{i'_2 - 4}{5,0054 - 4} = \frac{8,863252 - 9,385074}{8,860553 - 9,385074}$$

$$\therefore i'_2 = 4 + 1,000227$$

$$i'_2 = 5,000227\% \text{ ou } i'_2 \cong 5,00\% \text{ a.m.}$$

Testando:

$$a_{\overline{12}|i_1} = \frac{1 - (1,05)^{-12}}{0,05}$$

$$a_{\overline{12}|5} = 8,863252$$

Portanto, a taxa exata é de 5% a.m.

12. Uma loja de eletrodomésticos diz que sua taxa de juros é de 1,5% a.m. Nestas condições, numa compra de $ 5.000,00, para ser paga em 6 prestações, o valor da prestação mensal será:

Juros $= 5.000 \times 0,015 \times 6 = \$ 450,00$

Prestação $= (5.000 + 450) : 6 = \$ 908,33$

Sabendo-se que a primeira prestação vence em 1 mês, pergunta-se qual é a taxa de juros real efetivamente cobrada.

Resolução: $P = 5.000$

$R = 908,33$

$n = 6$

$i = ?$

$P = R \cdot a_{\overline{n}|i}$

$5.000 = 908.33 \cdot a_{\overline{6}|i}$

$$a_{\overline{6}|i} = \frac{5.000}{908,33}$$

$a_{\overline{6}|i} = 5,504607$

Procurando na tabela, encontramos o seguinte intervalo:

$$a_{\overline{6}|2,5} = 5,508125$$

e

$$a_{\overline{6}|3} = 5,417191$$

A taxa de juros real está contida neste intervalo, visto que:

$$5,508125 > 5,504607 > 5,417191.$$

Interpolando linearmente, vem:

$$\frac{i - 2,5}{3,0 - 2,5} = \frac{5,504607 - 5,508125}{5,417191 - 5,508125}$$

$$\frac{i - 2,5}{0,5} = \frac{-0,003518}{-0,090934}$$

$$\therefore i = 2,5 + 0,5\,(0,038687)$$

$$i = 2,519343\% \text{ ou } i \cong 2,519\% \text{ a.m.}$$

Testando:

$$a_{\overline{6}|2,519} = \frac{1 - (1,02519)^{-6}}{0,02519}$$

$$a_{\overline{6}|2,519} = 5,504627$$

Comparando: $5,504627 \cong 5,504607$, portanto a taxa de juros real cobrada é de 2,519% a.m. ou $\cong 2,52\%$ a.m.

13. Uma financeira publica que seus coeficientes para financiamento de carros, em 24 meses, são:

Carros 0-km   *Carros usados*

a) 0,06480   b) 0,06815

Então, se uma pessoa quiser financiar $ 20.000,00 em 24 meses na compra de um carro zero quilômetro, deverá pagar prestações mensais de:

$$R = 20.000 \times 0,06480$$

$$R = \$\ 1.296,00$$

Qual é a taxa de juros de cada coeficiente?

Resolução: Sabemos que:

$$R = P \cdot \frac{1}{a_{\overline{n}|i}}$$

Então, o fator (coeficiente) publicado pela financeira é igual a $\dfrac{1}{a_{\overline{n}|i}}$

a) *Coeficiente para Carros 0-Km*:

$$\frac{1}{a_{\overline{n}|i}} = 0,06480$$

$n = 24$ meses

$i = ?$

$$\frac{1}{a_{\overline{n}|i}} = 0,06480 \Rightarrow a_{\overline{n}|i} = \frac{1}{0,06480} = 15,432099$$

$$a_{\overline{24}|i} = 15,432099$$

Procurando na tabela, encontramos o seguinte intervalo de taxas:

$$a_{\overline{24}|3,5} = 16,058368$$

$$a_{\overline{24}|4} = 15,246963$$

Interpolando linearmente, vem:

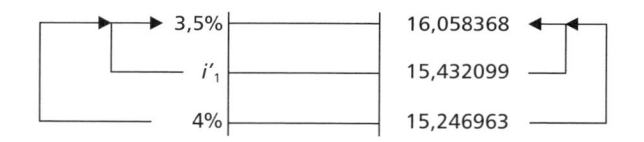

$$\frac{i'_1 - 3,5}{4 - 3,5} = \frac{15,432099 - 16,058368}{15,246963 - 16,058368}$$

$$\frac{i'_1 - 3,5}{0,5} = \frac{-0,626269}{-0,811405}$$

$$i'_1 = 3,5 + 0,5\,(0,771833)$$

$$\therefore i'_1 = 3,886\% \text{ am.}$$

Testando: $$a_{\overline{24}|3,886} = \frac{1 - (1,03886)^{-24}}{0,03886}$$

$$a_{\overline{24}|3,886} = 15,426489$$

Comparando: $15,426489 < 15,432099 \Rightarrow 3,886 > i$, onde i é a taxa verdadeira.

Procedendo-se uma segunda interpolação linear, teremos:

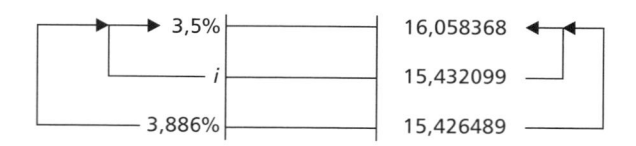

$$\frac{i - 3,5}{3,886 - 3,5} = \frac{15,432099 - 16,058368}{15,426489 - 16,058368}$$

$$\frac{i - 3,5}{0,386} = \frac{-0,626269}{-0,631879}$$

$$i = 3,5 + 0,386\ (0,991122)\ \therefore\ i = 3,883\%\ \text{a.m.}$$

Testando:

$$a_{\overline{24}|3,883} = \frac{1 - (1,03883)^{-24}}{0,03883} \Rightarrow a_{\overline{24}|3,883} = 15,431256$$

Comparando: $15,431256 \cong 15,432099$. Portanto a taxa de juros cobrada é de 3,88% a.m.

Nota: como pôde ser visto pelos exemplos anteriores, quando estamos interpolando taxas em intervalos pequenos, a primeira interpolação linear já fornece excelente aproximação da taxa verdadeira. Maior número de interpolações será justificável quando a precisão for dado relevante na solução do problema.

b) *Coeficiente para Carros Usados*:

$$\frac{1}{a_{\overline{n}|i}} = 0,06815$$

$n = 24$ meses

$i = ?$

$$\frac{1}{a_{\overline{n}|i}} = 0,06815 \Rightarrow a_{\overline{n}|i} = \frac{1}{0,06815} = 14,673514$$

$$a_{\overline{24}|i} = 14,673514$$

Procurando na tabela, encontramos o seguinte intervalo de taxas:

$$a_{\overline{24}|4} = 15,246963$$
$$a_{\overline{24}|4,5} = 14,495478$$

Processando a interpolação linear, vem:

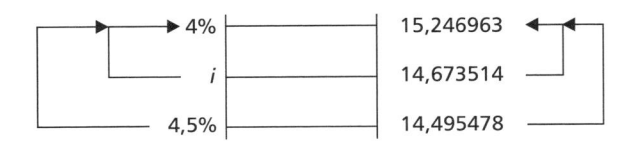

$$\frac{i - 4}{4,5 - 4} = \frac{14,673514 - 15,246963}{14,495478 - 15,246963}$$

$$\frac{i-4}{0,5} = \frac{-0,573449}{-0,751485}$$

$$i = 4 + 0,5\,(0,763088)$$

$$\therefore\ i = 4,3815 \text{ ou } i \cong 4,38\% \text{ a.m.}$$

A taxa verdadeira, obtida por interpolações sucessivas, é de 4,378063% a.m. ou $\cong$ 4,38% a.m., conforme aproximação resultante da primeira interpolação.

14. João, conversando com um amigo, conta-lhe que fez o "melhor negócio do mundo", pois comprou uma motocicleta, cujo valor a vista era de $ 30.000,00, em prestações mensais de $ 1.326,06, sem dar entrada alguma. João achou que o negócio fora bom porque, apesar de o vendedor dizer-lhe que a taxa de juros era de 4% a.m., o valor da prestação era baixo. Seu amigo perguntou-lhe em quantas prestações comprara e ele respondeu que não sabia. Calcule o número de prestações.

Resolução: $P = 30.000$

   $R = 1.326,06$

   $i = 4\%$ a.m.

   $n = ?$

Sabe-se que: $P = R \cdot a_{\overline{n}|i}$

Portanto: $30.000 = 1.326,06 \cdot a_{\overline{n}|4}$

então: $a_{\overline{n}|4} = \dfrac{30.000}{1.326,06} = 22,623411$

Por conseguinte, devemos procurar nos valores tabelados para a taxa de 4% qual o "n" que satisfaz a igualdade:

$$a_{\overline{n}|4} = 22,623411$$

Neste caso, encontraremos que, para $n = 60$

$$a_{\overline{60}|4} = 22,623490$$

sendo este o fator mais próximo do valor procurado. A diferença deve-se ao arredondamento do valor da prestação.

Não se tendo tabelas financeiras, pode-se resolver através de logaritmos, pois:

$$a_{\overline{n}|i} = \frac{1 - (1+i)^{-n}}{i}$$

$$a_{\overline{n}|4} = \frac{1 - (1,04)^{-n}}{0,04}$$

$$0,04 \ (22,623411) = 1 - (1,04)^{-n}$$

$$0,904936 = 1 - (1,04)^{-n}$$

$$1 - 0,904936 = (1,04)^{-n}$$

$$0,095064 = (1,04)^{-n}$$

$$\frac{1}{0,095064} = (1,04)^{n}$$

$$10,519278 = (1,04)^{n}$$

$$\log 10,519278 = n \log 1,04$$

$$1,021986 = n \ (0,017033)$$

$$n = \frac{1,021986}{0,017033}$$

$$\therefore n = 59,999 \ \text{ou} \ n \cong 60 \ \text{meses}$$

15. Um blusão de couro, importado, é vendido por $ 5.000,00 a vista ou por $ 1.000,00 de entrada mais prestações mensais de $ 480,97. Sabendo-se que a taxa de juros considerada é de 3,5% a.m., qual é o número de prestações?

Resolução: $P' = 5.000 - 1.000 = \$\ 4.000,00$ (valor financiado)

$R = 480,97$

$i = 3,5\%$ a.m.

$n = ?$

$P' = R \cdot a_{\overline{n}|i}$

$4.000 = 480,97 \cdot a_{\overline{n}|3,5}$

$a_{\overline{n}|3,5} = \dfrac{4.000}{480,97} = 8,316527$

Procurando na tabela para a taxa de 3,5%, encontramos:

$a_{\overline{9}|3,5} = 7,607687$

$a_{\overline{10}|3,5} = 8,316605$

$a_{\overline{11}|3,5} = 9,001551$

Donde se conclui que $n = 10$ meses, visto ser este o fator mais aproximado do valor calculado (8,316527).

Resolvendo por logaritmos, teremos:

$a_{\overline{n}|3,5} = \dfrac{1 - (1,035)^{-n}}{0,035}$

$$n = -\left\{ \frac{\log\,[1 - 0,035\,(8,316527)]}{\log\,(1,035)} \right\}$$

$$n = -\left(\frac{\log\,0,708922}{\log\,1,035} \right)$$

$$n = -\left(\frac{-0,149402}{0,014940} \right)$$

$$\therefore n = 10 \text{ meses}$$

16. Uma imobiliária, especializada na venda de apartamentos usados, põe à venda uma "kitchenette" por $ 120.000,00 a vista ou em 60 meses a prazo, com uma entrada de $ 30.000,00. Qual é o valor da prestação mensal, se foi considerada Tabela Price 12% a.a.? (Ver item 3 do Apêndice.)

Resolução: Como a taxa de juros é Tabela Price 12% a.a. e as prestações serão mensais, então a taxa de juros mensal será de:

$$\frac{12\% \text{ a.a.}}{12 \text{ meses}} = 1\% \text{ a.m.}$$

Isto porque na Tabela Price as taxas são apresentadas sempre em termos anuais *nominais.*

$$P' = 120.000 - 30.000 = 90.000 \text{ (valor a ser financiado)}$$

$$i = 1\% \text{ a.m.}$$

$$n = 60 \text{ meses}$$

$$R = ?$$

$$R = P \cdot \frac{1}{a_{\overline{n}|i}}$$

$$R = 90.000 \cdot \frac{1}{a_{\overline{60}|i}}$$

$$R = \frac{90.000}{44,955038}$$

$$R = \$\ 2.002,00$$

17. A venda de um sítio foi efetuada mediante entrada de $ 50.000,00 mais 24 prestações trimestrais de $ 3.500,00. Qual é o preço a vista do sítio, se nestas operações for usual utilizar-se Tabela Price 24% a.a.? (Ver item 3 do Apêndice.)

Resolução: Tabela Price 24% a.a. $\Rightarrow i = \dfrac{24\%}{4} = 6\%$ a.t.

$$E = 50.000$$

$R = 3.500$

$i\ = 6\%$ a.t.

$n = 24$ trimestres

$P = E + R \cdot a_{\overline{n}|i}$

onde　　　　P é o valor atual ou o preço a vista, à taxa i.

$P = 50.000 + 3.500 \cdot a_{\overline{24}|6}$

$P = 50.000 + 3.500\,(12,550358)$

$P = \$\ 93.926,25$

18. Numa instituição em que se cobram juros Tabela Price 60% a.a., para cada $ 100,00 emprestados são exigidas prestações mensais de $ 11,28. Qual é o número de prestações (ver item 3 do Apêndice).

Resolução:　Tabela Price 60% a.a. $\Rightarrow i = \dfrac{60\%}{12} = 5\%$ a.m.

$P = 100$

$R = 11,28$

$i\ = 5\%$ a.m.

$n = ?$

$P = R \cdot a_{\overline{n}|i}$

$100 = 11,28 \cdot a_{\overline{n}|5}$

$a_{\overline{n}|5} = \dfrac{100}{11,28} = 8,865248$

Procurando nos valores tabelados para 5%, tem-se:

$a_{\overline{11}|5} = 8,306414$

$a_{\overline{12}|5} = 8,863252$

$a_{\overline{13}|5} = 9,393573$

O número de períodos é aproximadamente de 12 meses. Calculando o "n" por logaritmos, temos:

$a_{\overline{n}|5} = \dfrac{1 - (1,05)^{-n}}{0,05}$

$n = -\left\{\dfrac{\log\,[1 - 0,05\,(8,865248)]}{\log 1,05}\right\}$

$n = -\left(\dfrac{-0,254349}{0,021189}\right)$

$$\therefore n = 12 \text{ meses}$$

19. Qual é o montante de uma anuidade periódica de $ 500,00, nas hipóteses abaixo:

	Taxa de juros	*Prazo*
a)	2% a.m.	24 meses
b)	3% a.b.	12 bimestres
c)	6% a.t.	5 anos
d)	25% a.a.	10 anos

Resolução: Para se calcular o montante de uma série periódica de n termos, à taxa i, temos a fórmula:

$$S = R \cdot s_{\overline{n}|i}$$

onde: S = montante

R = valor do termo (do depósito ou do pagamento)

$$s_{\overline{n}|i} = \frac{(1+i)^n - 1}{i}$$

O fator $s_{\overline{n}|i}$ encontra-se tabelado para as taxas mais usuais (ver Apêndice de Tabelas) ou então pode ser calculado conforme expressão acima.

a) $R = 500$

   $i = 2\%$ a.m.

   $n = 24$ meses

   $S = R \cdot s_{\overline{n}|i}$

Na tabela para $i = 2\%$ encontramos que

$$s_{\overline{24}|2} = 30{,}421863$$

O montante (S) será igual a:

$$S = 500 \; s_{\overline{24}|2}$$
$$S = 500 \, (30{,}421863)$$
$$S = \$ \, 15.210{,}93$$

O cálculo do fator $s_{\overline{n}|i}$ pode ser feito:

$$s_{\overline{n}|i} = \frac{(1+i)^n - 1}{i}$$

$$s_{\overline{24}|2} = \frac{(1{,}02)^{24} - 1}{0{,}02}$$

$$s_{\overline{24}|2} = \frac{1,60843725 - 1}{0,02}$$

$$s_{\overline{24}|2} = \frac{0,60843725}{0,02} = 30,421863$$

b) $R = 500$

   $i = 3\%$ a.b.

   $n = 12$ bimestres

   $S = 500 \cdot s_{\overline{12}|3}$

   $S = 500 \, (14,192030)$

   $S = \$ 7.096,01$

c) $R = 500$

   $i = 6\%$ a.t.

   $n = 20$ trimestres (5 anos)

   $S = 500 \cdot s_{\overline{20}|6}$

   $S = 500 \, (36,785591)$

   $S = \$ 18.392,80$

d) $R = 500$

   $i = 25\%$ a.a.

   $n = 10$ anos

   $S = 500 \cdot s_{\overline{10}|25}$

   $S = 500 \, (33,252903)$

   $S = \$ 16.626,45$

20. Qual é o depósito trimestral durante 4 anos consecutivos que produz o montante de $\$ 200.000,00$ após o último depósito? Considerar as taxas de juros trimestrais a seguir:

    a) 5% a.t.

    b) 10% a.t.

    c) 15% a.t.

Resolução: Temos que:

$$S = R \cdot s_{\overline{n}|i}$$

Portanto: $R = \dfrac{S}{s_{\overline{n}|i}}$ ou $R = S \cdot \dfrac{1}{s_{\overline{n}|i}}$

Nota: Algumas tabelas financeiras apresentam, além do fator $a_{\overline{n}|i}$, o seu inverso, ou seja, $\dfrac{1}{a_{\overline{n}|i}}$.

a) $S = 200.000$

$\quad i = 5\%$ a.t.

$\quad n = 16$ trimestres (4 anos)

$$R = \frac{200.000}{a_{\overline{16}|5}}$$

$$R = \frac{200.000}{23,657492}$$

$$R = \$\ 8.453,98$$

b) $S = 200.000$

$\quad i = 10\%$ a.t.

$\quad n = 16$ trimestres

$$R = \frac{200.000}{a_{\overline{16}|10}}$$

$$R = \frac{200.000}{35,949730}$$

$$R = \$\ 5.563,32$$

c) $S = 200,000$

$\quad i = 15\%$ a.t.

$\quad n = 16$ trimestres

$$R = \frac{200.000}{a_{\overline{16}|15}}$$

$$R = \frac{200.000}{55,717472}$$

$$R = \$\ 3.589,54$$

21. O pai de um estudante efetua mensalmente, durante 36 meses depósitos de $ 200,00 em um banco que paga 2% a.m. sobre o saldo credor. Este dinheiro se destina ao custeamento dos estudos superiores do filho. Qual será o montante acumulado após ser efetuado o último depósito?

Resolução: $R = 200$

$i = 2\%$ a.m.

$n = 36$ meses

$S = R \cdot s_{\overline{n}|i}$

$S = 200 \cdot s_{\overline{36}|2}$

$S = 200\,(51{,}994367)$

$S = \$\,10.398{,}87$

22. Uma pessoa, planejando a construção de uma casa, prevê dispêndios mensais de $\$\,100.000{,}00$ nos meses de setembro, outubro e novembro. Quanto deve ser depositado mensalmente de janeiro a agosto, do mesmo ano, para que seja possível efetuar tais retiradas? Considerar remuneração de 3% a.m. sobre os depósitos.

Resolução: Temos o seguinte problema:

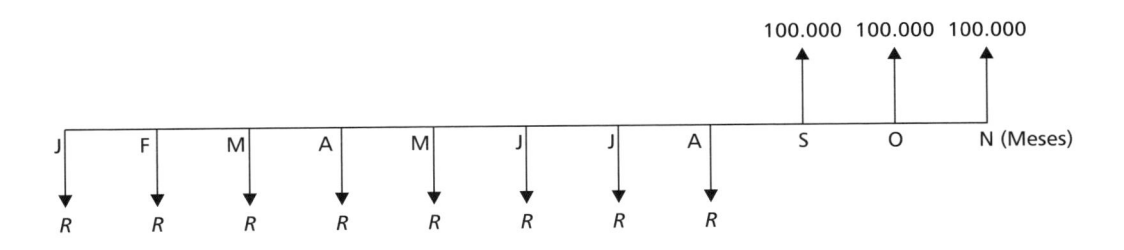

Portanto, o montante dos 8 depósitos deve ser igual ao valor atual das 3 retiradas, à taxa de 3% a.m.

$$P = R' \cdot a_{\overline{n}|i}$$
$$S = R \cdot s_{\overline{n}|i}$$

Segue-se, por conseguinte, que:

$$R \cdot s_{\overline{8}|3} = R' \cdot a_{\overline{3}|3}$$
$$R \cdot s_{\overline{8}|3} = 100.000 \cdot a_{\overline{3}|3}$$
$$R\,(8{,}892336) = 100.000\,(2{,}828611)$$
$$R\,(8{,}892336) = 282.861{,}10$$
$$R = \frac{282.861{,}10}{8{,}892336}$$
$$\therefore R = \$\,31.809{,}54$$

23. O corretor prometeu a um cliente que, se ele efetuasse 12 depósitos trimestrais de $ 1.050,00, após o último depósito ele teria $ 20.000,00. Que taxa de juros o corretor está oferecendo ao cliente?

Resolução: $S = 20.000$

$R = 1.050$

$n = 12$ trimestres

$i = ?$

$S = R \cdot s_{\overline{n}|i}$

$20.000 = 1.050 \cdot s_{\overline{12}|i}$

$\dfrac{20.000}{1.050} = s_{\overline{12}|i}$

$19,047619 = s_{\overline{12}|i}$

Procurando-se nas tabelas para $n = 12$, encontramos o seguinte intervalo:

$s_{\overline{12}|8} = 18,977126$

$s_{\overline{12}|10} = 21,384284$

Portanto, a taxa i se acha neste intervalo:

$$18,977126 < 19,047619 < 21,384284 \Leftrightarrow 8\% < i < 10\%$$

Interpolando linearmente, vem:

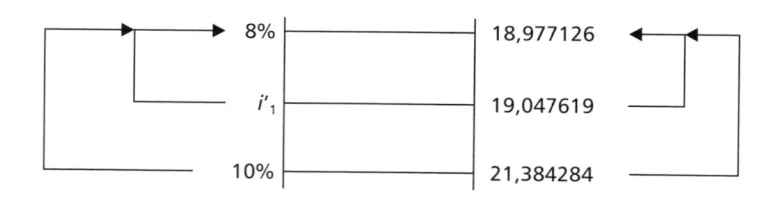

$$\frac{i' - 8}{10 - 8} = \frac{19,047619 - 18,977126}{21,384284 - 18,977126}$$

$$\frac{i'_1 - 8}{2} = \frac{0,070493}{2,407158}$$

$$i'_1 = 8 + 2\,(0,029285)$$

$$\therefore i'_1 = 8,059\% \text{ a.t.}$$

Testando:

$$s_{\overline{12}|8,059} = \frac{(1,08059)^{12} - 1}{0,08059}$$

$$s_{\overline{12}|8,059} = \frac{2,534728 - 1}{0,08059} = 19,043653$$

Comparando: $19,043653 < 19,047619 \Leftrightarrow 8,059\% < i'_1$

Processando a segunda interpolação:

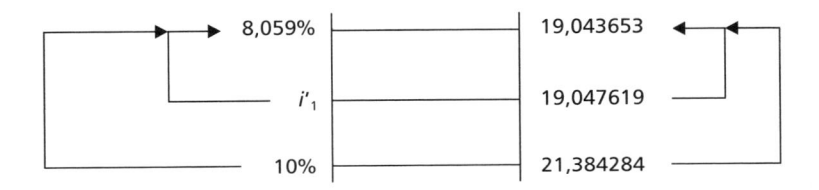

$$\frac{i'_2 - 8,059}{10 - 8,059} = \frac{19,047619 - 19,043653}{21,384284 - 19,043653}$$

$$\frac{i'_2 - 8,059}{1,941} = \frac{0,003966}{2,340631}$$

$$i'_2 = 8,059 + 1,941\,(0,001694)$$

$$\therefore i'_2 = 8,062$$

Testando:

$$s_{\overline{12}|8,062} = \frac{(1,08062)^{12} - 1}{0,08062}$$

$$s_{\overline{12}|8,062} = 19,047040$$

A taxa de juros oferecida como remuneração é de aproximadamente 8,06% a.t., resultado este que já fora obtido na primeira interpolação, pois $8,059\% \cong 8,06\%$. Isto porque o intervalo entre as taxas é relativamente pequeno (a taxa de juros exata é de: $8,062512\% \cong 8,06\%$ a.t.).

24. Quantos depósitos bimestrais de $ 1.000,00 serão necessários para que, se a remuneração for de 4% a.b., se tenha $ 29.778,08?

Resolução: $S = 29.778,08$

$R = 1.000,00$

$i = 4\%$ a.b.

$$n = ?$$

$$S = R \cdot \text{ﾉ}_{\overline{n}|i}$$

$$29.778,08 = 1.000 \cdot \text{ﾉ}_{\overline{n}|4}$$

$$\text{ﾉ}_{\overline{n}|4} = \frac{29.778,08}{1.000}$$

$$\text{ﾉ}_{\overline{n}|4} = 29,77808$$

Procurando-se na tabela para $i = 4\%$, tem-se:

$$\text{ﾉ}_{\overline{19}|4} = 27,671229$$

$$\text{ﾉ}_{\overline{20}|4} = 29,778079$$

$$\text{ﾉ}_{\overline{21}|4} = 31,969202$$

Por conseguinte, o número de períodos é de 20 bimestres, não havendo neste caso necessidade de interpolações, pois o fator calculado e o tabelado aproximadamente coincidem.

O cálculo do número de períodos também poderia ser feito através de logaritmos, pois:

$$\text{ﾉ}_{\overline{n}|i} = \frac{(1+i)^n - 1}{i}$$

$$\text{ﾉ}_{\overline{n}|4} = 29,77808$$

Então:

$$29,77808 = \frac{(1,04)^n - 1}{0,04}$$

$$0,04 \, (29,77808) = 1,04)^n - 1$$

$$1 + 1,191123 = (1,04)^n$$

$$n = \frac{\log 2,191123}{\log 1,04}$$

$$n = \frac{0,340667}{0,017033} \quad \therefore \, n = 20 \text{ bimestres}$$

25. Uma dona de casa compra um televisor em cores em 24 prestações de $ 630,64, sendo que a primeira prestação é dada como entrada. Sabendo-se que a taxa de mercado é de 4% a.m., qual seria o valor do televisor a vista?

Resolução:

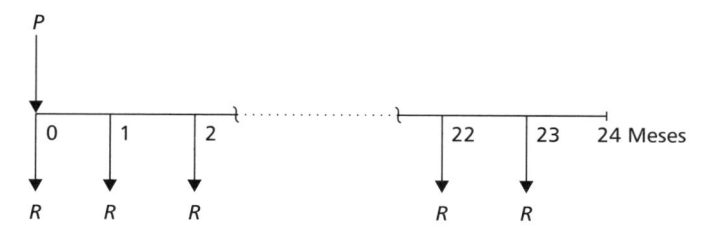

$$P = R + R\ a_{\overline{n-1}|i}$$

$$P = R\ (1 + a_{\overline{n-1}|i})$$

$$R = 630,64$$

$$n = 24\ \text{meses}$$

$$i = 4\%\text{a.m.}$$

$$P = 630,64\ (1 + a_{\overline{24-1}|4})$$

$$P = 630,64\ (1 + a_{\overline{23}|4})$$

$$P = 630,64\ (1 + 14,856842)$$

$$P = 630,64\ (15,856842)$$

$$P = \$\ 9.999,96$$

26. Um amigo propõe a outro o seguinte problema: O quociente entre a prestação e o valor atual é de 0,102963. Se a prestação for de $ 150,00 e a taxa de juros de 6% ao período, qual será o montante desta anuidade?

Resolução:

Temos que: $R = 150$

$i = 6\%$

$$\frac{R}{P} = 0,102963 \Rightarrow \frac{150}{P} = 0,102963$$

então: $$P = \frac{150}{0,102963} = \$\ 1.456,83$$

Como temos P, R e i, bastaria calcular o número de períodos e então poder-se-ia calcular o valor do montante (S).

Contudo, neste problema pode-se aplicar a seguinte relação (ver Apêndice a este capítulo):

$$\frac{1}{a_{\overline{n}|i}} = \frac{1}{s_{\overline{n}|i}} + i$$

e

$$P = R \ a_{\overline{n}|i}$$

Logo:

$$\frac{R}{P} = \frac{1}{a_{\overline{n}|i}}$$

Portanto:

$$\frac{1}{a_{\overline{n}|6}} = \frac{1}{s_{\overline{n}|6}} + 0,06$$

$$0,102963 = \frac{1}{s_{\overline{n}|6}} + 0,06$$

$$0,102963 - 0,06 = \frac{1}{s_{\overline{n}|6}}$$

$$0,042963 = \frac{1}{s_{\overline{n}|6}}$$

$$s_{\overline{n}|6} = \frac{1}{0,042963}$$

$$s_{\overline{n}|6} = 23,275842$$

Por conseguinte:

$$S = R \cdot s_{\overline{n}|6}$$
$$S = 150 \ (23,275842)$$
$$S = \$ \ 3.491,38$$

5 Exercícios propostos

1. Calcular o valor atual de uma anuidade periódica de $1.000,00, nas hipóteses abaixo:

Taxa de Juros	Prazo
a) 2% a.m.	24 meses
b) 3% a.m.	12 meses
c) 2,5% a.m.	36 meses
d) 10% a.t.	8 trimestres
e) 15% a.s.	5 semestres

2. Qual é o preço a vista de uma mercadoria cuja prestação mensal é de $ 200,00, se as taxas e prazos abaixo forem considerados:

a) 2,5% a.m.	18 meses
b) 3,0% a.m.	18 meses
c) 2,0% a.m.	24 meses
d) 4,0% a.m.	24 meses

3. Um terreno é vendido por $ 10.000,00 de entrada e 36 prestações mensais de $ 500,00. Sabendo-se que a taxa de juros corrente no mercado é de 2,5% a.m., até que preço vale a pena comprar o terreno a vista?

4. Numa seção de classificados anuncia-se uma casa por $ 250.000,00 a vista ou em 4 prestações trimestrais de $ 77.600,00. Qual é a melhor opção de compra, uma vez que a taxa de juros corrente é de 10% a.t.?

5. Um magazine tem como política de vendas oferecer um desconto de 10% nas compras a vista. Nas vendas a prazo, os clientes deverão pagar 12 prestações iguais a 10% do valor a vista. Supondo-se que a taxa de juros corrente seja de 2,5% a.m., qual é a melhor alternativa para o comprador?

6. Calcular a prestação referente a uma mercadoria, cujo preço a vista é de $ 10.000,00, caso ocorram as seguintes hipóteses sobre as taxas e respectivos prazos:

Taxa de Juros	Prazo
a) 2,5% a.m.	12 meses
b) 2,5% a. m.	24 meses
c) 3,0% a.m.	12 meses
d) 3,0% a.m.	36 meses
e) 10,0% a.t.	10 trimestres
f) 10,0% a.a.	2 anos

7. Um sítio é posto à venda por $ 300.000,00 a vista, ou a prazo nas seguintes condições: 10% de entrada e o restante em 50 meses, juros de 3% a.m. Qual é o valor das prestações?

8. O gerente financeiro de uma cadeia de lojas que operam com crediário deseja estabelecer fatores que serão aplicados ao preço a vista para cálculo da prestação mensal. A taxa de juros da empresa é de 2% a.m.; portanto, quais são estes fatores por unidade de capital, nos prazos abaixo:

a) 6 meses

b) 12 meses

c) 18 meses

d) 24 meses

e) 30 meses

f) 36 meses

9. Uma firma revendedora de automóveis usados oferece o seguinte plano na venda de um carro:

a) Entrada = $ 1.000,00 mais 6 prestações mensais de $ 181,55.

b) Entrada = $ 500,00 mais 12 prestações mensais de $ 148,01.

Sendo a taxa de mercado 2% a.m., qual é a melhor alternativa?

10. O preço de uma motocicleta é de $ 20.000,00 a vista ou, caso o cliente deseje as facilidades do crediário, poderá pagá-la a prazo. No segundo caso, exigem-se 24 prestações mensais de $ 1.245,46. Que taxa de juros mensal está sendo cobrada?

11. Um barco é vendido por $ 150.000,00 a vista ou por $ 30.000,00 de entrada e mais 8 prestações quadrimestrais de $ 26.742,01. Que taxa quadrimestral está sendo considerada?

12. Certa agência de viagens diz financiar a juros de 1,2% a.m. Sua sistemática no financiamen-
    to de $ 10.000,00 em 12 meses é a seguinte:

    1,2% × 12 meses = 14,4% a.a.

    10.000 (1,144) = $ 11.440,00

    11.440 : 12 = $ 953,33

    Portanto, o cliente irá pagar 12 prestações de $ 953,33. A taxa de juros é realmente de
    1,2% a.m.?

13. O banco CEF para um financiamento em 12 meses propõe o seguinte esquema:

    prestação mensal = (valor do financiamento) : 12

    juros do banco = 14% do valor do financiamento

    valor recebido = (valor do financiamento) − (juros do banco)

    Qual é a taxa de juros cobrada?

14. Uma financeira publica em um jornal que seus coeficientes para cada unidade de capital
    emprestado, de acordo com os prazos. são:

Prazo	Coeficiente
a) 6 meses	0,18707
b) 12 meses	0,10086
c) 18 meses	0,07230
d) 24 meses	0,05819
e) 30 meses	0,04992
f) 36 meses	0,04455

    Então, o financiamento de $ 1.000,00 por 12 meses resultará em 12 prestações de 1.000 ×
    0,10086 = $ 100,86. Qual é a taxa de juro mensal de cada coeficiente?

15. Se uma financeira apresentar o coeficiente de 0,09749 para 12 prestações mensais e além
    disso cobrar 2% sobre o valor financiado, a título de despesas administrativas (desconto este
    que será feito no ato), qual será a taxa de juros mensal efetiva?

16. Em quantas prestações mensais de $ 1.004,62 será pago um título de um clube de campo,
    se seu valor a vista for de $ 10.000,00 e a taxa contratada for de 3,0% a.m.?

17. Uma loja de móveis sob encomenda tem como política pedir 20% do valor dos móveis con-
    tratados como entrada. Os móveis são entregues 1 mês após o contrato, quando então o
    cliente pode saldar o restante, obtendo 5% de abatimento sobre o valor do contrato. Caso
    opte pelo pagamento a prazo, poderá saldar o restante em quatro parcelas iguais, vencendo
    uma na entrega e as demais nos três meses seguintes. Qual é a taxa de juros implícita nesta
    operação?

18. Um apartamento é vendido por $ 1.000.000,00 a vista ou por 50% de entrada e o restante em
    60 meses, Tabela Price 12% a.a. Qual é o valor das prestações? (Ver item 3 do Apêndice.)

19. O preço a vista de uma fazenda é de $ 450.000,00 e como opção o proprietário pede 20%
    de entrada e o saldo em 6 anos, em prestações trimestrais. Os juros são Tabela Price 12% a.a.
    Qual é o valor das prestações trimestrais? (Ver item 3 do Apêndice.)

20. Uma imobiliária, planejando a venda de um loteamento e sabendo que deverá vender a pra-
    zo, encontra-se em dificuldade, pois quer ganhar 2,5% a.m. e nesta região o usual é Tabela
    Price 12% a.a. Um amigo sugere ao gerente financeiro da imobiliária que aumente o valor

do preço a vista de tal modo que garanta juros de 2,5% a.m., após aplicação da Tabela Price 12% a.a. Que percentagem deve acrescer no valor a vista para cada um dos prazos abaixo:

a) 24 meses

b) 48 meses

c) 60 meses

(Ver item 3 do Apêndice.)

21. Que taxa anual, Tabela Price, será cobrada em um financiamento de $ 5.000,00, pelo qual o cliente pagou 30 prestações mensais de $ 208,20?

(Ver item 3 do Apêndice.)

22. Qual é a taxa efetiva anual referente à Tabela Price 10% a.a., se as amortizações forem:

a) mensais

b) bimensais

c) trimestrais

d) quadrimestrais

e) semestrais

(Ver item 3 do Apêndice.)

23. Se uma imobiliária deseja ganhar 30% a.a., que taxas anuais, Tabela Price, deverá publicar, caso as amortizações sejam:

a) mensais

b) trimestrais

c) quadrimestrais

d) semestrais

(Ver item 3 do Apêndice.)

24. Que montante obterá uma pessoa que deposite periodicamente $ 100,00, conforme prazo e taxas a seguir:

a) 24meses – 1% a.m.

b) 60 meses – 5% a.m.

c) 10 trimestres – 15% a.t.

d) 20 semestres – 20% a.s.

25. Quanto se deverá depositar mensalmente para que, ao fim de 5 anos, não se processando nenhuma retirada, se tenha $ 50.000,00. Considerar que a instituição paga 2,5% a.m. sobre o saldo credor.

26. Uma pessoa pretende comprar um apartamento no valor de $ 300.000,00 ao fim de 2 anos. Sabendo-se que hoje ela possui $ 100.000,00 em dinheiro, a que taxa mensal deve aplicar esta poupança e os 24 depósitos mensais de $ 2.809,48 que pretende fazer, para que seu objetivo seja alcançado?

Nota: Resolver por tentativa e erro.

27. Certo executivo, pretendendo viajar durante 12 meses, resolve fazer 6 depósitos mensais em uma financeira, para que sua esposa possa efetuar 12 retiradas mensais de $ 20.000,00, durante o período de sua viagem. A primeira retirada ocorrerá 1 mês após o último depósito. Se a financeira paga 3% a.m., de quanto devem ser os depósitos?

28. Se uma pessoa efetuar 60 depósitos mensais de $ 200,00 em um banco que paga 2,5% sobre o saldo credor, quanto poderá retirar em 60 meses? (Considerar 1ª retirada um mês após o último depósito.)

29. O quociente entre uma prestação e o valor atual das prestações é de 0,05591 à taxa de 2,5% a.m. Se o montante das prestações, à mesma taxa e pelo mesmo prazo, for igual a $ 9.043,63, qual é o valor atual?

    Nota: Ver exercício resolvido nº 26.

30. Uma pessoa aplicou $ 15.000,00 e após 3 anos recebeu a soma total de $ 61.558,99. Que depósitos mensais nesse período produziriam a mesma soma, se os juros sobre saldo credor fossem beneficiados com a mesma taxa da primeira hipótese?

Respostas

1. a) $18.913,93
    b) $ 9.954,00
    c) $ 23.556,25
    d) $ 5.334,93
    e) $ 3.352,16

2. a) $ 2.870,67
    b) $ 2.750,70
    c) $ 3.782,79
    d) $ 3.049,39

3. O preço a vista deve ser inferior a $ 21.778,13. Neste valor é indiferente comprar a vista ou a prazo à taxa de juros dada.

4. É melhor comprar a prazo, pois seu valor atual é menor ($ 245.981,56).

5. É melhor comprar a vista, beneficiando-se do desconto de 10%. O valor atual das prestações é superior ao da compra a vista.

6. a) $ 974,87
    b) $ 559,13
    c) $ 1.004.62
    d) $ 458,04
    e) $ 1.627,45
    f) $ 5.761,90

7. $ 10.493,68

8. a) 0,178526
    b) 0,094560
    c) 0,066702

    d) 0,052871
    e) 0,044650
    f) 0,039233

9. Melhor opção é o plano "a", pois possui menor valor atual.

10. 3,5% a.m.

11. 15% a.q.

12. 2,13% a.m.

13. 2,4% a.m.

14. a) 3,40% a.m.
    b) 3,07% a.m.
    c) 2,93% a.m.
    d) 2,86% a.m.
    e) 2,83% a.m.
    f) 2,82% a.m.

15. 2,84% a.m.

16. 12 prestações

17. 4,48% a.m.

18. $ 11.122,22.

19. $ 21.257,07

20. a) 18,78%
    b) 36,73%
    c) 45,44%

21. 18% a.a.

22. a) 10,47% a.a.
    b) 10,43% a.a.
    c) 10,38% a.a.

Rendas Certas ou Anuidades **233**

d) 10,34% a.a.

e) 10,25% a.a.

23. a) 26,53% a.a.

b) 27,12% a.a.

c) 27,42% a.a.

d) 28,04% a.a.

24. a) $ 2.697,35

b) $ 35.358,37

c) $ 2.030,37

d) $ 18.668,80

25. $ 367,67

26. 3%.

27. $ 30.777,28

28. $ 879,96

29. $ 5.000,00

30. $ 793,30

Apêndice

1 Relação adicional entre os fatores $a_{\overline{n}|i}$ e $s_{\overline{n}|i}$

Além da relação já deduzida no texto, pode-se constatar que:

$$\frac{1}{s_{\overline{n}|i}} + i = \frac{1}{\dfrac{(1+i)^n - 1}{i}} + i = \frac{i}{(1+i)^n - 1} + i =$$

$$= \frac{\cancel{i} + (1+i)^n \cdot i - \cancel{i}}{(1+i)^n - 1} = \frac{1}{\dfrac{(1+i)^n - 1}{(1+i)^n \, i}} = \frac{1}{a_{\overline{n}|i}}$$

Logo:

$$\boxed{\dfrac{1}{a_{\overline{n}|i}} = \dfrac{1}{s_{\overline{n}|i}} + i}$$

2 Anuidades antecipadas

Estas anuidades são, de tipo,

- temporárias
- constantes

– imediatas e antecipadas

– periódicas

2.1 Valor atual

Seja P' um principal que deve ser pago em n prestações (ou termos) iguais a R, antecipadas, imediatas e periódicas, a uma taxa de juros i, referida ao mesmo período dos termos.

A representação gráfica é a seguinte:

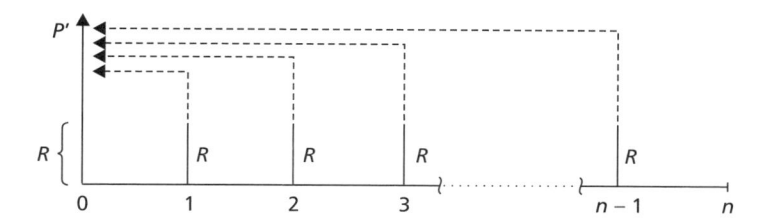

O valor atual, igual ao principal (P'), é a soma dos valores atuais de cada uma das prestações (R):

$$P' = R + \frac{R}{(1+i)} + \frac{R}{(1+i)^2} + ... + \frac{1}{(1+i)^{n-1}}$$

Colocando-se R em evidência:

$$P' = R \left[1 + \frac{1}{(1+i)} + \frac{1}{(1+i)^2} + ... + \frac{1}{(1+i)^{n-1}}\right]$$

Dividindo-se e multiplicando-se o segundo membro por $(1 + i)$, a igualdade não se altera:

$$P' = R \ \frac{(1+i)}{(1+i)} \left[1 + \frac{1}{(1+i)^1} + \frac{1}{(1+i)^2} + ... + \frac{1}{(1+i)^{n-1}}\right]$$

$$P' = R(1+i) \left[\frac{1}{(1+i)} + \frac{1}{(1+i)^2} + \frac{1}{(1+i)^3} + ... + \frac{1}{(1+i)^n}\right]$$

O valor da soma indicada entre colchetes já foi deduzido no *modelo básico* e é igual a $a_{\overline{n}|i}$

Portanto:

$$P' = R\,(1+i)\,a_{\overline{n}|i}$$

Concluímos que *o valor atual* de uma anuidade antecipada, nas condições dadas, é *o valor atual do modelo básico* multiplicado por $(1+i)$.

2.2 Montante

Seja um processo de capitalização em que são depositadas n parcelas (ou termos) iguais a R, antecipados, imediatos e periódicos, a uma taxa de juros i, referida ao mesmo período dos termos.

A representação gráfica é a seguinte:

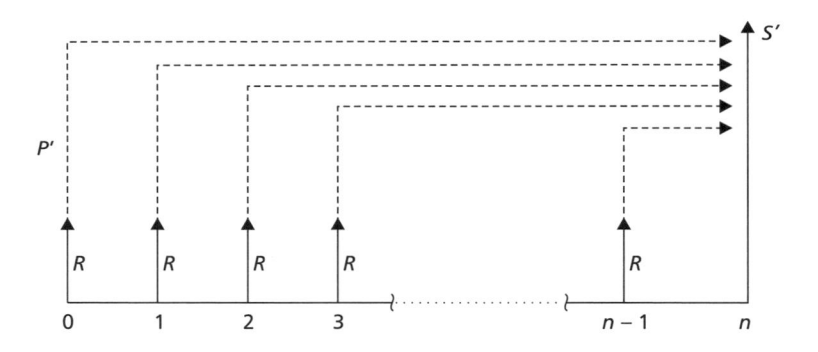

O montante na data focal n é dado por:

$$S' = R\,(1+i) + R\,(1+i)^2 + \dots + R\,(1+i)^{n-1} + R\,(1+i)^n$$
$$S' = R\,[(1+i) + (1+i)^2 + \dots + (1+i)^{n-1} + (1+i)^n]$$

Multiplicando-se e dividindo-se o segundo membro por $(1+i)$, a igualdade não se altera:

$$S' = R\,\frac{(1+i)}{(1+i)}\,[(1+i) + (1+i)^2 + \dots + (1+i)^n]$$

$$S' = R\,(1+i)\,[1 + (1+i) + (1+i)^2 + \dots + (1+i)^{n-1}]$$

O valor da expressão entre colchetes já foi deduzido no *modelo básico* e é o $s_{\overline{n}|i}$.

Portanto:

$$S' = R (1 + i) \, a_{\overline{n}|i}$$

Ou seja, o montante de uma anuidade antecipada, nas condições do problema, é o *montante do modelo básico* multiplicado por $(1 + i)$.

3 Sistema ou Tabela *Price*

O chamado Sistema ou Tabela *Price* (lê-se "praice") pode ser entendido como sendo um caso particular do nosso *modelo básico*. No Brasil a maior parte das aplicações deste sistema ocorre no mercado imobiliário, nas operações de médio e longo prazos. Por este motivo, este sistema é visto com maiores detalhes no Capítulo 7, que trata exclusivamente de empréstimos.

Em alguns casos, entretanto, usa-se a tabela *Price* para amortizações a curto prazo e, como tal, o sistema recai no modelo básico com as seguintes características:

a) a taxa é dada em termos anuais, sendo uma taxa nominal;

b) a capitalização é feita em termos mensais e a taxa mensal correspondente é a *taxa proporcional simples*.

Nessas condições, a *taxa efetiva anual* correspondente será maior que a taxa nominal dada.

Exemplo: Uma máquina de calcular eletrônica é vendida por $ 4.000,00 a vista ou financiada em 5 prestações mensais iguais, sem entrada. Sabendo-se que a taxa de juros que está sendo utilizada é de 18% a.a., tabela *Price*, e que a primeira prestação vence após 1 mês, pede-se: calcular o valor da prestação e a taxa de juros que está sendo efetivamente cobrada em termos anuais.

Resolução: Se a taxa é de 18% a.a., então a taxa mensal é:

$$i = \frac{18\%}{12} = 1,5\% \text{ a.m.}$$

Logo:

$$a_{\overline{5}|1,5} = 4,782645$$

Utilizando-se o modelo básico, temos:

$$R = \frac{P}{a_{\overline{n}|i}}$$

Portanto: $R = \dfrac{4.000}{4,782645} = \$\ 836,36$

A taxa de juros efetiva anual é:

$$i' = (1 + i)^{12} - 1$$

$$i' = (1,0150)^{12} - 1 = 0,1956 \text{ a.a.}$$

Ou: $i' \cong 19,6\% \text{ a.a.}$

6
Modelos Genéricos de Anuidades

Trataremos de alguns casos genéricos de anuidades, diretamente através de exemplos. O enfoque será procurar reduzir estes exemplos, sempre que possível, ao *modelo básico* já estudado no capítulo anterior.

1 Anuidades diferidas

Como já foi visto na classificação dada, as anuidades diferidas são aquelas em que os termos são exigíveis, pelo menos, a partir do segundo período.

Em outras palavras, o primeiro termo é exigível a partir de um certo *período de carência*. Tudo se passa como se os termos fossem transladados de um intervalo de tempo igual à carência.

Exemplo: uma pessoa vai receber 16 prestações mensais iguais a $ 400,00, com um diferimento de 15 meses:

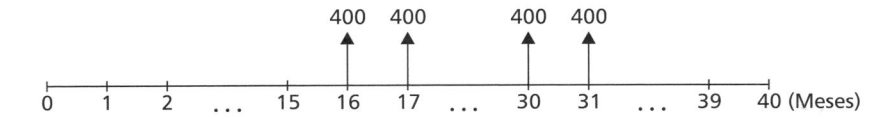

Sendo a taxa de juros igual a 2% a.m., pergunta-se:

a) Qual o valor atual das prestações na data zero?

b) Qual o montante na data focal 40?

Resolução: a) Valor do principal na data focal zero:

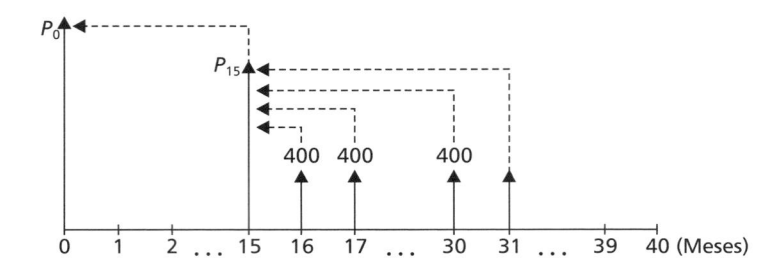

Procedemos em duas etapas:

I) Calculamos o principal na data focal 15, segundo o *modelo básico*:

$$P_{15} = R \cdot a_{\overline{16}|2}$$
$$P_{15} = 400{,}00 \times 13{,}577709$$
$$P_{15} = \$\ 5.431{,}08$$

II) A seguir, achamos o valor atual na data focal zero e à taxa de 2% a.m.:

$$P_0 = \frac{P_{15}}{(1{,}02)^{15}}$$
$$P_0 = \frac{5.431{,}08}{1{,}345868} \cong \$\ 4.035{,}38$$

Pode-se chegar ao mesmo resultado calculando-se o valor atual de uma anuidade de 31 termos e subtraindo-se o valor atual de uma anuidade de 15 termos. Esta anuidade de 15 termos corresponde aos 15 primeiros termos "que não existem" no problema proposto:

$$P_0 = 400 \cdot a_{\overline{31}|2} - 400 \cdot a_{\overline{15}|2}$$
$$= 400\,[a_{\overline{31}|2} - a_{\overline{15}|2}] =$$
$$= 400\,[22{,}937702 - 12{,}849264] =$$
$$= 400 \times 10{,}088438 =$$
$$\cong \$\ 4.035{,}38$$

b) Montante na data focal 40:

O montante na data focal 40 pode ser obtido diretamente do valor atual (P_0):

$$P_{40} = P_0\,(1 + i)^{40}$$
$$P_{40} = 4.035{,}38\,(1{,}02)^{40}$$

$$P_{40} = 4.035,38 \times 2,208040$$
$$P_{40} \cong \$ 8.910,28$$

Alternativamente, é possível utilizar-se o modelo básico e calcular-se o montante na data focal 31. O valor do montante assim obtido é capitalizado até a data focal 40:

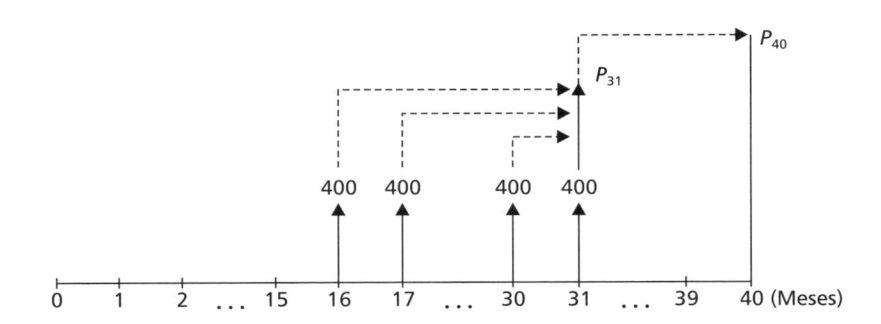

Tem-se:

$$P_{31} = 400 \cdot \mathbf{s}_{\overline{16}|2}$$
$$P_{31} = 400 \times 18,639285$$
$$P_{31} = 7.455,71$$

Capitalizando o montante, da data focal 31 à data focal 40, resulta:

$$P_{40} = P_{31} \, (1,02)^9$$
$$P_{40} = 7.455,71 \times 1,195093$$
$$P_{40} \cong \$ 8.910,27$$

O leitor deve constatar que é possível resolver-se o problema também do seguinte modo:

$$P_{40} = 400 \, [\mathbf{s}_{\overline{25}|2} - \mathbf{s}_{\overline{9}|2}]$$

2 Anuidade em que o período dos termos não coincide com aquele a que se refere a taxa

Quando o período dos termos não coincide com o período a que se refere a taxa, desde que os termos sejam constantes e periódicos, calcula-se a taxa equivalente ao período dos termos e recai-se no *modelo básico*.

Exemplo: Um aparelho de som estereofônico é vendido em 5 prestações de $ 2.000,00 a serem pagas a cada 2 meses. Sendo a taxa de juros cobrada de 3% a.m., qual o valor do aparelho a vista? Se o mesmo aparelho pudesse ser pago em uma única vez após 10 meses, qual a quantia que a loja cobraria, admitida a mesma taxa de juros?

Resolução: Graficamente, a situação é a seguinte:

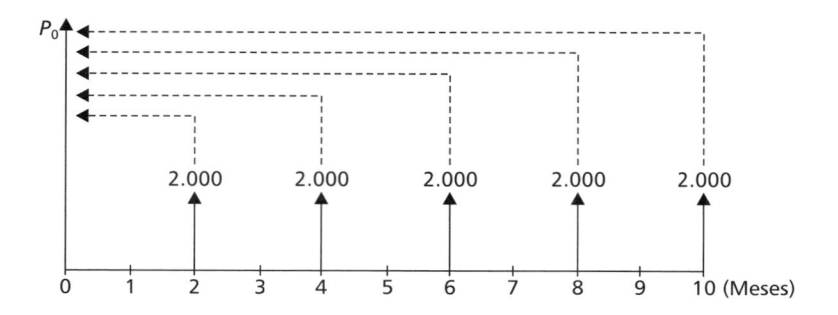

Como a taxa de juros está referida em termos mensais e as prestações estão referidas a bimestres, calculamos a taxa bimestral equivalente:

$$1 + i' = (1 + 0,03)^2$$
$$i' = 1,0609 - 1$$
$$i' = 0,0609 \text{ a.b. ou } i' = 6,09\% \text{ a.b.}$$

Agora temos uma anuidade nas mesmas condições do *modelo básico*, pois a taxa se refere ao mesmo intervalo de tempo dos termos e podemos calcular:

a) *Preço a vista*:

$$P_0 = R \cdot a_{\overline{n}|i}$$

onde: $R = 2.000,00$ por bimestre

$i = i' = 6,09\%$ a.b.

$n = 5$ bimestres

Portanto:

$$a_{\overline{5}|6,09} = \frac{(1,0609)^5 - 1}{(1,0609)^5 \cdot 0,0609}$$
$$a_{\overline{5}|6,09} = 4,202070$$

E o valor atual:

$$P_0 = 2.000,00 \times 4,202070$$
$$P_0 = \$ \ 8.404,14$$

Concluímos que o preço do aparelho a vista é $ 8.404,14.

b)   Preço após 10 meses:

O montante na data focal 10 pode ser obtido por capitalização direta:

$$P_{10} = P_0 (1 + i')^5$$
$$P_{10} = 8.404,14 (1,0609)^5$$
$$P_{10} = 8.404,14 \times 1,343916$$
$$P_{10} = \$ 11.294,46$$

Nota: O leitor deve verificar que: $P_{10} = P_0 (1,03)^{10}$.

Outro modo para se obter este resultado é utilizar o conceito de montante do *modelo básico*:

$$P_{10} = 2.000 \cdot \textit{s}_{5|6,09}$$
$$P_{10} = 2.000 \times 5,647231$$
$$P_{10} = \$ 11.294,46$$

3 Anuidade com termos constantes, segundo o modelo básico, mais parcelas intermediárias iguais

Quando a anuidade se apresenta com termos iguais e, além disso, tem parcelas intermediárias eqüidistantes e de mesmo valor, a resolução é feita em duas etapas:

a)   Uniformização da anuidade, de modo que todos os termos sejam iguais entre si, com a taxa de juros *i* referida ao período dos termos. Nessas condições, esta anuidade se conforma ao *modelo básico* e pode ter seu valor atual e montante calculados.

b)   Por diferença, determina-se o valor das parcelas intermediárias, que são iguais entre si. A seguir, calcula-se a taxa de juros equivalente (*i'*), referida ao período dos termos intermediários. Essa anuidade agora está conforme à anuidade apresentada no item anterior e pode ser resolvida.

Exemplo: Um carro é vendido em oito prestações mensais. As prestações de ordem ímpar são iguais a $ 1.000,00, enquanto que as de ordem par são iguais a $ 2.000,00. Considerando-se a taxa de juros de 2% a.m., qual é o preço a vista?

Resolução: Graficamente, tem-se:

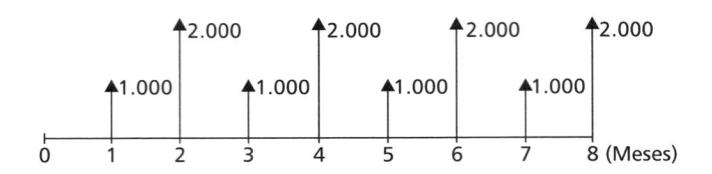

a) Uniformizando a anuidade de modo a se ter 8 termos iguais a $ 1.000,00:

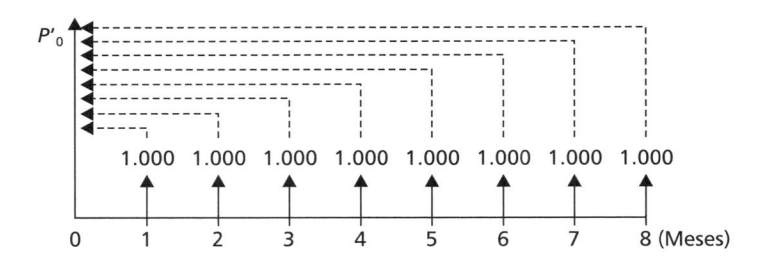

O valor atual (P'_0) dessa anuidade na data focal zero, é:

$$P'_0 = R \cdot a_{\overline{8}|2}$$

$$P'_0 = 1.000 \times 7{,}325481$$

$$P'_0 = \$\ 7.325{,}48$$

b) Considerando apenas a diferença entre a anuidade original e a anuidade uniformizada (item a), obtemos a anuidade constituída pelas parcelas intermediárias:

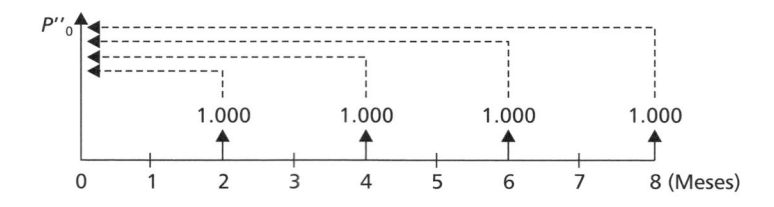

Calculando-se a taxa equivalente bimestral, tem-se:

$$1 + i' = (1{,}02)^2$$

$$i' = 1{,}0404 - 1$$

$$i' = 0{,}0404 \text{ a.b. ou } i' = 4{,}04\% \text{ a.b.}$$

Podemos calcular agora:

$$a_{\overline{4}|4,04} = \frac{(1,0404)^4 - 1}{(1,0404)^4 \cdot 0,0404} \cong 3,626476$$

E, portanto: $P''_0 = 1.000 \cdot a_{\overline{4}|4,04}$

$P''_0 = 1.000 \times 3,626476$

$P''_0 \cong \$\ 3.626,48$

Agora podemos determinar o preço do carro a vista:

$P_0 = P'_0 + P''_0$

$P_0 = 7.325,48 + 3.626,48$

$P_0 = \$\ 10.951,96$

Logo, o preço do carro a vista é $\$\ 10.951,96$.

Obs.:   O montante é: $P_8 = P_0 (1 + i)^8$.

4 Anuidade composta por duas anuidades diferidas em seqüência

Para resolver este problema, procedemos do modo já visto em anuidades diferidas (ver item 1):

a) Calculam-se os *valores atuais* de cada uma das anuidades, fazendo-se a subtração dos termos "não-existentes", que correspondem ao diferimento, para cada uma das anuidades. Alternativamente, é possível calcular o valor atual em uma data focal intermediária e, em seguida, calcular o valor atual na data focal zero.

b) O *montante* pode ser obtido a partir do *valor atual*, obtido no item anterior, fazendo-se a capitalização até a data focal requerida, ou, capitalizando os termos pela diferença dos $a_{\overline{n}|i}$ (ver item 1).

Exemplo: Uma pessoa comprou um gravador, para pagar em 7 prestações, do seguinte modo:

– 3 prestações de $\$\ 100,00$ no 7º, 8º e 9º mês:

– 4 prestações de $\$\ 100,00$ no 13º, 14º, 15º e 16º mês.

A taxa de juros cobrada foi de 2% a.m. Pergunta-se o valor do gravador a vista.

Resolução: Tem-se a seguinte representação gráfica:

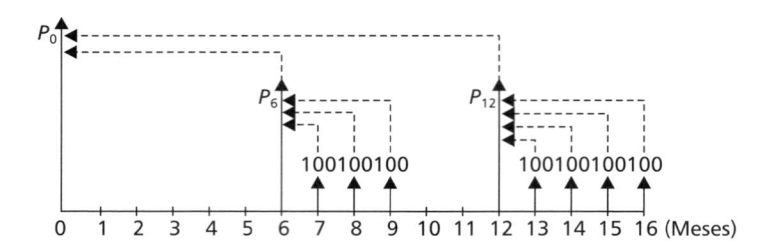

O cálculo é o seguinte:

$$P_6 = 100 \cdot a_{\overline{3}|2}$$
$$P_6 = 100 \times 2{,}883883$$
$$\therefore P_6 = \$\ 288{,}39$$

E, para a segunda anuidade:

$$P_{12} = 100 \cdot a_{\overline{4}|2}$$
$$P_{12} = 100 \times 3{,}807729$$
$$\therefore P_{12} = \$\ 380{,}77$$

Portanto:

$$P_0 = \frac{P_6}{(1+i)^6} + \frac{P_{12}}{(1+i)^{12}}$$

$$P_0 = \frac{288{,}39}{(1{,}02)^6} + \frac{380{,}77}{(1{,}02)^{12}}$$

$$P_0 = 256{,}08 + 300{,}23$$
$$\therefore P_0 = \$\ 556{,}31$$

Portanto, o preço do gravador a vista é $ 556,31.

Notas:

a) O cálculo direto também é possível, por subtração das parcelas "não-exis-tentes" (ou seja, as parcelas correspondentes ao diferimento):

$$P_0 = 100\ [(a_{\overline{9}|2} - (a_{\overline{6}|2}) + (a_{\overline{16}|2} - a_{\overline{12}|2})]$$
$$P_0 = 100\ [(8{,}162237 - 5{,}601431) + (13{,}577709 - 10{,}575341)]$$
$$P_0 = 100\ [2{,}560806 + 3{,}002368]$$
$$P_0 = 100 \times 5{,}563174$$
$$P_0 \cong \$\ 556{,}32$$

b) O montante é possível de obter por capitalização do valor atual:

$$P_{16} = P_0 \cdot (1 + i)^{16}$$

5 Anuidades perpétuas

São aquelas de duração ilimitada. Só tem sentido calcular-se o *valor atual,* uma vez que o montante será infinito.

Sendo *P* um principal a ser pago em *infinitos* termos iguais a *R*, postecipados, imediatos e periódicos, a uma taxa de juros *i*, referida ao mesmo período dos termos, tem-se (ver Apêndice):

$$P = \frac{R}{i}$$

Ou seja, o principal é obtido dividindo-se o valor do termo pela taxa de juros.

Essa fórmula pode ser utilizada para se fazer uma avaliação rápida de imóveis. Para tanto é necessária a hipótese seguinte: que o imóvel tenha um horizonte de aproveitamento infinito e que renda um aluguel constante.

Nestas condições, o *valor do imóvel* pode ser entendido como sendo o valor atual da soma dos aluguéis descontados, desconto esse à taxa de juros (*i*) que representa o ganho que o possuidor do imóvel teria se aplicasse seu dinheiro a juros compostos no mercado financeiro. Em outras palavras, a taxa de juros (*i*) representa o *custo de oportunidade* do investidor, que é a taxa de juros que ele receberia na melhor aplicação alternativa.

O aluguel, portanto, seria o pagamento pela utilização de um capital (igual ao valor do imóvel), pagando-se os juros, mas sem devolver o principal, pois o imóvel nunca pertencerá ao locatário.

Exemplo: Se um apartamento está rendendo um aluguel de $ 500,00 por mês e se a taxa da melhor aplicação no mercado financeiro é de 1% a.m., qual seria uma primeira estimativa do valor do imóvel?

Resolução: Admitindo-se as hipóteses de duração ilimitada do apartamento e de ser o aluguel constante, tem-se:

$$P = \frac{R}{i}$$

$$P = \frac{500}{0,01}$$

$$P = \$ 50.000,00$$

Ou seja, numa primeira aproximação, o imóvel seria avaliado em $ 50.000,00.

6 Anuidades variáveis

São as anuidades cujos termos não são iguais entre si.

Se tivermos uma anuidade variável que seja:

– temporária

– imediata e postecipada

– periódica

sua resolução é feita calculando-se o *valor atual* como sendo a soma dos valores atuais de cada um de seus termos. É possível obter o *montante* pela capitalização do valor atual ou pela soma dos montantes de cada termo.

Exemplo: um terreno foi comprado para ser pago em 5 prestações trimestrais, com os seguintes valores:

1º trimestre: 20.000,00

2º trimestre: 5.000.00

3º trimestre: 10.000,00

4º trimestre: 3.000,00

5º trimestre: 30.000,00

Sendo a taxa de juros para aplicações financeiras vigente no mercado de 2,5% a.m., pergunta-se o valor do terreno a vista.

Resolução: Graficamente, a situação é a seguinte:

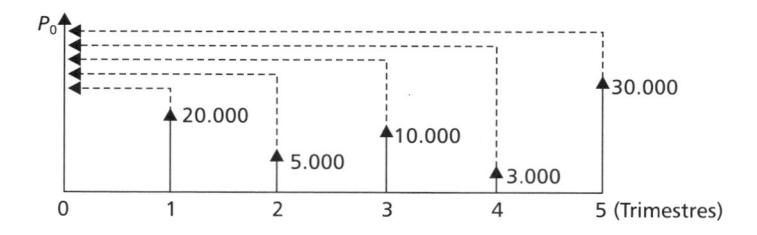

Como a taxa de juros está referida ao mês e as prestações são trimestrais, calculamos a taxa trimestral equivalente:

$$1 + i' = (1 + i)^3$$

$$1 + i' = (1,025)^3$$

$$i' = 1,07689 - 1$$

$$i' = 0,07689 \text{ a.t. ou } i' = 7,689\% \text{ at.}$$

Calculando-se o valor atual de cada prestação à taxa de juros i', tem-se:

$$P_0 = \frac{20.000}{(1,07689)^1} + \frac{5.000}{(1,07689)^2} + \frac{10.000}{(1,07689)^3} +$$

$$+ \frac{3.000}{(1,07689)^4} + \frac{30.000}{(1,07689)^5}$$

$$P_0 = 18.572,00 + 4.311,49 + 8.007,30 + 2.230,67 + 20.714,03$$

$$P_0 = \$\ 53.835,49$$

Portanto, o preço do terreno a vista é de, aproximadamente, 54 mil.

7 Exercícios resolvidos

1. Um magazine oferece, em sua promoção, um televisor por 24 prestações de $ 300,00, ocorrendo o primeiro pagamento apenas após 4 meses da compra. Qual seria o preço a vista deste televisor, uma vez que a taxa de mercado é de 2,5% a.m.?

Resolução: Construindo-se o diagrama dos valores no tempo, tem-se:

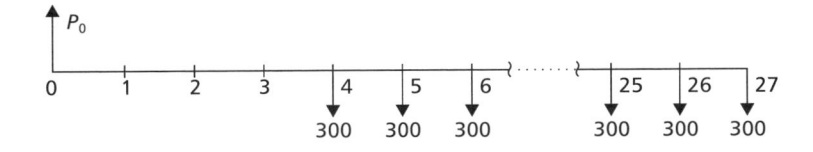

$$R = 300$$

$$i\ = 2,5\%\ \text{a.m.}$$

$$n = 24\ \text{meses}$$

Como existe diferimento de 3 meses, se aplicarmos diretamente o fator de valor atual, vem:

$$P_3 = 300 \cdot a_{\overline{24}|2,5}$$

$$P_3 = 300\ (17,884986)$$

$$P_3 = \$\ 5.365,50$$

O preço a vista é o valor atual na data zero, ou seja, por ocasião da compra, portanto:

$$P_0 = \frac{P_3}{(1+i)^3}$$

$$P_0 = \frac{5.365,50}{(1,025)^3}$$

$$P_0 = \frac{5.365,50}{1,076891} = \$\ 4.982,40$$

Outro método de solução é obtido pela diferença dos fatores de valor atual, ou seja, considera-se o fator para 27 prestações e deduzindo-se o fator para 3 prestações (que inexistem).

$$P_0 = 300\ (a_{\overline{27}|2,5} - a_{\overline{3}|2,5})$$

$$P_0 = 300\ (19,464011 - 2,856024)$$

$$P_0 = 300\ (16,607987)$$

$$P_0 = \$\ 4.982,40$$

Como terceira opção, poder-se-ia calcular o montante (S) na data 27 e, em seguida, calcular seu valor na data 0:

$$P_{27} = 300 \cdot s_{\overline{24}|2,5}$$

$$P_{27} = 300\ (32,349038)$$

$$P_{27} = 9.704,71$$

$$P_0 = \frac{P_{27}}{(1+i)^{27}}$$

$$P_0 = \frac{9.704,71}{(1,025)^{27}} = \frac{9.704,71}{1,947800} = \$\ 4.982,40$$

2. O preço a vista de um carro é de $ 80.000,00. A revendedora exige 30% como entrada, financiando o saldo em 36 prestações, com 6 meses de carência. Sabendo-se que a taxa de juros da agência é de 3,5% a.m., qual é o valor das prestações?

Resolução:

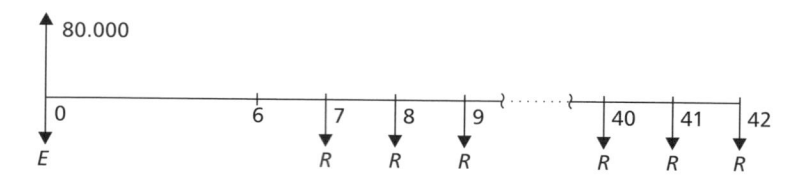

$$E = 0,30\ (80.000)$$

$$E = 24.000$$

$$P_0 = 80.000 - 24.000 = 56.000$$

$$P_0 = 56.000$$

$$i = 3,5\% \text{ a.m.}$$

$$n = 36 \text{ meses}$$

$$P_6 = P_0 (1,035)^6$$

e

$$P_6 = R \cdot a_{\overline{36}|3,5}$$

então: $56.000 (1,035)^6 = R \cdot a_{\overline{36}|3,5}$

$$56.000 (1,229255) = R (20,290494)$$

$$68.838,28 = R (20,290494)$$

$$R = \frac{68.838,28}{20,290494} = \$ 3.392,64$$

A solução do problema também poderia ser obtida pelos dois outros métodos apresentados no problema anterior, ou seja, pela diferença de fatores ou pelo cálculo do montante na data da última prestação:

1º) Diferença de fatores de valor atual:

$$P_0 = R (a_{\overline{n}|i} - a_{\overline{k}|i})$$

onde: k = período de carência

n = período da última prestação

$$56.000 = R (a_{\overline{42}|3,5} - a_{\overline{6}|3,5})$$

$$56.000 = R (21,834883 - 5,328553)$$

$$56.000 = R (16,506330)$$

$$R = \frac{56.000}{16,506330} = \$ 3.392,64$$

2º) Montante na data focal 42:

$$P_{42} = P_0 (1 + i)^{42}$$

$$P_{42} = R \cdot s_{\overline{36}|3,5}$$

$$56.000 (1,035)^{42} = R (70,007603)$$

$$56.000 (4,241258) = R (70,007603)$$

$$R = \frac{237.510,45}{70,007603} = \$ 3.392,64$$

Portanto, podemos utilizar qualquer dos métodos.

3. Um noivo, precisando comprar seus móveis e não dispondo de dinheiro de ime-
diato, abriu um crediário em uma loja, no valor de $ 20.000,00. Por esta compra
irá pagar 24 prestações de $ 1.942,36, mensalmente, com 6 meses de carência.
Qual é a taxa de juros mensal desta loja "camarada"?

Resolução:

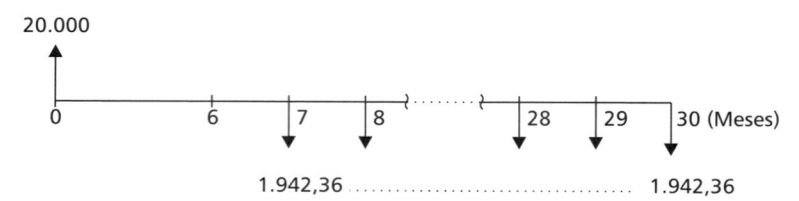

$P_0 = 20.000$

$R = 1.942,36$

$n = 24$ meses

$i = ?$

Como temos carência de 6 meses, então:

$$P_6 = R \cdot a_{\overline{n}|i} \quad e \quad P_6 = P_0 (1 + i)^6$$

portanto: $20.000 (1 + i)^6 = 1.942,36 \cdot a_{\overline{24}|i}$

$$\frac{20.000}{1.942,36} = \frac{a_{\overline{24}|i}}{(1+i)^6}$$

$$10,296752 = \frac{a_{\overline{24}|i}}{(1+i)^6}$$

A solução pode ser encontrada por tentativa e erro. Testando-se 2% a.m., tem-se:

$$a_{\overline{24}|2} = 18,913926$$

$$(1,02)^6 = 1,126162$$

Então $$\frac{a_{\overline{24}|i}}{(1+i)^6} = \frac{18,913926}{1,126162} = 16,795031$$

Como $16,795031 > 10,296752 \Rightarrow 2\% < i$.

Portanto, a taxa verdadeira i é superior a 2% a.m. e deve ser bem mais alta visto
que a diferença entre os fatores é relativamente ampla.

Examinemos a taxa de 7% a.m.:

$$a_{\overline{24}|7} = 11,469334$$

$$(1,07)^6 = 1,500730$$

Então $\qquad \dfrac{a_{\overline{24}|i}}{(1+i)^6} = \dfrac{11{,}469334}{1{,}500730} = 7{,}642503$

Comparando: $7{,}642503 < 10{,}296752 \Rightarrow 7\% > i$

Portanto, a taxa i deve estar no intervalo de 2% a 7%.

Interpolando linearmente, temos:

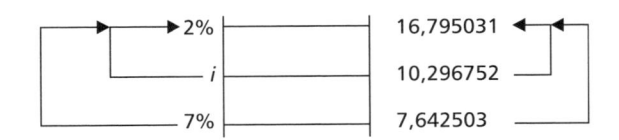

$$\dfrac{i-2}{7-2} = \dfrac{10{,}296752 - 16{,}795031}{7{,}642503 - 16{,}795031}$$

$$\dfrac{i-2}{5} = \dfrac{-6{,}498279}{-9{,}152528}$$

$$i = 2 + 5\,(0{,}709998)$$

$$\therefore\ i \cong 5{,}55\%\ \text{a.m.}$$

Testando: $\qquad a_{\overline{24}|5{,}5} = \dfrac{1-(1{,}055)^{-24}}{0{,}055} = 13{,}151699$

$$(1{,}055)^6 = 1{,}378843$$

Portanto: $\qquad \dfrac{a_{\overline{24}|i}}{(1+i)^6} = \dfrac{13{,}151699}{1{,}378843} = 9{,}538214$

Comparando: $9{,}538214 < 10{,}296752 \Rightarrow 5{,}5\% > i$

Processando-se a segunda interpolação, vem:

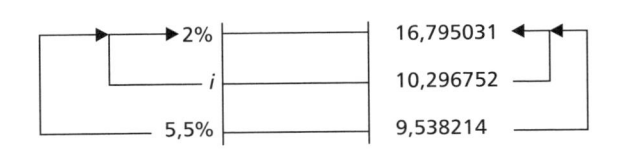

$$\dfrac{i-2}{5{,}5-2} = \dfrac{10{,}296752 - 16{,}795031}{9{,}538214 - 16{,}795031}$$

$$i = 2 + 3{,}5\,(0{,}895472)$$

$$\therefore\ i \cong 5{,}13\%\ \text{a.m.}$$

Testando: $a_{\overline{24}|5,13} = \dfrac{1-(1,0513)^{-24}}{0,0513} = 13,625818$

$(1,0513)^6 = 1,350082$

Portanto: $\dfrac{a_{\overline{24}|i}}{(1+i)^6} = \dfrac{13,625818}{1,350082} = 10,092582$

Comparando: $10,092582 < 10,296752 \Rightarrow 5,13\% > i$

Na terceira interpolação, teremos:

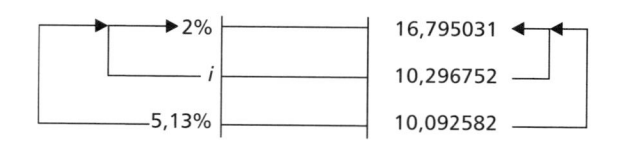

$\dfrac{i-2}{5,13-2} = \dfrac{10,296752 - 16,795031}{10,092582 - 16,795031}$

$i = 2 + 3,13\,(0,969538)$

$\therefore i = 5,03\%$ a.m.

Testando: $a_{\overline{24}|5,03} = \dfrac{1-(1,0503)^{-24}}{0,0503} = 13,758463$

$(1,0503)^6 = 1,342395$

Então: $\dfrac{a_{\overline{24}|i}}{(1+i)^6} = \dfrac{13,758463}{1,342395} = 10,249191$

Comparando: $10,249191 < 10,296752 \Rightarrow 5,03\% > i$

Processando-se a quarta interpolação, chegaremos à taxa de 5% a.m., que é a taxa exata.

O elevado número de interpolações deve-se ao fato de que foi tomado um intervalo amplo. O mais correto seria tentar descobrir primeiro, com auxílio das tabelas, o menor dos intervalos que contivesse a taxa a ser calculada.

4.   Antônio compra de um amigo um apartamento, cujo valor a vista é de $ 150.000,00, nas seguintes condições: entrada de $ 50.000,00 mais prestações mensais de $ 18.598,04, com 1 ano de carência. Sabendo-se que a taxa de juros contratada fora de 4,5% a.m., qual é o número de prestações?

Resolução:

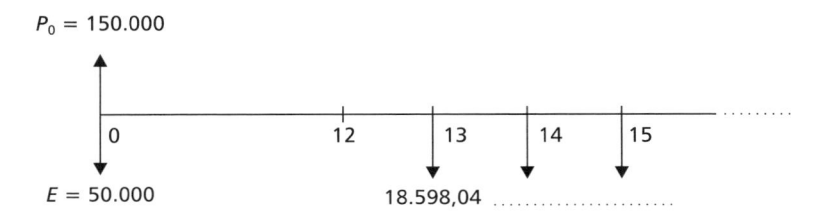

$P'_0 = 150.000 - 50.000 = 100.000$ (valor financiado)

$P'_0 = 100.000$

$R = 18.598,04$

$i = 4,5\%$ a.m.

$n = ?$

$$P_{12} = P'_0 (1 + i)^{12}$$

$$P_{12} = 100.000 (1,045)^{12} = 169.588,14$$

$$P_{12} = R \cdot a_{\overline{n}|i}$$

$$169.588,14 = 18.598,04 \cdot a_{\overline{n}|4,5}$$

$$a_{\overline{n}|4,5} = \frac{169.588,14}{18.598,04} = 9,118603$$

Procurando na tabela para $i = 4,5\%$, encontramos que

$$a_{\overline{12}|4,5} = 9,118581$$

ou seja, n é aproximadamente igual a 12 meses.

Por logaritmos, teríamos:

$$a_{\overline{n}|4,5} = \frac{1 - (1,045)^{-n}}{0,045}$$

então $$9,118603 = \frac{1 - (1,045)^{-n}}{0,045}$$

$$n = -\frac{\log [1 - 0,045 (9,118603)]}{\log (1,045)}$$

$$n = -\frac{-0,229396}{0,019116}$$

$$\therefore n = 12 \text{ meses}$$

5. Uma pessoa depositou $ 1.000,00, abrindo uma conta em uma instituição que paga 2% a.m. sobre o saldo credor. Em seguida efetuou uma série de 24 depósitos mensais de $ 300,00, sendo que o primeiro foi feito 4 meses após a abertura da conta. Supondo-se que não seja efetuada nenhuma retirada, quanto terá 5 anos após a abertura da conta?

Resolução: Graficamente temos:

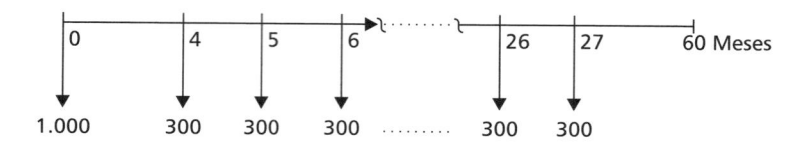

Calculando-se o montante das anuidades na data 27, vem:

$$R \ = 300$$
$$i \ \ = 2\% \text{ a.m.}$$
$$n \ = 24 \text{ meses}$$
$$S \ = R \cdot s_{\overline{n}|i}$$
$$P_{27} = 300 \cdot s_{\overline{24}|2}$$
$$P_{27} = 300 \,(30,421862) = \$\ 9.126,56$$

O montante total na data 60 será de:

$$P_{60} = P_0 \,(1 + i)^{60} + P_{27} \,(1 + i)^{33}$$
$$P_{60} = 1.000 \,(1,02)^{60} + 9.126,56 \,(1,02)^{33}$$
$$P_{60} = 1.000 \,(3,281031) + 9.126,56 \,(1,922231)$$
$$P_{60} = \$\ 20.824,39$$

6. Quanto deve ser depositado mensalmente em 30 de outubro, de novembro e de dezembro para que, após o último depósito, se tenham $ 200.000,00? Sabe-se que a taxa de remuneração é de 4% a.m. e que foi efetuado um depósito de $ 80.000,00 doze meses antes do depósito de dezembro.

Resolução: Considerando o mês de dezembro como sendo mês 12, teremos no gráfico:

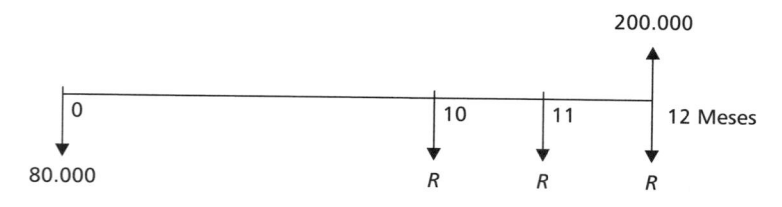

Portanto, à taxa de 4% a.m., vem:

$$200.000 = 80.000 \ (1,04)^{12} + R \cdot a_{\overline{3}|4}$$

$$200.000 = 80.000 \ (1,601032) + R \ (3,121600)$$

$$R = \frac{71.917,44}{3,121600} = \$ \ 23.038,65$$

7. Para dinamizar o setor de vendas, o gerente deseja publicar tabelas dos coeficientes de financiamento por unidade de capital. Deste modo, seus vendedores poderão apresentar os múltiplos planos de financiamento, informando ao cliente qual é a prestação em cada um, bastando, para isso, multiplicar o valor a ser financiado pelo coeficiente. Qual é o coeficiente em cada uma das hipóteses abaixo, se a taxa de juros for de 3,5% a.m.?

Carência	Número de prestações
a) 3 meses	12
b) 4 meses	12
c) 6 meses	24
d) 6 meses	36

Resolução: $P = R \cdot a_{\overline{n}|i}$

$$R = P \cdot \frac{1}{a_{\overline{n}|i}}$$

O coeficiente é, portanto, igual a $\dfrac{1}{a_{\overline{n}|i}}$

Considere-se também que:

$$P_k = P_0 (1 + i)^k$$

Portanto, com carência de k períodos, teremos:

$$R = P_0 \frac{(1+i)^k}{a_{\overline{n}|i}}$$

Para $P_0 = \$ \ 1,00$ (unidade de capital) vem o coeficiente (α):

$$\alpha = \frac{(1+i)^k}{a_{\overline{n}|i}}$$

onde: i = taxa de juros

n = número de prestações

k = número de períodos de carência

a) $i = 3,5\%$ am.

$n = 12$ prestações

$k = 3$ meses (carência)

$$\alpha = \frac{(1+i)^k}{a_{\overline{n}|i}} = \frac{(1,035)^3}{a_{\overline{12}|3,5}}$$

$$\alpha = \frac{1,108718}{9,663334}$$

$$\therefore \alpha = 0,114735$$

b) $i = 3,5\%$ a.m.

$n = 12$ prestações

$k = 4$ meses (carência)

$$\alpha = \frac{(1+i)^k}{a_{\overline{n}|i}} = \frac{(1,035)^4}{a_{\overline{12}|3,5}}$$

$$\alpha = \frac{1,147523}{9,663334}$$

$$\therefore \alpha = 0,118750$$

c) $i = 3,5\%$ a.m.

$n = 24$ prestações

$k = 6$ meses (carência)

$$\alpha = \frac{(1+i)^k}{a_{\overline{n}|i}} = \frac{(1,035)^6}{a_{\overline{24}|3,5}}$$

$$\alpha = \frac{1,229255}{16,058368}$$

$$\therefore \alpha = 0,076549$$

d) $i = 3,5\%$ a.m.

$n = 36$ prestações

$k = 6$ meses (carência)

$$\alpha = \frac{(1+i)^k}{a_{\overline{n}|i}} = \frac{(1,035)^6}{a_{\overline{36}|3,5}}$$

$$\alpha = \frac{1,229255}{20,290494}$$

$$\therefore \alpha = 0,060583$$

8. Uma bicicleta foi vendida em 4 prestações trimestrais de $ 1.000,00, sendo a primeira na compra. Se a taxa de mercado é de 3% a.m., qual é o preço a vista?

Resolução:

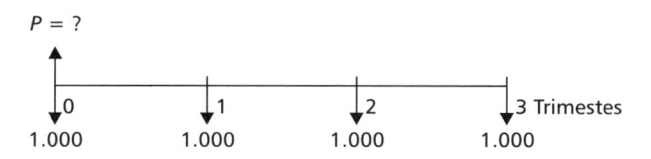

Como as prestações são trimestrais, o primeiro passo é encontrar a taxa trimestral equivalente (i_t):

$$1 + i_t = (1 + i)^3$$
$$1 + i_t = (1,03)^3$$
$$1 + i_t = 1,092727$$
$$\therefore i_t = 0,092727 \text{ ou } i_t = 9,2727\% \text{ a.t.}$$

Portanto, temos:

$$E = 1.000$$
$$R = 1.000$$
$$i = 9,2727\% \text{ a.t.}$$
$$n = 3 \text{ trimestres}$$
$$P = E + R \cdot a_{\overline{3}|i}$$
$$P = 1.000 + 1.000 \; a_{\overline{3}|i}$$
$$P = 1.000 \, [1 + a_{\overline{3}|i}]$$

$$a_{\overline{3}|9,2727} = \frac{1 - (1,092727)^{-3}}{0,092727} = \frac{1 - (0,766417)}{0,092727}$$

$$a_{\overline{3}|9,2727} = 2,519040$$

então: $$P = 1.000 \, [1 + 2,519040]$$
$$P = \$ \, 3.519,04.$$

9. Uma loja anuncia a venda de um televisor por $ 6.000,00 a vista. Um cliente está disposto a comprá-lo por $ 2.000,00 de entrada, mais 36 prestações mensais. De quanto serão as prestações, se a taxa de juros cobrada pela loja for de 50% a.a.?

Resolução: Calculando a taxa equivalente mensal, tem-se:

$1 + i_m = \sqrt[12]{1,50}$

$1 + i_m = 1,034368$

$i_m = 0,034368$ ou $i_m = 3,4368\%$ a.m.

$P'_0 = P_0 - E$

$P'_0 = 6.000 - 2.000 = 4.000$

Portanto: $P'_0 = 4.000$

$i_m = 3,4368\%$ a.m.

$n = 36$ meses

$P = R \cdot a_{\overline{n}|i}$

$4.000 = R \cdot a_{\overline{36}|3,4368}$

$a_{\overline{36}|3,4368} = \dfrac{1 - (1,034368)^{-36}}{0,034368} = 20,476125$

$4.000 = R\,(20,476125)$

$R = \dfrac{4.000}{20,476125} = \$ \ 195,35$

10. Um terreno é vendido por $ 300.000,00 a vista ou por $ 100.000,00 de entra-da, sendo o saldo financiado. Sabendo-se que a taxa de juros da imobiliária é de 45% a.a., de quanto serão as prestações, caso o cliente opte por algum dos planos abaixo:

   a) 24 prestações mensais

   b) 8 prestações trimestrais

   c) 4 prestações semestrais

Resolução: $P'_0 = P_0 - E$

$P'_0 = 300.000 - 100.00 = 200.000$ (saldo financiado)

Em cada um dos planos temos de calcular a taxa de juros equivalente ao período a que se refere a prestação.

   a) Prestação mensal:

$1 + i_m = \sqrt[12]{1,45}$

$1 + i_m = 1,031448$

$\therefore i_m = 0,031448$ ou $i_m = 3,1448\%$ a.m.

Então: $P'_0 = 200.000$

$i_m = 3,1448\%$ a.m.

$n = 24$ meses

$R = ?$

$P = R \cdot a_{\overline{n}|i}$

$200.000 = R \cdot a_{\overline{24}|3,1448}$

$$a_{\overline{24}|3,1448} = \frac{1 - (1,031448)^{-24}}{0,031448} = 16,674379$$

$200.000 = R\,(16,674379)$

$$R = \frac{200.000}{16,674379} = \$\,11.994,45$$

b) Prestação trimestral:

$1 + i_t = \sqrt[4]{1,45}$

$1 + i_t = 1,097342$

$\therefore i_t = 0,097342$ ou $i_t = 9,7342\%$ a.t.

Portanto: $P'_0 = 200.000$

$i_t = 9,7342\%$ a.t.

$n = 8$ trimestres

$R = ?$

$P = R \cdot a_{\overline{n}|i}$

$200.000 = R \cdot a_{\overline{8}|9,7342}$

$$a_{\overline{8}|9,7342} = \frac{1 - (1,097342)^{-8}}{0,097342} = 5,386942$$

$200.000 = R\,(5,386942)$

$$R = \frac{200.000}{5,386942} = \$\,37.126,82$$

c) Prestação semestral:

$1 + i_s = \sqrt{1,45}$

$1 + i_s = 1,204159$

$\therefore i_s = 0,204159$ ou $i_s = 20,4159\%$ a.s.

Portanto: $P'_0 = 200.000$

$i_s = 20,4159\%$ a.s.

$n = 4$ semestres

$R = ?$

$P = R \cdot a_{\overline{n}|i}$

$200.000 = R \cdot a_{\overline{4}|20,4159}$

$a_{\overline{4}|20,4159} = \dfrac{1 - (1,204159)^{-4}}{0,204159} = 2,568464$

$200.000 = R\,(2,568464)$

$R = \dfrac{200.000}{2,568464} = \$\ 77.867,55$

11. Numa compra efetuada, o cliente teve o saldo devedor financiado em 3 prestações quadrimestrais de $ 5.000,00. Contudo, para evitar esta concentração nos desembolsos, o cliente solicitou a transformação do financiamento em 12 prestações mensais. Se a taxa de juros da loja for de 2% a.m., qual deverá ser o valor das prestações mensais?

Resolução:

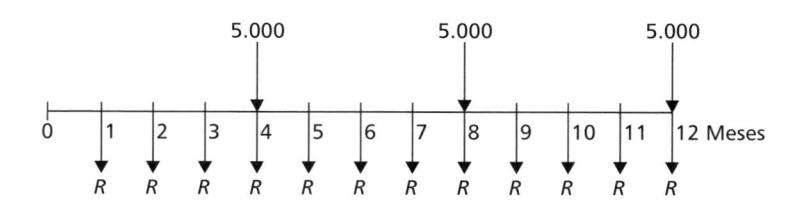

Este problema pode ser resolvido, no mínimo, por dois modos:

1º) Calcular o valor atual na data 0 (preço a vista) das prestações trimestrais e em seguida calcular as prestações mensais, considerando-se a taxa de 2% a.m.

2º) Considerar que $ 5.000,00 (prestação quadrimestral) é o montante de quatro prestações mensais, à taxa de 2% a.m.

    1º)   Calculando o valor atual na data 0:

        i_q = taxa equivalente quadrimestral

        $1 + i_q = (1,02)^4$

        $1 + i_q = 1,082432$

        $\therefore i_q = 0,082432$ ou $i_q = 8,2432\%$ a.q.

Então: $R = 5.000$

$i_q = 8,2432\%$ a.q.

$n = 3$ quadrimestres

$P_0 = ?$

$P = R \cdot a_{\overline{n}|i}$

$P_0 = 5.000 \cdot a_{\overline{3}|8,2432}$

$P_0 = 5.000\ (2,565830)$

$P_0 = \$\ 12.829,15$

A prestação mensal será de:

$12.829,15 = R \cdot a_{\overline{12}|2}$

$12.829,15 = R\ (10,575341)$

$R = \dfrac{12.829,15}{10,575341} = \$\ 1.213,12$

2º) Calculando o montante na data 4:

$S = 5.000$

$i = 2\%$ a.m.

$n = 4$ prestações

$R = ?$

$S = R \cdot s_{\overline{n}|i}$

$5.000 = R \cdot s_{\overline{4}|2}$

$5.000 = R\ (4,121608)$

$R = \dfrac{5.000}{4,121608} = \$\ 1.213,12$

A idéia subjacente ao cálculo ora efetuado é que a prestação quadrimestral deve equivaler ao montante de 4 prestações mensais, considerando-se a mesma taxa de juros.

12. Que porcentagem do valor a vista deve ser dada como entrada para que 4 prestações trimestrais tenham o mesmo valor unitário que 12 prestações mensais? Considerar a taxa de juros de 50% a.a.

Resolução: Inicialmente vamos calcular as taxas i_m = taxa mensal e i_t = taxa trimestral, equivalentes a 50% a.a.

$1 + i_m = \sqrt[12]{1,50}$

$1 + i_m = 1,034366$

$$\therefore i_m = 0,034366 \text{ ou } i_m = 3,4366\% \text{ a.m.}$$
$$1 + i_t = \sqrt[4]{1,50}$$
$$1 + i_t = 1,106682$$
$$\therefore i_t = 0,106682 \text{ ou } i_t = 10,6682\% \text{ a.t.}$$

Como queremos que o valor das prestações seja igual, então:

$$R_m = R_t = R$$
$$R_m = \text{prestação mensal}$$
$$R_t = \text{prestação trimestral}$$

Fazendo $R = 1$, teremos:

$$P = R \cdot a_{\overline{n}|i}$$
$$P' = 1 \cdot a_{\overline{12}|3,4366}$$

Sendo P' o valor atual de 12 prestações unitárias mensais, à taxa de 3,4366% a.m.

$$P'' = 1 \cdot a_{\overline{4}|10,6682}$$

Sendo P'' o valor atual de 4 prestações unitárias trimestrais, à taxa de 10,6682% a.t.

A entrada em porcentagem do valor a vista, no caso das prestações trimestrais, será:

$$E = \left[1 - \frac{P''}{P'}\right] 100$$

$$P' = 1 \cdot a_{\overline{12}|3,4366}$$

$$a_{\overline{12}|3,4366} = \frac{1 - (1,034366)^{-12}}{0,034366} = 9,699490$$

$$P' = 1\,(9,699490) = 9,699490$$
$$P'' = 1 \cdot a_{\overline{4}|10,6682}$$

$$a_{\overline{4}|10,6682} = \frac{1 - (1,106682)^{-4}}{0,106682} = 3,124553$$

$$P'' = 1\,(3,124553) = 3,124553$$

Portanto, a entrada (E) deverá ser:

$$E = \left[1 - \frac{3,124553}{9,699490}\right] 100$$

$$E = 67,79\% \text{ do preço a vista.}$$

13. Uma imobiliária oferece, em lançamento, uma pequena chácara nas seguintes condições:

    a) $ 20.000,00 = entrada

    b) $ 1.000,00 = 36 prestações mensais

    c) $ 4.000,00 = 6 parcelas semestrais

    Qual é o preço a vista da chácara, uma vez que a taxa de mercado é de 3% a.m.?

Resolução:

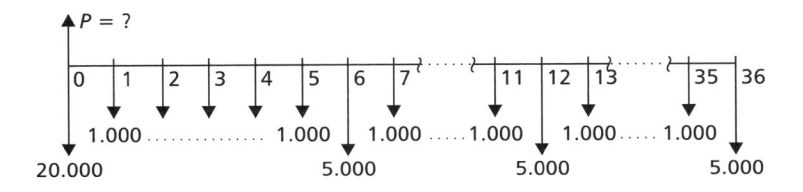

No caso de parcelas intermediárias periódicas, como neste problema, calculamos a taxa equivalente para o período a que se referem as parcelas, procedendo-se a seguir à resolução do problema.

Taxa semestral (i_s):

$$1 + i_s = (1,03)^6$$

$$1 + i_s = 1,194052$$

$$\therefore i_s = 0,194052 \text{ ou } i_s = 19,4052\% \text{ a.s.}$$

Então o valor atual na data 0 (preço a vista) será de:

$$P = 20.000 + 1.000 \cdot a_{\overline{36}|3} + 4.000 \cdot a_{\overline{6}|19,4052}$$

$$a_{\overline{36}|3} = 21,832253$$

$$a_{\overline{6}|19,4052} = \frac{1 - (1,194052)^{-6}}{0,194052} = 3,375214$$

Portanto:
$$P = 20.000 + 1.000\,(21,832253) + 4.000\,(3,375214)$$

$$P = \$ 55.333,11$$

14. Uma casa é posta à venda por $ 500.000,00 a vista. Financiada, ela é vendida por 50% de entrada e o restante em 48 prestações mensais a juros de 2,5% a.m. Tendo encontrado certa dificuldade em vendê-la, o construtor resolveu também financiar 80% do valor referente à entrada, facilitando em 4 parcelas trimestrais iguais, à mesma taxa de juros. Qual é o valor da entrada, da parcela trimestral e da prestação mensal?

Resolução:

a) Saldo em 48 meses = $ 250.000,00

b) Entrada = $ 250.000,00

- entrada efetiva = 250.000 × 0,2 = $ 50.000,00
- entrada financiada: em 4 parcelas trimestrais =
  = 250.000 × 0,8 = $ 200.000,00

Parcela trimestral

i_t = taxa equivalente trimestral

$1 + i_t = (1,025)^3$

$1 + i_t = 1,076891$

∴ $i_t = 0,076891$ ou $i_t = 7,6891\%$ a.t.

$P = 200.000$

$i = 7,6891\%$ a.t.

$n = 4$ trimestres

$P = R \cdot a_{\overline{n}|i}$

$$200.000 = R \cdot \left[\frac{1 - (1,076891)^{-4}}{0,076891} \right]$$

$200.000 = R\,(3,335178)$

$$R = \frac{200.000}{3,335178} = \$ 59.966,81$$

Prestação mensal

$P = 250.000$

$i = 2,5\%$ a.m.

$n = 48$ meses

$P = R \cdot a_{\overline{n}|i}$

$250.000 = R \cdot a_{\overline{48}|2,5}$

$250.000 = R\,(27,773154)$

$$R = \frac{250.000}{27,773154} = \$ 9.001,50$$

Portanto, o plano de venda será o seguinte:

a) $ 50.000,00 = entrada

b) $ 59.966,81 = 4 parcelas trimestrais

c) $ 9.001,50 = 48 parcelas mensais

15. Um economista, tendo recebido $ 300.000,00 como prêmio de loteria, imaginou o seguinte esquema: "Aplico este dinheiro em uma instituição que pague 2% a.m. e durante os próximos 24 meses efetuo retiradas mensais de $ 15.000,00. O saldo será retirado em 2 parcelas anuais iguais, a primeira 1 ano após o último saque mensal e a segunda no ano seguinte." Qual será o valor das retiradas anuais?

Resolução:

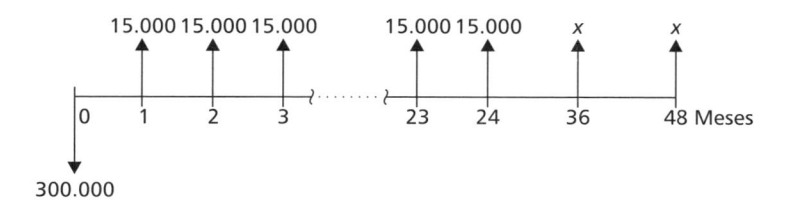

Podemos resolver este problema por cálculo de valor atual ou de montante das parcelas ou por um sistema misto, tudo dependendo da data focal escolhida.

Data Focal 0 – trazendo todos os valores para data 0

$$300.000 = 15.000 \cdot a_{\overline{24}|2} + x (1,02)^{-36} + x (1,02)^{-48}$$

$$300.000 = 15.000 (18,913926) + x (0,490223) + x (0,386538)$$

$$300.000 = 283.708,89 + x (0,490223 + 0,386538)$$

$$x = \frac{16.291,11}{0,876761} = \$ 18.581,02$$

Data Focal 24

$$300.000 (1,02)^{24} = 15.000 \cdot s_{\overline{24}|2} + x (1,02)^{-12} + x (1,02)^{-24}$$

$$300.000 (1,608437) = 15.000 (30,421862) + x (0,788493) +$$
$$+ x (0,621721)$$

$$482.531,10 = 456.327,93 + x (0,788493 + 0,621721)$$

$$x = \frac{26.203,17}{1,410214} = \$ 18.580,99$$

Nota: A diferença nos resultados se prende a arredondamentos.

16. Um executivo, prevendo sua aposentadoria, resolve efetuar, durante 4 anos, depósitos mensais iguais à taxa de 2,5% a.m. Este pecúlio deverá permitir 5 retiradas anuais de $ 500.000,00, ocorrendo a primeira 2 anos após o último depósito. De quanto devem ser os depósitos mensais?

Resolução:

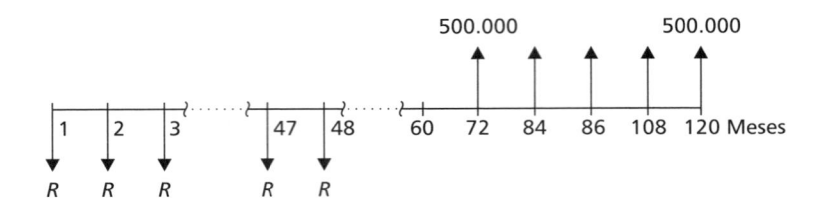

Considerando as retiradas anuais, teremos:

$$i_a = \text{taxa anual}$$

$$1 + i_a = (1,025)^{12}$$

$$1 + i_a = 1,344889$$

$$\therefore i_a = 0,344889 \text{ ou } i_a = 34,4889\% \text{ a.a.}$$

Então: $R = 500.000$

$i = 34,4889\%$ a.a.

$n = 5$ anos

$$P_{60} = 500.000 \cdot a_{\overline{5}|34,4889}$$

$$P_{60} = 500.000 \cdot \frac{1 - (1,344889)^{-5}}{0,344889}$$

$$P_{60} = 500.000 \, (2,240479) = \$ \, 1.120.239,50$$

Portanto, o montante dos depósitos deve somar $ 1.120.239,50 no mês 60, ou seja, ao fim do 5º ano do início dos depósitos.

Como os depósitos cessam ao fim do 48º mês, então devemos trazer o valor calculado no 60º mês para o mês 48 e a este valor deve igualar o montante dos depósitos:

$$P_{48} = P_{60} \, (1,025)^{-12}$$

$$P_{48} = 1.120.239,50 \, (0,743556) = \$ \, 832.960,80$$

mas $$P_{48} = R \cdot s_{\overline{48}|2,5}$$

$$832.960,80 = R \, (90,859582)$$

$$R = \frac{832.960,80}{90,859582} = \$ \, 9.167,56$$

sendo este o valor dos 48 depósitos mensais.

17. Quanto deve ser depositado em 31/12/20X6 de maneira que seja possível retirar mensalmente $ 10.000.00 em 20X7, $ 15.000,00 em 20X8 e $ 20.000,00 em 20X9? Considerar que as retiradas serão processadas de julho a dezembro apenas e que os depósitos serão remunerados a 3% a.m.

Resolução: Tomando dezembro de 20X6 como sendo a data 0, teremos o seguinte diagrama de valores datados:

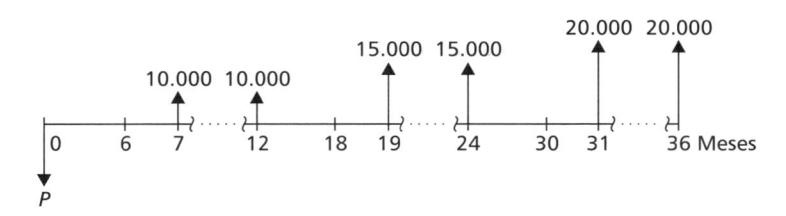

O depósito inicial (P) nada mais é do que a soma dos valores atuais das retiradas, à taxa de 3% a.m.

Assim, calculando-se o valor atual de cada série, vem:

$$P_6 = 10.000 \cdot a_{\overline{6}|3}, \text{ sendo } P_0' = P_6(1,03)^{-6}$$

$$P_{18} = 15.000 \cdot a_{\overline{6}|3}, \text{ sendo } P_0'' = P_{18}(1,03)^{-18}$$

$$P_{30} = 20.000 \cdot a_{\overline{6}|3}, \text{ sendo } P_0''' = P_{30}(1,03)^{-30}$$

Então: $$P_0 = P_0' + P_0'' + P_0'''$$

Portanto:
$$P_0' = 10.000 \cdot a_{\overline{6}|3}(1,03)^{-6}$$
$$P_0' = 10.000\,(5,417191)\,(0,837484) = 45.368,11$$
$$P_0'' = 15.000 \cdot a_{\overline{6}|3}(1,03)^{-18}$$
$$P_0'' = 15.000\,(5,417191)\,(0,587395) = 47.730,46$$
$$P_0''' = 20.000 \cdot a_{\overline{6}|3}(1,03)^{-30}$$
$$P_0''' = 20.000\,(5,417191)\,(0,411987) = 44.636,25$$
$$P_0 = 45.368,11 + 47.730,46 + 44.636,25$$
$$P_0 = \$\ 137.734,82$$

Conforme foi visto anteriormente, poderíamos resolver este problema por diferença dos fatores de valor atual ($a_{\overline{n}|i}$), descontando as anuidades inexistentes.

Assim:
$$P_0 = 10.000\left[a_{\overline{12}|3} - a_{\overline{6}|3}\right] + 15.000\left[a_{\overline{24}|3} - a_{\overline{18}|3}\right] +$$
$$+ 20.000\left[a_{\overline{36}|3} - a_{\overline{30}|3}\right]$$

$$P_0 = 10.000 \, [9,954004 - 5,417191] + 15.000 \, [16,935542 +$$
$$- 13,753513] + 20.000 \, [21,832253 - 19,600441]$$
$$P_0 = 10.000 \, (4,536813) + 15.000 \, (3,182029) + 20.000 \, (2,231812)$$
$$P_0 = 45.368,13 + 47.730,44 + 44.636,24$$
$$P_0 = \$ \, 137.734,81$$

18. O valor de uma máquina de calcular programável é de $ 80.000,00. Como alternativa o fornecedor aluga a máquina por 2 anos, sendo de $ 3.000,00 o aluguel mensal no 1º ano e de $ 5.000,00 o aluguel mensal no 2º ano, vencendo o aluguel ao fim de cada mês. A máquina, ao término do contrato, é vendida ao cliente por seu valor residual. Qual é o valor residual da máquina, se a taxa de juros considerada na operação for de 2,5% a.m.?

Resolução:

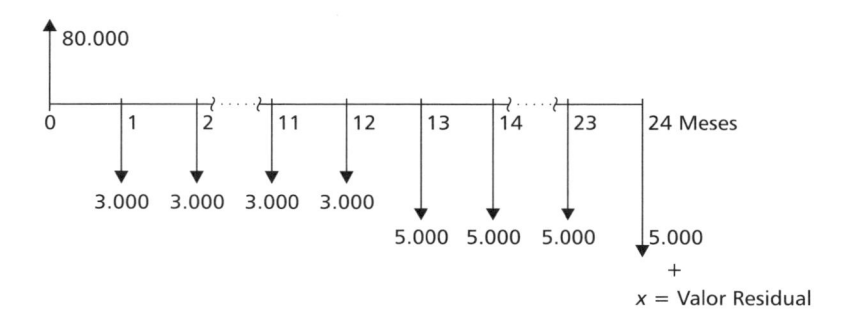

Temos que:

$$P_0 = 80.000$$
$$i = 2,5\% \text{ a.m.}$$
$$R_1 = 3.000$$
$$n_1 = 12$$
$$R_2 = 5.000$$
$$n_2 = 12$$

De maneira análoga à do problema anterior, a equação de valor será:

$$80.000 = 3.000 \cdot a_{\overline{12}|2,5} + 5.000 \cdot a_{\overline{12}|2,5} \, (1,025)^{-12} + x \, (1,025)^{-24}$$
$$80.000 = 3.000 \, (10,257765) + 5.000 \, (10,257765) \, (0,743556) + x \, (0,552875)$$
$$80.000 = 30.773,30 + 38.136,11 + x \, (0,552875)$$
$$x = \frac{11.090,59}{0,552875}$$
$$x = \$ \, 20.059,85$$

Portanto, o valor residual, nas condições apresentadas no problema, será de $ 20.059,85.

19. Um apartamento é alugado por $ 5.000,00 por mês. Sabendo-se que a taxa de juros corrente de mercado é de 2% a.m., qual é o valor deste imóvel?

Resolução: $R = 5.000$

$i = 2\%$ a.m.

$n \to \infty$

Então: $P = R \cdot a_{\overline{\infty}|i}$

$$a_{\overline{\infty}|i} = \frac{1}{i}$$

$$P = 5.000 \cdot \frac{1}{0,02}$$

$$P = \$\ 250.000,00$$

Em termos alternativos, se o proprietário do apartamento o vendesse e aplicasse o dinheiro à taxa de mercado, ganharia:

$$250.000 \times 0,02 = \$\ 5.000,00 \text{ por mês.}$$

20. Um imóvel é avaliado em $ 1.000.000,00. Seu proprietário está disposto a alugá-lo por $ 15.000,00 mensais, contudo, exige o aluguel antecipadamente.

Que taxa de juros mensal está cobrando?

$$P = 1.000.000$$

$$R = 15.000$$

$$n \to \infty$$

$$P = R \cdot a_{\overline{\infty}|i}$$

onde: $$a_{\overline{\infty}|i} = \frac{1}{i}$$

Contudo, como o aluguel é cobrado antecipadamente, temos:

$$P = R + R \cdot a_{\overline{\infty}|i}$$

$$1.000.000 = 15.000 + 15.000 \cdot \frac{1}{i}$$

$$i = \frac{15.000}{985.000}$$

$$\therefore i = 0,015228 \text{ ou } i = 1,52\% \text{ a.m.}$$

21. Pedro vende a seu amigo um carro usado, permitindo que este lhe pague conforme puder no prazo de um ano, sendo cobrados juros de 1% a.m. sobre o saldo
devedor. João recebe os seguintes pagamentos:

$ 5.000,00 de entrada

$ 4.000,00 a 1 mês

$ 6.000,00 a 2 meses

$ 1.000,00 a 3 meses

$ 3.000,00 a 4 meses .

Qual é o valor do carro a vista, uma vez que estes pagamentos saldaram toda a
dívida?

Resolução:

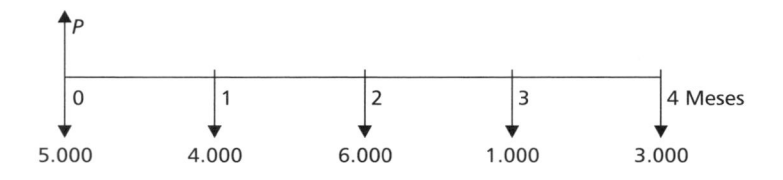

Nesta situação em que as anuidades são variáveis, não se pode aplicar nenhuma
fórmula especial; portanto, devemos calcular o valor atual de cada termo, à taxa de
1% a.m.

$$P = 5.000 + 4.000 \ (1,01)^{-1} + 6.000 \ (1,01)^{-2} + 1.000(1,01)^{-3} +$$
$$+ \ 3.000 \ (1,01)^{-4}$$
$$P = 5.000 + 4.000 \ (0,990099) + 6.000 \ (0,980296) +$$
$$+ \ 1.000 \ (0,970590) + 3.000 \ (0,960980)$$
$$P = 5.000 + 3.960,40 + 5.881,78 + 970,59 + 2.882,94$$
$$P = \$ \ 18.695,71.$$

22. Uma pessoa abre uma conta em uma instituição financeira que paga 2% a.m.
sobre o saldo credor, depositando $ 15.000,00. Após 6 meses, necessitando de
dinheiro, retira $ 7.000,00. Nos dois meses seguintes, deposita, sendo $ 1.000,00
no primeiro e $ 2.000,00 no segundo. Trinta dias após o último depósito, o cor-
rentista efetua um saque de $ 5.000,00. Qual é o saldo desta conta, um ano após
sua abertura?

Resolução:

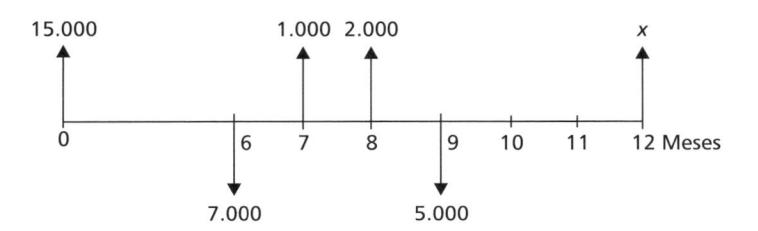

Como nos interessa o saldo na data 12, podemos somar todos os valores, atribuindo sinal positivo para os depósitos e negativo para as retiradas; considerando-se naturalmente sua equivalência, à taxa de 2% a.m.

$$x = 15.000 \, (1,02)^{12} - 7.000 \, (1,02)^{6} + 1.000 \, (1,02)^{5} +$$
$$+ \, 2.000 \, (1,02)^{4} - 5.000 \, (1,02)^{3}$$
$$x = 15.000 \, (1,268242) - 7.000 \, (1,126162) + 1.000 \, (1,104081) +$$
$$+ \, 2.000 \, (1,082432) - 5.000 \, (1,061208)$$
$$x = 19.023,63 - 7.883,13 + 1.104,08 + 2.164,86 - 5.306,04$$
$$x = \$ \, 9.103,40$$

8 Exercícios propostos

1. Em um anúncio de uma loja de vendas a crédito informa-se que, pela compra de certo televisor, o cliente pagará 12 prestações mensais de $ 119,96, vencendo a primeira prestação no mês 7. Qual será o preço a vista deste aparelho, se a taxa de juros for de 3% a.m.?

2. De quanto deve ser a prestação mensal de um eletrodoméstico, cujo preço a vista é de $ 5.000,00, se a primeira prestação ocorrer 4 meses após a compra? Considerar a taxa de 2% a.m. e um total de 22 prestações.

3. Um clube vende títulos de sócio mediante uma entrada de $ 500,00 e 36 prestações mensais de $ 200,00. Para facilitar a venda, permite uma carência de até 4 meses – possibilidade de pagamento no 5º mês – para o pagamento da 1ª prestação. Qual é o valor do título, uma vez que a taxa de juros de mercado é de 2,5% a.m.?

4. Na venda de um carro a revendedora propõe o seguinte esquema:
   a) Entrada de $ 10.000,00 mais 24 prestações de $ 1.500,00;
   b) Entrada de $ 10.000,00 mais 24 prestações de $ 1.722,00 com carência de 6 meses.
   Qual será a melhor opção, se a taxa de juros vigente for de 35% a.a.?

5. O gerente financeiro de um magazine, atendendo à nova política de vendas (a prazo, com carência), resolve publicar os coeficientes para facilitar o trabalho do vendedor no cálculo do

valor das prestações. Estes coeficientes serão aplicados sobre cada unidade de capital financiado, correspondendo à taxa de 4% a.m. Calcular os coeficientes nas seguintes hipóteses:

Carência	nº de prestações mensais
a) 3 meses	12
b) 3 meses	24
c) 4 meses	24
d) 6 meses	24

6. Uma pessoa resolve efetuar depósitos mensais de $ 100,00 durante 3 anos em um banco que paga 1,5% a.m. Os depósitos serão feitos todo fim de mês, de janeiro a junho apenas. Quanto possuirá esta pessoa no dia 31 de dezembro do último ano de depósitos?

7. O contrato de venda de uma casa foi assinado dia 31 de dezembro de 20X5, quando então o comprador deu $ 50.000,00 de entrada comprometendo-se a pagar mensalmente por 2 anos, de 30 de abril a 31 de dezembro, 18 prestações de $ 4.000,00. Qual será o valor a vista da casa, se a taxa de juros vigente for de 4,5% a.m.?

8. Se um investidor optar por efetuar depósitos apenas nos três últimos meses de cada ano, quanto deverá depositar mensalmente para que, ao fim de 4 anos, possua $ 500.000,00 em uma instituição que paga 3% a.m. sobre saldo credor?

9. A compra de um apartamento no valor de $ 250.000,00 foi feita mediante a entrada de 20% e o restante em prestações trimestrais durante 5 anos. Qual é o valor da prestação, já que a taxa acertada foi de 1,5% a.m.?

10. Qual é a prestação mensal de um jogo de sala, cujo preço a vista é de $ 15.000,00? Considerar o prazo de 24 meses e a taxa de 6% ao quadrimestre.

11. O seguro de um automóvel por 1 ano pode ser pago a vista por $ 5.400,00 ou em 12 parcelas mensais de $ 513,09, sendo a primeira na assinatura do contrato e as demais a cada 30 dias. Que taxa de juros efetiva anual está sendo cobrada?

12. No plano de venda de uma chácara constava uma entrada de $ 10.000,00 mais 60 prestações mensais de $ 500,00, juntamente com 10 parcelas semestrais de $ 2.000,00. Qual seria o preço a vista da chácara, se, conforme disse o corretor, os juros fossem de 30% a.a.?

13. A compra de um carro foi feita a prazo em 8 prestações trimestrais de $ 3.000,00. O comprador, entretanto, solicitou o pagamento em 24 parcelas mensais, para que houvesse diluição dos compromissos. De quanto deveriam ser as prestações mensais, uma vez que a taxa de juros era de 7,689% a.t.?

14. Na venda de um imóvel, o proprietário pede $ 100.000,00 de entrada, 36 prestações mensais de $ 3.000,00 e 3 parcelas anuais de $ 20.000,00. Uma contraproposta lhe é feita no seguinte esquema: entrada de $ 80.000,00, 12 prestações mensais de $ 4.000,00, seguidas de mais 12 prestações mensais de $ 9.000,00. Sabendo-se que a taxa de juros vigente é de 2,5% a.m., qual é a melhor alternativa para o vendedor?

15. Tendo comprado um eletrodoméstico em 24 prestações mensais de $ 210,00, o cliente propôs sua substituição para 12 prestações bimestrais. Qual será o valor desta nova prestação, se a taxa de juros considerada for de 2% a.m.?

16. Que taxa de juros transforma 36 prestações mensais de $ 100,00 em 12 prestações trimestrais de $ 309,09?

17. O preço a vista de um carro é de $ 51.000,00. A revendedora concede carência de 6 meses, sendo o financiamento pago em 24 prestações mensais de $ 2.094,64. Qual deverá ser a entrada, se os juros forem de 3% a.m.?

18. Uma pessoa planeja formar um pecúlio mediante depósitos mensais de $ 200,00 em um banco que paga 2,5% a.m., para que possa futuramente efetuar 20 saques trimestrais de $ 1.940,07, ocorrendo o 1º saque 3 meses após o último depósito. Quantos depósitos deverão ser feitos?

19. O aluguel mensal de uma casa é de $ 3.000,00. Considerando-se que a taxa de mercado é de 2% a.m., qual é o valor desta casa?

20. O proprietário de um apartamento deseja alugá-lo por $ 15.000,00 mensais exigindo, contudo, que o aluguel seja pago com 1 mês de antecedência. Sabendo-se que a taxa de juros vigente é de 2,5% a.m., qual é o valor deste imóvel?

21. Se o valor venal de um ponto de comércio for de $ 100.000,00 e seu proprietário desejar alugá-lo, de quanto deverá ser o aluguel mensal, uma vez que a remuneração de mercado é de 3% a.m.?

22. Um aposentado recebe mensalmente uma pensão de $ 2.000,00. Qual seria o valor de sua aposentadoria, se os juros de mercado fossem de 2% a.m.?

23. Uma empresa aluga sua copiadora por $ 3.500,00 por mês, durante 24 meses. Ao término deste prazo venderá o equipamento ao locatário, caso este deseje, por $ 10.000.00. Se considerarmos que os juros correntes são de 2,5% a.m., qual será o preço a vista desta copiadora?

24. A empresa Beta quer alugar um equipamento, cujo preço a vista é de $ 300.000,00. As condições do fornecedor são: 36 prestações mensais, sendo o valor residual após o pagamento da 36ª prestação igual a $ 51.274,19. Se a taxa considerada for de 1,5% a.m., qual será o valor da prestação mensal?

25. Uma pessoa comprou um televisor a prazo em 24 prestações mensais. O valor a vista da TV era de $ 3.500,00. Após ter pago 4 prestações, por questões de viagem deixou de pagar 6 meses, quando então foi à loja e pediu para liquidar todo o seu débito, isto é, as prestações vencidas e vincendas. O gerente da loja aceitou tal proposta, notificando que a taxa de juros considerada seria de 3% a.m. Qual é o valor do débito?

26. Certa pessoa abre uma conta em um banco que paga 2% a.m., com depósito inicial de $ 5.000,00. No 6º mês inicia uma série de 20 depósitos mensais de $ 150,00, interrompendo-a por 4 meses, para novamente reiniciá-la com 6 depósitos trimestrais de $ 600,00. Quanto possui após o último depósito trimestral e que depósito inicial e único geraria o mesmo montante ao fim do mesmo período?

27. Em uma instituição que paga 2,5% a.m. foram feitos 6 depósitos mensais, que pela ordem cronológica foram: $ 300,00, $ 100,00, $ 50,00, $ 500,00, $ 200,00, $ 400,00. Qual é o montante após o último depósito?

28. Um terreno é vendido mediante entrada de $ 10.000,00 e 3 parcelas, sendo a primeira de $ 2.000.00 para 3 meses, a segunda de $ 6.000,00 para 8 meses e a última de $ 20.000,00 para 12 meses. Sabendo-se que a taxa vigente no mercado é de 35% a.a., qual é o preço a vista do terreno?

Respostas

1. $ 1.000,00

2. $ 300,49

3. $ 4.768,16

4. A alternativa b) é a melhor, pois possui menor valor atual (preço a vista).

5. a) 0,119857
   b) 0,073776
   c) 0,076727
   d) 0,082988

6. $ 2.469,33

7. $ 90.502,20

8. $ 21.988,43

9. $ 15.465,74

10. $ 746,03

11. 34,18% a.a.

12. $ 36.952,78

13. $ 975,38

14. A contraproposta não interessa ao vendedor, pois possui menor valor atual (preço a vista).
   Proposta: $ 204.819,25
   Contraproposta: $ 189.676,05

15. $ 424,20

16. 42,58% a.a.

17. $ 21.291,20

18. 50 depósitos

19. $ 150.000,00

20. $ 615.000,00

21. $ 3.000,00

22. $ 100.000.00

23. $ 68.126,20

24. $ 9.761,15

25. $ 3.671,32

26. Montante = $ 21.457,71 e depósito inicial = $ 8.977,92.

27. $ 1.633,96

28. $ 31.582,30

Apêndice

1 Anuidades diferidas

1.1 Anuidades diferidas postecipadas

Seja uma anuidade que apresente um diferimento (carência) igual a m períodos e que seja:

- temporária
- constante
- postecipada
- periódica

1.1.1 Valor atual

Seja P um principal na data zero, a ser pago em n termos iguais a R, postecipados e periódicos, com um diferimento de m períodos. Admitamos que a taxa de juros i esteja referida ao período dos termos:

A representação gráfica é a seguinte:

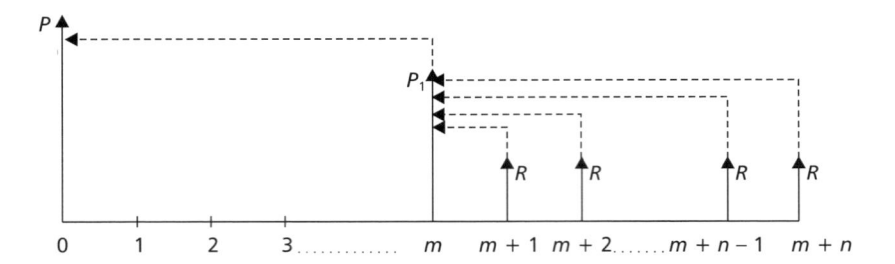

O *valor atual* da anuidade pode ser calculado em duas etapas:

a) Calcula-se o valor atual (P_1) na data focal m, da anuidade de n termos posteci-pados, nas mesmas condições, portanto, do *modelo básico*:

$$P_1 = \sum_{j=1}^{n} R\,(1+i)^{-j} \qquad\qquad P_1 = R\sum_{j=1}^{n}\,(1+i)^{-j}$$

$$P_1 = R \cdot a_{\overline{n}|i}$$

b) Calcula-se o valor atual (P) na data focal zero, do montante P_1:

$$P = \frac{P_1}{(1+i)^m}$$

Portanto,

$$\boxed{\,P = \frac{R \cdot a_{\overline{n}|i}}{(1+i)^m}\,}$$

Este resultado pode ser obtido diretamente quando se considera uma anuidade de $(m+n)$ termos, se calcula o seu valor atual na data zero e depois se subtrai o valor atual na data zero dos *primeiros m* termos, que "não existem":

$$P = R\,a_{\overline{m+n}|i} - R\,a_{\overline{m}|i} = R\left[a_{\overline{m+n}|i} - a_{\overline{m}|i}\right] =$$

$$= R\left[\frac{(1+i)^{m+n}-1}{i\,(1+i)^{m+n}} - \frac{(1+i)^m-1}{i\,(1+i)^m}\right] =$$

$$= \frac{R}{(1+i)^m}\left[\frac{(1+i)^{m+n}-1}{i\,(1+i)^n} - \frac{(1+i)^m-1}{i}\right] =$$

$$= \frac{R}{(1+i)^m}\left[\frac{(1+i)^{m+n}-1-(1+i)^{m+n}+(1+i)^n}{i\,(1+i)^n}\right] =$$

$$= \frac{R}{(1+i)^m} \left[\frac{(1+i)^n - 1}{i(1+i)^n} \right] = \frac{R \cdot a_{\overline{n}|i}}{(1+i)^m}$$

1.1.2 Montante

Admitindo-se a anuidade já definida no exemplo anterior, seja S o montante que se quer obter.

A representação gráfica é a seguinte:

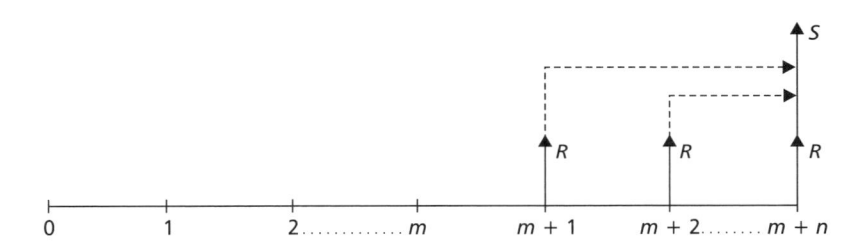

Queremos obter, portanto, o montante de n termos iguais a R, postecipados e periódicos. Este montante é o próprio montante já obtido no *modelo básico*.

$$\boxed{S = R \, s_{\overline{n}|i}}$$

Uma vez que o diferimento (m) não altera o cálculo do montante da anuidade em relação à data focal $m + n$, tal qual foi feita para o modelo básico.

1.2 Anuidades diferidas antecipadas

Como já foi demonstrado, a anuidade *antecipada* pode ser entendida como uma anuidade *postecipada* multiplicada por $(1 + i)$, quer se trate do montante ou do valor atual.

Nestas condições, tem-se:

1.2.1 Valor atual

$$P = \frac{R(1+i) a_{\overline{n}|i}}{(1+i)^m}$$

Ou:

$$P = \frac{R \cdot a_{\overline{n}|i}}{(1+i)^{m-1}}$$

1.2.2 Montante

$$S = R\,(1+i)\,s_{\overline{n}|i}$$

2 Anuidades perpétuas

Vejamos, a título de ilustração, as anuidades perpétuas que sejam:

– constantes

– imediatas e postecipadas

– periódicas

– taxa de juros considerada: i (onde $i > 0$).

Só tem sentido econômico calcular-se o *valor atual,* uma vez que o montante será infinito.

Sendo P um principal a ser pago em *infinitos* termos iguais a R, nas condições dadas, tem-se o *valor atual*:

$$P = \sum_{j=1}^{\infty} R\,(1+i)^{-j}$$

$$P = R \sum_{j=1}^{\infty} (1+i)^{-j}$$

Colocando: $a_{\overline{\infty}|i} = \sum_{n=0}^{\infty} (1+i)^{-j} = \dfrac{1}{(1+i)} + \dfrac{1}{(1+i)^2} + \dots$

Temos a soma dos termos de uma progressão geométrica ilimitada de razão $q < 1$, que vale:

$$a_{\overline{\infty}|i} = \lim_{n \to \infty} \left[\frac{a_1 - a_n q}{1-q} \right] = \lim_{n \to \infty} \left[\frac{a_1 - a_1 q^n}{1-q} \right] =$$

$$= \lim_{n \to \infty} \left[\frac{a_1}{1-q} \right] - \lim_{n \to \infty} \left[\frac{a_1 q^n}{1-q} \right] = \frac{a_1}{1-q}$$

Como:

$$a_1 = (1 + i)^{-1}$$
$$q = (1 + i)^{-1}$$

Temos:

$$a_{\overline{\infty}|i} = \frac{a_1}{1-q} = \frac{(1+i)^{-1}}{1-(1+i)^{-1}} =$$

$$= \frac{\dfrac{1}{(1+i)}}{1-\dfrac{1}{(1+i)}} = \frac{1}{1+i} \cdot \frac{1+i}{i} = \frac{1}{i} \quad \therefore \quad a_{\overline{\infty}|i} = \frac{1}{i}$$

Logo:

$$P = R \cdot a_{\overline{\infty}|i}$$

$$\boxed{P = \frac{R}{i}}$$

3 Anuidades variáveis

São as anuidades cujos termos não são iguais entre si.

Vejamos as anuidades variáveis que sejam

- temporárias
- imediatas e postecipadas
- periódicas

Admitamos que a anuidade tenha termos iguais a $R_j \{j = 1 \dots n\}$.

Sendo i a taxa de juros adotada, referida ao mesmo período dos termos e sendo P o valor atual dos termos na data zero, tem-se por definição de valor atual:

$$P = \frac{R_1}{(1+i)^1} + \frac{R_2}{(1+i)^2} + \dots + \frac{R_n}{(1+i)^n}$$

Ou, de modo análogo:

$$P = R_1(1+i)^{-1} + R_2(1+i)^{-2} + \dots + R_n(1+i)^{-n}$$

Ou, utilizando a notação de somatório:

$$\boxed{P = \sum_{j=1}^{n} R_j(1+i)^{-j}}$$

Obtido o valor atual na data zero, o montante pode ser obtido diretamente:

$$S = P (1 + i)^n$$

4 Anuidade variável periódica e não periódica

O valor atual é obtido pela soma, em uma determinada data focal, dos valores atuais de cada termo, valores estes obtidos pelo desconto à taxa i aplicada ao intervalo de tempo correspondente (ou seja, o intervalo que vai da data focal à data em que se encontra o termo a ser descontado).

O montante é obtido de modo análogo pela soma dos montantes de cada termo ou, simplesmente, calculando-se o montante do valor atual da anuidade.

7
Empréstimos

Em termos financeiros, a dívida surge quando uma dada importância é emprestada por um certo prazo. Quem assume a dívida obriga-se a restituir o principal mais os juros devidos, no prazo estipulado.

Segundo as práticas habituais, os empréstimos classificam-se em: de curto, de médio e de longo prazo.

Os empréstimos de *curto e de médio prazo* caracterizam-se, normalmente, por serem saldados em até 3 anos. Os problemas relacionados com tais tipos de empréstimos são aqueles já abordados em anuidades e não serão vistos neste capítulo.

Os empréstimos *de longo prazo* sofrem um tratamento especial porque existem várias modalidades de restituição do principal e juros. Tais empréstimos, em geral, têm suas condições previamente estipuladas por contratos entre as partes, ou seja, entre o credor e o devedor.

Os problemas mais importantes que surgem nos empréstimos de longo prazo dizem respeito à explicitação do sistema de reembolso adotado e ao cálculo da taxa de juros efetivamente cobrada pelo credor.

Nos sistemas de amortização a serem estudados, os juros serão calculados *sempre* sobre o saldo devedor. Isto significa que consideraremos apenas os regimes de *juros compostos*, pois, se os juros são calculados deste modo, o não-pagamento de juros em um dado período levará a um saldo devedor maior, sendo calculado juro sobre juro.

1 Definições

Alguns termos de uso corrente devem ser explicitados para maior clareza posterior:

a) *Mutuante ou credor*: aquele que dá o empréstimo.

b) *Mutuário ou devedor*: aquele que recebe o empréstimo.

c) *Taxa de juros*: é a taxa de juros contratada entre as partes. Pode referir-se ao custo efetivo do empréstimo ou não, dependendo das condições adotadas.

d) *IOF*: imposto sobre operações financeiras.

e) *Prazo de utilização*: corresponde ao intervalo de tempo durante o qual o empréstimo é transferido do credor para o devedor. Caso o empréstimo seja transferido em uma só parcela, este prazo é dito unitário.

f) *Prazo de carência*: corresponde ao período compreendido entre o prazo de utilização e o pagamento da primeira amortização. Durante o prazo de carência, portanto, o tomador do empréstimo só paga os juros. Considera-se que existe *carência* quando este prazo é superior a, pelo menos, o dobro do menor período de amortização das parcelas. É possível também que as partes concordem em que os juros devidos no prazo de carência sejam capitalizados e pagos posteriormente. Neste caso, não haverá *desembolso* de juros durante a carência.

Nota: O leitor deve observar que este conceito de carência não é utilizado em anuidades postecipadas, mas sim em anuidades antecipadas.

g) *Parcelas de amortização*: corresponde às parcelas de devolução do principal, ou seja, do capital emprestado.

h) *Prazo de amortização*: é o intervalo de tempo, durante o qual são pagas as amortizações.

i) *Prestação*: é a soma da amortização acrescida de juros e outros encargos, pagos em um dado período.

j) *Planilha*: é um quadro, padronizado ou não, onde são colocados os valores referentes ao empréstimo, ou seja, cronograma dos valores de recebimento e de pagamentos.

k) *Prazo total do financiamento*: é a soma do prazo de carência com o prazo de amortização.

l) *Saldo devedor*: é o estado da dívida, ou seja, do débito, em um determinado instante de tempo.

m) *Período de amortização:* é o intervalo de tempo existente entre duas amortizações.

2 Classificação das modalidades de amortização

Qualquer um dos sistemas ou modalidades de amortização pode ter, ou não, prazo de carência. Deve-se observar que o chamado sistema americano sempre tem carência, pois o principal é devolvido em uma única vez.

Por seu lado, os juros podem ser pagos ou capitalizados durante o prazo de carência, dependendo de um acerto entre as partes envolvidas no financiamento.

Os principais sistemas de amortização são os seguintes:

a) *Sistema de amortização constante (SAC)*

As parcelas de amortização são iguais entre si. Os juros são calculados, a cada período, multiplicando-se a taxa de juros contratada (na forma unitária) pelo saldo devedor existente no período anterior.

A representação gráfica é a seguinte:

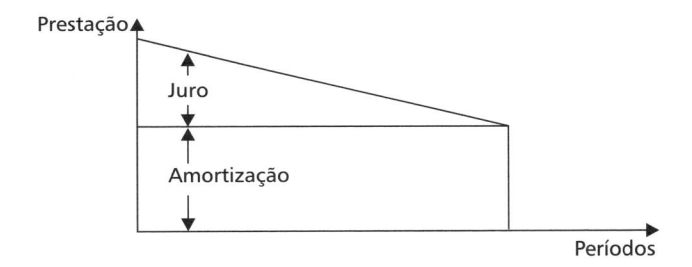

Neste sistema, as prestações são continuamente decrescentes.

b) *Sistema francês*

As prestações são iguais entre si e calculadas de tal modo que uma parte paga os juros e a outra o principal. A dívida fica completamente saldada na última prestação:

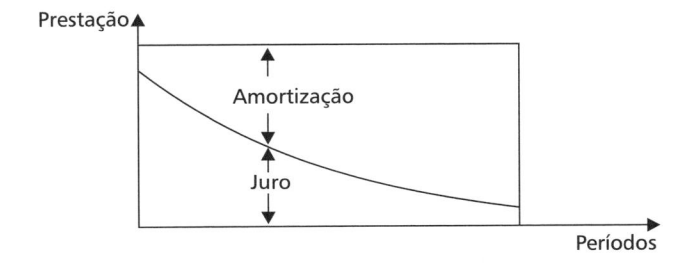

Este sistema, acrescidas certas peculiaridades de cálculo, é também conhecido como Sistema Price (lê-se "praice").

c) *Sistema americano*

Após um certo prazo o devedor paga, em uma única parcela, o capital emprestado.

A modalidade mais comum é aquela em que o devedor paga juros durante a carência.

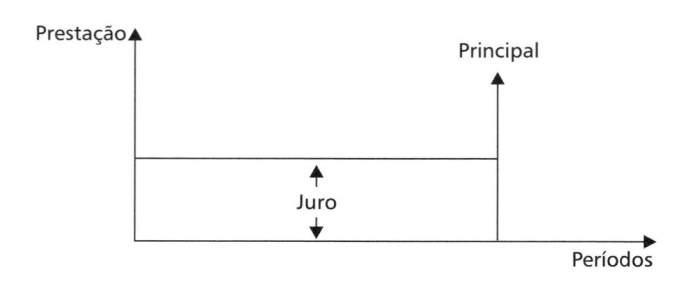

O devedor pode querer *aplicar* recursos disponíveis e gerar um fundo que iguale o desembolso a ser efetuado para amortizar o principal.

Tal fundo é conhecido por "sinking fund" na literatura americana e, na brasileira, por "fundo de amortização".

d) *Sistema de amortizações variáveis*

As parcelas de amortização são contratadas pelas partes e os juros são calculados sobre o saldo devedor.

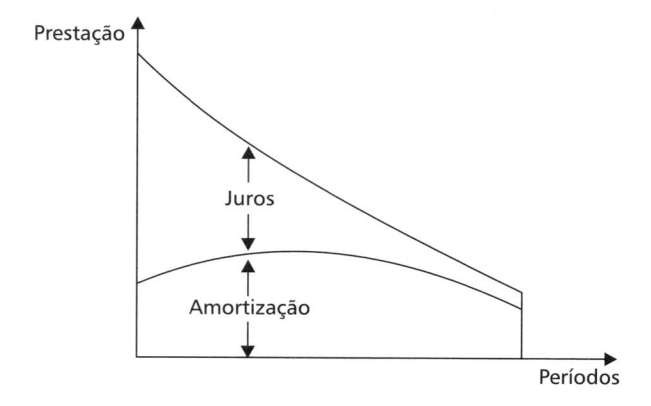

2.1 Sistema de amortização constante (SAC)

Por este sistema o credor exige a devolução do principal em *n* parcelas iguais, incidindo os juros sobre o saldo devedor.

Vejamos algumas possibilidades associadas a tal modo de se fazer a amortização de dívidas.

2.1.1 SAC, com prazo de carência e prazo de utilização unitário

Uma empresa pede emprestado $ 100.000,00 que o banco entrega no ato. Sabendo que o banco concedeu 3 anos de carência, que os juros serão pagos anualmente, que a taxa de juros é de 10% ao ano e que o principal será amortizado em 4 parcelas anuais, construir a planilha.

Resolução: A amortização anual é

$$\frac{100.000,00}{4} = 25.000,00$$

Vamos admitir que o principal fora emprestado no *início* do primeiro ano e que as prestações e os juros sejam pagos no *fim* de cada ano.

Temos:

($)

Ano (k)	Saque	Saldo Devedor (Sd_k)	Amortização (A_k)	Juros (J_k)	Prestação ($A_k + J_k$)
0	100.000,00	100.000,00	–	–	–
1	–	100.000,00	–	10.000,00	10.000,00
2	–	100.000,00	–	10.000,00	10.000,00
3	–	75.000,00	25.000,00	10.000,00	35.000,00
4	–	50.000,00	25.000,00	7.500,00	32.500,00
5	–	25.000,00	25.000,00	5.000,00	30.000,00
6	–	–	25.000,00	2.500,00	27.500,00
Total	–	–	100.000,00	45.000,00	145.000,00

O raciocínio foi o seguinte:

a) Do *início* do primeiro ano (data zero) até o *fim* do terceiro ano, temos 3 períodos, que correspondem à carência.

   Logo após terminado o período de carência, temos a primeira amortização de $ 25.000,00.

b) Os juros são calculados sempre sobre o saldo devedor do período anterior.

   Ou seja: sendo J_k o juro devido no período k, sendo i a taxa de juros e Sd_{k-1} o saldo devedor do período anterior, temos:

$$\boxed{J_k = iSd_{k-1}}$$

Observe, no exemplo, que o juro do período é calculado multiplicando-se a taxa (na forma unitária) pelo saldo devedor do período anterior.

c) A prestação é obtida somando-se, ao final de cada período, a amortização com os juros.

d) A linha de *total* serve para verificar se as somas batem, e, portanto, se as contas estão certas.

2.1.2 SAC, com prazo de carência, juros capitalizados e prazo de utilização unitário

Em alguns casos, como o da implantação de uma fábrica nova, as partes podem combinar o não-pagamento dos juros durante o período de carência. Diz-se então que os juros foram capitalizados durante a carência. Tudo se passa como se a entidade financiadora tivesse concedido um empréstimo adicional para o pagamento dos juros.

Podemos ter dois casos:

a) As amortizações são calculadas em relação ao valor inicial emprestado e os juros capitalizados são pagos no primeiro ano de amortização.

b) As amortizações são calculadas em relação ao valor inicial emprestado mais os juros capitalizados durante a carência.

Tomando como base o exemplo apresentado no item anterior, vejamos os dois casos:

CASO A

($)

Ano (k)	Saque	Saldo Devedor (Sd_k)	Amortização (A_k)	Juros (J_k)	Prestação (A_k + J_k)
0	100.000,00	100.000,00	–	–	–
1	–	110.000,00	–	–	–
2	–	121.000,00	–	–	–
3	–	75.000,00	25.000,00	33.100,00	58.100,00
4	–	50.000,00	25.000,00	7.500,00	32.500,00
5	–	25.000,00	25.000,00	5.000,00	30.000,00
6	–	–	25.000,00	2.500,00	27.500,00
Total	–	–	100.000,00	48.100,00	148.100,00

Ao saldo devedor, no fim de cada período, foi acrescentado o juro devido, calculado à taxa de 10% a.a. Ao final do 3º ano, os juros capitalizados foram pagos juntamente com a primeira prestação, como no exemplo do item anterior.

Nota: Este caso apresenta pouco interesse prático, tendo sido apresentado com fins didáticos.

CASO B

($)

Ano	Saldo Devedor	Amortização (1)	Juros (2)	Prestação (1) + (2)
0	100.000,00	–	–	–
1	110.000,00	–	–	–
2	121.000,00	–	–	–
3	99.825,00	33.275,00	–	33.275,00
4	66.550,00	33.275,00	9.982,50	43.257,50
5	33.275,00	33.275,00	6.655,00	39.930,00
6	–	33.275,00	3.327,50	36.602,50
Total	–	133.100,00	19.965,00	153.065,00

Neste caso, ao fim de cada período foi calculado o juro de 10% sobre o saldo devedor e acrescido ao mesmo.

No terceiro período, o saldo devedor era:

$$Sd_3 = 133.100,00$$

Portanto, as parcelas de amortização:

$$A = \frac{133.100,00}{4} = 33.275,00$$

O cálculo restante da planilha é processado como no caso anterior. Observe-se que o *fluxo de prestações* é mais uniforme que no caso anterior.

Comparando os *totais das prestações* nos três casos já apresentados, temos para um empréstimo de $ 100.000,00:

SAC (item 4.1):	145.000,00
CASO A:	148.100,00
CASO B:	153.065,00

Aparentemente está havendo um acréscimo no custo total, mas este acréscimo é devido apenas ao fato de que se está amortizando o principal com maior defasagem. Verifique que o *valor atual* das prestações descontadas a 10% a.a. é exatamente igual a $ 100.000,000 e, portanto, o custo do empréstimo é de 10% a.a.

2.1.3 SAC, com prazo de carência e prazo de utilização não-unitário

Seja ainda o exemplo do item 2.1.1, mas admitindo-se que o empréstimo de $ 100.000,00 seja dado pelo banco em duas parcelas iguais, defasadas em 1 ano e que as demais condições sejam as mesmas.

A planilha, então, é montada do seguinte modo:

($)

Ano (k)	Saldo Devedor (Sd_k)	Amortização (A_k)	Juros (J_k)	Prestação $(A_k + J_k)$
0	50.000,00	–	–	–
1	100.000,00	–	5.000,00	5.000,00
2	100.000,00	–	10.000,00	10.000,00
3	75.000,00	25.000,00	10.000,00	35.000,00
4	50.000,00	25.000,00	7.500,00	32.500,00
5	25.000,00	25.000,00	5.000,00	30.000,00
6	–	25.000,00	2.500,00	27.500,00
Total	–	100.000,00	40.000,00	140.000,00

O leitor deve comparar esta planilha com aquela obtida no item 2.1.1 e constatar que, à exceção do juro pago após o primeiro período, os demais valores são iguais. Nestas condições o único efeito de um prazo de utilização não-unitário é gerar um fluxo de prestações mais uniforme.

A capitalização dos juros no prazo de carência pode ser feita como já se analisou.

O fato de o *total* das prestações ser inferior aos totais dos casos anteriores também não quer dizer que a taxa seja menor. Ela é exatamente de 10% a.a., como podemos verificar.

a) O valor atual, na data zero, dos desembolsos feitos pelo banco, à taxa de 10% a.a., é:

$$V_B = \frac{50.000,00}{(1,10)^0} + \frac{50.000,00}{(1,10)^1} \cong 95.454,55$$

b) E o valor atual das prestações pagas pelo cliente, nas mesmas condições:

$$V_C = \frac{5.000,00}{(1,10)^1} + \frac{10.000,00}{(1,10)^2} + \frac{35.000,00}{(1,10)^3} + \frac{32.500,00}{(1,10)^4} +$$

$$+ \frac{30.000,00}{(1,10)^5} + \frac{27.500,00}{(1,10)^6} \cong 95.454,55$$

Logo, $V_B = V_C$, ou seja, os capitais são *equivalentes* na data zero. Isto quer dizer que o cliente do banco devolveu exatamente o que lhe foi emprestado, à taxa de juros contratada.

2.2 Sistema Francês (SF)

Por este sistema, o mutuário obriga-se a devolver o principal mais os juros em prestações iguais entre si e periódicas.

Temos de resolver, portanto, dois problemas para construir a planilha: como calcular a prestação e como separar a amortização dos juros.

Vamos admitir, a menos de menção em contrário, que a taxa de juros seja referida ao período de amortização.

2.2.1 SF, com prazo de utilização unitário e sem prazo de carência

Um banco empresta $ 100.000,00, entregues no ato, sem prazo de carência. Sabendo que o banco utiliza o sistema francês, que a taxa contratada foi de 10% a.a. e que o banco quer a devolução em 5 prestações, construir a planilha.

Resolução: Se o principal vai ser devolvido em 5 prestações iguais e postecipadas, temos exatamente uma anuidade que se conforma ao nosso modelo básico:

$$P = R \cdot a_{\overline{n}|i}$$

Ou seja: $R = \dfrac{100.000,00}{a_{\overline{5}|10}} = \dfrac{100.000,00}{3,790787} \cong 26.379,75$

Teremos então 5 prestações iguais de $ 26.379,75. Os juros serão calculados do modo já visto no sistema de amortização constante, ou seja, aplicando a taxa de juros ao saldo devedor do período anterior.

A amortização será calculada pela diferença entre a prestação e o juro do período. Por sua vez, o saldo devedor do período será calculado como sendo a diferença entre o saldo devedor do período anterior e a amortização do período:

($)

Ano (k)	Saldo Devedor (Sd_k)	Amortização (A_k)	Juros $(J_k = iSd_{k-1})$	Prestação $(A_k + J_k)$
0	100.000,00	–	–	–
1	83.620,25	16.379,75	10.000,00	26.379,75
2	65.602,53	18.017,72	8.362,03	26.379,75
3	45.783,03	19.819,50	6.560,25	26.379,75
4	23.981,58	21.801,45	4.578,30	26.379,75
5	–	23.981,58	2.398,16	26.379,74
Total	–	100.000,00	31.898,74	131.898,74

Nota: Fez-se um pequeno acerto no último período:

O procedimento, portanto, é o seguinte:

a) Calcula-se a prestação *R*.

b) Calculam-se para cada período (*k*) os juros sobre o saldo devedor do período anterior:

$$J_k = i \cdot Sd_{k-1}$$

c) Faz-se para cada período (*k*) a diferença entre a prestação e o juro, obtendo-se o valor da amortização:

$$A_k = R - J_k$$

d) A diferença, em cada período (*k*), entre o saldo devedor do período anterior e a amortização do período dá o saldo devedor do período:

$$Sd_k = Sd_{k-1} - A_k$$

2.2.2 SF, com prazo de utilização unitário e com prazo de carência

Quando se tem prazo de carência, podem ocorrer duas hipóteses:

CASO A: durante a carência o mutuário paga os juros devidos.

CASO B: durante a carência, os juros são capitalizados e incorporados ao principal, para serem amortizados nas prestações.

É possível pensar também nos juros como sendo capitalizados e pagos de uma só vez juntamente com a primeira prestação, mas esta modalidade raramente é utilizada nas aplicações práticas.

A fim de ilustrar os dois casos, admitamos o exemplo do item anterior com 3 anos de carência e as demais condições iguais.

CASO A:

O procedimento durante o período de carência é o mesmo já visto para o SAC, ou seja, os juros são calculados sobre o saldo devedor.

O cálculo das prestações e a separação entre amortizações e juros se processa como explicado no item anterior:

($)

Ano (k)	Saldo Devedor (Sd_k)	Amortização (A_k)	Juros $(J_k = iSd_{k-1})$	Prestação $(R = A_k + J_k)$
0	100.000,00	–	–	–
1	100.000,00	–	10.000,00	10.000,00
2	100.000,00	–	10.000,00	10.000,00
3	83.620,25	16.379,75	10.000,00	26.379,75
4	65.602,53	18.017,72	8.362,03	26.379,75
5	45.783,03	19.819,50	6.560,25	26.379,75
6	23.981,58	21.801,45	4.578,30	26.379,75
7	–	23.981,58	2.398,16	26.379,74
Total	–	100.000,00	51.898,74	151.898,74

Nota: Fez-se um pequeno acerto na última prestação para zerar o *Sd*.

A única diferença, portanto, é obtermos um fluxo maior de prestações. O leitor deve calcular o valor atual das prestações de 10% a.a., na data focal zero e constatar que é igual a $ 100.000,00.

CASO B:

Devemos, inicialmente, capitalizar o saldo devedor à taxa de 10% a.a., durante os 2 anos de carência, isto porque a amortização deve começar no fim do 3º ano de carência:

$$S_1 = 100.000,00 \ (1,10) = 110.000.00$$
$$S_2 = 100.000,00 \ (1,10)^2 = 121.000,00$$

Sobre este saldo devedor, calcula-se o valor da prestação:

$$R = \frac{121.000,00}{a_{\overline{5}|10}} = \frac{121.000,00}{3,790787} = 31.919,49$$

A partir da prestação, o cálculo segue o sistema francês como já explicado.

($)

Ano (k)	Saldo Devedor (Sd_k)	Amortização (A_k)	Juros $(J_k = iSd_{k-1})$	Prestação $(R = A_k + J_k)$
0	100.000,00	–	–	–
1	110.000,00	–	–	–
2	121.000,00	–	–	–
3	101.180,51	19.819,49	12.100,00	31.919,49
4	79.379,07	21.801,44	10.118,05	31.919,49
5	55.397,49	23.981,58	7.937,91	31.919,49
6	29.017,75	26.379,74	5.539,75	31.919,49
7	–	29.017,75	2.901,78	31.919,53
Total	–	121.000,00	38.597,49	159.597,49

Nota: Fez-se um pequeno acerto na última prestação.

2.2.3 SF, quando o período a que se refere a taxa de juros não coincide com o período a que se refere a amortização

2.2.3.1 Planilha calculada com a taxa efetiva

A resolução da planilha nestas condições se refere ao modelo genérico de anuidade correspondente (ver item 2 do capítulo anterior).

Para o cálculo das prestações admite-se que o prazo total do financiamento foi dividido em n períodos e que a taxa de juros i está referida a estes períodos. Tendo-se um principal (P) e r amortizações $(r < n)$, para o cálculo das prestações, deve ser determinada a taxa de juros efetiva (i^*) correspondente ao período a que se refere a amortização. Calcula-se então a prestação:

$$R = \frac{P}{a_{\overline{r}|i^*}}$$

A montagem da planilha segue agora o procedimento já visto para o SF.

Exemplo: Foi emprestada a importância de $ 100.000,00 para uma empresa a qual deve fazer a amortização em 4 parcelas semestrais pelo SF, sem carência. Sabendo-se que a taxa de juros cobrada é de 12% a.a. e que se vai trabalhar com a taxa efetiva, construir a planilha.

Resolução: A taxa de juros efetiva é:

$$i^* = \sqrt{1,12} - 1 \cong 1,0583 - 1 \cong 0,0583$$

ou $i^* = 5,83\%$ a.s.

Portanto: com $r = 4$:

$$a_{\overline{4}|5,83} \cong 3,478637$$

Logo: $R = \dfrac{100.000}{3,478637} \cong 28.746,89$

E a planilha:

($)

Ano (k)	Saldo Devedor (Sd_k)	Amortização (A_k)	Juros $(J_k = iSd_{k-1})$	Prestação $(R = A_k + J_k)$
0	100.000,00	–	–	–
1	77.083,11	22.916,89	5.830,00	28.746,89
2	52.830,17	24.252,94	4.493,95	28.746,89
3	27.163,28	25.666,89	3.080,00	28.746,89
4	–	27.163,28	1.583,61*	28.746,89
Total	–	100.000,00	14.987,56	114.987,56

(*) Ajuste.

2.2.3.2 Sistema Price

Este sistema também é conhecido como "tabela Price" (lê-se "praice") e é um caso particular do sistema francês, com as seguintes características:

a) A taxa de juros contratada é dada em termos nominais. Na prática, esta taxa é dada em termos anuais.

b) As prestações têm período menor que aquele a que se refere a taxa. Em geral, as amortizações são feitas em base mensal.

c) No cálculo é utilizada a taxa proporcional ao período a que se refere a prestação, calculada a partir da taxa nominal.

Deve ficar claro ao leitor que o método ou sistema Price é o SF com as particularidades citadas. E a "tabela Price" nada mais é do que uma tabela contendo os índices mais usuais já levando em conta a taxa de juros proporcional.

Exemplo: Um banco emprestou $ 100.000,00, entregues no ato, sem prazo de carência. Sabendo-se que a taxa de juros cobrada pelo banco é de 12% a.a., tabela Price, e que a devolução deve ser feita em 8 meses, construir a planilha.

Resolução: Se o sistema adotado é "tabela Price" e sendo de 12% a.a. a taxa, temos que a taxa proporcional mensal é:

$$i_{12} = \frac{0,12}{12} = 0,01 \text{ a.m. ou } i_{12} = 1\% \text{ a.m.}$$

Como são 8 prestações, calculamos:

$$a_{\overline{8}|1} \cong 7,651678$$

Portanto:
$$R = \frac{100.000,00}{7,651678} \cong 13.069,03$$

Agora, temos a planilha:

($)

Meses (k)	Saldo Devedor (Sd_k)	Amortização (A_k)	Juros $(J_k = iSd_{k-1})$	Prestação $(R = A_k + J_k)$
0	100.000,00	–	–	–
1	87.930,97	12.069,03	1.000,00	13.069,03
2	75.741,25	12.189,72	879,31	13.069,03
3	63.429,63	12.311,62	757,41	13.069,03
4	50.994,90	12.434,73	634,30	13.069,03
5	38.435,82	12.559,08	509,95	13.069,03
6	25.751,15	12.684,67	384,36	13.069,03
7	12.939,63	12.811,52	257,51	13.069,03
8	–	12.939,63	129,40	13.069,03
Total	–	100.000,00	4.552,24	104.552,24

O leitor deve observar que, como foi feita a taxa proporcional simples, a taxa de juros composta equivalente anual é maior.

Neste caso, tem-se:

$$1 + i' = (1,01)^{12} \cong 1,126825$$

A taxa efetiva que está sendo cobrada pelo banco é de 12,68% a.a., ou seja, é um pouco maior que a taxa nominal de 12% a.a. que o banco diz cobrar.

Deve ficar claro que o sistema "Tabela Price" tem como base o critério de juros compostos.

2.3 Sistema Americano (SA)

Por este sistema o mutuário obriga-se a devolver o principal em uma só parcela, após ter decorrido o prazo de carência estipulado. Os juros podem ser pagos durante a carência ou capitalizados e devolvidos juntamente com o principal.

2.3.1 SA, com devolução dos juros durante a carência

Os juros são calculados sobre o saldo devedor.

Exemplo: Um banco empresta $ 100.000,00 a uma empresa, a uma taxa de juros de 6% a.s. com prazo de utilização unitário, para ser devolvido após uma carência de 2 anos. Sabendo-se que os juros serão cobrados semestralmente, calcular a planilha pelo sistema americano. Qual é a taxa efetiva anual?

Resolução: Como já é dada a taxa em termos semestrais, temos:

($)

Semestres (k)	Saldo Devedor (Sd_k)	Amortização (A_k)	Juros (J_k)	Prestação $(A_k + J_k)$
0	100.000,00	–	–	–
1	100.000,00	–	6.000,00	6.000,00
2	100.000,00	–	6.000,00	6.000,00
3	100.000,00	–	6.000,00	6.000,00
4	–	100.000,00	6.000,00	106.000,00
Total	–	100.000,00	24.000,00	124.000,00

A taxa efetiva anual é:

$$1 + i_f = (1,06)^2 = 1,1236$$

Ou seja:

$$i_f = 12,36\% \text{ a.a}$$

2.3.2 SA, com a capitalização dos juros

Os juros de um período são acrescidos ao saldo devedor. Sobre o novo saldo devedor correm os juros do período seguinte, como já foi visto nos exemplos anteriores.

Exemplo: Seja o mesmo exemplo do item anterior, em que se admite a capitalização dos juros durante a carência.

Resolução:

($)

Semestres (k)	Saldo Devedor (Sd_k)	Amortização (A_k)	Juros (J_k)	Prestação ($A_k + J_k$)
0	100.000,00	–	–	–
1	106.000,00	–	–	–
2	112.360,00	–	–	–
3	119.191,60	–	–	–
4	–	100.000,00	26.247,70	126.247,70
Total	–	100.000,00	26.247,70	126.247,70

Nota: O leitor deve constar que a taxa efetiva anual continua sendo de 12,36% a.a.

2.3.3 *Sinking fund*

O chamado *sinking fund*, que muitas vezes é confundido com o "sistema americano", é um *fundo de amortização* que é constituído pelo mutuário para pagar o principal devido, quando o cálculo é feito pelo sistema americano. Com tal providência o mutuário procura evitar o problema de liquidez que surgiria devido a um grande desembolso de uma só vez.

Este fundo é formado aplicando-se recursos de tal modo que, na data de pagamento do principal, o valor do fundo de amortização seja igual ao desembolso a ser efetuado.

Admitindo que o fundo resulte da aplicação de parcelas iguais, periódicas, postecipadas e sem carência a partir do recebimento do empréstimo, resta o problema da taxa de juros.

Teoricamente, a *taxa de juros de aplicação* pode ser:

a) *maior* que a taxa de empréstimo;

b) *igual* à taxa de empréstimo;

c) *menor* que a taxa de empréstimo.

Via de regra, nas operações financeiras normais, tem-se o *caso c,* ou seja, a taxa de juros de aplicação é menor que a taxa de juros que foi cobrada pelo empréstimo recebido.

Admitindo-se esta hipótese, sendo i_a a taxa de juros de aplicação com n períodos, um montante S (igual ao principal) e sendo R o depósito por período, tem-se:

$$S = R \; s_{\overline{n}|i_a}$$

ou

$$R = \frac{S}{s_{\overline{n}|i_a}}$$

Isto porque os depósitos R formam uma anuidade postecipada, constante, de n termos, segundo o *modelo básico*, da qual se quer calcular o montante.

Exemplo: Um banco empresta $ 100.000,00 a uma empresa, cobrando a taxa de juros de 12% a.a. Sabendo que o prazo de utilização é unitário, que não há carência, que os juros serão cobrados em base anual e que o método utilizado pelo banco é o sistema americano com um prazo total de 4 anos, pede-se:

a) Construir a planilha do empréstimo.

b) Admitindo-se uma taxa de aplicação de 10% a.a., construir a planilha do fundo de amortização.

Resolução:

a) *Planilha pelo sistema americano*

($)

Anos (k)	Saldo Devedor (Sd_k)	Amortização (A_k)	Juros (J_k)	Prestação $(A_k + J_k)$
0	100.000,00	–	–	–
1	100.000,00	–	12.000,00	12.000,00
2	100.000,00	–	12.000,00	12.000,00
3	100.000,00	–	12.000,00	12.000,00
4	–	100.000,00	12.000,00	112.000,00
Total	–	100.000,00	48.000,00	148.000,00

b) *Planilha do fundo de amortização*

Sendo: $P = 100.000,00$

$i_a = 10\%$ a.a.

$n = 4$ anos

Tem-se: $a_{\overline{4}|10} = 4,641$

Portanto, o depósito anual deve ser:

$$R = \frac{P}{a_{\overline{4}|10}}$$

$$R = \frac{100.000,00}{4,641} \cong 21.547,08$$

Logo, a planilha do fundo de amortização é construída do seguinte modo:

I) É feito um depósito anual constante R_k.

II) Após decorrido o primeiro ano, o depósito passa a render juros. Depois do segundo período, os juros credores são calculados sobre o saldo credor correspondente ao período anterior:

$$\boxed{J_k = i_a\ Sc_{k-1}}$$

onde se indicou por Sc o saldo credor.

III) O saldo credor de cada período (Sc_k) é obtido somando-se o depósito feito (R_k) com os juros do período e com o saldo credor do período anterior $(Sc_k - 1)$:

$$Sc_k = R_k + J_k + SC_{k-1}$$
$$Sc_k = R_k + i_a Sc_{k-1} + Sc_{k-1}$$

Ou seja:

$$\boxed{Sc_k = R_k + Sc_{k-1}(1 + i_a)}$$

Nestas condições, veja a planilha apresentada na página seguinte.

A conferência é feita somando-se o total de depósitos com o total de juros e verificando-se se é igual a \$ 100.000,00 obtidos no final do 4º ano.

Nota: O leitor deve observar que quando se calculou o depósito (R_k) estava-se encontrando um valor que, *capitalizado*, será igual ao principal. Daí a necessidade do cálculo de juros sobre o saldo credor.

($)

Anos (k)	Saldo Credor (Sc_k)	Depósito (A_k)	Juros (J_k)
0	–	–	–
1	21.547,08	21.547,08	–
2	45.248,87	21.547,08	2.154,71
3	71.320,84	21.547,08	4.524,89
4	100.000,00	21.547,08	7.132,08
Total	–	86.188,32	13.811,68

2.4 Sistema de amortizações variáveis

Neste caso, a devolução do principal (amortizações) é feita em parcelas desiguais. Isto pode ocorrer na prática quando as partes fixam, antecipadamente, as parcelas de amortizações (sem nenhum critério particular) e a taxa de juros cobrada.

Nestas condições os juros serão calculados também sobre o saldo devedor.

Exemplo: Uma empresa pede emprestado $ 100.000,00, que serão amortizados anualmente do seguinte modo:

– 1º ano: 10.000,00   – 3º ano: 30.000,00

– 2º ano: 20.000.00   – 4º ano: 40.000,00

Sabendo-se que o banco concedeu 3 anos de carência para o início das amortizações, que a taxa de juros é de 10% a.a. e que os juros devidos serão pagos anualmente, construir a planilha.

Resolução: A planilha é construída colocando-se inicialmente as amortizações. A seguir, são calculados os juros sobre o saldo devedor do período anterior e calculada a prestação:

($)

Anos (k)	Saldo Credor (Sd_k)	Amortização (A_k)	Juros (J_k)	Prestação (R_k)
0	100.000,00	–	–	–
1	100.000,00	–	10.000,00	10.000,00
2	100.000,00	–	10.000,00	10.000,00
3	90.000,00	10.000,00	10.000,00	20.000,00
4	70.000,00	20.000,00	9.000,00	29.000,00
5	40.000,00	30.000,00	7.000,00	37.000,00
6	–	40.000,00	4.000,00	44.000,00
Total	–	100.000,00	50.000,00	150.000,00

Nota: Deixamos de analisar o chamado sistema alemão (ou de juros antecipados) por ter utilidade prática reduzida. O leitor pode encontrar tal método na bibliografia citada.

3 Custo efetivo de um empréstimo

É comum, nos empréstimos feitos na prática, que as instituições financeiras cobrem o imposto sobre operações financeiras (IOF), aval, comissões etc. Além disto, operações de repasse de empréstimos externos podem envolver um custo adicional de imposto de renda para a remessa de juros para o exterior.

Estes encargos adicionais aumentam a taxa de juros real para o mutuário, tornando-se indispensável seu cálculo de modo que sejam possíveis as comparações das diversas alternativas. O cálculo da taxa de juros real é feito utilizando-se o conceito de *taxa de retorno* (v. item 2 do do apêndice ao Capítulo 4).

Exemplo: Uma empresa obtém um empréstimo de $ 100.000,00, nas seguintes condições:

– taxa de juros: 10% ao ano ou 5% ao semestre;

– prazo de utilização unitário;

– prazo de carência: 2 semestres;

– IOF: 1% sobre o total de amortizações e encargos, cobrado no ato;

– aval: 2% sobre o saldo devedor ao fim de cada ano;

– sistema de amortização constante, em parcelas semestrais.

Pede-se para construir a planilha e calcular a taxa de juros real do empréstimo.

Resolução: Nas condições enunciadas a prestação deve levar em conta a despesa de IOF mais a de aval.

($)

Semestres (k)	Saldo Devedor (Sd_k)	IOF (1)	Aval (2)	Amortizações (3) (A_k)	Juros (4) (J_k)	Prestações (1) + (2) + (3) + (4)
0	100.000,00	1.195,00	–	–	–	1.195,00
1	100.000,00	–	–	–	5.000,00	5.000,00
2	75.000,00	–	1.500,00	25.000,00	5.000,00	31.500,00
3	50.000,00	–	–	25.000,00	3.750,00	28.750,00
4	25.000,00	–	500,00	25.000,00	2.500,00	28.000,00
5	–	–	–	25.000,00	1.250,00	26.250,00
Total	–	1.195,00	2.000,00	100.000,00	17.500,00	120.695,00

O valor do IOF foi obtido calculando-se 1% sobre o total de aval, amortização e juros.

Para calcular a taxa de retorno, consideremos o fluxo de caixa sobre o ponto de vista do banco que fez o empréstimo:

($)

Semestres	Aplicação (1)	Recebimentos (2)	Fluxo de Caixa (2) – (1)
0	100.000,00	1.195,00	(98.805,00)
1	–	5.000,00	5.000,00
2	–	31.500,00	31.500,00
3	–	28.750,00	28.750,00
4	–	28.000,00	28.000,00
5	–	26.250,00	26.250,00

Obs.: Os parênteses, no fluxo de caixa, indicam valores negativos ou desembolsos.

Para calcular a taxa de retorno devemos determinar a taxa i^*, tal que:

$$V(i^*) = \frac{(98.805)}{(1+i^*)^0} + \frac{5.000}{(1+i^*)^1} + \frac{31.500}{(1+i^*)^2} + \frac{28.750}{(1+i^*)^3}$$

$$+ \frac{28.000}{(1+i^*)^4} + \frac{26.250}{(1+i^*)^5} = 0$$

onde $V(i^*)$ é o valor atual do fluxo à taxa i^*.

Vamos determinar i^* por tentativa e erro:

a) *1ª iteração*: começamos com a taxa de 5% ao semestre, pois é a taxa de juros cobrada:

$$i_1 = 5\% \text{ a.s.} \Rightarrow V(i_1) \cong 2.966,90$$

Como o valor ainda é positivo, usamos uma taxa de juros um pouco maior (7% a.s.):

$$i_2 = 7\% \text{ a.s.} \Rightarrow V(i_2) = -3.073,27$$

Sendo $V(i_2) < 0$, podemos fazer a interpolação linear:

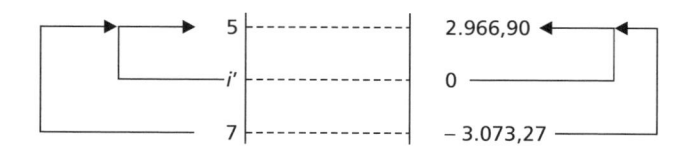

Ou seja:
$$\frac{i'-5}{7-5} = \frac{0 - 2.966,90}{-3.073,27 - 2.966,90}$$

$$i' = 5 + 2 \times 0,4912$$

$$i' \cong 5,98\% \text{ a.s.}$$

Calculando-se o valor atual do fluxo com esta taxa, obtemos:

$$i' = 5,98\% \text{ a.s.} \Rightarrow V(i') = -59,52$$

Graficamente, a situação é a seguinte:

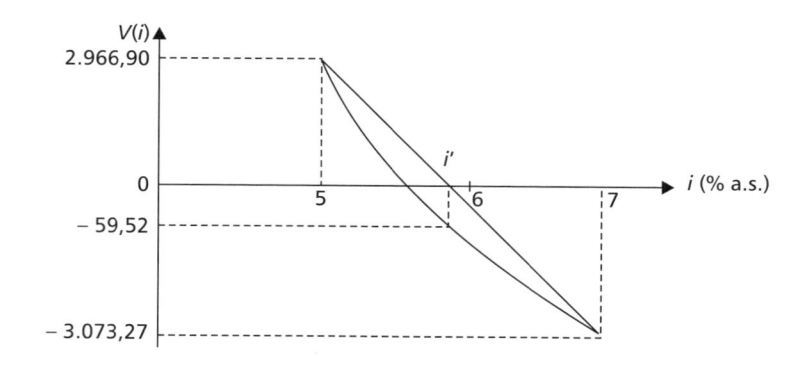

Ou seja, o valor atual ainda não é nulo.

b) 2ª *iteração*: partindo do resultado anterior, fazemos a segunda iteração:

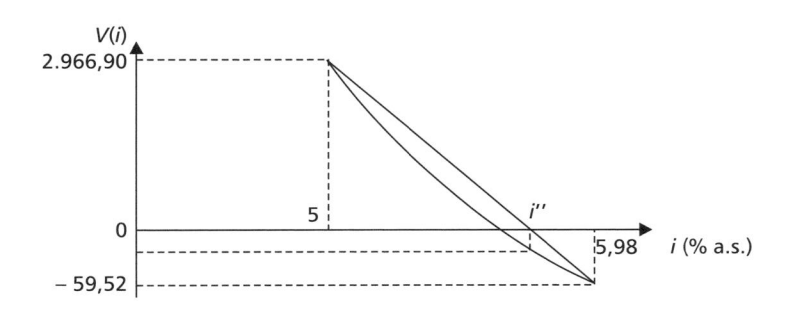

Ou seja:

$$\frac{i'' - 5}{5,98 - 5} = \frac{0 - 2.966,90}{-59,52 - 2.966,90}$$

$$i'' = 5 + 0,98 \times 0,9803$$

$$i'' \cong 5,961$$

Como verificação, calculamos o valor atual a esta taxa:

$$i'' = 5,961 \Rightarrow V(i') = -2,1 \cong 0$$

Portanto, concluímos que o custo do empréstimo é de 5,96% a.s.

Graficamente, o processo de iteração seguido foi:

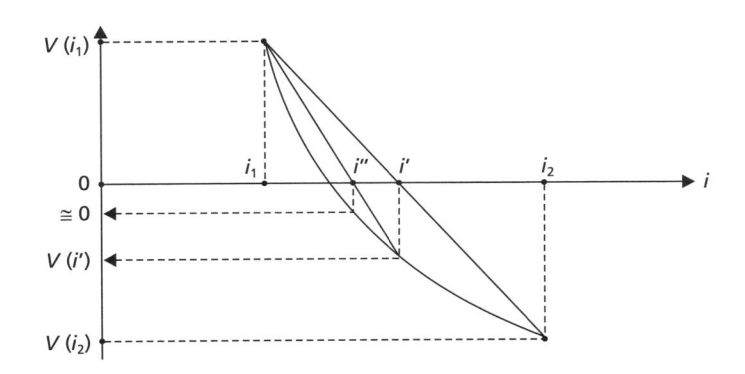

4 Exercícios resolvidos

1. Uma imobiliária, planejando a construção de um núcleo residencial, toma empres-tado $ 2.000.000,00 de um banco à taxa de 15% a.a. Tendo feito a previsão de receitas para a determinação da capacidade de pagamento, o gerente financeiro propõe ao banco o seguinte esquema de amortização anual:

   1º ano: $ 200.000,00

   2º ano: $ 300.000,00

   3º ano: $ 400.000,00

   4º ano: $ 500.000,00

   5º ano: $ 600.000,00

   Nas condições acima expostas, qual é o desembolso que a imobiliária deverá fazer anualmente?

   Resolução: O meio mais simples de visualização e análise de um financiamento é obtido por sua planilha.

   Neste caso, tem-se:

Principal:	$ 2.000.000,00
Juros:	15% a.a.
Amortizações:	variáveis

   Como dados básicos contidos na planilha, teremos:

   Sd_k = saldo devedor no fim do período k.

   A_k = *amortização do período k*.

   J_k = juros do período k.

   Para a determinação das variáveis acima, considere-se que:

   $$Sd_k = Sd_{k-1} - A_k$$

   ou seja, o Saldo Devedor no fim do período k é igual ao Saldo Devedor no fim do período anterior ($k - 1$) menos a Amortização efetuada no período k.

   $$J_k = iSd_{k-1}$$

   ou seja, os Juros do período k são iguais à taxa de juros por período (na forma unitária) multiplicada pelo Saldo Devedor no fim do período anterior.

   A_k – depende do contrato de financiamento.

PLANILHA DE FINANCIAMENTO
($)

Ano (k)	Saque	Saldo Devedor (Sd_k)	Amortização (A_k)	Juros (J_k)	Prestação $(A_k + J_k)$
0	2.000.000	2.000.000	–	–	–
1	–	1.800.000	200.000	300.000	500.000
2	–	1.500.000	300.000	270.000	570.000
3	–	1.100.000	400.000	225.000	625.000
4	–	600.000	500.000	165.000	665.000
5	–	–	600.000	90.000	690.000
Total	–	–	2.000.000	1.050.000	3.050.000

O desembolso anual que a imobiliária terá de fazer é igual à prestação, ou seja, à soma de amortização mais juros. Portanto, na coluna "Prestação" encontramos o valor dos desembolsos anuais.

Apenas para exemplificar como foi elaborada a planilha acima, verificar os cálculos a seguir:

$$J_k = i \cdot Sd_{k-1}$$

então:
$$J_1 = 0,15 \, Sd_0$$
$$J_1 = 0,15 \, (2.000.000) = \$ \, 300.000,00$$

e
$$Sd_k = Sd_{k-1} - A_k$$

portanto
$$Sd_1 = Sd_{0-} \, A_1$$
$$Sd_1 = 2.000.000 - 200.000 = \$ \, 1.800.000.00$$

2. Para um projeto de expansão, a empresa "Pesqueiros Ltda." obtém um financiamento de $ 5.000.000.00, nas seguintes condições:

    a) Taxa de Juros Nominal: 8% a.a. – com pagamentos semestrais.

    b) Amortizações: SAC – Sistema de Amortizações Constantes, com pagamentos semestrais.

    c) Prazo de Amortização: 5 anos.

Construir a planilha de financiamento.

Resolução: A diferença entre este problema e o anterior deve-se ao fato de que:

1) a taxa de juros é referida em termos anuais e os juros são semestrais; e 2) o sistema de amortizações é o SAC.

Taxa de Juros: Como a taxa anual é *nominal*, devemos calcular a taxa semestral proporcional

$i = 8\%$ a.a. $\Rightarrow i_s = 4\%$ a.s.

Nota: É evidente que a taxa efetiva anual é maior que 8% a.a. (taxa efetiva = 8,16% a.a.)

Amortizações: Sendo adotado o Sistema de Amortizações Constantes (SAC), tem-se que todas as amortizações serão de mesmo valor.

Prazo de Amortização: 5 anos ou 10 semestres.

A amortização semestral (A_k) será dada por:

$$A_k = \frac{5.000.000}{10} = \$ \ 500.000,00$$

PLANILHA DE FINANCIAMENTO
($)

Semestres (k)	Saque	Saldo Devedor (Sd_k)	Amortização (A_k)	Juros (J_k)	Prestação $(A_k + J_k)$
0	5.000.000	5.000.000	–	–	–
1	–	4.500.000	500.000	200.000	700.000
2	–	4.000.000	500.000	180.000	680.000
3	–	3.500.000	500.000	160.000	660.000
4	–	3.000.000	500.000	140.000	640.000
5	–	2.500.000	500.000	120.000	620.000
6	–	2.000.000	500.000	100.000	600.000
7	–	1.500.000	500.000	80.000	580.000
8	–	1.000.000	500.000	60.000	560.000
9	–	500.000	500.000	40.000	540.000
10	–	–	500.000	20.000	520.000
Total	–	–	5.000.000	1.100.000	6.100.000

Obs.: A planilha apresentada nos oferece o quadro do financiamento em qualquer instante de tempo. Assim, se quisermos saber qual é o saldo devedor, os juros e a prestação referentes ao período 8, basta verificarmos o quadro:

$$Sd_8 = 1.000.000$$
$$J_8 = 60.000$$
$$\text{Prestação} = 560.000$$

3. Um empréstimo de $100.000,00 será saldado em 25 amortizações quadrimestrais pelo sistema SAC, tendo sido contratada a taxa de juros de 5% ao quadrimestre. Qual é o saldo devedor, os juros e a prestação, referentes ao 16º quadrimestre?

Resolução: Como se trata do sistema SAC, para sabermos os valores do saldo devedor, dos juros ou da prestação em determinado período não é necessária a construção da planilha. Podemos calcular estes valores através de fórmulas simplificadoras.

Considerando as seguintes notações:

Sd_0 = valor a ser amortizado em n parcelas

n = número de amortizações

A = amortização constante

i = taxa de juros por período

J_k = juros referentes ao período k

R_k = prestação referente ao período k

Temos:

a) *Amortização por período*

$$A = \frac{Sd_0}{n}$$

b) *Saldo devedor do período* k (Sd_k)

$$Sd_k = Sd_0 - kA$$
$$Sd_k = Sd_0 - k \left(\frac{Sd_0}{n} \right)$$

$$\therefore \boxed{Sd_k = Sd_0 \left(1 - \frac{k}{n} \right)}$$

c) *Juros referentes ao período* k *(Jk)*

$$J_k = iSd_{k-1}$$

Considerando que:

$$Sd_{k-1} = Sd_0 \left(1 - \frac{k-1}{n} \right)$$

Então

$$\boxed{J_k = Sd_0 i \left(1 - \frac{k-1}{n} \right)}$$

d) *Prestação referente ao período* k *(R_k)*

Como $R_k = A + J_k$

Então $$R_k = \frac{Sd_0}{n} + Sd_0 i \left(1 - \frac{k-1}{n} \right)$$

$$\therefore \quad \boxed{R_k = Sd_0 \left[\frac{1}{n} + i \left(1 - \frac{k-1}{n} \right) \right]}$$

Em nosso exemplo são pedidos o saldo devedor, os juros e a prestação referentes ao 16º quadrimestre. Portanto, considerando:

$$Sd_0 = 100.000$$
$$i \ \ = 5\% \text{ a.q.}$$
$$n \ \ = 25 \text{ quadrimestres}$$
$$k \ \ = 16 \text{ (visto ser o 16º quadrimestre)}$$

Temos

a) Saldo devedor do 16º quadrimestre (Sd_{16}):

$$Sd_k = Sd_0 \left(1 - \frac{k}{n} \right)$$

$$Sd_{16} = 100.000 \left(1 - \frac{16}{25} \right)$$

$$Sd_{16} = 100.000 \ (0,36)$$
$$Sd_{16} = \$ \ 36.000,00$$

b) Juros referentes ao 16º quadrimestre (J_{16}):

$$J_k = Sd_0 i \left(1 - \frac{k-1}{n}\right)$$

$$J_{16} = 100.000 \, (0,05) \left(1 - \frac{15}{25}\right)$$

$$J_{16} = 100.000 \, (0,05) \, (0,40)$$

$$J_{16} = \$ \, 2.000,00$$

c) Prestação referente ao 16º quadrimestre (R_{16}):

$$R_k = Sd_0 \left[\frac{1}{n} + i \left(1 - \frac{k-1}{n}\right)\right]$$

$$R_{16} = 100.000 \left[\frac{1}{25} + 0,05 \left(1 - \frac{15}{25}\right)\right]$$

$$R_{16} = 100.000 \, (0.06)$$

$$R_{16} = \$ \, 6.000,00$$

Obs.:   naturalmente tais fórmulas são válidas somente quando

1º) o sistema de amortização é o SAC

2º) Sd_0 = saldo devedor inicial, representa o total do financiamento

3º) inexiste carência

4. Uma empresa obtém o financiamento de $ 960.000,00, devendo este montante ser liberado em quatro parcelas trimestrais na seguinte ordem cronológica:

1ª parcela: $ 200.000,00

2ª parcela: $ 500.000,00

3ª parcela: $ 160.000,00

4ª parcela: $ 100.000,00

O banco financiador cobra 6% ao ano, com pagamento de juros trimestrais.

O prazo total do financiamento é de 4 anos com 15 meses de carência.

As amortizações serão trimestrais pelo sistema SAC.

Construir a planilha do financiamento.

Resolução:

Taxa de Juros: $i = 6\%$ a.a. $\Rightarrow i_t = 0,015$ a.t.

Prazo de Amortização: 33 meses ou 12 amortizações

$$A_k = \frac{960.000}{12}$$

$$\therefore A_k = \$ \, 80.000,00$$

Carência: 15 meses ou 5 trimestres.

($)

Trimestres (k)	Saque	Saldo Devedor (Sd_k)	Amortização (A_k)	Juros (J_k)	Prestação ($A_k + J_k$)
0	200.000	200.000	–	–	–
1	500.000	700.000	–	3.000	3.000
2	160.000	860.000	–	10.500	10.500
3	100.000	960.000	–	12.900	12.900
4	–	960.000	–	14.400	14.400
5	–	880.000	80.000	14.400	94.400
6	–	800.000	80.000	13.200	93.200
7	–	720.000	80.000	12.000	92.000
8	–	640.000	80.000	10.800	90.800
9	–	560.000	80.000	9.600	89.600
10	–	480.000	80.000	8.400	88.400
11	–	400.000	80.000	7.200	87.200
12	–	320.000	80.000	6.000	86.000
13	–	240.000	80.000	4.800	84.800
14	–	160.000	80.000	3.600	83.600
15	–	80.000	80.000	2.400	82.400
16	–	–	80.000	1.200	81.200
Total	–	–	960.000	134.400	1.094.400

5. A taxa efetiva do Banco X é de 20% a.a. Neste banco, uma companhia retira um financiamento de $ 400.000,00, comprometendo-se com o Banco X a amortizá-lo em 6 prestações quadrimestrais, vencendo a primeira 4 meses após fechamento do contrato e concomitante recebimento do valor financiado. Como foi adotado o Sistema Francês de amortizações, a empresa quer saber qual é a parcela de juros contida em cada prestação para que possa ser feita sua apropriação nas despesas do período. Calcular os juros por período.

Resolução: *Taxa de Juros*: Como as prestações são quadrimestrais e a taxa anual é a efetiva, deve-se, portanto, calcular a taxa equivalente quadrimestral (i_q).

$$1 + i_q = \sqrt[3]{1,20}$$

$$1 + i_q = 1,062658$$

$$\therefore i_q = 0,062658 \text{ ou } i_q \cong 6,27\% \text{ a.q.}$$

Prestação: Uma vez que é o Sistema Francês, teremos por conseguinte prestações iguais, ou seja:

$$P = R \cdot a_{\overline{n}|i}$$

conforme o modelo básico de anuidades.

$$P = 400.000$$

$$i = 6,27\% \text{ a.q.}$$

$$n = 6 \text{ prestações quadrimestrais}$$

$$R = ?$$

$$400.000 = R \cdot a_{\overline{6}|6,27}$$

$$400.000 = R \cdot \frac{1 - (1,0627)^{-6}}{0,0627}$$

$$400.000 = R \cdot (4,875885)$$

$$R = \frac{400.000}{4,875885} = \$ 82.036,39$$

Elaborando-se a planilha, conforme modelos já apresentados, tem-se que na coluna "Prestação" os valores serão todos iguais.

Juros: os juros, como são calculados sobre o saldo devedor do período anterior (Sd_{k-1}), serão, no período "k":

$$J_k = i \cdot Sd_{k-1}$$

Assim, os juros do primeiro quadrimestre serão:

$$J_1 = 0,0627 \,(400.000) = \$ 25.080,00$$

Amortização: A prestação do período "*k*" menos os juros do período "*k*" é igual à parcela amortizada neste período.

Portanto, a amortização do primeiro quadrimestre é:

$$A_k = R_k - J_k$$
$$A_1 = 82.036,39 - 25.080,00 = \$ 56.956,39$$

Saldo Devedor: O saldo devedor do período "*k*" é igual ao saldo devedor do período "*k* – 1" (período anterior) menos a amortização do período "*k*" (A_k).

$$Sd_k = Sd_{k-1} - A_k$$

O saldo devedor do primeiro quadrimestre será:

$$Sd_1 = \$ 400.000,00 - 56.956,39 = \$ 343.043,61$$

Esta sucessão de cálculo é feita iterativamente até o último período, onde teremos saldo devedor nulo.

PLANILHA DE FINANCIAMENTO
($)

Quadrimestres (k)	Saque	Saldo Devedor (Sd_k)	Amortização (A_k)	Juros (J_k)	Prestação ($A_k + J_k$)
0	400.000,00	400.000,00	–	–	–
1	–	343.043,61	56.956,39	25.080,00	82.036,39
2	–	282.516,05	60.527,56	21.508,83	82.036,39
3	–	218.193,42	64.322,63	17.713,76	82.036,39
4	–	149.837,76	68.355,66	13.680,73	82.036,39
5	–	77.196,20	72.641,56	9.394,83	82.036,39
6	–	–	77.196,20	4.840,19	82.036,39
Total	–	–	400.000,00	92.218,34	492.218,34

O valor referente a juros, período por período, conforme o solicitado no enunciado do problema, encontra-se portanto devidamente calculado na planilha.

Obs.: a determinação do saldo devedor em um período arbitrário pode ser feita por dois outros métodos além do apresentado:

a) *Análise Retrospectiva*: Consideram-se as prestações pagas e o valor financiado ou principal.

Se no fim de "*k*" períodos o mutuário não tivesse pago valor algum, o saldo devedor seria igual ao montante (S_1) do valor financiado (P), considerando-se a taxa de juros contratada (*i*). Portanto:

$$S_1 = P (1 + i)^k$$

Contudo, como o mutuário já pagou "*k*" prestações, o montante (S_2) destas prestações imediatamente após o pagamento da *k-ésima* prestação, considerando-se a taxa de juros contratada (*i*), será dado por:

$$S_2 = R \cdot s_{\overline{k}|i}$$

Por conseguinte, o saldo devedor no fim do período *k* (Sd_k) será:

$$Sd_k = S_1 - S_2$$

Substituindo, teremos:

$$Sd_k = P (1 + i)^k - R \cdot s_{\overline{k}|i}$$

onde:

Sd_k = saldo devedor do período "*k*", ou seja, imediatamente após o pagamento da prestação "*K*"

P = valor financiado ou principal

i = taxa de juros efetiva

k = número de prestações pagas

R = valor da prestação

$s_{\overline{k}|i}$ = fator de montante, para "*k*" termos, considerando-se a taxa de juros "*i*", conforme modelo básico de anuidades (ver Capítulo 5).

Por exemplo, supondo-se que no problema apresentado queiramos saber o saldo devedor após o pagamento da 4ª prestação, ou seja, Sd_4, teríamos:

$$Sd_k = P (1 + i)^k - R \cdot s_{\overline{k}|i}$$

onde: P = 400.000

             i = 6,27% a.q.

             R = 82.036,39

             K = 4

portanto, $Sd_4 = 400.000 \ (1,0627)^4 - 82.036,39 \ s_{\overline{4}|6,27}$

$$Sd_4 = 400.000 \ (1,275389) - 82.036,39 \left[\frac{(1,0627)^4 - 1}{0,0627} \right]$$

$$Sd_4 = 510.155,60 - 82.036,39 \ (4,392172)$$

$$Sd_4 = 510.155,60 - 360.317,90$$

$$Sd_4 = \$ \ 149.837,70$$

A diferença deve-se a arredondamentos nos cálculos.

b) *Análise Prospectiva*: Consideram-se as prestações a serem pagas, sendo o saldo devedor o valor atual destas prestações, à taxa de juros efetiva.

Quando calculamos o valor atual das prestações vincendas, eliminamos a parcela de juros nelas contida, sendo o valor atual igual à parcela do principal a amortizar, ou seja, o saldo devedor. Portanto, se

Sd_k = saldo devedor do período "k", ou seja, imediatamente após o pagamento da prestação "k"

R = valor da prestação

i = taxa de juros efetiva

n = número total de prestações

k = número de prestações pagas

m = $n - k$ (número de prestações a pagar)

$a_{\overline{m}|i}$ = fator atual, para "m" termos, considerando-se a taxa de juros "i", conforme modelo básico de anuidades (ver Capítulo 5).

então $Sd_k = R \cdot a_{\overline{m}|i}$

No exemplo apresentado, o saldo devedor do período 4 será:

R = 82.036,39

i = 6,27% a.q.

m = 2 (pois n = 6 e k = 4, sendo $m = n - k$)

Sd_k = $R \cdot a_{\overline{m}|i}$

Sd_4 = 82.036,36 $a_{\overline{2}|6,27}$

Sd_4 = 82.036,39 $\left[\dfrac{1 - (1,0627)^{-2}}{0,0627} \right]$

Sd_4 = 82.036,39 (1,826479)

Sd_4 = \$ 149.837,74

A diferença deve-se a arredondamento nos cálculos.

6. O financiamento de um equipamento no valor de \$ 10.000.000,00 é feito pelo Sistema Francês (Tabela Price) em 20 trimestres, com 5 trimestres de carência, ou seja, a primeira amortização ocorrerá no fim do 5º trimestre. A operação foi contratada à taxa de 20% a.a., sendo os juros capitalizados durante a carência. Qual é o saldo devedor no 16º trimestre?

Resolução: *Taxa de Juros*: Sendo os juros Tabela Price, isto implica que a taxa de juros efetiva por período, no caso trimestre, seja a taxa proporcional e não a equivalente.

Portanto,   20% a.a. $\Rightarrow$ 5% a.t.

Prestação: $R = \dfrac{P_4}{a_{\overline{n}|i}}$

$P_4 =$ montante do principal ao fim do 4º trimestre, pois os juros são capitalizados durante a carência. A capitalização é feita apenas até o 4º período, porque a primeira amortização ocorre no 5º período. Caso fizéssemos a amortização até o 5º período (final da carência) deveríamos considerar prestações antecipadas, chegando-se portanto ao mesmo resultado para o valor das prestações.

$n = 16$ prestações trimestrais

$i = 5\%$ a.t.

$P_4 = P_0 (1 + i)^4$

$P_0 = 10.000.000$

$P_4 = 10.000.000 (1,05)^4$

$\therefore P_4 = \$ 12.155.062,50$

então $R = \dfrac{12.155.062,50}{a_{\overline{16}|5}}$

$R = \dfrac{12.155.062,50}{10,837770}$

$R = \$ 1.121.546,45$

Construindo a planilha, com refinanciamento dos juros na carência, teremos:

PLANILHA DE FINANCIAMENTO
($)

Trimestres (k)	Saque	Saldo Devedor (Sd_k)	Amortização (A_k)	Juros (J_k)	Prestação $(A_k + J_k)$
0	10.000.000,00	10.000.000,00	–	–	–
1	–	10.500.000,00	–	–	–
2	–	11.025.000,00	–	–	–
3	–	11.576.250,00	–	–	–
4	–	12.155.062,50	–	–	–
5	–	11.641.269,17	513.793,33	607.753,12	1.121.546,45
6	–	11.101.786,18	539.482,99	582.063,46	1.121.546,45
7	–	10.535.329,04	566.457,14	555.089,31	1.121.546,45
8	–	9.940.549,04	594.780,00	526.766,45	1.121.546,45
9	–	9.316.030,04	624.519,00	497.027,45	1.121.546,45
10	–	8.660.285,09	655.744,95	465.801,50	1.121.546,45
11	–	7.971.752,89	688.532,20	433.014,25	1.121.546,45
12	–	7.248.794,08	722.958,81	398.587,64	1.121.546,45
13	–	6.489.687,33	759.106,75	362.439,70	1.121.546,45
14	–	5.692.625,25	797.062,08	324.484,37	1.121.546,45
15	–	4.855.710,06	836.915,19	284.631,26	1.121.546,45
16	–	3.976.949,11	878.760,95	242.785,50	1.121.546,45
17	–	3.054.250,12	922.698,99	198.847,46	1.121.546,45
18	–	2.085.416,18	968.833,94	152.712,51	1.121.546,45
19	–	1.068.140,54	1.017.275,64	104.270,81	1.121.546,45
20	–	–	1.068.140,54	53.405,91	1.121.546,45
Total	–	–	12.155.062,50	5.789.680,70	17.944.743,20

Na planilha temos todos os valores referentes ao financiamento da contratação até sua liquidação. O saldo devedor do 16º trimestre é igual a $ 3.976.949,11, conforme pode ser verificado na planilha.

Caso desejássemos saber apenas o saldo devedor do 16º trimestre, poderíamos empregar um dos métodos já expostos:

Análise Prospectiva:

$$Sd_k = R\, a_{\overline{m}|i}$$

$$R = 1.121.546,45$$

$$i = 5\%\ \text{a.t.}$$

$$m = 4\ (\text{pois}\ m = n - k,\ \text{onde}\ n = 20\ \text{e}\ k = 16)$$

$$Sd_{16} = 1.121.546,45\, a_{\overline{4}|5}$$

$$Sd_{16} = 1.121.546,45\ (3,545951)$$

$$Sd_{16} = \$\ 3.976.948,67$$

A diferença com o valor encontrado na planilha deve-se a aproximações nos cálculos.

Sugestão: Calcular o saldo devedor pela análise retrospectiva.

7. Um banco empresta a uma empresa $ 15.000.000,00 pelo prazo de 4 anos, à taxa de 8% a.a. Sabendo-se que será adotado o Sistema Americano de amortização, qual será o desembolso anual?

Resolução: No Sistema Americano, o principal é devolvido apenas no último período do prazo de financiamento, sendo ou não os juros capitalizados. No presente problema, tem-se:

PLANILHA DE FINANCIAMENTO

($)

Ano (k)	Saque	Saldo Devedor (Sd_k)	Amortização (A_k)	Juros (J_k)	Prestação $(A_k + J_k)$
0	15.000.000	15.000.000	–	–	–
1	–	15.000.000	–	1.200.000	1.200.000
2	–	15.000.000	–	1.200.000	1.200.000
3	–	15.000.000	–	1.200.000	1.200.000
4	–	–	15.000.000	1.200.000	16.200.000
Total	–	–	15.000.000	4.800.000	19.800.000

8. O Banco Omega S.A. empresta a um grande cliente $ 300.000,00, à taxa efetiva de 30% a.a., pelo prazo de 3 anos. O banco opera com o Sistema Americano de amortização, exigindo o pagamento dos juros semestralmente. O cliente, preven-

do o alto desembolso ao fim do prazo de financiamento, resolve constituir um fundo para a amortização (*Sinking Fund*), efetuando depósitos semestrais iguais em uma instituição que paga 25% a.a. (taxa efetiva) sobre o saldo credor.

Qual é o desembolso total efetuado pelo cliente?

Resolução: Este é um problema típico de emprego do Sistema Americano, aliado ao *"Sinking Fund"*.

Resolvendo por etapas, teremos:

a) *Amortização pelo Sistema Americano*:

Taxa de Juros: Como a taxa efetiva é de 30% a.a., a taxa semestral (i_s) será:

$$1 + i_s = \sqrt{1,30}$$

$$1 + i_s = 1,140175$$

$$\therefore i_s = 0,140175 \text{ ou } i_s \cong 14,02\% \text{ a.s.}$$

$$n = 3 \text{ anos ou } 6 \text{ semestres}$$

PLANILHA DE FINANCIAMENTO
($)

Semestres (k)	Saque	Saldo Devedor (Sd_k)	Amortização (A_k)	Juros (J_k)	Prestação ($A_k + J_k$)
0	300.000	300.000	–	–	–
1	–	300.000	–	42.060	42.060
2	–	300.000	–	42.060	42.060
3	–	300.000	–	42.060	42.060
4	–	300.000	–	42.060	42.060
5	–	300.000	–	42.060	42.060
6	–	300.000	300.000	42.060	342.060
Total	–	–	300.000	252.360	552.060

Caso não existisse a constituição do fundo de amortização, o desembolso total seria de $ 552.360,00, conforme dados da planilha do Sistema Americano. Entretanto, pelo "Sinking Fund", o desembolso do cliente para pagamento da amortização não será de $ 300.000,00, visto que os depósitos para liquidação do capital emprestado também serão remunerados (25% a.a.).

O desembolso total, portanto, constituir-se-á na soma dos juros pagos mais os depósitos iguais efetuados no fundo de amortização (*Sinking Fund*).

b) *Fundo de Amortização (Sinking Fund)*:

Taxa de Juros: Sendo os depósitos semestrais, teremos:

$$1 + i_s = \sqrt{1,25}$$
$$1 + i_s = 1,118034$$
$$\therefore i_s = 0,118034 \text{ ou } i_s \cong 11,80\% \text{ a.s.}$$
$$n = 3 \text{ anos ou 6 semestres}$$

O valor da amortização ao fim do 6º semestre será de $ 300.000.00; portanto:

$$S = R \cdot s_{\overline{n}|i}$$
$$S = 300.000$$
$$i = 11,8\% \text{ a.s.}$$
$$n = 6 \text{ semestres}$$
$$300.000 = R \cdot s_{\overline{6}|11,8}$$
$$300.000 = R \left[\frac{(1,118)^6 - 1}{0,118} \right]$$
$$300.000 = R (8,074311)$$
$$R = \frac{300.000}{8,074311}$$
$$R = \$ 37.154,87$$

Por conseguinte, serão efetuados 6 depósitos semestrais de $ 37.154,87, sobre os quais acrescentar-se-ão juros de 11,8% a.s.

A evolução do fundo de amortização apresentará um quadro conforme descrito a seguir.

Entretanto, convém lembrar que:

$$J_k = i_a \cdot Sc_{k-1}$$
e
$$Sc_k = R + Sc_{k-1} + J_k$$

onde i_a = taxa de aplicação por período

R = depósito periódico

J_k = juros creditados no período "k"

Sc_k = saldo credor do período "k"

Neste problema, consideraremos:

$$R = 37.154,87$$
$$i_a = 11,8\% \text{ a.s.}$$

PLANILHA DO FUNDO DE AMORTIZAÇÃO
($)

Semestre (k)	Saldo Credor (Sc_k)	Depósito (R)	Juros (J_k)
0	–	–	–
1	37.154,87	37.154,87	–
2	78.694,01	37.154,87	4.384,27
3	125.134,77	37.154,87	9.285,89
4	177.055,54	37.154,87	14.765,90
5	235.102,96	37.154,87	20.892,55
6	300.000,00	37.154,87	27.742,17
Total	–	222.929,22	77.070,78

Portanto, o desembolso total para pagamento do empréstimo será:

$$222.929,22 + 252.360,00 = \$ 475.289,22$$

O desembolso por período é igual aos juros pagos mais o depósito efetuado no fundo de amortização. Ou seja:

$$42.060,00 + 37.154,87 = \$ 79.214,87$$

9. Uma empresa em fase de expansão obtém de uma agência governamental o financiamento de $ 48.000.000,00 a ser liberado em 3 parcelas quadrimestrais seqüenciais, sendo de $ 13.000.000,00 a primeira, de $ 30.000.000,00 a segunda e de $ 5.000.000,00 a terceira.

Os encargos financeiros são basicamente os seguintes:

a) Taxa efetiva de juros: 9% a.a.

b) Comissão de abertura de crédito igual a 0,5% sobre o valor total do financiamento. Este valor será cobrado quando da liberação da primeira parcela.

c) Imposto sobre Operações Financeiras (IOF) de 1% sobre o total geral, ou seja, valor do financiamento mais encargos financeiros.

O órgão financiador concede 4 quadrimestres de carência, sendo os juros pagos durante a carência. O prazo total do financiamento será de 5 anos e o sistema de amortização adotado é o SAC. As amortizações serão quadrimestrais.

Calcular o custo efetivo anual do empréstimo.

Resolução: O custo efetivo do empréstimo é a taxa de retorno do fluxo de caixa gerado pelos recebimentos e pelos pagamentos. No caso, a taxa de retorno da planilha será o custo efetivo quadrimestral.

Taxa de Juros: Calculando-se a taxa equivalente quadrimestral (i_q), vem:

$$1 + i_q = \sqrt[3]{1,09}$$
$$1 + i_q = 1,029142$$
$$\therefore i_q = 0,02914 \text{ ou } i_q \cong 2,91 \text{ a.q.}$$

Prazo de Amortização: 12 quadrimestres ou 12 amortizações.

$$A_k = \frac{48.000.000}{12}$$
$$A_k = \$ 4.000.000,00$$

Carência: 4 quadrimestres.

PLANILHA DE FINANCIAMENTO

($ 1.000)

Quadrimestres (k)	Saque	Saldo Devedor	Amortização (1)	Juros (2)	Comissão Ab. Créd. (3)	IOF (4)	Prestação (1) + (2) + (3) + (4)
0	13.000	13.000	–	–	240	603	843
1	30.000	43.000	–	378	–	–	378
2	5.000	48.000	–	1.251	–	–	1.251
3	–	48.000	–	1.397	–	–	1.397
4	–	44.000	4.000	1.397	–	–	5.397
5	–	40.000	4.000	1.280	–	–	5.280
6	–	36.000	4.000	1.164	–	–	5.164
7	–	32.000	4.000	1.048	–	–	5.048
8	–	28.000	4.000	931	–	–	4.931
9	–	24.000	4.000	815	–	–	4.815
10	–	20.000	4.000	698	–	–	4.698
11	–	16.000	4.000	582	–	–	4.582
12	–	12.000	4.000	466	–	–	4.466
13	–	8.000	4.000	349	–	–	4.349
14	–	4.000	4.000	233	–	–	4.233
15	–	–	4.000	116	–	–	4.116
Total	–	–	48.000	12.105	240	603	60.948

Os valores da planilha foram calculados conforme segue:

a) Amortização $= \dfrac{48.000.000}{12} = \$ 4.000$ mil.

b) Juros $= 2,91\%$ sobre o saldo devedor do período anterior.

c) Comissão de abertura de crédito $= 0,5\%$ sobre o total financiado. Ou seja:

   $48.000.000 \, (0,005) = \$ 240$ mil.

d) Imposto sobre operações financeiras (IOF): 1% sobre o total das amortizações mais encargos financeiros. Portanto:

   $48.000.000 + 12.105.000 + 240.000 = \$ 60.345$ mil

então $60.345.000 \, (0,01) \cong \$ 603$ mil.

Para calcular o custo efetivo do empréstimo, devemos calcular a taxa de retorno do fluxo de caixa sob o ponto de vista do banco que fez o empréstimo. Os saques serão considerados *aplicações* e as prestações *recebimentos*.

FLUXO DE CAIXA

($ 1.000,00)

Quadrimestres	Aplicações (1)	Recebimentos (2)	Fluxo de Caixa (2) – (1)
0	13.000	843	(12.157)
1	30.000	378	(29.622)
2	5.000	1.251	(3.749)
3	–	1.397	1.397
4	–	5.397	5.397
5	–	5.280	5.280
6	–	5.164	5.164
7	–	5.048	5.048
8	–	4.931	4.931
9	–	4.815	4.815
10	–	4.698	4.698
11	–	4.582	4.582
12	–	4.466	4.466
13	–	4.349	4.349
14	–	4.233	4.233
15	–	4.116	4.116

Obs.:   Os valores do fluxo de caixa entre parênteses são negativos. A taxa de retorno do fluxo de caixa é a taxa de juros i^*, tal que:

$$V(i^*) = \frac{(12.157)}{(1+i^*)^0} + \frac{(29.622)}{(1+i^*)^1} + \frac{(3.749)}{(1+i^*)^2} + \frac{1.397}{(1+i^*)^3} +$$

$$+ \ldots + \frac{4.233}{(1+i^*)^{14}} + \frac{4.116}{(1+i^*)^{15}} = 0$$

Onde $V(i^*)$ é o valor atual do fluxo de caixa à taxa de juros i^*.

A determinação da taxa i^* é feita por tentativa e erro. No caso da taxa de retorno de uma planilha de financiamento, sabemos que i^* será igual ou maior que a taxa de juros cobrada.

a) *1ª iteração*: calculando o valor atual do fluxo, à taxa de 2,91% a.q., teremos:

$$i_1 = 2{,}91\% \text{ a.q} \Rightarrow V(i_1) = 842{,}48$$

Como o valor atual é positivo, à taxa de 2,91% a.q., "arrisca-se" uma taxa um pouco superior, digamos, 4% a.q.:

$$i_2 = 4\% \text{ a.q.} \Rightarrow V(i_2) = -2.726{,}09$$

Esta situação pode ser visualizada graficamente como segue:

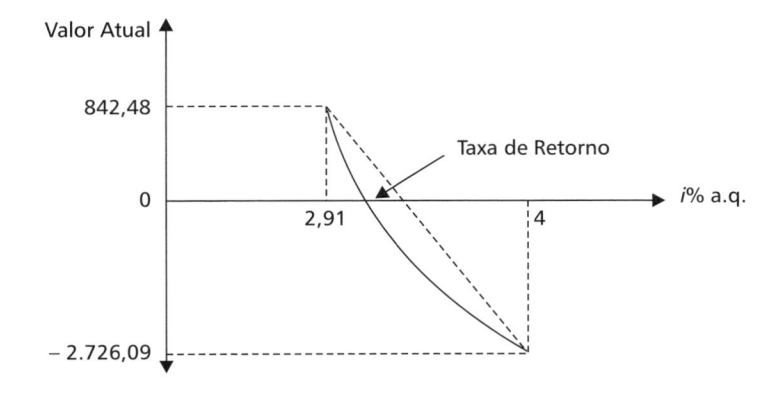

Podemos obter uma estimativa da taxa de retorno, interpolando linearmente entre os dois valores atuais, visto que:

$$V(i_1) > 0 \text{ e } V(i_2) < 0$$

Então:
$$\frac{i' - 2{,}91}{4{,}00 - 2{,}91} = \frac{0 - 842{,}48}{-2.726{,}09 - 842{,}48}$$

$$i' = 2{,}91 + 1{,}09\,(0{,}236083)$$

$$\therefore\ i' \cong 3{,}17\%\ \text{a.q.}$$

Calculando-se o valor atual à taxa de 3,17% a.q., vem:

$$i' = 3{,}17\%\ \text{a.q.} \ \Rightarrow\ V(i') = -50{,}16$$

Portanto, o valor atual ainda não é nulo. Caso se deseje uma taxa mais aproximada, interpola-se entre os novos valores.

b) *2ª iteração*: processando-se a segunda interpolação, temos:

$$\frac{i'' - 2{,}91}{3{,}17 - 2{,}91} = \frac{0 - 842{,}48}{-50{,}16 - 842{,}48}$$

$$i'' = 2{,}91 + 0{,}26\,(0{,}943807)$$

$$\therefore\ i'' = 3{,}1554\%\ \text{a.q.}$$

Calculando-se o valor atual à taxa de 3,1554% a.q., obtemos:

$$I'' = 3{,}1554\%\ \text{a.q.} \ \Rightarrow\ V(i'') = -0{,}75$$

Por conseguinte, o custo efetivo do empréstimo é de 3,1554% a.q., ou em termos anuais:

$$1 + i = (1{,}031554)^3$$

$$1 + i = 1{,}097680$$

$$\therefore\ i = 0{,}097680 \quad \text{ou} \quad i \cong 9{,}77\%\ \text{a.a.}$$

10. A uma pequena empresa são emprestados $ 50.000,00, a serem pagos pelo Sistema Francês de amortização. As condições do financiamento são as seguintes:

    a) Prazo: 10 semestres.

    b) Juros: 6% a.s.

    c) Despesas contratuais: 2% sobre o valor do financiamento a ser pago no ato.

    d) Imposto sobre Operações Financeiras (IOF): 1% sobre o total do financiamento mais encargos.

    Qual é o custo efetivo anual cobrado pela agência financiadora? Separar os custos financeiros período a período.

    Resolução:

    a) Prestação (R):

    $$P = R \cdot a_{\overline{n}|i}$$
    $$P = 50.000$$
    $$r = 6\% \text{ a.s.}$$
    $$n = 10 \text{ semestres}$$
    $$50.000 = R \cdot a_{\overline{10}|6}$$
    $$50.000 = R\,(7,360087)$$
    $$R = \frac{50.000}{7,360087}$$
    $$R = \$\ 6.793,40$$

    b) Despesas Contratuais (DC):

    $$DC = 0,02P$$
    $$DC = 0,02\,(50.000)$$
    $$\therefore DC = \$\ 1.000,00$$

    c) Imposto sobre Operações Financeiras (IOF):

    $$IOF = 0,01\,[R \cdot n + DC]$$

    Como nas prestações estão incluídos os juros e a amortização do principal, então

    $$R \cdot n = \text{Principal} + \text{Juros}$$
    $$IOF = 0,01\,[6.793,40\,(10) + 1.000,00]$$
    $$IOF = 0,01\,(68.934,00)$$
    $$IOF = \$\ 689,34$$

PLANILHA DE FINANCIAMENTO
($)

Semestres (k)	Saque	Saldo Devedor (Sd_k)	Amor-tização (A_k)	Juros (J_k)	Prestação $(A_k + J_k)$ (1)	IOF (2)	Despesas Contrato (3)	Desembolso Total (1) + (2) + (3)
0	50.000,00	50.000,00	–	–	–	689,34	1.000,00	1.689,34
1	–	46.206,60	3.793,40	3.000,00	6.793,40	–	–	6.793,40
2	–	42.185,60	4.021,00	2.772,40	6.793,40	–	–	6.793,40
3	–	37.923,34	4.262,26	2.531,14	6.793,40	–	–	6.793,40
4	–	33.405,34	4.518,00	2.275,40	6.793,40	–	–	6.793,40
5	–	28.616,26	4.789,08	2.004,32	6.793,40	–	–	6.793,40
6	–	23.539,84	5.076,42	1.716,98	6.793,40	–	–	6.793,40
7	–	18.158,83	5.381,01	1.412,39	6.793,40	–	–	6.793,40
8	–	12.454,96	5.703,87	1.089,53	6.793,40	–	–	6.793,40
9	–	6.408,86	6.046,10	747,30	6.793,40	–	–	6.793,40
10	–	–	6.048,86	384,54	6.793,40	–	–	6.793,40
Total	–	–	50.000,00	17.934,00	67.934,00	689,34	1.000,00	69.623,34

O fluxo de caixa será:

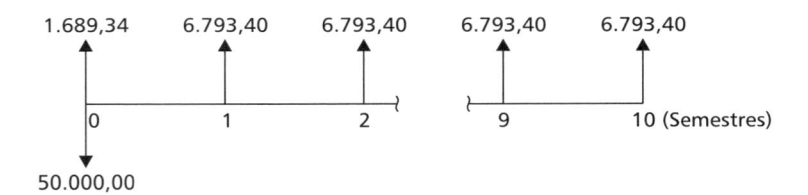

Portanto, a agência financiadora empresta à empresa $ 48.310,66, ou seja, 50.000 – 1.689,34, e recebe 10 prestações semestrais de $ 6.793,40.

O custo efetivo será a taxa de juros, tal que:

$$48.310,66 = 6.793,40 \ a_{\overline{10}|i}$$

Ou seja, recaímos no modelo básico de anuidades.

$$\frac{48.310,66}{6.793,40} = a_{\overline{10}|i}$$

$$7,111411 = a_{\overline{10}|i}$$

Procurando-se na tabela financeira (ou fazendo-se o cálculo do $a_{\overline{n}|i}$), temos:

$$a_{\overline{10}|6} = 7,360087$$

e $$a_{\overline{10}|7} = 7,023582$$

Interpolando-se linearmente, vem:

$$\frac{i'-6}{7-6} = \frac{7,111411-7,360087}{7,023582-7,360087}$$

$$\frac{i'-6}{1} = \frac{-0,248676}{-0,336505}$$

$$i = 6 + 1 \,(0,7390)$$

$$\therefore \; i' = 6,739\% \text{ a.s.} \quad \text{ou} \quad i' \cong 6,74\% \text{ a.s.}$$

Testando-se, obtém-se o seguinte fator:

$$a_{\overline{10}|6,74} = 7,108777$$

Na segunda iteração, vem:

$$\frac{i''-6}{6,74-6} = \frac{7,111411-7,360087}{7,108777-7,360087}$$

$$\frac{i''-6}{0,74} = \frac{-0,248676}{-0,251310}$$

$$i'' = 6 + 0,74 \,(0,9895)$$

$$\therefore \; i'' = 6,732\% \text{ a.s.}$$

Testando-se, temos:

$$a_{\overline{10}|6,732} = 7,111424$$

Portanto, o custo efetivo do empréstimo é de 6,732% a.s., ou em termos anuais.

$$1 + i = (1,06732)^2$$

$$1 + i = 1,13917$$

$$\therefore \; i = 0,13917 \quad \text{ou} \quad i \cong 13,92\% \text{ a.a.}$$

11. O Banco Irmãos & Primos S.A. concede a uma empresa o financiamento de $ 200.000,00, a ser liberado em 3 parcelas anuais de $ 20.000,00 (1º ano), $ 100.000,00 (2º ano) e $ 80.000,00 (3º ano). A taxa de juros contratada é de 20% a.a. e a amortização será feita pelo Sistema Americano. As principais características do financiamento são:

   a) Prazo Total: 6 anos, incluindo 3 anos de carência, período este em que não serão pagos os juros.

   b) Despesas Contratuais: $ 2.000,00 a serem pagos no ato da assinatura do contrato de financiamento.

A empresa, prevendo a amortização que deverá efetuar ao fim do 6º ano, resolve constituir um fundo de amortização (*Sinking Fund*), efetuando 4 depósitos iguais, anuais, a partir do 3º ano, em uma instituição que paga 15% a.a. sobre o saldo credor.

De posse de todos os dados expostos. pergunta-se:

   1º) Qual é o custo efetivo do empréstimo do Banco Irmãos & Primos S.A.?

   2º) Qual é o custo efetivo final deste empréstimo para a empresa financiada?

Resolução: Para responder a essas questões devemos primeiro calcular a planilha do financiamento do banco e em segundo lugar, considerando o fundo de amortização, calcular o fluxo de caixa líquido da empresa.

PLANILHA DE FINANCIAMENTO
($)

Ano (k)	Saque	Saldo Devedor (Sd_k)	Juros (J_k) (1)	Amortização (A_k) (2)	Despesas Contrato (3)	Prestação (1) + (2) + (3)
0	20.000,00	20.000,00	–	–	2.000,00	2.000,00
1	100.000,00	124.000,00	–	–	–	–
2	80.000,00	228.800,00	–	–	–	–
3	–	228.800,00	45.760,00	–	–	45.760,00
4	–	228.800,00	45.760,00	–	–	45.760,00
5	–	228.800,00	45.760,00	–	–	45.760,00
6	–	228.800,00	45.760,00	228.800,00	–	274.560,00
Total	–	–	183.040,00	228.800,00	2.000,00	421.840,00

O saldo devedor do período 1 (Sd_1) foi obtido por:

$$Sd_1 = 20.000 \, (0,20) + 20.000 + 100.000$$

$$Sd_1 = 4.000 + 20.000 + 100.000 = \$ 124.000,00$$

Os juros são incorporados ao saldo devedor porque não foram pagos. O mesmo raciocínio é aplicado para a determinação do saldo devedor do período 2 (Sd_2).

Elaborado do fluxo de caixa do banco, teremos:

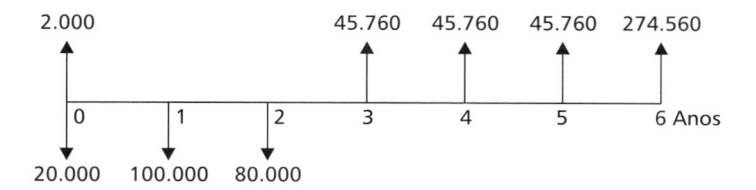

A taxa de retorno do fluxo de caixa do banco, que será o custo efetivo cobrado, será a taxa "i" tal que:

$$0 = \frac{(18.000)}{(1+i)^0} + \frac{(100.000)}{(1+i)^1} + \frac{(80.000)}{(1+i)^2} + \frac{45.760}{(1+i)^3} +$$

$$+ \frac{45.760}{(1+i)^4} + \frac{45.760}{(1+i)^5} + \frac{274.560}{(1+i)^6}$$

Considerar os fluxos de caixa entre parênteses como sendo fluxos negativos, ou seja, saída de caixa.

Usando taxas de desconto arbitrárias, teremos os seguintes valores atuais:

FLUXO DE CAIXA DESCONTADO
($)

Ano	Fluxo de Caixa	Fluxos Descontados a 20% a.a.	Fluxos Descontados a 25% a.a.
0	(18.000,00)	(18.000,00)	(18.000,00)
1	(100.000,00)	(83.333,33)	(80.000,00)
2	(80.000,00)	(55.555,55)	(51.200,00)
3	45.760,00	26.481,48	23.429,12
4	45.760,00	22.067,90	18.743,30
5	45.760,00	18.389,91	14.994,64
6	274.560,00	91.949,59	71.974,26
Total	213.840,00	2.000,00	(20.058,68)

Como o valor atual é positivo a 20% a.a. e negativo a 25% a.a., vamos proceder à interpolação:

$$\frac{i'-20}{25-20} = \frac{0-2.000,00}{-20.058,68-2.000,00}$$

$$\frac{i'-20}{5} = \frac{-2.000,00}{-22.058,68}$$

$$i' = 20 + 5 \,(0,090667)$$

$$\therefore i' = 20,45\% \text{ a.a.}$$

Calculando-se o valor atual à taxa de 20,45% a.a., vem:

$$V\,(20,45\%) = -280,91$$

Processando-se a segunda interpolação, temos:

$$\frac{i''-20}{20,45-20} = \frac{0-2.000,00}{-280,91-2.000,00}$$

$$\frac{i''-20}{0,45} = \frac{-2.000,00}{-2.280,91}$$

$$i'' = 20 + 0,45 \,(0,876843)$$

$$\therefore i'' = 20,39\% \text{ a.a.}$$

Testando esta taxa, teremos:

$$V\,(20,39\%) = 19,48$$

Concluímos que a taxa de retorno do fluxo de caixa é de aproximadamente 20,4% a.a., sendo este o custo cobrado pelo Banco Irmãos & Primos S.A.

Quanto ao custo efetivo final deste empréstimo para a empresa, devem-se considerar os desembolsos para a constituição do fundo de amortização.

Fundo de Amortização (Sinking Fund):

> Taxa de aplicação: 15% a.a.
>
> Número de depósitos: 4 (anuais).

O valor a ser amortizado ao fim do 6º será de $ 228.800,00; portanto:

$$S = R \; s_{\overline{n}|i}$$

$$S = 228.800$$

$$i = 15\% \text{ a.a.}$$

$$n = 4 \text{ anos}$$

$$228.800 = R \; s_{\overline{4}|15}$$

$$228.800 = R \, (4,993375)$$

$$R = \frac{228.800}{4,993375} = \$ \, 45.820,71$$

Como o primeiro depósito da empresa será feito ao fim do 3º ano, então o fluxo de caixa da empresa será de:

FLUXO DE CAIXA DA EMPRESA
($)

Ano	Recebimentos (1)	Desembolsos (2)	Fluxo de Caixa (1) – (2)
0	20.000,00	2.000,00	18.000,00
1	100.000,00	–	100.000,00
2	80.000,00	–	80.000,00
3	–	91.580,71	(91.580,71)
4	–	91.580,71	(91.580,71)
5	–	91.580,71	(91.580,71)
6	–	91.580,71	(91.580,71)
Total	200.000,00	368.322,84	(168.322,71)

Na coluna de desembolsos tem-se que, a partir do 3º ano, a empresa despenderá caixa para pagamento dos juros do banco para o fundo de amortização:

$$\$ \, 91.580,71 = \$ \, 45.760,00 + 45.820,71$$

O custo efetivo final para a empresa será igual à taxa de retorno do fluxo de caixa:

$$0 = \frac{18.000,00}{(1+i)^0} + \frac{100.000,00}{(1+i)^1} + \frac{80.000,00}{(1+i)^2} + \frac{(91.580,71)}{(1+i)^3} +$$

$$+ \frac{(91.580,71)}{(1+i)^4} + \frac{(91.580,71)}{(1+i)^5} + \frac{(91.580,71)}{(1+i)^6}$$

Calculando-se o valor atual a taxas arbitrárias, vem:

$$V(20\%) = (7.748,72)$$
$$V(25\%) = 10.782,72$$

Nota: Como a inversão nos fluxos é de *positivo para negativo*, então o valor atual dos fluxos crescerá à medida que se aumenta a taxa de desconto.

Interpolando, temos:

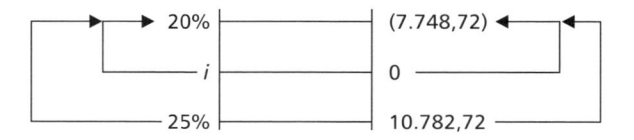

$$\frac{i-20}{25-20} = \frac{0-[-7.748,72]}{10.782,72-[-7.748,72]}$$

$$\frac{i-20}{5} = \frac{7.748,72}{18.531,44}$$

$$i = 20 + 5(0,418139)$$

$$\therefore i \cong 22,09\% \text{ a.a.}$$

Testando-se esta taxa, tem-se:

$$V(22,09\%) = 624,32$$

Pela segunda interpolação, vem:

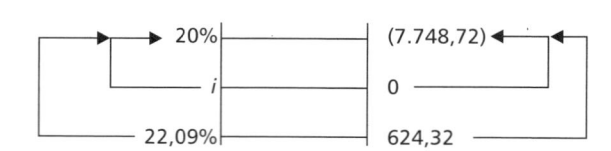

$$\frac{i - 20}{22,09 - 20} = \frac{0 - [-7.748,72]}{624,32 - [-7.748,72]}$$

$$\frac{i - 20}{2,09} = \frac{7.748,72}{8.373,04}$$

$$i = 20 + 2,09 \, (0,925437)$$

$$\therefore i = 21,93\% \text{ a.a.}$$

A esta taxa o valor atual do fluxo é:

$$V \, (21,93\%) = 17,09$$

A taxa de retorno é aproximadamente de 21,9% a.a.

Conclui-se, por conseguinte, que o custo efetivo final do empréstimo para a empresa é de 21,9% a.a., na hipótese de aceitar o empréstimo nas condições estipuladas (Sistema Americano) e de constituir o fundo de amortização com aplicações a 15% a.a.

5 Exercícios propostos

1. Um banco de investimento empresta $ 500.000,00 a um cliente, contratando-se a taxa nominal de 10% a.a., com capitalizações semestrais sem carência. A devolução do principal far-se-ia mediante 5 parcelas semestrais de:

   1ª parcela: $ 50.000,00
   2ª parcela: $ 75.000,00
   3ª parcela: $ 100.000,00
   4ª parcela: $ 125.000.00
   5ª parcela: $ 150.000,00

   Os juros serão cobrados sobre o saldo devedor, vencendo a cada semestre. Construir a planilha do financiamento.

2. Um empréstimo de $ 80.000,00 deve ser pago em 4 amortizações constantes anuais sem carência. A taxa de juros contratada é de 8% a.a. Construir planilha de financiamento.

3. O Banco L&S emprestou $ 200.000,00 à taxa nominal de 9% a.a. O prazo total para a amortização do financiamento é de 6 anos e meio, incluindo-se a carência. O pagamento da primeira amortização ocorrerá no 4º semestre. O pagamento de juros e das amortizações constantes deve ser semestral. Construir planilha.

4. O financiamento obtido por uma empresa obedecerá o seguinte cronograma de saques:

Data	Valor
30.04.X6	$ 20.000,00
30.08.X6	$ 50.000,00
30.12.X6	$ 100.000,00

   A taxa nominal de juros contratada é de 15% a.a., vencendo juros quadrimestrais, sendo refinanciados durante carência. O sistema de amortizações adotado é constante (SAC), vencendo a primeira amortização em 30.04.X8. O prazo total do financiamento, é de 5 anos. Construir planilha (considerar ano comercial).

5. O Banco MF concede um financiamento de $ 750.000,00, a ser liberado em 3 parcelas iguais semestrais e consecutivas. No tocante aos encargos financeiros, teremos juros nominais de 14% a.a., semestrais, e uma comissão de 2% sobre o valor de cada parcela liberada, descontada no ato. As amortizações serão semestrais, ocorrendo a primeira 2 anos após o primeiro saque. As parcelas de amortização, seqüencialmente, devem ser:

    1ª parcela: $ 50.000,00

    2ª parcela: $ 100.000,00

    3ª parcela: $ 100.000,00

    4ª parcela: $ 150.000,00

    5ª parcela: $ 150.000,00

    6ª parcela: $ 200.000,00

    Qual deve ser a planilha e qual é o custo real do financiamento?

6. Um banco empresta $ 1.000.000,00 sob as seguintes condições:

    a) juros nominais de 20% a.a., pagos semestralmente;

    b) carência de 1 ano;

    c) comissão de abertura de crédito de 0,5% sobre o valor financiado, pago no ato;

    d) comissão de 1% sobre o saldo devedor anual;

    e) imposto sobre operações financeiras (IOF) de 1% sobre o total do financiamento (principal + encargos financeiros), pago no ato;

    f) amortizações semestrais constantes;

    g) prazo total de 4 anos e meio.

    Construir a planilha de financiamento e calcular o custo anual deste empréstimo.

7. Uma empresa recebe um financiamento de $ 300.000,00, em 31.12.X5, para ser pago em 6 prestações semestrais pelo Sistema Francês. Desejando-se saber quais serão as parcelas de juros anuais, construir planilha, considerando-se a taxa de juros efetiva de 30% a.a.

8. Qual será a primeira prestação trimestral de um financiamento de $ 50.000,00 com carência de 3 anos, tendo sido os juros capitalizados na carência? Considerando-se a taxa de juros de 16%. a.a., Sistema Francês – Tabela Price e 12 prestações – separar a parcela referente aos juros na primeira prestação trimestral.

9. Um empréstimo de $ 200.000,00 foi contratado à taxa de 10% a.a. para ser saldado em 5 prestações anuais (Sistema Francês). Calcular a planilha respectiva, considerando-se o IOF de 1% sobre principal mais encargos, descontado no ato. Qual é o custo anual do financiamento e qual o total de juros pagos?

10. A empresa "Construções S.A." obteve um financiamento de $ 500.000,00, à taxa nominal de 12% ao ano, comprometendo-se a saldá-lo em 6 prestações semestrais. O método adotado é o do Sistema Francês. O banco financiador concede 2 anos de carência, sendo, nesse prazo, os juros capitalizados. Construir a planilha separando, nas prestações, os juros das amortizações.

11. O valor financiado é de $ 150.000,00, tendo-se contratado à taxa de 14% a.a. Foi adotado o Sistema Americano de amortização, determinando-se o prazo de 4 anos para liquidação do financiamento. Construir a planilha do financiamento.

12. Uma empresa recebeu um empréstimo de $ 5.000.000,00, compromissando-se a devolvê-lo ao fim de 6 anos, pagando anualmente apenas os juros vencidos do período. A taxa contratada é de 10% a.a. Planejando a devolução do principal, a empresa resolve constituir um fundo de amortização, aplicando anualmente certa quantia fixa em uma instituição que paga *8%* a.a. Qual será o desembolso anual, juros pagos mais depósito no fundo de reserva (Sistema Americano e "Sinking Fund")?

13. Um financista tomou emprestado $ 100.000,00 à taxa de 25% a.a., pelo prazo de 4 anos. Optando pelo Sistema Americano, constitui um fundo de amortização, aplicando seus depósitos anuais a 27% a.a. Construir o quadro demonstrativo dos desembolsos anuais e da evolução do fundo de reserva.

14. O montante de $ 450.000,00 é financiado em 5 anos à taxa de 18% a.a., Sistema Americano. Se o tomador do empréstimo pudesse optar pelo Sistema Francês, mantendo-se a taxa de juros (18% a.a.) e o prazo (5 anos), quanto perderia, caso a taxa de aplicação do fundo de reserva fosse de 15% a.a.?

Respostas

1. ($)

Semestre (k)	Saldo Devedor (Sd_k)	Juros (1) $J_k = iSd_{k-1}$	Amortização (2) (A_k)	Prestação (1) + (2)
0	500.000	–	–	–
1	450.000	25.000	50.000	75.000
2	375.000	22.500	75.000	97.500
3	275.000	18.750	100.000	118.750
4	150.000	13.750	125.000	138.750
5	–	7.500	150.000	157.500
Total	–	87.500	500.000	587.500

2. ($)

Ano (k)	Saldo Devedor (Sd_k)	Juros (1) (J_k)	Amortização (2) (A_k)	Prestação (1) + (2)
0	80.000	–	–	–
1	60.000	6.400	20.000	26.400
2	40.000	4.800	20.000	24.800
3	20.000	3.200	20.000	23.200
4	–	1.600	20.000	21.600
Total	–	16.000	80.000	96.000

3.   ($)

Semestre (k)	Saldo Devedor (Sd$_k$)	Juros (1) (J$_k$)	Amortização (2) (A$_k$)	Prestação (1) + (2)
0	200.000	–	–	–
1	200.000	9.000	–	9.000
2	200.000	9.000	–	9.000
3	200.000	9.000	–	9.000
4	180.000	9.000	20.000	29.000
5	160.000	8.100	20.000	28.100
6	140.000	7.200	20.000	27.200
7	120.000	6.300	20.000	26.300
8	100.000	5.400	20.000	25.400
9	80.000	4.500	20.000	24.500
10	60.000	3.600	20.000	23.600
11	40.000	2.700	20.000	22.700
12	20.000	1.800	20.000	21.800
13	–	900	20.000	20.900
Total	–	76.500	200.000	276.500

4.   ($)

Quadrimestre (k)	Saldo Devedor (Sd$_k$)	Saques	Juros (1) (J$_k$)	Amortização (2) (Ak)	Prestação (1) + (2)
04.X6	20.000	20.000	–	–	–
08.X6	71.000	50.000	1.000	–	–
12.X6	174.550	100.000	3.550	–	–
04.X7	183.278	–	8.728	–	–
08.X7	192.442	–	9.164	–	–
12.X7	202.064	–	9.622	–	–
04.X8	181.858	–	10.103*	20.206	30.309
08.X8	161.652	–	9.093	20.206	29.299

(*) Soma a partir deste valor.

continua

4. *continuação*

Quadrimestre (k)	Saldo Devedor (Sd_k)	Saques	Juros (1) (J_k)	Amortização (2) (Ak)	Prestação (1) + (2)
12.X8	141.446	–	8.083	20.206	28.289
04.X9	121.240	–	7.072	20.206	27.278
08.X9	101.034	–	6.062	20.206	26.268
12.X9	80.828	–	5.052	20.206	25.258
04.X0	60.622	–	4.041	20.206	24.247
08.X0	40.416	–	3.031	20.206	23.237
12.X0	20.210	–	2.021	20.206	22.227
04.X1	–	–	1.010	20.210	21.220
Total	–	–	55.568	202.064	257.632

5. ($)

Semestre (k)	Saldo Devedor (Sd_k)	Saques	Comissão (1)	Juros (1) (J_k)	Amortização (3) (A_k)	Prestação (1) + (2) + (3)
0	250.000	250.000	5.000	–	–	5.000
1	500.000	250.000	5.000	17.500	–	22.500
2	750.000	250.000	5.000	35.000	–	40.000
3	750.000	–	–	52.500	–	52.500
4	700.000	–	–	52.500	50.000	102.500
5	600.000	–	–	49.000	100.000	149.000
6	500.000	–	–	42.000	100.000	142.000
7	350.000	–	–	35.000	150.000	185.000
8	200.000	–	–	24.500	150.000	174.500
9	–	–	–	14.000	200.000	214.000
Total	–	–	15.000	322.000	750.000	1.087.000

O custo real é 0,0742 a.s. ou, aproximadamente, 15,39% a.a.

6.   ($)

Semestre (k)	Saldo Devedor (Sd$_k$)	Abertura Crédito (1)	Comissão (2)	IOF (3)	Juros (4) (J$_k$)	Amortização (5) (A$_k$)	Prestação 1 + 2 + 3 + + 4 + 5
0	1.000.000	5.000	–	15.750	–	–	20.750
1	1.000.000	–	–	–	100.000	–	100.000
2	875.000	–	8.750	–	100.000	125.000	233.750
3	750.000	–	–	–	87.500	125.000	212.500
4	625.000	–	6.250	–	75.000	125.000	206.250
5	500.000	–	–	–	62.500	125.000	187.500
6	375.000	–	3.750	–	50.000	125.000	178.750
7	250.000	–	–	–	37.500	125.000	162.500
8	125.000	–	1.250	–	25.000	125.000	151.250
9	–	–	–	–	12.500	125.000	137.500
Total	–	5.000	20.000	15.750	550.000	1.000.000	1.590.750

Taxa de juros efetiva: 10,9% a.s. ou 22,99% a.a.

7.   ($)

Semestre (k)	Saldo Devedor (Sd$_k$)	Juros (J$_k$)	Amortização (A$_k$)	Prestação (J$_k$ + A$_k$)
0	300.000,00	–	–	–
1	264.868,32	42.052,63	35.131,68	77.184,31
2	224.812,04	37.128,03	40.056,28	77.184,31
3	179.140,85	31.513,12	45.671,19	77.184,31
4	127.067,68	25.111,14	52.073,17	77.184,31
5	67.695,14	17.811,77	59.372,54	77.184,31
6	–	9.489,17	67.695,14	77.184,31
Total	–	163.105,86	300.000,00	463.105,86

8. Prestação: $ 8.201,61
    Juros: $ 3.078,91
    Amortização: $ 5.122,70

9.   ($)

Ano (k)	Saldo Devedor (Sd_k)	Juros (1) (J_k)	Amortização (2) (A_k)	IOF (3)	Prestação (1) + (2) + (3)
0	200.000,00	–	–	2.637,98	2.637,98
1	167.240,50	20.000,00	32.759,50	–	52.759,50
2	131.205,05	16.724,05	36.035,45	–	52.759,50
3	91.566,06	13.120,51	39.638,99	–	52.759,50
4	47.963,17	9.156,61	43.602,89	–	52.759,50
5	–	4.796,33	47.963,17	–	52.759,50
Total	–	63.797,50	200.000,00	2.637,98	266.435,48

Total de juros: $ 63.797,49
Custo anual: 10,52% a.a.

10.   ($)

Semestre (k)	Saldo Devedor (Sd_k)	Juros (J_k)	Amortização (A_k)	Prestação $(J_k + A_k)$
0	500.000,00	–	–	–
1	530.000,00	30.000,00	–	–
2	561.800,00	31.800,00	–	–
3	595.508,00	33.708,00	–	–
4	510.134,41	35.730,48*	85.373,59	121.104,07
5	419.638,40	30.608,06	90.496,01	121.104,07
6	323.712,63	25.178,30	95.925,77	121.104,07
7	222.031,32	19.422,76	101.681,31	121.104,07
8	114.249,13	13.321,88	107.782,19	121.104,07
9	–	6.854,94	114.249,13	121.104,07
Total	–	131.116,42	595.508,00	726.624,42

(*) Soma a partir deste valor.

11.   ($)

Ano (k)	Saldo Devedor (Sd_k)	Juros (J_k)	Amortização (A_k)	Prestação $(J_k + A_k)$
0	150.000	–	–	–
1	150.000	21.000	–	21.000
2	150.000	21.000	–	21.000
3	150.000	21.000	–	21.000
4	–	21.000	150.000	171.000

12. $ 1.181.576,93, sendo $ 500.000,00 em juros anuais pagos.
    $ 681.576,93 em depósito no fundo de amortização.

13.   ($)

	PLANILHA DO EMPRÉSTIMO				PLANILHA DO FUNDO	
Ano (k)	Saldo Devedor (Sd_k)	Juros (J_k)	Amortização (A_k)	Prestação $(J_k + A_k)$	Depósitos	Saldos do Fundo de Amortização
0	100.000	–	–	–	–	–
1	100.000	25.000	–	25.000	16.859,76	16.859,76
2	100.000	25.000	–	25.000	16.859,76	38.271,66
3	100.000	25.000	–	25.000	16.859,76	65.464,76
4	–	25.000	100.000	125.000	16.859,76	100.000,00
Total	–	100.000	100.000	200.000	67.439,04	–

Nota: Os desembolsos anuais serão de $ 41.859,76, sendo $ 25.000,00 referentes aos juros e $ 16.859,76 referentes ao depósito para constituição do fundo de reserva.

14. ($)

	PLANILHA DO EMPRÉSTIMO				PLANILHA DO FUNDO	
Ano (k)	Saldo Devedor (Sd_k)	Juros (J_k)	Amortização (A_k)	Prestação ($J_k + A_k$)	Depósitos	Saldos do Fundo de Amortização
0	450.000	–	–	–	–	–
1	450.000	81.000	–	81.000	66.742	66.742,00
2	450.000	81.000	–	81.000	66.742	143.495,30
3	450.000	81.000	–	81.000	66.742	231.761,59
4	450.000	81.000	–	81.000	66.742	333.267,83
5	–	81.000	450.000	531.000	66.742	450.000,00
Total	–	405.000	450.000	855.000	333.710	–

Pelo Sistema Americano e "Sinking Fund", o devedor deve desembolsar anualmente:

$ 147.742,00 = $ 81.000.00 + $ 66.742,00.

Pelo Sistema Francês o desembolso seria de:

$ 143.900,03.

A diferença ($ 147.742,00 – $ 143.900,03 = $ 3.841,97) sendo aplicada a 15% a.a. resultaria ao fim de 5 anos em $ 25.904,03, que seria o valor perdido pela opção do Sistema Americano com "Sinking Fund".

Parte IV

Inflação

A indexação é um instrumento de primeira categoria, para países de segunda categoria.

Frase atribuída a Milton Friedman, Prêmio Nobel de Economia, sobre a indexação brasileira.

8
Taxa de Juros Aparente
Taxa de Juros Real

1 Caracterização

1.1 Inflação e deflação

Numa economia, um processo inflacionário pode ser caracterizado pelo fato de que grande parte dos preços dos fatores de produção e de mercadorias esteja sofrendo elevação num dado período de tempo. Isto quer dizer uma elevação continuada e persistente. Caso ocorra uma elevação sazonal, como é o caso das oscilações dos preços agrícolas na safra (queda) e na entressafra (alta), isto não caracteriza uma inflação.

Por deflação entende-se um processo de queda nos preços dos fatores e das mercadorias num dado intervalo de tempo. Um processo deflacionário pode ser tanto ou mais danoso que um processo inflacionário, como ficou evidenciado durante a Grande Depressão que ocorreu nos Estados Unidos a partir de 1929.

A inflação não esperada tende a favorecer os devedores e aqueles que pagam juros. Quem perde são os credores e aqueles que recebem renda fixa. Uma das conseqüências da inflação não prevista é provocar uma transferência de renda entre credores e devedores. Sofrem perdas também aqueles que têm menor poder de negociação, como os assalariados não sindicalizados e aquelas empresas que operam com matérias-primas fornecidas por setores monopolizados (com um único ofertante, como é o caso do petróleo no Brasil) ou oligopolizados (com poucos ofertantes, como é o caso do cimento como fornecedor ou a indústria automobilística como compradora das indústrias de autopeças, também no Brasil). Ou seja, se o fornecedor ou o comprador tiverem um grande poder de negociação, ele imporá ao outro parceiro ou ao consumidor uma perda. A inflação provoca então um conflito distributivo, atuando como se houvesse um verdadeiro imposto invisível capaz de mascarar os erros de gestão e as ineficiências na economia. Isto porque os preços relativos, isto é, a relação de um preço para com os outros, perde seu papel de sinalizador para as decisões econômicas.

Outras conseqüências mais importantes do ponto de vista financeiro são a ilusão de rentabilidade e a imprevisibilidade das aplicações e das projeções financeiras.

O Brasil tem uma experiência histórica conhecida de inflação crônica, bem documentada desde 1947, quando a Fundação Getulio Vargas começou a publicar índices de preços. A nossa cultura inflacionária talvez reflita uma tendência para acomodar os conflitos distributivos e as transferências de renda usando a própria inflação.

2 Índices de preços

2.1 O que é um índice de preços

Um índice de preços procura medir a mudança que ocorre nos níveis de preço de um período para outro. Para tanto, calculam-se as variações que ocorreram num dado conjunto de bens, ponderando-se estas variações pelas quantidades do período inicial ou final.

Exemplo: Suponhamos uma economia simplificada, tipicamente agrícola, que tenha produzido dois bens: trator e arroz.

Admitamos que as quantidades e os preços foram os seguintes:

a) No primeiro ano:

	Produção	Preço
Trator	2 unidades	$ 100/un.
Arroz	3 toneladas	$ 80/t

b) No segundo ano, aumentou a produção e os preços dos dois produtos:

	Produção	Preço
Trator	3 unidades	$ 150/un.
Arroz	4 toneladas	$ 160/t

Vejamos algumas das maneiras de se calcular a variação de preços de um período para outro:

I – VARIAÇÃO PREÇO A PREÇO

Como pode ser observado, a inflação nos preços de cada bem foi:

Trator: 50% ao ano.

Arroz: 100% ao ano.

II – AGREGADO SIMPLES DE PREÇOS

Para obter o agregado de preços, basta somar os preços dos dois períodos e dividir as somas:

$$P = \frac{150 + 160}{100 + 80} = 1,7222$$

Este resultado indica um aumento de 72,22% a.a. no nível geral de preços do grupo sob consideração.

O índice pode ser interpretado do seguinte modo: ele mede a mudança no custo agregado de comprar-se um conjunto de bens consistindo de uma unidade de cada um dos bens (no caso, um trator e uma tonelada de arroz).

Este índice apresenta o inconveniente de depender da unidade de medida. Para exemplificar este aspecto, suponhamos que o preço do arroz seja dado em quilograma em lugar de tonelada:

Preço no primeiro período: $ 0,08/kg (obtido pelo quociente: $ 80/1000)

Preço no segundo período: $ 0,16/kg (idem: $ 160/1000).

Neste caso, o novo índice passa a ser:

$$P' = \frac{150 + 0,16}{100 + 0,08} = 1,5004$$

Ou seja, por este novo índice, a variação nos preços passa a ser de 50,04% ao ano em lugar dos 72,22% ao ano que obtivemos antes.

III – AGREGADO PONDERADO DE PREÇOS

Para eliminar o efeito da unidade de medida, temos de ponderar os preços dos bens de acordo com sua importância relativa. Um modo de fazer isto é ponderar os aumentos pelas quantidades.

Podemos fazer isto de dois modos:

a) *Ponderação pela quantidade inicial*:

$$I = \frac{150 \cdot 2 + 160 \cdot 3}{100 \cdot 2 + 80 \cdot 3} = 1,7727$$

Repare que mantivemos constante a quantidade inicial dos dois produtos nos dois períodos. Ou seja, estamos calculando o custo de aquisição dos dois bens com as quantidades do ano-base, mas com os preços do ano-base e do ano seguinte.

A inflação observada, por este critério, foi de 77,27% ao ano.

Vejamos o que ocorre quando usamos os preços do arroz em quilogramas:

$$P'' = \frac{150 \cdot 2 + 0,16 \cdot 3000}{100 \cdot 2 + 0,08 \cdot 3000} = 1,7727$$

Note que o índice permaneceu constante.

Observe também que ajustamos a produção de tonelada para quilograma na fórmula, multiplicando o valor anterior por 1000.

Este modo de calcular a inflação é conhecido como índice de LASPEYRES.

b) *Ponderação pela quantidade final*

Ponderando-se os preços observados pela quantidade do segundo ano, obtemos:

$$I' = \frac{150 \cdot 3 + 160 \cdot 4}{100 \cdot 3 + 80 \cdot 4} = 1,7581$$

Neste caso, a variação de preços observada foi de 75,81% ao ano.

Este índice é chamado índice de PAASCHE.

Os índices de LASPEYRES e de PAASCHE são os mais conhecidos. Existem, entretanto, muitos outros modos de calcular índices de preços.

2.2 Como usar um índice de preços

Como vimos, um índice de preços mede a variação no custo de aquisição de determinado conjunto de bens de um período para outro. Nestas condições, ao procurar saber qual a inflação que ocorreu num dado conjunto de bens, deve-se utilizar um índice que tenha sido obtido, se for possível, com aquele mesmo conjunto de bens. Em termos práticos, isto quer dizer que índices de preços diferentes medem inflações diferentes, e o emprego de um dado índice requer uma análise prévia, para se determinar se o índice proposto é adequado ao objetivo.

No Brasil, a maioria dos cálculos de índices de preços está a cargo da Fundação Getulio Vargas do Rio de Janeiro. Os índices nacionais e regionais são publicados mensalmente na revista *Conjuntura Econômica*. Outras instituições também têm feito índices: o IBGE, a FIPE e o DIEESE em São Paulo, a FUNDAJ em Recife, o IPEAD-UFMG em Belo Horizonte etc.

Quando temos de deflacionar ou inflacionar uma série de valores monetários cujas causas foram devidas a muitos fatores, o mais indicado é usar o Índice Geral de Preços

– Disponibilidade Interna (mais conhecido como IGP-DI). Isto porque o IGP é o índice mais geral disponível, isto é, ele mede a inflação do país.

Exemplo: as vendas do Grupo Trevo, que fabrica e vende produtos agrícolas e industriais, foram as seguintes:

1987 – Cr$ 121 milhões

1988 – Cr$ 850 milhões

1989 – Cr$ 14,2 bilhões

Como os produtos são agrícolas e industriais, resolveu-se usar o IGP-DI, que teve a evolução seguinte:

1987 – 0,26

1988 – 2,02

1989 – 28,62

a) Calcular a taxa de crescimento aparente (ou nominal: vamos usar "aparente" apenas para diferenciar da taxa nominal – apresentada no item 7 do Capítulo 3) das vendas, ano a ano;

b) Deflacionar a série de vendas com o IGP-DI e calcular a taxa real de crescimento para cada ano.

Resolução:

a) Crescimento aparente: o crescimento das vendas, em termos nominais, é obtido dividindo-se o valor de um ano pelo valor do ano anterior e depois subtraindo-se um.

Ano	Vendas correntes (Cr$ milhões)	% de acréscimo
1987	121	–
1988	850	602,48
1989	14.200	1.570,59

Assim, de 1987 para 1988, obtemos:

$$1 + \text{crescimento aparente} = \frac{850}{121} = 7,0248$$

crescimento aparente = 7,0248 – 1

crescimento aparente = 6,0248

Ou seja:

$$\text{crescimento aparente} = 602,48\%$$

Podemos verificar que, em valor nominal, as vendas cresceram 602% de 1987 para 1988 e 1570% de 1988 para 1989.

b) Para deflacionar a série de vendas, construímos o índice base 100 em 1987, simplesmente dividindo os valores do índice em cada ano pelo valor do índice em 1987:

Ano	IGP-DI	IGP-DI com base 100 em 1987
1987	0,26	1,0000
1988	2,02	7,7692
1989	28,62	110,0769

O cálculo foi feito do seguinte modo:

Por exemplo, em 1989:

$$2,02/0,26 = 7,7692$$

A seguir, calcula-se a série deflacionada de vendas e a taxa de crescimento real:

Ano	Vendas Nominais (Cr$ milhões) (1)	IGP-DI (2)	Vendas Deflacionadas (Preços de 1987) (1) : (2)	Taxa de crescimento real (% a.a.)
1987	121	1,0000	121	–
1988	850	7,7692	109,4	– 9,6
1989	14.200	110,0769	129	17,9

Para calcular as vendas deflacionadas, por exemplo em 1988, fazemos:

$$1 + \text{taxa real} = 109,4/121 = 0,914$$

Logo:

$$\text{taxa real} = 0,914 - 1$$
$$\text{taxa real} = -0,096$$

Portanto:

$$\text{taxa real} = -9,6\%$$

Podemos concluir que, em 1988, as vendas decresceram 9,6% em relação a 1987. Em 1989 as vendas apresentaram um crescimento real de 17,9% em relação a 1988. Finalmente, se compararmos as vendas de 1989 com as de 1987 deflacionadas (basta dividir 129 por 121 e subtrair um), verificamos um crescimento de 6,6% em dois anos.

Este exemplo ilustra a importância de se trabalhar com valores deflacionados (constantes), pois apenas nesta condição podemos saber o que é acréscimo devido ã inflação e o que é acréscimo real obtido pela empresa.

Outro modo de fazer a comparação dos valores nominais em moeda local é convertê-los para uma moeda forte. A moeda mais usada é o dólar americano.

Exemplo: Considerando os mesmos dados do exercício anterior, calcular a variação real nas vendas, sabendo que o valor do dólar médio oficial foi:

Ano	Cr$/US$
1987	0,03930
1988	0,2628
1989	2,841

Resolução: Para fazer esta análise, basta converter os valores das vendas para dólar e, em seguida, calcular a taxa de variação em dólar:

Ano	Vendas (Cr$ 10^6) (1)	Cr$/US$ (2)	Vendas (US$ 10^6) (1) : (2)	Taxa de crescimento real (% a.a.)
1987	121	0,03930	3079	–
1988	850	0,2628	3234	5,0
1989	14.200	2,841	4998	54,5

Como se observa, as taxas de crescimento das vendas foram bem maiores agora que se fez a comparação em dólares americanos: as vendas cresceram 5% de 1987 para 1988 e de 54,5% de 1988 para 1989. Isto é devido, pelo menos em parte, ao fato de que a taxa cambial não acompanha estritamente a inflação interna, sendo ditada pela necessidade de levar em conta a inflação do dólar e de outras moedas de importância para o comércio externo do Brasil.

3 Taxa de juros aparente e real

Por *taxa aparente* entende-se aquela que vigora nas operações correntes. Vamos usar a expressão *taxa aparente* aqui para diferenciar da *taxa nominal* apresentada no item 7 do Capítulo 3.

Quando temos um regime inflacionário, devemos distinguir, na taxa aparente, duas componentes: uma parte devido à inflação e outra devido aos juros realmente recebidos ou pagos.

Consideremos as definições seguintes:

C_0 = capital inicial

i = taxa aparente

r = taxa real

j = taxa de inflação

Vejamos como se comporta a taxa real com e sem inflação:

a) Sem inflação

Nestas condições as taxas real e aparente serão iguais, pois não teremos perda devido à erosão inflacionária.

Ao final de um período, o montante será:

$$C_1 = C_0 (1 + i)$$

Como o valor de C_0 é o mesmo em termos de poder aquisitivo no início e no fim do período, podemos dizer que o valor real que se recebe é C_1. Neste caso:

$$C_1 = C_0 (1 + i) = C_0 (1 + r)$$

Logo:

$$i = r$$

b) Com inflação

De modo análogo, ao final de um período, o *montante nominal* ou *montante aparente* será:

$$C_1 = C_0 (1 + i) \tag{1}$$

Este montante tem duas componentes: uma devido ao processo inflacionário e a outra devido à taxa de juros real recebida, como pode ser visualizado no Gráfico 1:

Gráfico 1   GANHO APARENTE E GANHO REAL

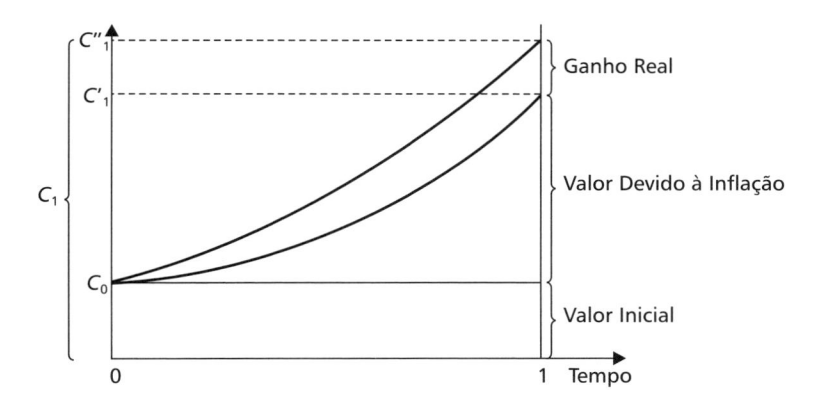

Para obter a decomposição, consideremos inicialmente o montante que será obtido se atualizarmos o capital inicial:

$$C'_1 = C_0 (1 + j) \qquad (2)$$

Sendo j a taxa de inflação, C'_1 vai corresponder ao mesmo poder aquisitivo que C_0, só que ao final do período 1. Em outras palavras, C'_1 é o capital inicial (C_0) inflacionado pela taxa de indexação j, que vigorou no intervalo de um período.

É possível conhecer agora a valorização real obtida. Para isto, aplica-se ao montante inflacionado (C'_1) uma taxa de juros (r) que deve produzir um montante (C''_1), igual ao montante (C_1) produzido pela taxa aparente (i):

$$C''_1 = C'_1 (1 + r) \qquad (3)$$

Substituindo-se nesta expressão o valor de C'_1, obtido na equação (2), temos:

$$C''_1 = C_0 (1 + j) (1 + r)$$

Como estamos impondo que C''_1 deve ser igual ao montante C_1 obtido na equação (1), pois foi este o valor efetivamente recebido, temos:

$$C_1 = C''_1$$

Ou seja: $C_0 (1 + i) = C_0 (1 + j) (1 + r)$

Portanto: $(1 + i) = (1 + j) (1 + r)$

Ou, dividindo-se os dois membros da igualdade por $(1 + j)$:

$$1 + r = \frac{(1 + i)}{(1 + j)}$$

3.1 Aplicações

A correção monetária assumiu duas formas nas operações do mercado:

a) Correção a *priori* ou *prefixada*: esta foi a forma adotada pelo mercado financeiro nas operações de curto e médio prazo, como as letras de câmbio, certificados de depósito etc. Baseia-se numa taxa de inflação esperada ou antecipada para o período futuro referente à operação financeira em questão.

b) *Correção a posteriori ou pós-fixada*: foi este o processo de correção adotado nos títulos e empréstimos de prazo mais longo e nas operações mais diretamente regulamentadas pelo governo, como nos Títulos Federais (nas ORTN, OTN, BTN etc.), nos depósitos do Fundo de Garantia por Tempo de Serviço (FGTS), na Caderneta de Poupança etc.

Nota: dada a grande diversidade de índices e de indicadores de títulos do governo nos últimos anos, optamos por descaracterizar o ano e o tipo de indicador. Deste modo, chamamos de OR (Obrigação Reajustável) um título fictício e que corresponde a uma ORTN, OTN, BTN ou qualquer outro título semelhante que seja criado com o objetivo de manter um valor constante.

3.1.1 Aplicações de curto e médio prazos

Neste caso a operação é, em geral, prefixada. A correção pode ser calculada pela OR (Obrigação Reajustável) ou por índice de preços qualquer, como o índice 2 da FGV.

Exemplos:

a) Uma letra de câmbio foi adquirida por $ 1.000,00 em dezembro de 20X4 para resgate em dezembro 20X5 pela quantia de $ 1.350,00.

Calcular:

1. A taxa de juros aparente.

2. A taxa de juros real, admitindo como taxa de inflação os índices:

Data	Índice 2	OR
Dez./20X4	534	105,41
Dez./20X5	690	130,93

Resolução: A taxa de juros aparente é:

$$C = C_0 (1 + i)$$

$$1.350 = 1.000 (1 + i)$$

Portanto: i = 35% ao ano.

A taxa de juros real é dada por:

$$r = \frac{(1+i)}{(1+j)} - 1$$

onde j é a taxa de inflação.

Se adotarmos o índice 2 como medida da inflação, temos:

$$1 + j_1 = \frac{690}{534} = 1,2921$$

Portanto: $$1 + r_1 = \frac{1+i}{1+j} = \frac{1,35}{1,2921} = 1,0448$$

Logo: r_1 = 4,48% ao ano.

Adotando como medida da inflação a OR (Obrigação Reajustável), temos:

$$1 + j = \frac{130,93}{105,41} = 1,2421$$

Portanto: $$1 + r_2 = \frac{1,35}{1,2421} = 1,0869$$

Logo: r_2 = 8,69% ao ano.

b) Uma pessoa fez uma aplicação em dezembro de 20X1, que resgatou após um ano. O juro aparente recebido foi de 15%. Calcular o juro real recebido, adotando como medida da inflação no período o índice 2 da FGV (igual a 343 em dezembro de 20X2 e igual a 297 em dezembro de 20X1).

Resolução: Se a taxa aparente é de 15% em 1 ano, tem-se:

$$1 + i = 1,15$$

$$1 + j = \frac{343}{297} = 1,1549$$

Logo, como: $1 + i = (1 + r) (1 + j)$

Temos: $1,15 = (1 + r)(1,1549)$

$$1 + r = \frac{1,15}{1,1549} \cong 0,9958$$

$$r = -0,0042$$

ou $r = -0,42\%$ a.a.

Isto significa que, na aplicação feita, houve uma perda (ou juro negativo) de 0,42% em um ano.

3.1.2 Médio/longo prazos

Nas operações de médio e longo prazos, a tendência é de ter-se a correção pós-fixada. Entretanto, em alguns empréstimos, em períodos de até 2 ou 3 anos, podemos encontrar a correção prefixada.

Nas operações lideradas pelo BNDES, os empréstimos tendem a ter correção pós-fixada. O mesmo ocorre com as operações que envolvem empréstimos externos, a correção sendo dada pelas variações da taxa cambial.

Exemplos:

a) O Banco A oferece $ 100.000,00 à taxa de juros de 8% a.a. mais correção mo-netária. Uma vez que o empréstimo foi contratado em junho de 20X1, para ser amortizado em 5 parcelas semestrais, construir a planilha de financiamento pelo Sistema de Amortização Constante (SAC) com e sem correção monetária.

Considerar como correção monetária a variação no valor das Obrigações Reajus-táveis dada pela tabela a seguir:

	20X1	20X2	20X3
Junho	54,01	65,75	74,97
Julho	55,08	66,93	75,80
Agosto	56,18	67,89	76,48
Setembro	57,36	68,46	77,12
Outubro	58,61	68,95	77,87
Novembro	59,79	69,61	78,40
Dezembro	60,77	70,07	79,07

Pergunta-se: Qual será a taxa aparente dentro destas hipóteses?

Se o Banco B cobrar 20% a.a. de juros aparentes, qual é o melhor financiamento?

Resolução: 1) A planilha *sem correção monetária* é a seguinte:

(em $ constante)

Semestres	Saldo Devedor	Amortizações	Juros	Prestação
0	100.000	–	–	–
1	80.000	20.000	4.000	24.000
2	60.000	20.000	3.200	23.200
3	40.000	20.000	2.400	22.400
4	20.000	20.000	1.600	21.600
5	–	20.000	800	20.800
Total	–	100.000	12.000	112.000

O cálculo do índice de correção monetária é feito por semestre:

$$1^{\circ}\,semestre: \frac{DEZ.\ X1}{JUN.\ X1} = \frac{60,77}{54,01} \cong 1,1252$$

$$2^{\circ}\,semestre: \frac{JUN.\ X2}{JUN.\ X1} = \frac{65,75}{54,01} \cong 1,2174$$

$$3^{\circ}\,semestre: \frac{DEZ.\ X2}{JUN.\ X1} = \frac{70,07}{54,01} \cong 1,2974$$

$$4^{\circ}\,semestre: \frac{JUN.\ X3}{JUN.\ X1} = \frac{74,97}{54,01} \cong 1,3881$$

$$5^{\circ}\,semestre: \frac{DEZ.\ X3}{JUN.\ X1} = \frac{79,07}{54,01} \cong 1,4640$$

2) *Corrigindo* a planilha anterior através dos índices calculados, tem-se:

(em $ corrigidos pela OR)

Semestres	Índice	Saldo Devedor	Amortização	Juros	Prestação
0	–	100.000,00	–	–	–
1	1,1252	90.016,00	22.504,00	4.500,80	27.004,80
2	1,2174	73.044,00	24.348,00	3.895,68	28.243,68
3	1,2974	51.896,00	25.948,00	3.113,76	29.061,76
4	1,3881	27.762,00	27.762,00	2.220,96	29.982,96
5	1,4640	–	29.280,00	1.171,20	30.451,20
Total	–	–	129.842,00	14.902,40	144.744,40

Calculando-se a taxa de retorno associada ao fluxo das prestações, encontramos 13,43% ao semestre. Portanto, a taxa de juros aparente é de 28,66% ao ano. Logo, será preferível o financiamento do banco B que cobra apenas 20% a.a. de juros aparentes.

b) A agência bancária do "Dog-Cat Bank Ltd.", sediada em Idaho, USA, oferece à empresa brasileira Tavesa (Tartaruga Veloz S.A.) um empréstimo de US$ 9.000,00 à taxa de 12% a.a. e estabelece a amortização do principal em 3 parcelas anuais iguais.

O pagamento da amortização e dos juros devidos será feito em dólares, o que acarreta um encargo financeiro adicional que é o recolhimento, junto ao Banco Central, de 25% dos juros a serem remetidos. Esta percentagem é a do Imposto de Renda sobre remessas de juros para o exterior.

O contrato será assinado em 31.12.X2, vencendo a primeira amortização em 31.12.X3. (Para considerações sobre a desvalorização cambial referir-se à tabela a seguir.)

Um banco brasileiro, o Difasa (Dinheiro Fácil S.A.), sabendo da oferta, visitou o cliente e propôs-lhe idêntica quantia à taxa aparente de 25% a.a. Qual é a melhor alternativa?

Resolução: O dólar para a venda foi o seguinte:

Data	$/US$
31.12.X3	6,220
31.12.X4	7,435
31.12.X5	9,070

A planilha, em dólares, foi montada levando-se em conta um imposto de remessa de 25% sobre juros, ou seja, como o "Dog-Cat" não tem nada a ver com isto, há um acréscimo de 1/3 do juro devido como IR:

(em US$)

Ano	Saldo Devedor	Amortização	Juros	Imposto de Renda	Prestação
0	9.000,00	–	–	–	–
1	6.000,00	3.000,00	1.080,00	360,00	4.440,00
2	3.000,00	3.000,00	720,00	240,00	3.960,00
3	–	3.000,00	360,00	120,00	3.480,00
Total	–	9.000,00	2.160,00	720,00	11.880,00

Utilizando o valor do dólar *para venda*, podemos converter a prestação em $:

Ano	Prestação
0	–
1	27.616,80
2	29.442,60
3	31.563,60

O valor emprestado, convertido em moeda de *compra* em 31.12.X2 ($ 6,18/ US$) dá $ 55.620,00.

Logo, para calcularmos o custo deste empréstimo, basta encontrar a taxa *i*, tal que:

$$55.620,00 = 27.616,80 \,(1 + i)^{-1} + 29.442,60 \,(1 + i)^{-2} + 31.563,60 \,(1 + i)^{-3}$$

Acha-se: $i \cong 26,75\%$ a.a.

Dado o fato de que a taxa nominal ofertada pelo banco brasileiro é de 25% a.a., portanto inferior ao banco estrangeiro. conclui-se que a melhor alternativa é de tomar-se o empréstimo interno.

4 Exercícios resolvidos

1. Calcular a taxa aparente anual que deve cobrar uma financeira para que ganhe 8% a.a. de juros reais nas seguintes hipóteses de inflação:
    a) 5% a.a.
    b) 20% a.a.
    c) 40% a.a.

Resolução: A taxa aparente é obtida pela seguinte fórmula:

$$(1 + i) = (1 + j) \, (1 + r)$$

onde: i = taxa de juros aparente

j = taxa de inflação

r = taxa de juros real

Lembrando-se de que as taxas devem referir-se ao mesmo período de tempo, temos:

a) $r = 8\%$ a.a.

$j = 5\%$ a.a.

$i = ?$

Então: $(1 + i) = (1 + j) (1 + r)$

$(1 + i) = (1 + 0,05) (1 + 0,08)$

$(1 + i) = 1,134$

$\therefore i = 0,134$ ou 13,4% a.a.

Portanto, se a inflação for de 5% a.a. e a financeira quiser ganhar 8% a.a. de juros reais, ela deverá cobrar a taxa aparente de 13,4% a.a. de seus clientes.

b) $r = 8\%$ a.a.

$j = 20\%$ a.a.

$i = ?$

$(1 + i) = (1 + j) (1 + r)$

$(1 + i) = (1 + 0,20) (1 + 0,08)$

$(1 + i) = 1,296$

$\therefore i = 0,296$ ou 29,6% a.a.

c) $r = 8\%$ a.a.

$j = 40\%$ a.a.

$i = ?$

$(1 + i) = (1 + j)(1 + r)$

$(1 + i) = (1 + 0,40) (1 + 0,08)$

$(1 + i) = 1,512$

$\therefore i = 0,512$ ou 51,2% a.a.

2. A taxa de juros para aplicações de curto e médio prazos, em um banco, é de 40% a.a. Que remuneração real recebe o cliente, se a inflação for de:

a) 30% a.a.

b) 38% a.a.

c) 45% a.a.

Resolução:

a) $i = 40\%$ a.a.

$j = 30\%$ a.a.

$r = ?$

$(1 + i) = (1 + j) (1 + r)$

$(1 + 0,40) = (1 + 0,30) (1 + r)$

$(1 + r) = \dfrac{1,40}{1,30} = 1,076923$

$\therefore r = 0,076923$ ou $r \cong 7,69\%$ a.a.

b) $i = 40\%$ a.a.

$j = 38\%$ a.a.

$r = ?$

$(1 + i) = (1 + j)(1 + r)$

$(1 + 0,40) = (1 + 0,38)(1 + r)$

$(1 + r) = \dfrac{1,40}{1,38} = 1,014493$

$\therefore r = 0,014493$ ou $r \cong 1,45\%$ a.a.

c) $i = 40\%$ a.a.

$j = 45\%$ a.a.

$r = ?$

$(1 + i) = (1 + j)(1 + r)$

$(1 + 0,40) = (1 + 0,45)(1 + r)$

$(1 + r) = \dfrac{1,40}{1,45} = 0,965517$

$r = 0,965517 - 1$

$\therefore r = -0,034483$ ou $r \cong -3,45\%$ a.a.

Portanto, a taxa de juros neste caso é negativa, ou seja, estaria ocorrendo desca-pitalização no valor aplicado.

3. Que taxa de inflação anual deve ocorrer para que um aplicador ganhe 12% a.a. de juros reais, caso a taxa aparente seja de:

a) 25% a.a.

b) 35% a.a.

c) 45% a.a.

Resolução:

a) $i = 25\%$ a.a.

$r = 12\%$ a.a.

$j = ?$

$(1 + i) = (1 + j)(1 + r)$

$(1 + 0,25) = (1 + j)(1 + 0,12)$

$(1 + j) = \dfrac{1,25}{1,12} = 1,116071$

$\therefore j = 0,116071$ ou $j \cong 11,61\%$ a.a.

b) $i = 35\%$ a.a.

$r = 12\%$ a.a.

$j = ?$

$(1 + i) = (1 + j)(1 + r)$

$(1 + 0,35) = (1 + j)(1 + 0,12)$

$(1 + j) = \dfrac{1,35}{1,12} = 1,205357$

$\therefore j = 0,205357$ ou $j \cong 20,54\%$ a.a.

c) $i = 45\%$ a.a.

$r = 12\%$ a.a.

$j = ?$

$(1 + i) = (1 + j)(1 + r)$

$(1 + 0,45) = (1 + j)(1 + 0,12)$

$(1 + j) = \dfrac{1,45}{1,12} = 1,294643$

$\therefore j = 0,294643$ ou $j \cong 29,46\%$ a.a.

4. Por um capital de $ 6.000,00 aplicado por 2 anos, o investidor recebeu $ 5.179,35 de juros. Qual é a taxa de juros real ganha, se a inflação for de 30% a.a.?

Resolução: $C_0 = 6.000,00$

$J = 5.179,35$

$n = 2$ anos

$i = ?$

A taxa de juros aparente (i) será:

$$J = C_0 [(1 + i)^n - 1]$$

$$5.179,35 = 6.000 [(1 + i)^2 - 1]$$

$$\frac{5.179,35}{6.000} + 1 = (1 + i)^2$$

$$1,863225 = (1 + i)^2$$

$$(1,863225)^{1/2} = (1 + i)$$

$$1,365 = (1 + i)$$

$$\therefore i = 0,365 \text{ ou } i = 36,5\% \text{ a.a.}$$

A taxa de juros real (r), numa inflação de 30% a.a., será:

$$(1 + i) = (1 + j) (1 + r)$$

$$(1 + 0,365) = (1 + 0,30) (1 + r)$$

$$(1 + r) = \frac{1,365}{1,30} = 1,05$$

$$\therefore r = 0,05 \text{ ou } r = 5\% \text{ a.a.}$$

Outro método de solução é considerar que:

Se $\qquad (1 + i) = (1 + j) (1 + r)$

então $\qquad (1 + i)^2 = [(1 + j) (1 + r)]^2$

portanto, $\qquad (1 + i)^2 = (1 + j)^2 (1 + r)^2$

No problema temos que:

$$(1 + i)^2 = 1,863225$$

e $\qquad (1 + j) = 1,30$

Por conseguinte, podemos escrever a igualdade:

$$1,863225 = (1,30)^2 (1 + r)^2$$

$$(1 + r)^2 = \frac{1,863225}{1,69} = 1,1025$$

$$1 + r = (1,1025)^{1/2}$$

$$\therefore r = 0,05 \text{ ou } r = 5\% \text{ a.a.}$$

5. Uma pessoa aplica $ 10.000,00 em uma instituição financeira que paga 7% a.a. mais correção monetária. Que montante receberá o investidor após 3 anos, se a correção anual for de 25% a.a.?

Resolução: Calculando a taxa aparente anual, teremos:

$r = 7\%$ a.a. (taxa de juros real)

$j = 25\%$ a.a. (taxa de inflação)

$i = ?$

$$(1 + i) = (1,25) (1,07)$$

$$(1 + i) = 1,3375$$

$$\therefore i = 0,3375 \text{ ou } i = 33,75\% \text{ a.a.}$$

Portanto, $C_0 = 10.000,00$

$i \ = 33,75\%$ a.a.

$n \ = 3$ anos

$C_3 = 10.000 \ (1,3375)^3$

$C_3 = 10.000 \ (2,392662)$

$C_3 = \$ \ 23.926,62$, o montante que receberá o investidor.

6. João investiu $ 5.000,00 em títulos de um banco pelo prazo de 1 ano, tendo sido fixado o valor do resgate em $ 7.200,00 quando do vencimento da aplicação. Entretanto, necessitando de dinheiro, descontou os títulos 3 meses antes do vencimento, recebendo a quantia líquida de $ 6.400,00. Que taxa real João recebeu e que taxa aparente foi cobrada na operação de desconto, se a inflação nos primeiros nove meses tiver sido de 2,5% a.m.?

Resolução:

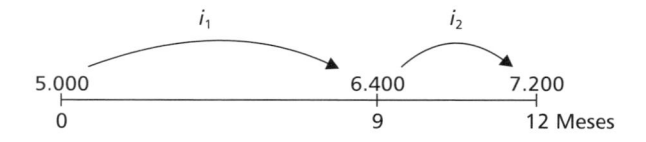

$i_1 = $ taxa de juros aparente recebida pelo cliente

$i_2 = $ taxa de juros aparente cobrada no desconto

Taxa recebida pelo cliente:

$C_0 = 5.000$

$C_9 = 6.400$

$n \ = 9$ meses (período em que o capital ficou aplicado)

$i_1 \ = ?$

$j \ = 2,5\%$ a.m.

$6.400 = 5.000 \ (1 + i_1)^9$

$(1 + i_1)^9 = \dfrac{6.400}{5.000} = 1,28$

Como $(1 + i) = (1 + j) \ (1 + r)$

então: $(1 + i_1)^9 = (1 + j)^9 (1 + r)^9$

$1,28 = (1,025)^9 (1 + r)^9$

$(1 + r)^9 = \dfrac{1,28}{1,248863} = 1,024932$

Concluímos que o cliente ganhou, em termos reais, apenas 2,49% em 9 meses. Se quisermos calcular a taxa anual equivalente, faremos:

$$(1 + r)^9 = 1,0249332$$
$$1 + r = (1,0249432)^{1/9}$$
$$1 + r = 1,002740$$
$$\therefore r = 0,00274 \text{ ou } r = 0,274\% \text{ a.m.}$$

Em termos anuais, teremos:

$$1 + r' = (1,002740)^{12}$$
$$1 + r' = 1,033380$$
$$\therefore r' = 0,03338 \text{ ou } r' \cong 3,34\% \text{ a.a.}$$

O cálculo direto será feito por:

$$1 + r' = [(1 + r)^{1/9}]^{12}$$
$$1 + r' = (1 + r)^{12/9}$$
$$1 + r' = (1,024932)^{12/9}$$
$$1 + r' = (1,024932)^{1,333333}$$
$$1 + r' = 1,033380$$
$$\therefore r' = 0.03338 \text{ ou } r' \cong 3,34\% \text{ a.a.}$$

Taxa aparente cobrada no desconto:

$$C_0 = 6.400$$
$$C_3 = 7.200$$
$$n = 1 \text{ trimestre (período de antecipação)}$$
$$i_2 = ?$$
$$7.200 = 6.400 (1 + i_2)^1$$
$$(1 + i_2)^1 = \frac{7.200}{6.400} = 1,125$$

Em termos anuais, vem:

$$1 + i = (1,125)^4 = 1,601807$$
$$\therefore i = 0,601807 \text{ ou } i \cong 60,18\% \text{ a.a.}$$

7. O preço a vista de um carro é de $ 20.000,00. A agência o vende por $ 5.000,00 de entrada e o restante após 6 meses, a juros efetivos de 12% a.a. mais a correção monetária. Sabendo-se que a correção do primeiro trimestre do financiamento foi

de 6% e a do segundo trimestre foi de 10%, pergunta-se qual é o valor a ser pago ao fim dos seis meses.

Resolução:

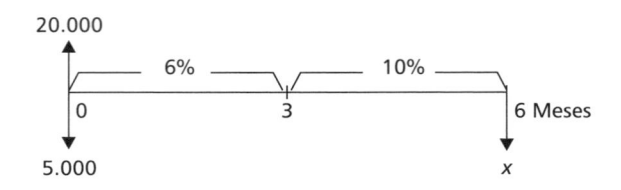

O valor financiado (C_0) é igual a:

$$C_0 = 20.000 - 5.000 = 15.000$$

$r\ = 12\%$ a.a.

$j\ =$ correção do semestre

$$(1 + j) = (1 + 0,06)\,(1 + 0,10)$$

$$(1 + j) = 1,166$$

$$\therefore j = 0,166 \text{ ou } j = 16,6\% \text{ a.s.}$$

A taxa aparente referente ao semestre será:

$$(1 + i) = (1 + j)\,(1 + r)$$

$$(1 + i) = (1 + 0,166)\,(1,12)^{1/2}$$

$$(1 + i) = (1,166)\,(1,058301) = 1,233978$$

$$\therefore i = 0,233978 \text{ ou } i \cong 23,40\% \text{ a.s.}$$

Portanto, o saldo a pagar deverá ser:

$$x = 15.000\,(1,234) = \$\ 18.510,00$$

Como vemos, o cálculo do saldo devedor poderia ser feito diretamente:

$$x = 15.000\,(1,06)\,(1,10)\,(1,12)^{1/2}$$

$$x = 15.000\,(1,166)\,(1,058301) \cong \$\ 18.510,00$$

8. Uma pessoa comprou uma casa por $ 80.000,00 e vendeu-a, após 1 ano, por $ 120.000,00. De quanto deve ser a inflação mensal para que o investidor ganhe 10% a.a. como juros reais?

Resolução: $C_n = 120.000$

$C_0 = 80.000$

n = 1 ano

i = ?

$120.000 = 80.000 (1 + i)$

$(1 + i) = \dfrac{120.000}{80.000} = 1,50$

$\therefore i = 0,50$ ou $i = 50\%$ a.a.

Portanto: $i = 50\%$ a.a

$r = 10\%$ a.a.

j =?

$(1 + i) = (1 + j) (1 + r)$

$(1 + 0,5) = (1 + j) (1 + 0,1)$

$(1 + j) = \dfrac{1,5}{1,1} = 1,363636$

$\therefore j = 0,363636$ ou $j \cong 36,36\%$ a.a.

A taxa de inflação mensal (j_m) será:

$1 + j_m = (1,363636)^{1/12}$

$1 + j_m = 1,026183$

$\therefore j_m = 0,026183$ ou $j_m \cong 2,62\%$ am.

9. Quanto deve ser aplicado em Caderneta de Poupança no dia 1º de janeiro de 20X6 para que se tenham $ 100.000,00 no dia 1º de janeiro de 20X7?

   Considerar juros reais de 6% a.a. mais correção monetária, conforme hipóteses abaixo:

Trimestres	Correção monetária
primeiro	6,675%
segundo	8,690%
terceiro	8,000%
quarto	7,000%

Resolução: C_n = 100.000

n = 1 ano

i = ?

C_0 = ?

r = 6% a.a.

A taxa aparente anual (i) será calculada por:

$$(1 + i) = (1 + j)(1 + r)$$

onde: "j" é a correção monetária anual.

$$(1 + j) = (1 + j_1)(1 + j_2)(1 + j_3)(1 + j_4)$$

sendo:

j_1 = correção monetária do 1º trimestre

j_2 = correção monetária do 2º trimestre

j_3 = correção monetária do 3º trimestre

j_4 = correção monetária do 4º trimestre

Então

$$(1 + j) = (1 + 0,06675)(1 + 0,0869)(1 + 0,08)(1 + 0,07)$$

$$1 + j = 1,339861$$

$$\therefore j = 0,339861 \text{ ou } j = 33,9861\% \text{ a.a.}$$

Portanto:

$$(1 + i) = (1 + j)(1 + r)$$

$$(1 + i) = (1,339861)(1,06)$$

$$(1 + i) = 1,420253$$

$$\therefore i = 0,420253 \text{ ou } i \cong 42,03\% \text{ a.a.}$$

Calculando o capital inicial, vem:

$$100.000 = C_0 (1,420253)$$

$$C_0 = \frac{100.000}{1,420253} = \$\ 70.410,00$$

10. Uma loja anuncia a venda de um conjunto de som por 3 parcelas quadrimestrais, seqüenciais de $ 3.000,00, $ 4.000,00 e $ 5.000,00 mais uma entrada de $ 500,00. Qual deve ser o preço a vista se a taxa de juros real for de 2% ao quadrimestre e a inflação prevista for de 8% no primeiro quadrimestre, 7% no segundo e 6% no terceiro?

Resolução:

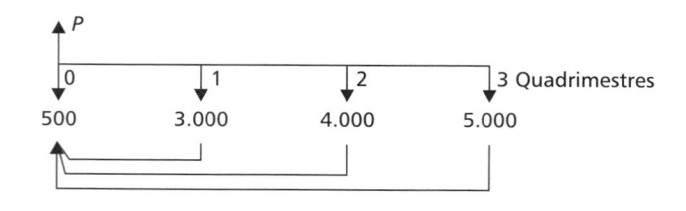

$$P = 500 + \frac{3.000}{(1+i_1)} + \frac{4.000}{(1+i_2)} + \frac{5.000}{(1+i_3)}$$

i_1 = taxa aparente do 1º quadrimestre

i_2 = taxa aparente dos 2º quadrimestres

i_3 = taxa aparente dos 3º quadrimestres

Temos: $(1 + i) = (1 + j)(1 + r)$

a) $(1 + i_1) = (1,08)(1,02) = 1,1016 \therefore i_1 = 0,1016$ ou $i_1 = 10,16\%$

b) $(1 + i_2) = (1 + i_1)(1 + 0,07)(1 + 0,02)$

$(1 + i_2) = (1,1016)(1,0914) = 1,202286$

$\therefore i_2 = 0,202286$ ou $i_2 \cong 20,23\%$

c) $(1 + i_3) = (1 + i_2)(1 + 0,06)(1 + 0,02)$

$(1 + i_3) = (1,202286)(1,06)(1,02) = 1,299912$

$\therefore i_3 = 0,299912$ ou $i_3 \cong 29,99\%$

Portanto, o preço a vista (valor atual) do conjunto de som será igual a:

$$P = 500 + \frac{3.000}{1,1016} + \frac{4.000}{1,202286} + \frac{5.000}{1,299912}$$

$P = 500,00 + 2.723,31 + 3.327,00 + 3.846,41$

$P = \$\ 10.396,72$

11. Um carro é vendido por \$ 50.000,00 a vista ou em 24 prestações mensais, vencendo a primeira a um mês. Qual é o valor das prestações, se a taxa de juros real for de 10% a.a. e a inflação de 40% a.a.?

Resolução: $P = R \cdot a_{\overline{n}|i}$

$P = 50.000$

$n = 24$ meses

$i = ?$

$r = 10\%$ a.a.

$j = 40\%$ a.a.

$(1 + i) = (1 + j)(1 + r)$

$(1 + i) = (1,40)(1,10) = 1,54$

$\therefore i = 0,54$ ou $i = 54\%$ a.a.

Portanto, calculando-se a taxa nominal equivalente mensal será:

$$\sqrt[12]{1,54} = 1,036637$$

$$\therefore i_m = 0,036637 \text{ ou } i_m \cong 3,66\% \text{ a.m.}$$

$$a_{\overline{24}|3,6637} = \frac{1-(1,036637)^{-24}}{0,0366637}$$

$$a_{\overline{24}|3,6637} = 15,785770$$

$$R = \frac{P}{a_{\overline{n}|i}} \Rightarrow R = \frac{50.000}{15,78577} = \$ \ 3.167,41$$

12. Para financiar a compra de equipamentos, a empresa Bom-Café Ltda. recebe um empréstimo no valor de 6.000 OR (Obrigações Reajustáveis), contratando-se a taxa de 8% a.a. As amortizações serão efetuadas pelo Sistema de Amortização Constante (SAC) em 3 anos, vencendo as parcelas semestralmente. Construir a planilha do financiamento, considerando os valores expressos em OR.

Resolução:

a) *Amortização*:

prazo: 3 anos ou 6 semestres

principal: 6.000 OR

$$A_k = \frac{6.000}{6} = 1.000 \text{ OR}$$

b) *Taxa de Juros*:

$$i = 8\% \text{ a.a.} \Rightarrow i_s = 4\% \text{ a.s.}$$

A planilha é construída conforme modelos já apresentados no Capítulo 7, sendo a única diferença o fato de que os valores se encontram expressos em OR.

PLANILHA DE FINANCIAMENTO
(Valores em OR)

Semestres (k)	Saque	Saldo Devedor (Sd_k)	Amortização (A_k)	Juros (J_k)	Prestação (A_k + J_k)
0	6.000	6.000	–	–	–
1	–	5.000	1.000	240	1.240
2	–	4.000	1.000	200	1.200
3	–	3.000	1.000	160	1.160
4	–	2.000	1.000	120	1.120
5	–	1.000	1.000	80	1.080
6	–	–	1.000	40	1.040
Total	–	–	6.000	840	6.840

Nota: O valor da prestação será obtido pela conversão das OR em moeda.

13. Uma casa é vendida a vista por $ 795.000,00 ou por $ 300.000,00 de entrada, sendo o restante financiado em 60 meses. As amortizações serão efetuadas pelo Sistema Francês – Tabela Price – a juros de 12% a.a. Como existe o problema da inflação, o vendedor exige que as prestações sejam estabelecidas em termos de OR, devendo-se para tanto considerar o valor da OR fixado em $ 150,00 na data da venda. Construir planilha de prestações para o 1º ano, separando os juros da parte amortizada.

Resolução: *Entrada*: $ 300.000,00

             Financiamento: $ 495.000,00

             Prazo total: 60 meses

             Juros: 12% a.a. $\Rightarrow$ 1% a.m.

             1 OR: $ 150,00

O primeiro passo é transformar o valor do financiamento (P_0) em OR:

$$P_0 = \frac{495.000,00}{150,00} = 3.300 \text{ OR}$$

$$P_0 = 3.300 \text{ OR}$$

$$i = 1\% \text{ a.m.}$$

$$n = 60 \text{ meses}$$

$$P = R \cdot a_{\overline{n}|i}$$

$$3.300 = R \cdot a_{\overline{60}|1}$$

$$3.300 = R\,(44,955038)$$

$$R = \frac{3.300}{44,955038} = 73,4067 \text{ OR}$$

PLANILHA DE FINANCIAMENTO

(Valores em OR)

Meses (k)	Saque	Saldo Devedor (Sd_k)	Amortização (A_k)	Juros (J_k)	Prestação $(A_k + J_k)$
0	3.300,0000	3.300,0000	–	–	–
1	–	3.259,5933	40,4067	33,0000	73,4067
2	–	3.218,7825	40,8108	32,5959	73,4067
3	–	3.177,5636	41,2189	32,1878	73,4067
4	–	3.135,9325	41,6311	31,7756	73,4067
5	–	3.093,8851	42,0474	31,3593	73,4067
6	–	3.051,4173	42,4678	30,9389	73,4067
7	–	3.008,5248	42,8925	30,5142	73,4067
8	–	2.965,2033	43,3215	30,0852	73,4067
9	–	2.921,4486	43,7547	29,6520	73,4067
10	–	2.877,2564	44,1922	29,2145	73,4067
11	–	2.832,6223	44,6341	28,7726	73,4067
12	–	2.787,5418	45,0805	28,3262	73,4067

Se quiséssemos saber o valor de juros e amortização em moeda, bastaria multiplicar o valor em OR por seu respectivo valor em moeda. Assim, por exemplo, se o valor da OR no 12º mês fosse de $ 180,00, teríamos:

$$Juros = 28,3262 \text{ OR}$$

$$Amortização = 45,0805 \text{ OR}$$

$$1 \text{ OR} = \$ 180,00$$

Então:

$$Juros = 28,3262 \times 180,00 = \$ 5.098,72$$

$$Amortização = 45,0805 \times 180,00 = \$ 8.114,49$$

14. Para implementar um projeto, a empresa Papel & Papelão Ltda. recebe de um banco de desenvolvimento o financiamento no valor de 20.000 OR. As condições do empréstimo são as seguintes:

   a) *Taxa de Juros*: 7% a.a. (taxa efetiva)

   b) *Amortizações*: 8 semestres

   c) *Carência*: 1 ano

   d) *Sistema de Amortização*: SAC.

O contrato de financiamento foi efetuado em 31.12.X5, devendo, portanto, vencer a primeira amortização em 31.12.X6. Calcular a taxa de juros aparente anual estimada, sob a hipótese de evolução das OR abaixo citada:

Data	1 OR
31.12.X5	$ 130,00
30.06.X6	$ 152,00
31.12.X6	$ 182,00
30.06.X7	$ 200,00
31.12.X7	$ 220,00
30.06.X8	$ 240,00
31.12.X8	$ 262,00
30.06.X9	$ 283,00
31.12.X9	$ 305,00
30.06.Y0	$ 327,00

Resolução: Para calcular a taxa aparente, deve-se construir a planilha em valores constantes, ou seja, em OR e depois efetuar a conversão das prestações em moeda equivalente da época em que vencem as prestações.

a) *Amortização*:

Prazo = 8 semestres

Principal = 20.000 OR

$$A_k = \frac{20.000}{8}$$

$$A_k = 2.500 \text{ OR}$$

b) *Taxa de juros*:

$$i = 7\% \text{ a.a. (taxa efetiva)}$$

A taxa equivalente semestral será:

$$\sqrt{1,07} = 1,03441$$

$$\therefore i_s = 0,03441 \text{ ou } i_s \cong 3,44\% \text{ a.s.}$$

PLANILHA DE FINANCIAMENTO

(Valores em OR)

Semestres (k)	Saque	Saldo Devedor (Sd$_k$)	Amortização (A$_k$)	Juros (J$_k$)	Prestação (A$_k$ + J$_k$)
0	20.000,00	20.000,00	–	–	–
1	–	20.000,00	–	688,20	688,20
2	–	17.500,00	2.500,00	688,20	3.188,20
3	–	15.000,00	2.500,00	602,18	3.102,18
4	–	12.500,00	2.500,00	516,15	3.016,15
5	–	10.000,00	2.500,00	430,13	2.930,13
6	–	7.500,00	2.500,00	344,10	2.844,10
7	–	5.000,00	2.500,00	258,08	2.758,08
8	–	2.500,00	2.500,00	172,05	2.672.05
9	–	–	2.500,00	86,03	2.586,03
Total	–	–	20.000,00	3.785,12	23.785,12

Considerando que a *data 0* corresponde a 31.12.X5, podemos apresentar o quadro de conversão em moeda da data, do seguinte modo:

Valores em Reais

Data	Prestação em OR	Valor da OR	Prestação em moeda
31.12.X5	–	–	–
30.06.X6	688,20	152,00	104.606,40
31.12.X6	3.188,20	182,00	580.252,40
30.06.X7	3.102,18	200,00	620.436,00
31.12.X7	3.016,15	220,00	663.553,00
30.06.X8	2.930,13	240,00	703.231,20
31.12.X8	2.844,10	262,00	745.154,20
30.06.X9	2.758,08	283,00	780.536,64
31.12.X9	2.672,05	305,00	814.975,25
30.06.Y0	2.586,03	327,00	845.631,81
Total	23.785,12	–	5.858.376,90

A taxa de juros aparente será calculada mediante consideração do fluxo de caixa, resultante do valor recebido e das prestações pagas. A taxa de retorno do fluxo de caixa será a taxa aparente.

O valor emprestado pelo banco é de:

Financiamento: 20.000 OR

1 OR: $ 130,00 (porque o financiamento foi concedido em 31.12.X5).

Valor: 20.000 × 130,00 = $ 2.600.000,00

Portanto, o fluxo de caixa do banco será:

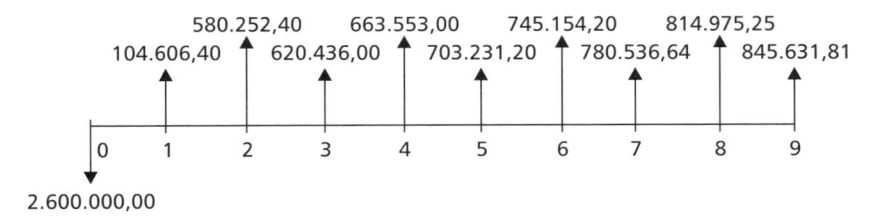

Sendo a taxa de retorno do fluxo de caixa a taxa aparente, devemos calculá-la utilizando-se para tanto o método de tentativa e erro já explicado no Capítulo 4.

O valor atual à taxa de 16% a.s. é de $ 73.148,30 e à taxa de 18% a.s. é de – $ 138.837,72. Interpolando, teremos:

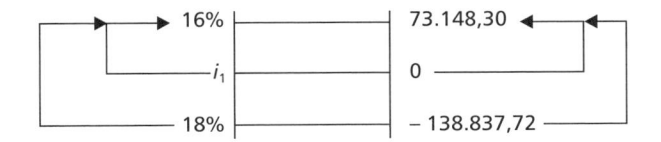

A taxa interpolada i_1 é igual a 16,69% a.s.

Na segunda interpolação, obteremos:

$$i = 16,66\% \text{ a.s.}$$

Sendo a taxa nominal de juros 16,66% a.s., a taxa anual será:

$$(1,1666)^2 = 1,36096$$
$$\therefore i = 0,36096 \text{ ou } i \cong 36,10\% \text{ a.a.}$$

Por conseguinte, considerando-se juros reais de 7% a.a. e a hipótese de correção monetária apresentada, a taxa aparente anual de juros cobrada pelo banco é de 36,10% a.a.

15. Um banco americano concede a um cliente brasileiro o empréstimo de US$ 1.800.000,00 à taxa de 14% a.a. A devolução do principal será feita em 3 parcelas anuais iguais (SAC). Uma vez que o pagamento do principal e dos juros será feito em dólares, considerar o Imposto de Renda de 25% sobre os juros brutos a serem remetidos.

Qual é a taxa de juros aparente do empréstimo, se ocorrer a seguinte desvalorização cambial (data do empréstimo = 0):

Período	1 US$
0	$ 12,00
1	$ 14,40
2	$ 18,00
3	$ 22,50

Resolução: Elaboramos inicialmente a planilha em valores constantes, ou seja, em dólares, considerando posteriormente o efeito da desvalorização cambial.

a) *Amortização*:

Prazo: 3 anos

Principal: US$ 1.800.000,00

$$A_k = \frac{1.800.000}{3} = US\$\ 600.000,00$$

b) *Taxa de Juros*:

$i = 14\%$ a.a.

c) *Imposto de Renda*:

Como o banco americano deve receber os juros totais que lhe são devidos, então a retenção de 25% como Imposto de Renda implica que consideremos um acréscimo de 1/3 sobre os juros devidos.

Exemplo: para remeter US$ 75,00 para o exterior levando em conta a taxação de 25%, devemos recolher US$ 100,00 pois:

Imposto de Renda = $100 \times 0,25 = US\$\ 25,00$

Valor a ser Remetido = $100 - 25 = US\$\ 75,00$

Portanto, houve um acréscimo de US$ 25,00, ou seja:

$$\frac{25}{75} = \frac{1}{3} \Rightarrow 75 \cdot \frac{1}{3} = US\$\ 25,00$$

PLANILHA DE FINANCIAMENTO
(Valores em Dólares)

Ano (k)	Saque	Saldo Devedor (Sd_k)	Amortização (A_k)	Juros (J_k)	Imposto de Renda (I_k)	Prestação $(A_k + J_k + I_k)$
0	1.800.000	1.800.000	–	–	–	–
1	–	1.200.000	600.000	252.000	84.000	936.000
2	–	600.000	600.000	168.000	56.000	824.000
3	–	–	600.000	84.000	28.000	712.000
Total	–	–	1.800.000	504.000	168.000	2.472.000

Calculando-se as prestações em moeda, teremos:

(Valores em Moeda)

Ano (k)	Prestação em Dólares	Valor do Dólar	Prestação em Moeda
0	–	12,00	–
1	936.000	14,40	13.478.400
2	924.000	18,00	14.832.000
3	712.000	22,50	16.020.000
Total	2.472.000	–	44.330.400

A taxa aparente será obtida calculando-se a taxa de retorno do fluxo de caixa da operação:

Valor emprestado: US$ 1.800.000,00

1 US$: $ 12,00

Valor em moeda: 1.800.000 × 12 = $ 21.600.000,00

Por conseguinte, a taxa aparente (*i*) será tal que:

$$(21.600.000) + \frac{13.478.400}{(1+i)} + \frac{14.832.000}{(1+i)^2} + \frac{16.020.000}{(1+i)^3} = 0$$

Resolvendo, por tentativa e erro, teremos:

$$i \cong 45,02\% \text{ a.a.}$$

Sendo esta a taxa aparente do empréstimo.

16. Uma empresa, procurando o financiamento de $ 50.000.000,00, recebe duas pro-
    postas de financiamento que, classificadas como A e B, foram entregues a um con-
    sultor para que este indicasse qual seria a melhor. As propostas são as seguintes:

    Proposta A: Banco da Inglaterra

    Financiamento: US$ 4.000.000,00 (1 US$ = $ 12,50)

    Prazo total: 2 anos

    Amortizações: Sistema Americano

    Juros: Taxa interbancária de Londres vigente na data do vencimento dos juros.
             Os juros serão pagos semestralmente.

    Imposto de Renda: 25% sobre os juros brutos a serem remetidos.

    Proposta B: Banco Industrial do Brasil

    Financiamento: $ 50.000.000,00

    Juros: Taxa aparente de 30,0% a.a.

    Considerando a data atual como sendo o semestre 0, teríamos as previsões de
    taxa interbancária e de desvalorização cambial abaixo citadas:

Semestres	Taxa Interbancária	1 US$
0	–	$ 12,50
1	9,75% a.a.	$ 13,75
2	10,50% a.a.	$ 15,20
3	8,0% a.a.	$ 16,60
4	7,50% a.a.	$ 18,00

    Determinar qual é a melhor proposta.

Resolução: Devemos calcular qual é a taxa aparente do empréstimo externo, pois a
                 taxa oferecida pelo banco brasileiro está expressa nestes termos.

    Financiamento Externo:

    Taxa de Juros: A taxa de juros será variável, conforme tabela de previsão apresentada,
    sendo que a taxa ao semestre será calculada proporcionalmente. Assim, teremos:

Período	Taxa proporcional
0	–
1	4,875% a.s.
2	5,250% a.s.
3	4,000% a.s.
4	3,750% a.s.

    Amortização: Sistema Americano

    Financiamento: US$ 4.000.000,00

PLANILHA DE FINANCIAMENTO

(Valores em Dólares)

Semestre (k)	Saque	Saldo Devedor (Sd_k)	Amortização (A_k)	Juros (J_k)	Imposto de Renda (I_k)	Prestação ($A_k + J_k + I_k$)
0	4.000.000	4.000.000	–	–	–	–
1	–	4.000.000	–	195.000	65.000	260.000
2	–	4.000.000	–	210.000	70.000	280.000
3	–	4.000.000	–	160.000	53.333	213.333
4	–	–	4.000.000	150.000	50.000	4.200.000
Total	–	–	4.000.000	715.000	238.333	4.953.333

(Valores em Moeda)

Semestre (k)	Prestação em Dólares	Valor do Dólar	Prestação em Moeda
0	–	12,50	–
1	260.000	13,75	3.575.000
2	280.000	15,20	4.256.000
3	213.333	16,60	3.541.328
4	4.200.000	18,00	75.600.000
Total	4.953.333	–	86.972.328

A empresa pede emprestado US$ 4.000.000,00, ou seja $ 50.000.000,00, sendo obrigada a pagar pelo financiamento as prestações acima apresentadas, na hipótese de que ocorram as taxas de juros e desvalorização cambial previstas.

Calculando-se a taxa de retorno do fluxo de caixa, vem:

$$(50.000.000) + \frac{3.575.000}{(1+i)} + \frac{4.256.000}{(1+i)^2} +$$

$$+ \frac{3.541.328}{(1+i)^3} + \frac{75.600.000}{(1+i)^4} = 0$$

onde: $i \cong 16,17\%$ a.s.

A taxa de retorno refere-se ao semestre porque os fluxos de caixa são semestrais.

Por conseguinte, a taxa aparente anual do empréstimo externo será:

$$(1,1617)^2 = 1,349547$$

$$\therefore i \cong 0,3495 \text{ ou } i \cong 34,95\% \text{ a.a.}$$

Nessas condições é melhor alternativa optar pela Proposta B, ou seja, a proposta do Banco Industrial do Brasil, visto que este pede a taxa aparente de 30% a.a. A taxa aparente exigida pelo banco brasileiro é menor que a taxa aparente do empréstimo no exterior (Proposta A).

5 Exercícios propostos

1. Qual deve ser a taxa aparente anual de uma financeira que deseja ganhar 6% a.a. de juros reais, caso a taxa de inflação seja de:
   a) 15% a.a.
   b) 20% a.a.
   c) 25% a.a.
   d) 30% a.a.

2. A taxa aparente vigorante no mercado é de 34% a.a. Nessas condições, qual é a taxa de juros real se a taxa de inflação for de:
   a) 20% a.a.
   b) 25% a.a.
   c) 30% a.a.
   d) 35% a.a.

3. Uma aplicação de $ 5.000,00 rendeu juros de $ 1.500,00 no prazo de 1 ano. Sabendo-se que neste período a taxa de inflação foi de 25%, pergunta-se qual foi a taxa de juro real obtida pelo aplicador?

4. João aplica $ 500,00 em uma Caderneta de Poupança e após 4 anos verifica que possui o montante de $ 1.660,75. Qual foi a taxa de correção monetária anual, uma vez que a Caderneta de Poupança rende juros reais de 6% a.a.?

5. Um terreno é posto a venda por $ 50.000,00 a vista ou por $ 57.000,00 a prazo, sendo que no segundo caso o comprador deverá dar $ 20.000,00 de entrada e o restante em 1 ano. Se a taxa de inflação prevista for de 25% a.a., qual será a taxa de juros real recebida pelo vendedor?

6. O preço a vista de um carro é de $ 20.000,00. Caso um comprador ofereça 50% como entrada e o restante após 6 meses, de quanto deve ser esta segunda parcela, se o vendedor quiser 7% a.a. de juros reais? Considerar uma inflação prevista de:
   a) 30% a.a.
   b) 36% a.a.

7. Uma pessoa investe $ 15.000,00 na compra de um título cujo valor aparente, em seu vencimento, é de $ 21.000,00. Após 6 meses da compra, o investidor constata que a inflação já alcança o índice de 20% para este período, o que o leva a desfazer-se do título, vendendo-o por $ 19.047,62. Que juros reais ganhou o vendedor? Para que o comprador ao resgatar o título em seu vencimento (6 meses após) ganhe a taxa de juros reais de 10% a.a., de quanto deve ser a inflação nos próximos 6 meses da compra?

8. Uma financeira oferece, em negócios, a taxa aparente de 38% a.a. nas aplicações a prazo fixo. Em que circunstâncias é melhor aplicar na Caderneta de Poupança, onde temos juros reais de 6% a.a. mais correção monetária?

9. A loja Beta S.A. vende um conjunto de som no valor de $ 25.000,00 a vista, ou a prazo com pagamento a 1 ano. Como opção de financiamento vende em duas parcelas, sendo a primeira no valor de $ 10.000,00 a 6 meses e a segunda a 12 meses. Sabendo-se que a inflação prevista para este período será de 1,5% a.m. e que a loja quer ganhar 10% a.a. de juros reais, pergunta-se:

   a) qual é o valor pago na hipótese de apenas um pagamento a 12 meses?

   b) qual é o valor da segunda parcela, na hipótese de pagamento intermediário?

10. Se a inflação prevista para um ano for de 6% no primeiro quadrimestre, 7% no segundo e 8% no terceiro e se os juros reais forem de 2% a.q., qual será a taxa nominal para:

    a) primeiro quadrimestre;

    b) primeiros oito meses;

    c) os doze meses.

    Considerando os dados acima:

    d) qual é a taxa nominal equivalente mensal para os doze meses?

11. Um terreno é posto a venda por $ 100.000,00 a vista. Qual é a prestação mensal para a venda financiada em 24 prestações, se o proprietário quer juros reais de 9% a.a. e se a inflação prevista for de 20% a.a.?

12. A taxa de juros reais do mercado é de 10% a.a. Nestas condições, uma empresa calcula seus coeficientes de financiamento para 12 prestações mensais, levando em conta a taxa de inflação. Quais serão os coeficientes para 12 meses, caso a inflação seja de:

    a) 15% a.a.

    b) 20% a.a.

    c) 25% a.a.

    d) 30% a.a.

13. Um barco cujo valor a vista é de $ 91.942,71 foi vendido em 4 parcelas trimestrais, vencendo a primeira em 3 meses. Cronologicamente, as parcelas são de: $ 20.000,00, $ 20.000,00, $ 35.000,00 e $ 35.000,00. Qual será a taxa anual de juros reais auferida pelo vendedor, se a inflação for de 25% a.a.?

14. Certa loja vende uma aparelhagem de som por $ 20.000,00 a vista. Caso o cliente deseje comprar a prazo, deverá dar uma entrada de $ 4.000,00 e pagar 24 prestações mensais de $ 996,37. Sabendo-se que a taxa de inflação é de 35% a.a., pergunta-se qual é a taxa de juros real cobrada neste financiamento?

15. Uma pessoa tomou emprestado $ 1.200,00, comprometendo-se a restituir $ 1.440,00 após 6 meses. Qual será a taxa anual de juros real cobrada, se a inflação for de 50% a.a.?

16. O Banco São Tomé S.A. concedeu um financiamento de 400.000,00 OR a juros de 8% a.a. O prazo total do financiamento, com carência de 2 anos, será de 6 anos. As amortizações serão feitas pelo SAC, tendo vencimento anual e os juros serão calculados sobre o saldo devedor, vencendo semestralmente. Construir a planilha de financiamento (os valores estarão expressos em OR).

17. Tendo concedido um financiamento de 200.000 OR, o órgão financiador determinou que os saques fossem processados à medida que os equipamentos a serem financiados fossem entregues. Os encargos financeiros foram contratados na base de juros efetivos reais de

6% a.a. mais correção monetária. O prazo total do financiamento será de 11 semestres, incluindo carência de 2 anos a contar do primeiro saque. As amortizações (SAC) e juros serão semestrais. Calcular a taxa de juros aparente do empréstimo, considerando a variação ocorrida no valor das OR e o cronograma de saques abaixo:

Data	Saques em OR	Valor da OR
30.03.X0	50.000	$ 44,17
30.09.X0	100.000	$ 47,05
30.03.X1	50.000	$ 52,12
30.09.X1	–	$ 57,36
30.03.X2	–	$ 63,09
30.09.X2	–	$ 68,46
30.03.X3	–	$ 72,32
30.09.X3	–	$ 77,12
30.03X4	–	$ 82,69
30.09.X4	–	$ 98,22
30.03.X5	–	$ 110,18
30.09.X5	–	$ 123,20

18. Na compra de um apartamento pelo sistema financeiro habitacional, financiaram-se 900 OR. A taxa de juros contratada foi de 12% a.a. e o prazo de amortização, de 5 anos. Considerando-se o sistema de amortizações constantes (SAC), calcular a planilha para as 12 primeiras prestações mensais (em OR). Calcular o valor das prestações em moeda, caso o valor da OR neste primeiro ano seja:

$ 106,76: do 1º ao 3º mês

$ 112,25: do 4º ao 6º mês

$ 119,27: do 7º ao 9º mês

$ 125,70: do 10º ao 12º mês

19. O gerente financeiro de uma empresa necessitando de um empréstimo de $ 1.000.000,00 consultou bancos nacionais e estrangeiros. A finalidade da consulta era obter o financiamento mais barato possível. Após certo tempo, recebeu (em 31.12.X4) as seguintes propostas:

a) Banco Little Boat Ltd. (USA)

  Juro: 10% a.a.

  Amortização: 2 parcelas anuais iguais.

Obs.: Os juros serão pagos junto com as amortizações, sendo os pagamentos efetuados em dólares.

b) Banco Samba S.A. (Brasil)

Juro: 8% a.a. + Correção Monetária

Amortização: 2 parcelas anuais iguais. (SAC)

c) Banco Topa-Tudo S.A. (Brasil)

Juro: 22% a.a. sem Correção Monetária

Amortização: 2 parcelas anuais iguais. (SAC)

Qual é a melhor alternativa de financiamento, se considerarmos as informações do Setor de Estudos Estratégicos da empresa, segundo as quais as variações na correção monetária e na desvalorização cambial comportar-se-ão conforme quadro abaixo:

Data	Valor do Dólar	Valor da OR
31.12.X4	$ 10,00	$ 50,00
31.12.X5	$ 11,00	$ 56,40
31.12.X6	$ 12,00	$ 62,50

Respostas

1. a) 21,90% a.a.
    b) 27,20% a.a.
    c) 32,50% a.a.
    d) 37,80% a.a.

2. a) 11,67% a.a.
    b) 7,20% a.a.
    c) 3,08% a.a.
    d) − 0,74% a.a.

3. 4% a.a.

4. 27,36% a.a.

5. − 1,33% a.a.

6. a) $ 11.794,07
    b) $ 12.063,17

7. 11,98% a.a. = juros reais ganhos pelo vendedor

    5,12% a.s. = taxa de inflação nos próximos 6 meses, para que seja possível ao comprador ganhar juros reais de 10% a.a.

8. A aplicação em Caderneta de Poupança é melhor à medida que a correção monetária for superior a 30,19% a.a.

9. a) $ 32.879,50
    b) $ 21.411,37

10. a) 8,12% a.q.
    b) 18,00% em oito meses
    c) 29,99% a.a.
    d) 2,21% a.m.

11. $ 5.445,76

12. a) 0,094433
    b) 0,096548
    c) 0,098608
    d) 0,100615

13. 4% a.a.

14. 11,93% a.a.

15. − 4% a.a.

16. Valores em OR:

Semestres	Saldo Devedor	Juros (1)	Amortização (2)	Prestação (1) + (2)
0	400.000	–	–	–
1	400.000	16.000	–	16.000
2	400.000	16.000	–	16.000
3	400.000	16.000	–	16.000
4	320.000	16.000	80.000	96.000
5	320.000	12.800	–	12.800
6	240.000	12.800	80.000	92.800
7	240.000	9.600	–	9.600
8	160.000	9.600	80.000	89.600
9	160.000	6.400	–	6.400
10	80.000	6.400	80.000	86.400
11	80.000	3.200	–	3.200
12	–	3.200	80.000	83.200
Total	–	128.000	400.000	528.000

17.

Data	Valores em OR				Valores em $		
	Saldo Devedor	Juros (1)	Amortização (2)	Prestação (1) + (2)	OR	Saques	Prestação
03.X0	50.000,00	–	–	–	44,17	2.208.500,00	–
09.X0	150.000,00	1.478,15	–	1.478,15	47,05	4.705.000,00	69.546,96
03.X1	200.000,00	4.434,45	–	4.434,45	52,12	2.606.000,00	231.123,53
09.X1	200.000,00	5.912,60	–	5.912,60	57,36	–	339.146,74
03.X2	175.000,00	5.912,60	25.000,00	30.912,60	63,09	–	1.950.275,93
09.X2	150.000,00	5.173,53	25.000,00	30.173,53	68,46	–	2.065.679,86
03.X3	125.000,00	4.434,45	25.000,00	29.434,45	72,32	–	2.128.699,42
09.X3	100.000,00	3.695,38	25.000,00	28.695,38	77,12	–	2.212.987,71
03.X4	75.000,00	2.956,30	25.000,00	27.956,30	82,69	–	2.311.706,45
09.X4	50.000,00	2.217,23	25.000,00	27.217,23	98,72	–	2.673.276,33
03.X5	25.000,00	1.478,15	25.000,00	26.478,15	110,18	–	2.917.362,57
09.X5	–	739,08	25.000,00	25.739,08	123,20	–	3.171.054,66

* Juros efetivos de 2,9563% a.s.

Resposta: Taxa aparente de juros do empréstimo: 12,52% a.s.

18.

Mês	Valores em OR				
	Saldo Devedor	Juros (1)	Amortização (2)	Prestação (1) + (2)	Prestação (em $)
0	900,00	–	–	–	–
1	885,00	9,00	15,00	24,00	2.562,24
2	870,00	8,85	15,00	23,85	2.546,23
3	855,00	8,70	15,00	23,70	2.530,21
4	840,00	8,55	15,00	23,55	2.643,49
5	825,00	8,40	15,00	23,40	2.626,65
6	810,00	8,25	15,00	23,25	2.609,81
7	795,00	8,10	15,00	23,10	2.755,14
8	780,00	7,95	15,00	22,95	2.737,25
9	765,00	7,80	15,00	22,80	2.719,36
10	750,00	7,65	15,00	22,65	2.847,11
11	735,00	7,50	15,00	22,50	2.828,25
12	720,00	7,35	15,00	22,35	2.809,40

19.a)   Banco Little Boat Ltd.

Ano	Valores em Dólares				
	Saldo Devedor	Juros (1)	Amortização (2)	Prestação (1) + (2)	Prestação em $
0	100.000,00	–	–	–	–
1	50.000,00	10.000,00	50.000,00	60.000,00	660.000,00
2	–	5.000,00	50.000,00	55.000,00	660.000,00

19.b)   Banco Samba S.A.

Ano	Valores em OR				
	Saldo Devedor	Juros (1)	Amortização (2)	Prestação (1) + (2)	Prestação em $
0	20.000,00	–	–	–	–
1	10.000,00	1.600,00	10.000,00	11.600,00	654.240,00
2	–	800,00	10.000,00	10.800,00	675.000,00

Dentro das hipóteses assumidas, a melhor alternativa de financiamento é a do Banco Little Boat Ltd., pois apresenta o menor custo, 20,69% a.a.

O custo do Banco Samba S.A. é de 21,14% a.a. e do Banco Topa-Tudo S.A. é de 22,00% a.a.

Parte V

Tabelas

9

Tabelas de Contagem de Dias

N as aplicações de curto prazo, ou seja, períodos inferiores a 1 ano, é usual a contagem de dias, entre a data da aplicação e a do resgate, ser exata. Para facilitar este trabalho, constroem-se tabelas de contagem, tais como a tabela apresentada na página seguinte:

Exemplos:

a) Quantos dias existem entre 21 de fevereiro de 2005 e 2 de outubro de 2005?

Resolução: Entrando na tabela, temos que:

02.10.2005 = 275

21.02.2005 = 52

O número de dias, considerando-se apenas uma das datas do intervalo, será igual à diferença dos fatores:

275 – 52 = 223 dias

b) Qual é o número de dias compreendido entre 10 de fevereiro de 1996 e 20 de agosto de 1996?

Resolução: Sabemos que este ano é bissexto, portanto o cálculo do número de dias será obtido por:

20.08.1996 = 232

10.02.1996 = 41

191

Como este ano é bissexto, então:

$$191 + 1 = 192 \text{ dias}$$

c) Quantos dias existem entre 26 de setembro de 2004 e 5 de março de 2005?

Resolução: Considerar inicialmente o número de dias do ano a terminar:

$$31.12.2004 = 365$$
$$26.09.2004 = \underline{269}$$
$$96$$

Temos, por conseguinte, 96 dias para terminar o ano de 2004. Os dias do ano seguinte (2005) serão dados diretamente pela tabela, visto que ela processa a contagem a partir do dia 1º de janeiro.

$$05.03.2005 = 64$$

Portanto: $64 + 96 = 160$ dias.

TABELA DE CONTAGEM DE DIAS DO ANO CIVIL

Mês / Dia	Jan.	Fev.	Mar.	Abr.	Maio	Jun.	Jul.	Ago.	Set.	Out.	Nov.	Dez.
1	1	32	60	91	121	152	182	213	244	274	305	335
2	2	33	61	92	122	153	183	214	245	275	306	336
3	3	34	62	93	123	154	184	215	246	276	307	337
4	4	35	63	94	124	155	185	216	247	277	308	338
5	5	36	64	95	125	156	186	217	248	278	309	339
6	6	37	65	96	126	157	187	218	249	279	310	340
7	7	38	66	97	127	158	188	219	250	280	311	341
8	8	39	67	98	128	159	189	220	251	281	312	342
9	9	40	68	99	129	160	190	221	252	282	313	343
10	10	41	69	100	130	161	191	222	253	283	314	344
11	11	42	70	101	131	162	192	223	254	284	315	345
12	12	43	71	102	132	163	193	224	255	285	316	346
13	13	44	72	103	133	164	194	225	256	286	317	347
14	14	45	73	104	134	165	195	226	257	287	318	348
15	15	46	74	105	135	166	196	227	258	288	319	349
16	16	47	75	106	136	167	197	228	259	289	320	350
17	17	48	76	107	137	168	198	229	260	290	321	351
18	18	49	77	108	138	169	199	230	261	291	322	352
19	19	50	78	109	139	170	200	231	262	292	323	353
20	20	51	79	110	140	171	201	232	263	293	324	354
21	21	52	80	111	141	172	202	233	264	294	325	355
22	22	53	81	112	142	173	203	234	265	295	326	356
23	23	54	82	113	143	174	204	235	266	296	327	357
24	24	55	83	114	144	175	205	236	267	297	328	358
25	25	56	84	115	145	176	206	237	268	298	329	359
26	26	57	85	116	146	177	207	238	269	299	330	360
27	27	58	86	117	147	178	208	239	270	300	331	361
28	28	59	87	118	148	179	209	240	271	301	332	362
29	29	–	88	119	149	180	210	241	272	302	333	363
30	30	–	89	120	150	181	211	242	273	303	334	364
31	31	–	90	–	151	–	212	243	–	304	–	365

Nota: Nos anos bissextos, adicionar 1 ao resultado obtido ao se considerar uma data anterior e outra posterior a 29 de fevereiro.

			$i = 0,05\%$		
n	$(1 + i)^n$	$a_{\overline{n}\rvert i}$	$(a_{\overline{n}\rvert i})^{-1}$	$s_{\overline{n}\rvert i}$	n
1	1,005000	0,995025	1,005000	1,000000	1
2	1,010025	1,985099	0,503753	2,005000	2
3	1,015075	2,970248	0,336672	3,015025	3
4	1,020151	3,950496	0,253133	4,030100	4
5	1,025251	4,925866	0,203010	5,050251	5
6	1,030378	5,896384	0,145729	6,075502	6
7	1,035529	6,862074	0,169595	7,105879	7
8	1,040707	7,822959	0,127829	8,141409	8
9	1,045911	8,779064	0,113907	9,182116	9
10	1,051140	9,730412	0,102771	10,228026	10
11	1,056396	10,677027	0,093659	11,279167	11
12	1,061678	11,618932	0,086066	12,335562	12
13	1,066986	12,556151	0,079642	13,397240	13
14	1,072321	13,488708	0,074136	14,464226	14
15	1,077683	14,416625	0,069364	15,536547	15
16	1,083071	15,339925	0,065189	16,614230	16
17	1,088487	16,258632	0,061506	17,697301	17
18	1,093929	17,172768	0,058232	18,785788	18
19	1,099399	18,082356	0,055303	19,879717	19
20	1,104896	18,987419	0,052666	20,979115	20
21	1,110420	19,887979	0,050282	22,084011	21
22	1,115972	20,784059	0,048114	23,194431	22
23	1,121552	21,675681	0,046135	24,310403	23
24	1,127160	22,562866	0,044321	25,431955	24
25	1,132796	23,445638	0,042652	26,559115	25
26	1,138460	24,324018	0,041112	27,691911	26
27	1,144152	25,198028	0,039686	28,830370	27
28	1,149873	26,067689	0,038362	29,974522	28
29	1,155622	26,933024	0,037129	31,124395	29
30	1,161400	27,794054	0,035979	32,280016	30
31	1,167207	28,650800	0,000349	33,441417	31
32	1,173043	29,503283	0,033895	34,608624	32
33	1,178908	30,351526	0,032947	35,781667	33
34	1,184803	31,195548	0,032056	36,960575	34
35	1,190727	32,035371	0,031215	38,145378	35
36	1,196681	32,871016	0,030422	39,336105	36
42	1,233033	37,798300	0,026456	46,606540	42
48	1,270489	42,580318	0,023485	54,097832	48
60	1,348850	51,725561	0,019333	69,770030	60
72	1,432044	60,339514	0,016573	86,408855	72
84	1,520370	68,453042	0,014609	104,073927	84
96	1,614143	76,095218	0,013141	122,826541	96
108	1,713699	83,293424	0,012006	142,739899	108
120	1,819397	90,073453	0,011102	163,879347	120

Taxa 0,5% a.a.

Taxas Equivalentes

(%)

Mensal	Bimestral	Trimestral	Quadrimestral	Semestral
0.041572	0,083160	0,124766	0,166390	0,249688

		$i = 1,0\%$			
n	$(1 + i)^n$	$a_{\overline{n}|i}$	$(a_{\overline{n}|i})^{-1}$	$s_{\overline{n}|i}$	n
1	1,010000	0,990099	1,010000	1,000000	1
2	1,020100	1,970395	0,507512	2,010000	2
3	1,030301	2,940985	0,340022	3,030100	3
4	1,040604	3,901966	0,256281	4,060401	4
5	1,051010	4,853431	0,206040	5,101005	5
6	1,061520	5,795476	0,172548	6,152015	6
7	1,072135	6,728195	0,148628	7,213535	7
8	1,082857	7,651678	0,130690	8,285671	8
9	1,093685	8,566018	0,116740	9,368527	9
10	1,104622	9,471304	0,105582	10,462213	10
11	1,115668	10,367628	0,096454	11,566835	11
12	1,126825	11,255077	0,088849	12,682503	12
13	1,138093	12,133740	0,082415	13,809328	13
14	1,149474	13,003703	0,076901	14,947421	14
15	1,160969	13,865052	0,072124	16,096895	15
16	1,172579	14,717874	0,067945	17,257864	16
17	1,184304	15,562251	0,054258	18,430443	17
18	1,196147	16,398269	0,060982	19,614748	18
19	1,208109	17,226008	0,058052	20,810895	19
20	1,220190	18,045553	0,055415	22,019004	20
21	1,232392	18,856983	0,053031	23,239194	21
22	1,244716	19,660379	0,050864	24,471586	22
23	1,257163	20,455821	0,048886	25,716302	23
24	1,269735	21,243387	0,047073	26,973465	24
25	1,282432	22,023156	0,045407	28,243199	25
26	1,295256	22,795204	0,043869	29,525631	26
27	1,308209	23,559607	0,042446	30,820888	27
28	1,321291	24,316443	0,041124	32,129097	28
29	1,334504	25,065785	0,039895	33,450387	29
30	1,347849	25,807708	0,038748	34,784891	30
31	1,361327	28,542285	0,037676	36,132740	31
32	1,374941	27,269589	0,036671	37,494068	32
33	1,388690	27,989692	0,035727	38,869008	33
34	1,402577	28,702666	0,034840	40,257698	34
35	1,416603	29,408580	0,034004	41,660275	35
36	1,430769	30,107505	0,033214	43,076878	36
42	1,518790	34,158108	0,029276	51,878989	42
48	1,612226	37,973959	0,026334	61,222607	48
60	1,816697	44,955038	0,022244	81,669669	60
72	2,047099	51,150391	0,019550	104,709930	72
84	2,306723	56,648453	0,017653	130,672273	84
96	2,599273	61,527703	0,016253	159,927291	96
108	2,928926	65,857790	0,015184	192,892578	108
120	3,300387	69,700522	0,014347	230,038689	120

Taxa 1,0% a.a.

Taxas Equivalentes

(%)

Mensal	Bimestral	Trimestral	Quadrimestral	Semestral
0,082954	0,165976	0,249068	0,332228	0,498756

			$i = 1{,}5\%$		
n	$(1 + i)^n$	$a_{\overline{n}|i}$	$(a_{\overline{n}|i})^{-1}$	$s_{\overline{n}|i}$	n
1	1,015000	0,985222	1,015000	1,000000	1
2	1,030225	1,955883	0,511278	2,015000	2
3	1,045678	2,912200	0,343383	3,045225	3
4	1,061364	3,854385	0,259445	4,090903	4
5	1,077284	4,782645	0,209089	5,152267	5
6	1,093443	5,697187	0,175525	6,229551	6
7	1,109845	6,598214	0,151556	7,322994	7
8	1,126493	7,485925	0,133584	8,432839	8
9	1,143390	8,36051	0,119610	9,559332	9
10	1,160541	9,222185	0,108434	10,702722	10
11	1,177949	10,071118	0,099294	11,863262	11
12	1,195618	10,907505	0,091680	13,041211	12
13	1,213552	11,731532	0,085240	14,236830	13
14	1,231756	12,543382	0,079723	15,450382	14
15	1,250232	13,343233	0,074944	16,682138	15
16	1,268986	14,131264	0,070765	17,932370	16
17	1,288020	14,907649	0,067080	19,201355	17
18	1,307341	15,672561	0,063806	20,489376	18
19	1,326951	16,426168	0,060878	21,796716	19
20	1,346855	17,168639	0,058246	23,123667	20
21	1,367058	17,900137	0,055865	24,470522	21
22	1,387564	18,620824	0,053703	25,837580	22
23	1,408377	19,330861	0,051731	27,225144	23
24	1,429503	20,030405	0,049924	28,633521	24
25	1,450945	20,719611	0,048263	30,063024	25
26	1,472710	21,398632	0,046732	31,513969	26
27	1,494800	22,067617	0,045315	32,986679	27
28	1,517222	22,726717	0,044001	34,481479	28
29	1,539981	23,376076	0,042779	35,998701	29
30	1,563080	24,015838	0,041639	37,538681	30
31	1,586526	24,646146	0,040574	39,101762	31
32	1,610324	25,267139	0,039577	40,688288	32
33	1,634479	25,878954	0,038641	42,298612	33
34	1,658996	26,481729	0,037762	43,933092	34
35	1,683881	27,075595	0,036934	45,592088	35
36	1,709140	27,660684	0,036152	47,275909	36
42	1,868847	30,994050	0,032264	57,923141	42
48	2,043478	34,042554	0,029375	69,565219	48
60	2,443220	39,380269	0,025393	96,214652	60
72	2,921158	43,844667	0,022808	128,077198	72
84	3,492590	47,578633	0,021018	166,172636	84
96	4,175804	50,701675	0,019723	211,720235	96
108	4,992667	53,313749	0,018757	266,177771	108
120	5,969323	55,498454	0,018019	331,288191	120

Taxa 1,5% a.a.

Taxas Equivalentes

(%)

Mensal	Bimestral	Trimestral	Quadrimestral	Semestral
0,124149	0,248452	0,372909	0,497521	0,747208

		$i = 2\%$			
n	$(1 + i)^n$	$a_{\overline{n}|i}$	$(a_{\overline{n}|i})^{-1}$	$s_{\overline{n}|i}$	n
1	1,020000	0,980392	1,020000	1,000000	1
2	1,040400	1,941561	0,515050	2,020000	2
3	1,061208	2,883883	0,346755	3,060400	3
4	1,082432	3,807729	0,262624	4,121608	4
5	1,104081	4,713460	0,212158	5,204040	5
6	1,126162	5,601431	0,178526	6,308121	6
7	1,148686	6,471991	0,154512	7,434283	7
8	1,171659	7,325481	0,136510	8,582969	8
9	1,195093	8,162237	0,122515	9,754628	9
10	1,218994	8,982585	0,111327	10,949721	10
11	1,243374	9,786848	0,102178	12,168715	11
12	1,268242	10,575341	0,094560	13,412090	12
13	1,293607	11,348374	0,088118	14,680332	13
14	1,319479	12,106249	0,082602	15,973938	14
15	1,345868	12,849264	0,077825	17,293417	15
16	1,372786	13,577709	0,073650	18,639285	16
17	1,400241	14,291872	0,069970	20,012071	17
18	1,428246	14,992031	0,066702	21,412312	18
19	1,456811	15,678462	0,063782	22,840559	19
20	1,485947	16,351433	0,061157	24,297370	20
21	1,515666	17,011209	0,058785	25,783317	21
22	1,545980	17,658048	0,056631	27,298984	22
23	1,576899	18,292204	0,054668	28,844963	23
24	1,608437	18,913926	0,052871	30,421863	24
25	1,640606	19,523456	0,051220	32,030300	25
26	1,673418	20,121036	0,049699	33,670906	26
27	1,706886	20,706898	0,048293	35,344324	27
28	1,741024	21,281272	0,046990	37,051210	28
29	1,775845	21,844385	0,045778	38,792235	29
30	1,811362	22,396456	0,044650	40,568079	30
31	1,847589	22,937702	0,043596	42,379441	31
32	1,884541	23,468335	0,042611	44,227030	32
33	1,922231	23,988564	0,041687	46,111570	33
34	1,960676	24,498592	0,040819	48,033802	34
35	1,999890	24,998619	0,040002	49,994478	35
36	2,039887	25,488842	0,039233	51,994367	36
42	2,297244	28,234794	0,035417	64,862223	42
48	2,587070	30,673120	0,032602	79,353519	48
60	3,281031	34,760887	0,028768	114,051540	60
72	4,161140	37,984063	0,026327	158,057019	72
84	5,277332	40,525516	0,024676	213,866607	84
96	6,692933	42,529434	0,023513	284,646659	96
108	8,488258	44,109510	0,022671	374,412879	108
120	10,765163	45,355389	0,022048	488,258152	120

Taxa 2% a.a.

Taxas Equivalentes

(%)

Mensal	Bimestral	Trimestral	Quadrimestral	Semestral
0,165158	0,330599	0,496293	0,662271	0,995049

			$i = 2,5\%$		
n	$(1 + i)^n$	$a_{\overline{n}\vert i}$	$(a_{\overline{n}\vert i})^{-1}$	$s_{\overline{n}\vert i}$	n
1	1,025000	0,975610	1,025000	1,000000	1
2	1,050625	1,927424	0,518827	2,025000	2
3	1,076891	2,856024	0,350137	3,075625	3
4	1,103813	3,761974	0,265818	4,152516	4
5	1,131408	4,645829	0,215247	5,256329	5
6	1,159693	5,508125	0,181550	6,387737	6
7	1,188686	6,349391	0,157495	7,547430	7
8	1,218403	7,170137	0,139467	8,736116	8
9	1,248863	7,970866	0,125457	9,954519	9
10	1,280085	8,752064	0,114259	11,203382	10
11	1,312087	9,514209	0,105106	12,483466	11
12	1,344889	10,257765	0,097487	13,795553	12
13	1,378511	10,983185	0,091048	15,140442	13
14	1,412974	11,690912	0,085537	16,518953	14
15	1,448298	12,381378	0,080766	17,931927	15
16	1,484506	13,055003	0,076599	19,380225	16
17	1,521618	13,712198	0,072928	20,864730	17
18	1,559659	14,353364	0,069670	22,386349	18
19	1,598650	14,978891	0,066761	23,946007	19
20	1,638616	15,589162	0,064147	25,544658	20
21	1,679582	16,184549	0,061787	27,183274	21
22	1,721571	16,765413	0,059647	28,862856	22
23	1,764611	17,332110	0,057696	30,584427	23
24	1,808726	17,884986	0,055913	32,349038	24
25	1,853944	18,424376	0,054276	34,157764	25
26	1,900293	18,950611	0,052769	36,011708	26
27	1,947800	19,464011	0,051377	37,912001	27
28	1,996495	19,964889	0,050088	39,859801	28
29	2,046407	20,453550	0,048891	41,856296	29
30	2,097568	20,930293	0,047778	43,902703	30
31	2,150007	21,395407	0,046739	46,000271	31
32	2,203757	21,849178	0,045768	48,150278	32
33	2,258851	22,291881	0,044859	50,354034	33
34	2,315322	22,723786	0,044007	52,612885	34
35	2,373205	23,145157	0,043206	54,928207	35
36	2,432535	23,556251	0,042452	57,301413	36
42	2,820995	25,820607	0,038729	72,839808	42
48	3,271490	27,773154	0,036006	90,859583	48
60	4,399790	30,908656	0,032353	135,991590	60
72	5,917228	33,240078	0,030084	196,689123	72
84	7,958014	34,973620	0,028593	278,320556	84
96	10,702644	36,262606	0,027577	388,105758	96
108	14,393866	37,221039	0,026867	535,754650	108
120	19,358150	37,933687	0,026362	734,325993	120

Taxa 2,5% a.a.

Taxas Equivalentes

(%)

Mensal	Bimestral	Trimestral	Quadrimestral	Semestral
0,205984	0,412392	0,619225	0,826484	1,242284

			$i = 3\%$		
n	$(1 + i)^n$	$a_{\overline{n}\rvert i}$	$(a_{\overline{n}\rvert i})^{-1}$	$s_{\overline{n}\rvert i}$	n
1	1,030000	0,970874	1,030000	1,000000	1
2	1,060900	1,913470	0,522611	2,030000	2
3	1,092727	2,828611	0,353530	3,090900	3
4	1,125509	3,717098	0,269027	4,183627	4
5	1,159274	4,579707	0,218355	5,309136	5
6	1,194052	5,417191	0,184598	6,468410	6
7	1,229874	6,230283	0,160506	7,662462	7
8	1,266770	7,019692	0,142456	8,892336	8
9	1,304773	7,786109	0,128434	10,159106	9
10	1,343916	8,530203	0,117231	11,463879	10
11	1,384234	9,252624	0,108077	12,807796	11
12	1,425761	9,954004	0,100462	14,192030	12
13	1,468534	10,634955	0,094030	15,617790	13
14	1,512590	11,296073	0,088526	17,086324	14
15	1,557967	11,937935	0,083767	18,598914	15
16	1,604706	12,561102	0,079611	20,156881	16
17	1,652848	13,166118	0,075953	21,761588	17
18	1,702433	13,753513	0,072709	23,414435	18
19	1,753506	14,323799	0,069814	25,116868	19
20	1,806111	14,877475	0,067216	26,870374	20
21	1,860295	15,415024	0,064872	28,676486	21
22	1,916103	15,936917	0,062747	30,536780	22
23	1,973587	16,443608	0,060814	32,452884	23
24	2,032794	16,935542	0,059047	34,426470	24
25	2,093778	17,413148	0,057428	36,459264	25
26	2,156591	17,876842	0,055938	38,553042	26
27	2,221289	18,327931	0,054564	40,709633	27
28	2,287928	18,764108	0,053293	42,930922	28
29	2,356566	19,188455	0,052115	45,218850	29
30	2,427262	19,600441	0,051019	47,575416	30
31	2,500080	20,000248	0,049999	50,002678	31
32	2,575083	20,388766	0,049047	52,502758	32
33	2,652335	20,765792	0,048156	55,077841	33
34	2,731905	21,131837	0,047322	57,730176	34
35	2,813862	21,487220	0,046539	60,462082	35
36	2,898278	21,832252	0,045804	63,275944	36
42	3,460696	23,701359	0,042192	82,023196	42
48	4,132252	25,266707	0,039578	104,408396	48
60	5,891603	27,675564	0,036133	163,053437	60
72	8,400017	29,365088	0,034054	246,667242	72
84	11,976416	30,550086	0,032733	365,880536	84
96	17,075506	31,381219	0,031866	535,850186	96
108	24,345588	31,964160	0,031285	778,186267	108
120	34,710987	32,373023	0,030890	1.123,699571	120

Taxa 3% a.a.

Taxas Equivalentes

(%)

Mensal	Bimestral	Trimestral	Quadrimestral	Semestral
0,246627	0,493862	0,741707	0,990163	1,488916

			$i = 3,5\%$		
n	$(1 + i)^n$	$a_{\overline{n}|i}$	$(a_{\overline{n}|i})^{-1}$	$s_{\overline{n}|i}$	n
1	1,035000	0,966184	1,035000	1,000000	1
2	1,071225	1,899694	0,526400	2,035000	2
3	1,108718	2,801637	0,356934	3,106225	3
4	1,147523	3,673079	0,272251	4,214943	4
5	1,187686	4,515052	0,221481	5,362466	5
6	1,229255	5,328553	0,187668	6,550152	6
7	1,272279	6,114544	0,163544	7,779407	7
8	1,316809	6,873956	0,145477	9,051687	8
9	1,362897	7,607687	0,131446	10,368496	9
10	1,410599	8,316605	0,120241	11,731363	10
11	1,459970	9,001551	0,111092	13,141992	11
12	1,51 1069	9,663334	0,103484	14,601962	12
13	1,563956	10,302738	0,097062	16,113030	13
14	1,618695	10,920520	0,091571	17,676986	14
15	1,6 75349	11,517411	0,086825	19,295681	15
16	1,733986	12,094117	0,082685	20,971030	16
17	1,794676	12,651321	0,079043	22,705016	17
18	1,857489	13,189682	0,075817	24,499691	18
19	1,922501	13,709837	0,072940	26,357180	19
20	1,989789	14,212403	0,070361	28,279682	20
21	2,059431	14,697974	0,068037	30,269471	21
22	2,131512	15,167125	0,065932	32,328902	22
23	2,206114	15,620410	0,064019	34,460414	23
24	2,283328	16,058368	0,062273	36,666528	24
25	2,363245	16,481515	0,060674	38,949857	25
26	2,445959	16,890352	0,059205	41,313102	26
27	2,531567	17,285365	0,057852	43,759060	27
28	2,620172	17,667019	0,056603	46,290627	28
29	2,711878	18,035767	0,055445	48,910799	29
30	2,806794	18,392045	0,054371	51,622677	30
31	2,905031	18,736276	0,053372	54,429471	31
32	3,006708	19,068865	0,052442	57,334502	32
33	3,111942	19,390208	0,051572	60,341210	33
34	3,220860	19,700684	0,050760	63,453152	34
35	3,333590	20,000661	0,049998	66,674013	35
36	3,460266	20,290494	0,049264	70,007603	36
42	4,241258	21,834883	0,045798	92,607371	42
48	5,213589	23,091244	0,043306	120,388257	48
60	7,878091	24,944734	0,040089	196,516683	60
72	11,904336	26,171343	0,038210	311,552464	72
84	17,958269	26,983092	0,037060	485,379125	84
96	27,181510	27,520294	0,036337	748,043145	96
108	41,073128	27,875805	0,035873	1.144,946512	108
120	62,064316	28,111077	0,035573	1.744,694750	120

Taxa 3,5% a.a.

Taxas Equivalentes

(%)

Mensal	Bimestral	Trimestral	Quadrimestral	Semestral
0,287090	0,575004	0,863745	1,153314	1,734950

			$i = 4\%$		
n	$(1 + i)^n$	$a_{\overline{n}|i}$	$(a_{\overline{n}|i})^{-1}$	$s_{\overline{n}|i}$	n
1	1,040000	0,961538	1,040000	1,000000	1
2	1,081600	1,886095	0,530196	2,040000	2
3	1,124864	2,775091	0,360349	3,121600	3
4	1,169859	3,629895	0,275490	4,246464	4
5	1,216653	4,451822	0,224627	5,416323	5
6	1,265319	5,242137	0,190762	6,632975	6
7	1,315932	6,002955	0,166610	7,898295	7
8	1,368569	6,732745	0,14528	9,214226	8
9	1,423312	7,435332	0,134493	10,582795	9
10	1,480244	8,110896	0,123291	12,006107	10
11	1,539454	8,760477	0,114149	13,486351	11
12	1,601032	9,385074	0,106552	15,025805	12
13	1,665074	9,985648	0,100144	16,626838	13
14	1,731676	10,563123	0,094669	18,291911	14
15	1,800944	11,118387	0,089941	20,023588	15
16	1,872981	11,652296	0,085820	21,824531	16
17	1,947900	12,165669	0,082199	23,697512	17
18	2,025817	12,659297	0,078993	25,645413	18
19	2,106849	13,133939	0,076139	27,671229	19
20	2,191123	13,590326	0,073582	29,778070	20
21	2,278768	14,029160	0,071280	31,969202	21
22	2,369919	14,451115	0,069199	34,247970	22
23	2,464716	14,856842	0,067309	36,617889	23
24	2,563304	15,246963	0,065587	39,082604	24
25	2,665836	15,622080	0,064012	41,645908	25
26	2,772470	15,982769	0,062567	44,311745	26
27	2,883369	16,329586	0,061239	47,084214	27
28	2,998703	16,663063	0,060013	49,967583	28
29	3,118651	16,983715	0,058880	52,966286	29
30	3,243398	17,292033	0,057830	56,084938	30
31	3,373133	17,588494	0,056855	59,328335	31
32	3,508059	17,873552	0,055949	62,701469	32
33	3,648381	18,147646	0,055104	66,209528	33
34	3,794316	18,411198	0,054315	69,857909	34
35	3,946089	18,664613	0,053577	73,652225	35
36	4,103933	18,908282	0,052887	77,598314	36
42	5,192784	20,185627	0,049540	104,819598	42
48	6,570528	21,195131	0,047181	139,263206	48
60	10,519627	22,623490	0,044202	237,990685	60
72	16,842262	23,515639	0,042525	396,056560	72
84	26,965005	24,072872	0,041541	649,125119	84
96	43,171841	24,420919	0,040949	1.054,296034	96
108	69,119509	24,638308	0,040587	1.702,987724	108
120	110,662561	24,774088	0,040365	2.741,564020	120

Taxa 4% a.a.

Taxas Equivalentes

(%)

Mensal	Bimestral	Trimestral	Quadrimestral	Semestral
0,327374	0,655820	0,985341	1,315940	1,980390

			$i = 4,5\%$		
n	$(1 + i)^n$	$a_{\overline{n}\vert i}$	$(a_{\overline{n}\vert i})^{-1}$	$s_{\overline{n}\vert i}$	n
1	1,045000	0,956938	1,045000	1,000000	1
2	1,092025	1,872668	0,533998	2,045000	2
3	1,141166	2,748964	0,363773	3,137025	3
4	1,192519	3,587526	0,278744	4,278191	4
5	1,246182	4,389977	0,227792	5,470710	5
6	1,302260	5,157872	0,193878	6,716892	6
7	1,360862	5,892701	0,169701	6,019152	7
8	1,422101	6,595886	0,151610	9,380014	8
9	1,486095	7,268790	0,137574	10,802114	9
10	1,552969	7,912718	0,126379	12,288209	10
11	1,622853	8,528917	0,117248	13,841179	11
12	1,695881	9,118581	0,109666	15,464032	12
13	1,772196	9,682852	0,103275	17,159913	13
14	1,851945	10,222825	0,097820	18,932109	14
15	1,935282	10,739546	0,0931 14	20,784054	15
16	2,022370	11,234015	0,089015	22,719337	16
17	2,113377	11,707191	0,085418	24,741707	17
18	2,208479	12,159992	0,082237	26,855084	18
19	2,307860	12,593294	0,079407	29,063562	19
20	2,411714	13,007936	0,076876	31,371423	20
21	2,520241	13,404724	0,074601	33,783137	21
22	2,633652	13,784425	0,072546	36,303378	22
23	2,752166	14,147775	0,070682	38,937030	23
24	2,876014	14,495478	0,068987	41,689196	24
25	3,005434	14,828209	0,067439	44,565210	25
26	3,140679	15,146611	0,066021	47,570645	26
27	3,282010	15,451303	0,064719	50,711324	27
28	3,429700	15,742874	0,063521	53,993333	28
29	3,584036	16,021889	0,062415	57,423033	29
30	3,745318	16,288889	0,061392	61,007070	30
31	3,913857	16,544391	0,060443	64,752388	31
32	4,089981	16,788891	0,059563	68,666245	32
33	4,274030	17,022862	0,058745	72,756226	33
34	4,466362	17,246758	0,057982	77,030256	34
35	4,667348	17,461012	0,057270	81,496618	35
36	4,877378	17,666041	0,056606	86,163966	36
42	6,351615	18,723550	0,053409	118,924789	42
48	8,271456	19,535607	0,051189	161,587902	48
60	14,027408	20,638022	0,048454	289,497954	60
72	23,788821	21,288077	0,046975	506,418236	72
84	40,343019	21,671390	0,046144	874,289317	84
96	68,416977	21,897417	0,045667	1.498,155051	96
108	116,027081	22,030696	0,045391	2.556,157367	108
120	196,7¢8173	22,109286	0,045230	4.350,403849	120

Taxa 4,5% a.a.

Taxas Equivalentes

(%)

Mensal	Bimestral	Trimestral	Quadrimestral	Semestral
0,367481	0,736312	1,106499	1,478046	2,225242

			$i = 5\%$		
n	$(1 + i)^n$	$a_{\overline{n}|i}$	$(a_{\overline{n}|i})^{-1}$	$s_{\overline{n}|i}$	n
1	1,050000	0,952381	1,050000	1,000000	1
2	1,102500	1,859410	0,537805	2,050000	2
3	1,157625	2,723248	0,367209	3,152500	3
4	1,215506	3,545951	0,282012	4,310125	4
5	1,276282	4,329477	0,230975	5,525631	5
6	1,340096	5,075692	0,197017	6,801913	6
7	1,407100	5,786373	0,172820	8,142008	7
8	1,477455	6,463213	0,154722	9,549109	8
9	1,551328	7,107822	0,140690	11,026564	9
10	1,628895	7,721735	0,129505	12,577893	10
11	1,710339	8,306414	0,120389	14,206787	11
12	1,795856	8,863252	0,112825	15,917127	12
13	1,885649	9,393573	0,106456	17,712983	13
14	1,979932	9,898641	0,101024	19,598632	74
15	2,078928	10,379658	0,096342	21,578564	15
16	2,182875	10,837770	0,092270	23,657492	16
17	2,292018	11,274066	0,088699	25,840366	17
18	2,406619	11,689587	0,085546	28,732385	18
19	2,526950	12,085321	0,082745	30,539004	19
20	2,653298	12,462210	0,080243	33,065954	20
21	2,785963	12,821153	0,077996	35,719252	21
22	2,925261	13,163003	0,075971	30,505214	22
23	3,071524	73,488574	0,074137	41,430475	23
24	3,225100	13,798642	0,072471	44,501999	24
25	3,386355	14,093945	0,070952	47,727099	25
26	3,555673	14,375185	0,069564	51,113454	26
27	3,733456	14,643034	0,068292	54,669126	27
28	3,920129	14,898127	0,067123	58,402583	28
29	4,116136	15,141074	0,066046	62,322712	29
30	4,321942	15,372451	0,065051	66,438848	30
31	4,538039	15,592811	0,064732	70,760790	31
32	4,764941	15,802677	0,063280	75,298829	32
33	5,003189	16,002549	0,062490	80,063771	33
34	5,253348	16,192904	0,061755	85,066960	34
35	5,516015	16,374194	0,061072	90,320307	35
36	5,791816	16,546852	0,060434	95,836323	36
42	7,761588	17,423208	0,057395	135,231751	42
48	10,401270	18,077158	0,055318	188,025393	48
60	78,679186	18,929290	0,052828	353,583718	60
72	33,545134	19,403788	0,051536	650,902683	72
84	60,242241	19,668007	0,050844	1.184,844828	84
96	108,186410	19,815134	0,050466	2.143,728205	96
108	194,287249	19,897060	0,050259	3.865,744985	108
120	348,911986	19,942679	0,050144	6.958,239713	120

Taxa 5% a.a.

Taxas Equivalentes

(%)

Mensal	Bimestral	Trimestral	Quadrimestral	Semestral
0,407412	0,816485	1,227223	1,639636	2,469508

n	$(1 + i)^n$	$a_{\overline{n}|i}$	$(a_{\overline{n}|i})^{-1}$	$s_{\overline{n}|i}$	n
			$i = 5,5\%$		
1	1,055000	0,947867	1,055000	1,000000	1
2	1,113025	1,846320	0,541618	2,055000	2
3	1,174241	2,697933	0,370654	3,168025	3
4	1,238825	3,505150	0,285294	4,342266	4
5	1,306960	4,270284	0,234176	5,581091	5
6	1,378843	4,995530	0,200179	6,888051	6
7	1,454679	5,682967	0,175964	8,266894	7
8	1,534687	6,334566	0,157864	9,721573	8
9	1,619094	6,952195	0,143839	11,256260	9
10	1,708144	7,537626	0,132668	12,875354	10
11	1,802092	8,092536	0,123571	14,583496	11
12	1,901207	8,618518	0,1 16029	16,385591	12
13	2,005774	9,117079	0,109684	18,286798	13
14	2,116091	9,589648	0,104279	20,292572	14
15	2,232476	10,037581	0,099626	22,408663	15
16	2,355263	10,462162	0,095583	24,641140	16
17	2,484802	10,864609	0,092042	26,996403	17
18	2,621466	11,246074	0,088920	29,461205	18
19	2,765647	11,607654	0,086150	32,102671	19
20	3,917757	11,950382	0,083679	34,868318	20
21	3,078234	12,275244	0,081465	37,786075	21
22	3,247537	12,583170	0,079471	40,864310	22
23	3,426152	12,875042	0,077670	44,111847	23
24	3,614590	13,151699	0,076036	47,537998	24
25	3,813392	13,413933	0,074549	51,152588	25
26	4,023129	13,662495	0,073193	54,965980	26
27	4,244401	13,898100	0,071952	58,989109	27
28	4,477843	14,121422	0,070814	63,233510	28
29	4,724124	14,333101	0,069769	67,711353	29
30	4,983951	14,533745	0,068805	72,435478	30
31	5,258069	14,723929	0,067917	77,419429	31
32	5,547262	14,904198	0,067095	62,677498	32
33	5,852362	15,075069	0,066335	88,224760	33
34	6,174242	15,237033	0,065630	94,077122	34
35	6,513825	15,390552	0,064975	100,251364	35
36	6,872085	15,536068	0,064366	106,765189	36
42	9,475525	16,262999	0,061489	154,100464	42
48	13,065260	16,790203	0,059559	219,368367	48
60	24,839770	17,449854	0,057307	433,450372	60
72	47,225558	17,796819	0,056190	840,464682	72
84	89,785583	17,979316	0,055619	1.614,283336	84
96	179,701023	18,075306	0,055324	3.085,473153	96
108	324,538064	18,125795	0,055170	5.882,510246	108
120	617,014196	18,152351	0,055089	11.200,258105	120

Taxa 5,5% a.a.

Taxas Equivalentes

(%)

Mensal	Bimestral	Trimestral	Quadrimestral	Semestral
0,447170	0,896339	1,347517	1,800713	2,713193

			$i = 6\%$			
n	$(1 + i)^n$	$a_{\overline{n}|i}$	$(a_{\overline{n}|i})^{-1}$	$s_{\overline{n}|i}$	n
1	1,060000	0,943396	1,060000	1,000000	1
2	1,123600	1,833393	0,545437	2,060000	2
3	1,191016	2,673012	0,374110	3,183600	3
4	1,262477	3,465106	0,288591	4,374616	4
5	1,338226	4,212364	0,237396	5,637093	5
6	1,418519	4,917324	0,203363	6,975319	6
7	1,503630	5,582381	0,179135	8,393838	7
8	1,593848	6,209794	0,161036	9,897468	8
9	1,689479	6,801692	0,147022	11,491316	9
10	1,790848	7,360087	0,135868	13,180795	10
11	1,898299	7,886875	0,126793	14,971643	11
12	2,012196	8,383844	0,119277	16,869941	12
13	2,132928	8,852683	0,112960	18,882138	13
14	2,260904	9,294984	0,107585	21,015066	14
15	2,396558	9,712249	0,102963	23,275970	15
16	2,540352	10,105895	0,098952	25,672528	16
17	2,692773	10,477260	0,095445	28,212880	17
18	2,854339	10,827603	0,092357	30,905653	18
19	3,025600	11,158117	0,089621	33,759992	19
20	3,207135	11,469921	0,087185	36,785591	20
21	3,399564	11,764077	0,085005	39,992727	21
22	3,603537	12,041582	0,083046	43,392290	22
23	3,819750	12,303379	0,081278	46,995828	23
24	4,048935	12,550358	0,079679	50,815577	24
25	4,291871	12,783356	0,078227	54,864512	25
26	4,549383	13,003166	0,076904	59,156383	26
27	4,822346	13,210534	0,075697	63,705766	27
28	5,111687	13,406164	0,074593	68,528112	28
29	5,418388	13,590721	0,073580	73,639799	29
30	5,743491	13,764831	0,072649	79,058186	30
31	6,088101	13,929086	0,071792	84,801678	31
32	6,453387	14,084043	0,071002	90,889778	32
33	6,840590	14,230230	0,070273	97,343165	33
34	7,251025	14,368141	0,069598	104,183755	34
35	7,686087	14,498246	0,068974	111,434780	35
36	8,147252	14,620987	0,068395	119,120867	36
42	11,557033	15,224543	0,065683	175,950545	42
48	16,393872	15,650027	0,063898	256,564529	48
60	32,987691	16,161428	0,061876	533,128181	60
72	66,377715	16,415578	0,060918	1.089,628586	72
84	133,565004	16,541883	0,060453	2.209,416737	84
96	268,759030	16,604653	0,060224	4.462,650505	96
108	540,795972	16,635848	0,060111	8.996,599542	108
120	1.088,187748	16,651351	0,060055	18.119,795797	120

Taxa 6% a.a.

Taxas Equivalentes

(%)

Mensal	Bimestral	Trimestral	Quadrimestral	Semestral
0,486755	0,975879	1,467385	1,961282	2,956301

			$i = 7\%$		
n	$(1 + i)^n$	$a_{\overline{n}|i}$	$(a_{\overline{n}|i})^{-1}$	$s_{\overline{n}|i}$	n
1	1,070000	0,934579	1,070000	1,000000	1
2	1,144900	1,808018	0,553092	2,070000	2
3	1,225043	2,624316	0,381052	3,214900	3
4	1,310796	3,387211	0,205228	4,439943	4
5	1,402552	4,100197	0,243891	5,750739	5
6	1,500730	4,766540	0,209796	7,153291	6
7	1,605781	5,389289	0,185553	8,654021	7
8	1,718186	5,971299	0,167468	10,259803	8
9	1,838459	6,515232	0,153486	11,977989	9
10	1,967151	7,023582	0,142378	13,816448	10
11	2,104852	7,498674	0,133357	15,783599	11
12	2,252192	7,942686	0,125902	17,888451	12
13	2,400845	8,357651	0,119651	20,140643	13
14	2,578534	8,745468	0,114345	22,550488	14
15	2,759032	9,107914	0,109795	25,129022	15
16	2,952164	9,446649	0,105858	27,888054	16
17	3,158815	9,763223	0,102425	30,840217	17
18	3,379932	10,059087	0,099413	33,999033	18
19	3,616528	10,335595	0,096753	37,378965	19
20	3,869684	10,594014	0,094393	40,995492	20
21	4,140562	10,835527	0,092289	44,965177	21
22	4,430402	11,061240	0,090406	49,005739	22
23	4,740530	11,272187	0,088714	53,436141	23
24	5,072367	11,469334	0,087189	58,176671	24
25	5,427433	11,653583	0,085811	63,249038	25
26	5,807353	11,825779	0,084561	68,676470	26
27	6,213868	11,986709	0,083426	74,483823	27
28	6,648838	12,137111	0,092392	80,697691	28
29	7,114257	12,277674	0,081449	87,346529	29
30	7,612255	12,409041	0,080586	94,460786	30
31	8,145113	12,531814	0,079797	102,073041	31
32	8,715271	12,646555	0,079073	110,218154	32
33	9,325340	12,753790	0,078408	118,933425	33
34	9,978114	12,854009	0,077797	128,258765	34
35	10,676582	12,947672	0,077234	138,236878	35
36	11,423942	13,035208	0,076715	148,913460	36
42	17,144257	13,452449	0,074336	230,632240	42
48	25,728907	13,730474	0,072831	353,270093	48
60	57,946427	14,039181	0,071229	813,520383	60
72	130,506455	14,176251	0,070541	1.850,092216	72
84	293,925541	14,237111	0,070239	4.184,650579	84
96	661,976630	14,264134	0,070108	9.442,523288	96
108	1.490,898199	14,276132	0,070047	21.284,259980	108
120	3.357,788383	14,281460	0,070021	47.954,119756	120

Taxa 7% a.a.

Taxas Equivalentes

(%)

Mensal	Bimestral	Trimestral	Quadrimestral	Semestral
0,565415	1,134026	1,705853	2,280912	3,440804

	$i = 8\%$				
n	$(1 + i)^n$	$a_{\overline{n}\rvert i}$	$(a_{\overline{n}\rvert i})^{-1}$	$s_{\overline{n}\rvert i}$	n
1	1,080000	0,925926	1,080000	1,000000	1
2	1,166400	1,783265	0,560769	2,080000	2
3	1,259712	2,577097	0,383034	3,246400	3
4	1,360489	3,312127	0,301921	4,506112	4
5	1,469328	3,992710	0,250456	5,866601	5
6	1,586874	4,622880	0,216315	7,335929	6
7	1,713824	5,206370	0,192072	8,922803	7
8	1,850930	5,746639	0,174015	10,636628	8
9	1,999005	6,246888	0,160080	12,487558	9
10	2,158925	6,710081	0,149029	14,486562	10
11	2,331639	7,138964	0,140076	16,645487	11
12	2,518170	7,536078	0,132695	18,977126	12
13	2,719624	7,903776	0,126522	21,495297	13
14	2,937194	8,244237	0,121297	24,214920	14
15	3,172169	8,559479	0,116830	27,152114	15
16	3,425943	8,851369	0,112977	30,324283	16
17	3,700018	9,121638	0,109629	33,750226	17
18	3,996019	9,371887	0,106702	37,450244	18
19	4,315701	9,603599	0,104128	41,446263	19
20	4,660957	9,818147	0,101852	45,761964	20
21	5,033834	10,016803	0,099832	50,422921	21
22	5,436540	10,200744	0,098032	55,456755	22
23	5,871464	10,371059	0,096422	60,893296	23
24	6,341181	10,528758	0,094978	66,764759	24
25	6,848475	10,674776	0,093679	73,105940	25
26	7,396353	10,809978	0,092507	79,954415	26
27	7,988061	10,935165	0,091448	87,350768	27
28	8,627106	11,051078	0,090489	95,338830	28
29	9,317275	11,158406	0,089619	103,965936	29
30	10,062657	11,257783	0,088827	113,283211	30
31	10,867669	11,349799	0,088107	123,345868	31
32	11,737083	11,434999	0,087451	134,213537	32
33	12,676050	11,513888	0,086852	145,950620	33
34	13,690134	11,586934	0,086304	158,626670	34
35	14,785344	11,654568	0,085803	172,316804	35
36	15,968172	11,717193	0,085345	187,102148	36
42	25,339482	12,006699	0,083287	304,243523	42
48	40,210573	12,189136	0,082040	490,132164	48
60	101,257064	12,376552	0,080798	1.253,213296	60
72	254,982512	12,450977	0,080315	3.174,781398	72
84	642,089342	12,480532	0,080125	8.013,616770	84
96	1.616,890192	12,492269	0,080050	20.198,627405	96
108	4.071,604565	12,496930	0,080020	50.882,557060	108
120	10.252,992943	12,498781	0,080008	128.149,911781	120

Taxa 8% a.a.

Taxas Equivalentes

(%)

Mensal	Bimestral	Trimestral	Quadrimestral	Semestral
0,643403	1,290946	1,942655	2,598557	3,923048

			$i = 10\%$		
n	$(1 + i)^n$	$a_{\overline{n}|i}$	$(a_{\overline{n}|i})^{-1}$	$s_{\overline{n}|i}$	n
1	1,100000	0,909091	1,100000	1,000000	1
2	1,210000	1,735537	0,576190	2,100000	2
3	1,331000	2,486852	0,402115	3,310000	3
4	1,464100	3,169865	0,315471	4,641000	4
5	1,610510	3,790787	0,263797	6,105100	5
6	1,771561	4,355261	0,229607	7,715610	6
7	1,948717	4,868419	0,205405	9,487171	7
8	2,143589	5,334926	0,187444	11,435888	8
9	2,357948	5,759024	0,173641	13,579477	9
10	2,593742	6,144567	0,162745	15,937425	10
11	2,853117	6,495061	0,153963	18,531167	11
12	3,138428	6,813692	0,146763	21,384284	12
13	3,452271	7,103356	0,140779	24,522712	13
14	3,797498	7,366687	0,135746	27,974983	14
15	4,177248	7,606080	0,131474	31,772482	15
16	4,594973	7,823709	0,127817	35,949730	16
17	5,054470	8,021553	0,124664	40,544703	17
18	5,559917	8,201412	0,121930	45,599173	18
19	6,115909	8,364920	0,119547	51,159090	19
20	6,727500	8,513564	0,117460	57,274999	20
21	7,400250	8,648694	0,115624	64,002499	21
22	8,140275	8,771540	0,114005	71,402749	22
23	8,954302	8,883218	0,112572	79,543024	23
24	9,849733	8,984744	0,111300	88,497327	24
25	10,834706	9,077040	0,110168	98,347059	25
26	11,918177	9,160945	0,109159	109,181765	26
27	13,109994	9,237223	0,108258	121,099942	27
28	14,420994	9,306567	0,107451	134,209936	28
29	15,863093	9,369606	0,106728	148,630930	29
30	17,449402	9,426914	0,106079	164,494023	30
31	19,194342	9,479013	0,105496	181,943425	31
32	21,113777	9,526376	0,104972	201,137767	32
33	23,225154	9,569432	0,104499	222,251544	33
34	25,547670	9,608575	0,104074	245,476699	34
35	28,102437	9,644159	0,103590	271,024368	35
36	30,912681	9,676508	0,103343	299,126805	36
42	54,763699	9,817397	0,101860	537,636992	42
48	97,017234	9,896926	0,101041	960,172338	48
60	304,481640	9,967157	0,100330	3.034,816395	60
72	355,593818	9,989535	0,100105	9.545,938177	72
84	199,062754	9,996666	0,100033	29.980,627542	84
96	312,343651	9,998938	0,100011	94.113,436513	96
108	539,966407	9,999661	0,100003	295.389,664066	108
120	709,068818	9,999892	0,100001	927.080,688178	120

Taxa 10% a.a.

Taxas Equivalentes

(%)

Mensal	Bimestral	Trimestral	Quadrimestral	Semestral
0,797414	1,601187	2,411369	3,228012	4,880885

			$i = 15\%$		
n	$(1 + i)^n$	$a_{\overline{n}|i}$	$(a_{\overline{n}|i})^{-1}$	$s_{\overline{n}|i}$	n
1	1,150000	0,869565	1,150000	1,000000	1
2	1,322500	1,625709	0,615116	2,160000	2
3	1,520875	2,283225	0,437977	3,472500	3
4	1,749006	2,854978	0,350265	4,993375	4
5	2,011357	3,352155	0,298316	6,742381	5
6	2,313061	3,784483	0,264237	8,753738	6
7	2,660020	4,160420	0,240360	11,066799	7
8	3,059023	4,487322	0,222850	13,726819	8
9	3,517876	4,771584	0,209574	16,785842	9
10	4,045558	5,018769	0,199252	20,303718	10
11	4,652391	5,233712	0,191069	24,349276	11
12	5,350250	5,420619	0,184481	29,001657	12
13	6,152788	5,583147	0,179110	34,351917	13
14	7,075706	5,724476	0,174688	40,504705	14
15	8,137062	5,847370	0,171017	47,580411	15
16	9,357621	5,954235	0,167948	55,717472	16
17	10,761264	6,047161	0,165367	65,075093	17
18	12,375454	6,127966	0,163186	75,836357	18
19	14,231772	6,198231	0,161336	88,211811	19
20	16,366537	6,259331	0,159761	102,443583	20
21	18,821518	6,312462	0,158417	118,810120	21
22	21,644746	6,358663	0,157266	137,631638	22
23	24,891458	6,398837	0,156278	159,276384	23
24	28,625176	6,433771	0,155430	184,167842	24
25	32,918953	6,464149	0,154699	212,793017	25
26	37,856796	6,490564	0,154070	245,711970	26
27	43,535315	6,513534	0,153526	283,568766	27
28	50,065612	6,533508	0,153057	327,104080	28
29	57,575454	6,550877	0,152651	377,169693	29
30	66,211772	6,565980	0,152330	434,745146	30
31	76,143538	6,579113	0,151996	500,956918	31
32	87,565068	6,590533	0,151733	577,100456	32
33	100,699829	6,600463	0,151505	664,665524	33
34	115,804803	6,609099	0,151307	765,365353	34
35	133,175523	6,616607	0,151135	881,170156	35
36	153,151852	6,623137	0,150986	1.014,345680	36
42	354,249540	6,647848	0,150425	2.359,996933	42
48	819,400712	6,658531	0,150183	5.456,004746	48
60	4.383,998746	6,665146	0,150034	29.219,991638	60
72	23.455,489751	6,666382	0,150006	156.363,265009	72
84	125.492,736516	6,666614	0,150001	836.611,576774	84
96	671.417,526781	6,666657	0,150000	4.476.110,178543	96
108	3.592.25 1,693479	6,666665	0,150000	23.948.337,956529	108
120	19.219.44 5,001926	6,666666	0,150000	128.129.626,679505	120

Taxa 15% a.a.

Taxas Equivalentes

(%)

Mensal	Bimestral	Trimestral	Quadrimestral	Semestral
1,171492	2,356707	3,555808	4,768955	7,238053

			$i = 20\%$		
n	$(1 + i)^n$	$a_{\overline{n}|i}$	$(a_{\overline{n}|i})^{-1}$	$s_{\overline{n}|i}$	n
1	1,200000	0,833333	1,200000	1,000000	1
2	1,440000	1,527778	0,654545	2,200000	2
3	1,728000	2,106481	0,474725	3,640000	3
4	2,073600	2,588735	0,386289	5,368000	4
5	2,488320	2,990612	0,334380	7,441600	5
6	2,985984	3,325510	0,300706	9,929920	6
7	3,583181	3,604592	0,277424	12,915904	7
8	4,299817	3,837160	0,260609	16,499085	8
9	5,159780	4,030967	0,248079	20,798902	9
10	6,191736	4,192472	0,238523	25,958682	10
11	7,430084	4,327060	0,231104	32,150419	11
12	8,916100	4,439217	0,225265	39,580502	12
13	10,699321	4,532681	0,220620	48,496603	13
14	12,839185	4,610567	0,216893	59,195923	14
15	15,407022	4,675473	0,213882	72,035108	15
16	18,488426	4,729561	0,211436	87,442129	16
17	22,186111	4,774634	0,209440	105,930555	17
18	26,623333	4,812195	0,207805	128,116666	18
19	31,948000	4,843496	0,206462	154,740000	19
20	38,337000	4,869580	0,205357	186,688000	20
21	45,005120	4,891316	0,204444	225,025600	21
22	55,206144	4,909430	0,203690	271,030719	22
23	66,247373	4,924525	0,203065	326,236863	23
24	79,496647	4,937104	0,202548	392,484236	24
25	95,396217	4,947587	0,202119	471,981083	25
26	114,475460	4,956323	0,201762	567,377300	26
27	137,370552	4,963602	0,201467	681,852760	27
28	164,844662	4,969668	0,201221	819,223312	28
29	197,813595	4,974724	0,201016	984,067974	29
30	237,376314	4,978936	0,200846	1.181,881569	30
31	284,851577	4,982447	0,200705	1.419,257883	31
32	341,821892	4,935372	0,200587	1.704,109459	32
33	410,186270	4,987810	0,200489	2.045,931351	33
34	492,223524	4,989842	0,200407	2.456,117621	34
35	590,668229	4,991535	0,200339	2.948,341146	35
36	708,801875	4,992946	0,200283	3.539,009375	36

Taxa 20% a.a.
Taxas Equivalentes
(%)

Mensal	Bimestral	Trimestral	Quadrimestral	Semestral
1,530947	3,085332	4,663514	6,265857	9,544512

			$i = 25\%$		
n	$(1 + i)^n$	$a_{\overline{n}\mid i}$	$(a_{\overline{n}\mid i})^{-1}$	$s_{\overline{n}\mid i}$	n
1	1,250000	0,800000	1,250000	1,000000	1
2	1,562500	1,440000	0,694444	2,250000	2
3	1,953125	1,952000	0,512295	3,812500	3
4	2,441406	2,361600	0,423442	5,765625	4
5	3,051758	2,689280	0,371847	8,207031	5
6	3,814697	2,951424	0,338819	11,258789	6
7	4,768372	3,161139	0,316342	15,073486	7
8	5,960464	3,328911	0,300399	19,841858	8
9	7,450581	3,463129	0,288756	25,802322	9
10	9,313226	3,570503	0,280073	33,252903	10
11	11,641532	3,656403	0,273493	42,566129	11
12	14,551915	3,725722	0,268448	54,207661	12
13	18,189894	3,780098	0,264543	68,759576	13
14	22,737368	3,824078	0,261501	86,949470	14
15	28,421709	3,859263	0,259117	109,686838	15
16	35,527137	3,887410	0,257241	138,108547	16
17	44,408921	3,909928	0,255759	173,635684	17
18	55,511151	3,927942	0,254586	218,044605	18
19	69,388939	3,942354	0,253656	273,555756	19
20	86,736174	3,953883	0,252916	342,944695	20
21	108,420217	3,963107	0,252327	429,680869	21
22	135,525272	3,970485	0,251858	538,101086	22
23	169,406589	3,976388	0,251485	673,626358	23
24	211,758237	3,981111	0,251186	843,032947	24
25	269,697795	3,984888	0,250948	1.054,791184	25
26	330,872245	3,987911	0,250758	1.319,488980	26
27	413,590306	3,990329	0,250606	1.650,361225	27
28	516,987883	3,992263	0,250485	2.063,951531	28
29	646,234854	3,993810	0,250387	2.580,939414	29
30	807,793567	3,995048	0,250310	3.227,174268	30
31	1.009,741959	3,996039	0,250248	4.034,967835	31
32	1.262,177448	3,996831	0,250198	5.044,709793	32
33	1.577,721810	3,997465	0,250159	6.306,887242	33
34	1.972,152263	3,997972	0,250127	7.884,609052	34
35	2.465,190329	3,998377	0,250101	9.856,761315	35
36	3.081,487911	3,998702	0,250061	12.321,951644	36

Taxa 25% a.a.
Taxas Equivalentes
(%)

Mensal	Bimestral	Trimestral	Quadrimestral	Semestral
1,876927	3,789082	5,737126	7,721735	11,803399

$i = 30\%$					
n	$(1 + i)^n$	$a_{\overline{n}\mid i}$	$(a_{\overline{n}\mid i})^{-1}$	$s_{\overline{n}\mid i}$	n
1	1,300000	0,769231	1,300000	1,000000	1
2	1,690000	1,360947	0,734783	2,300000	2
3	2,197000	1,816113	0,550627	3,990000	3
4	2,856100	2,166241	0,461629	6,187000	4
5	3,712930	2,435570	0,410582	9,043100	5
6	4,826809	2,642746	0,378394	12,756030	6
7	6,274852	2,802112	0,356874	17,582839	7
8	8,157307	2,924702	0,341915	23,857691	8
9	10,604409	3,019001	0,331235	32,014998	9
10	13,785849	3,091539	0,323463	42,619497	10
11	17,921604	3,147338	0,317729	56,405346	11
12	23,298085	3,190260	0,313454	74,326950	12
13	30,287511	3,223277	0,310243	97,525036	13
14	39,373764	3,248675	0,307818	127,912546	14
15	51,185893	3,268211	0,305978	167,286310	15
16	66,541661	3,283239	0,304577	218,472203	16
17	86,504159	3,294800	0,303509	285,013864	17
18	112,455407	3,303692	0,332692	371,518023	18
19	146,192029	3,310532	0,302066	483,973430	19
20	190,049638	3,315794	0,301587	630,165459	20
21	247,064529	3,319842	0,301219	820,215097	21
22	321,183888	3,322955	0,300937	1.067,279626	22
23	417,539054	3,325350	0,300720	1.388,463514	23
24	542,800770	3,327192	0,300554	1.806,002568	24
25	705,641001	3,328609	0,300426	2.348,803338	25
25	917,333302	3,329700	0,300327	3.054,444340	26
27	1.192,533293	3,330538	0,300252	3.971,777642	27
28	1.550,293280	3,331183	0,300194	5.164,310934	28
29	2.015,381264	3,331679	0,300149	6.714,604214	29
30	2.619,995644	3,332061	0,300115	8.729,985479	30
31	3.405,994337	3,332355	0,300088	11.349,981122	31
32	4.427,792638	3,332581	0,300068	14.755,975459	32
33	5.756,130429	3,332754	0,300052	19.183,768097	33
34	7.482,969558	3,332888	0,300040	24.939,898526	34
35	9.727,860425	3,332991	0,300031	32.422,868084	35
36	12.646,218553	3,333070	0,300024	42.150,728509	36

Taxa 30% a.a.

Taxas Equivalentes

(%)

Mensal	Bimestral	Trimestral	Quadrimestral	Semestral
2,210445	4,469 751	6,778997	9,139288	14,017543

			$i = 40\%$		
n	$(1 + i)^n$	$a_{\overline{n}|i}$	$(a_{\overline{n}|i})^{-1}$	$s_{\overline{n}|i}$	n
1	1,400000	0,714286	1,400000	1,000000	1
2	1,960000	1,224490	0,816667	2,400000	2
3	2,744000	1,588921	0,629358	4,350000	3
4	3,841600	1,849229	0,540766	7,104000	4
5	5,378240	2,035169	0,491361	10,945600	5
6	7,529536	2,167974	0,461260	16,323840	6
7	10,541350	2,262839	0,441923	23,853376	7
8	14,757891	2,330599	0,429074	34,394726	8
9	20,661047	2,378999	0,420345	49,152617	9
10	28,925465	2,413571	0,414324	69,813664	10
11	40,495652	2,438265	0,410128	98,739129	11
12	56,693912	2,455904	0,407182	139,234761	12
13	79,371477	2,468503	0,405104	195,928693	13
14	111,120068	2,477502	0,403632	275,300171	14
15	155,568096	2,483930	0,402588	386,420239	15
16	217,795334	2,488521	0,401845	541,988334	16
17	304,913467	2,491801	0,401316	769,783668	17
18	426,878854	2,494144	0,400939	1.064,697136	18
19	597,630396	2,495817	0,400670	1.491,575990	19
20	836,682554	2,497012	0,400479	2.089,206386	20
21	1.171,355576	2,497866	0,400342	2.925,888940	21
22	1.639,897806	2,498476	0,400244	4.097,244516	22
23	2.295,856929	2,498911	0,400174	5.737,142322	23
24	3.214,199700	2,499222	0,400124	8.032,999251	24
25	4.499,879581	2,499444	0,400089	11.247,198951	25
26	6.299,831413	2,499603	0,400064	15.747,078532	26
27	8.619,763978	2,499717	0,400045	22.046,909945	27
28	12.347,669569	2,499798	0,400032	30.866,673923	28
29	17.286,737397	2,499855	0,400023	43.214,343492	29
30	24.201,432555	2499897	0,400017	60.501,080889	30
31	33.882,005298	2,499926	0,400012	84.702,513244	31
32	47.434,807417	2,499947	0,400008	118.584,518542	32
33	66.408,730383	2,499962	0,400006	166.019,325969	33
34	92.972,222537	2,499973	0,400004	232.428,056342	34
35	130.161,111552	2,499981	0,400003	325.400,278879	35
36	182.225,556172	2,499986	0,400002	455.561,390430	36

Taxa 40% a.a.
Taxas Equivalentes
(%)

Mensal	Bimestral	Trimestral	Quadrimestral	Semestral
2,843616	5,768093	8,775731	11,868894	18,321596

n	$(1 + i)^n$	$a_{\overline{n}|i}$	$(a_{\overline{n}|i})^{-1}$	$s_{\overline{n}|i}$	n
			$i = 50\%$		
1	1,500000	0,666667	1,500000	1,000000	1
2	2,250000	1,111111	0,906000	2,500000	2
3	3,375000	1,407407	0,710526	4,750000	3
4	5,062500	1,604938	0,623077	8,125000	4
5	7,593750	1,736626	0,575829	13,187500	5
6	11,390625	1,824417	0,548120	20,781250	6
7	17,085938	1,882945	0,531083	32,171875	7
8	25,628906	1,921963	0,520301	49,257813	8
9	38,4-43359	1,947975	0,513354	74,886719	9
10	57,665039	1,965317	0,508824	113,330078	10
11	86,497559	1,976878	0,505848	170,995117	11
12	129,746338	1,984585	0,503884	257,492676	12
13	194,619507	1,989724	0,502582	387,239014	13
14	291,929260	1,993149	0,501719	581,858521	14
15	437,893890	1,995433	0,501144	873,787781	15
16	656,840836	1,996955	0,500762	1.311,681671	16
17	985,261253	1,997970	0,500508	1.968,522507	17
18	1.477,891880	1,998647	0,500339	2.953,783760	18
19	2.216,837820	1,999098	0,500226	4.431,675640	19
20	3.325,256730	1,999399	0,500150	6.648,513460	20
21	4.987,885095	1,999599	0,500100	9.973,770190	21
22	7.481,827643	1,999733	0,500067	14961,655285	22
23	11.222,741464	1,999822	0,500045	22.443,482928	23
24	16.834,1 12196	1,999881	0,500030	33.666,224392	24
25	25.251,168294	1,999921	0,500020	50.500,336588	25
26	37.676,752441	1,999947	0,500013	75.751,504882	26
27	56.815,128662	1,999965	0,500009	113.628,257323	27
28	85.222,692992	1,999977	0,500006	170.443,385985	28
29	127.834,039489	1,999984	0,500004	255.666,078977	29
30	191.751,059233	1,999990	0,500003	383.500,118466	30
31	287.626,588849	1,999993	0,500002	575.251,177699	31
32	431.439,883274	1,999995	0,500001	862.877,766548	32
33	647.159,824911	1,999997	0,500001	1.294.317,649822	33
34	970.739,737366	1,999998	0,500001	1.941.477,474733	34
35	1.456.109,606050	1,999999	0,500000	2.912.217,212099	35
36	2.184.164,409075	1,999999	0,500000	4.368.326,818149	36

Taxa 50% a.a.

Taxas Equivalentes

(%)

Mensal	Bimestral	Trimestral	Quadrimestral	Semestral
3,436608	6,991319	10,668192	14,471424	22,474487

Bibliografia

ASSAF NETTO, A. *Matemática financeira e suas aplicações*. 9. ed. São Paulo: Atlas, 2007.

AYRES JR., Frank. *Matemática financeira*. Tradução de Gastão Quartin Pinto de Moura. São Paulo: McGraw-Hill do Brasil, 1971. 306 p.

CAGAN, Phillip. The monetary dynamics of hiperinflation: *In*: FRIEDMAN, Milton. *Studies in the quantity theory of money*. Chicago: The University of Chicago Press. 1973. 265 p.

CARVALHO, Thales Mello. *Matemática*: para os colégios comerciais. Edição do MEC, 1968. 438 p.

DEGARMO, E. Paul; CANADA, John R. *Engineering economy*. 5. ed. New York: Macmillian, 1973. 573 p.

FARO, Clovis de. *Matemática financeira*. 9. ed. São Paulo: Atlas, 1982. 447 p.

_____. *Cálculo financeiro*. Rio de Janeiro: LTC, [s.d.].

FRANCISCO, Walter de. *Matemática financeira*. 2. ed. São Paulo: Atlas, 1976. 205 p.

GRANT, Eugene L.; IRESON, W. Grant. *Principles of engineering economy*. 5. ed. New York: Ronald Press, 1970. 640 p.

JONES, Byron *W. Inflation in engineering economic analysis*. New York: John Wiley, 1982. 216 p.

KARMEL, P. H. *Applied statistics for economists*. 2. ed. Londres: Pitman, 1963. 474 p. MORAES, Euclides M. de. *Matemática financeira*. 7. ed. Porto Alegre: Sulina, 1975. 453 p.

LAPPONI, J. C. *Matemática financeira*. New York: Elsevier, 2006.

OLIVEIRA, Heládio de. *Tópicos de matemática financeira e aplicações*. São Paulo: Nobel, 1974. 325 p.

PARK, C. S.; SHARP-BETTE, G. P. *Advanced engineering economics*. New York: John Wiley, 1990.

SIMONSEN, Mario H. Correção monetária: experiência brasileira. *Conjuntura Econômica*. Rio de Janeiro, v. 29, nº 7, p. 65-69, jul. 1975.

SOKOLNIKOF, I. S.; REDHEFFER, R. M. *Mathematics of physics and modern engineering*. New York: McGraw-Hill, 1958. 812 p.

VIEIRA SOBRINHO, J. Dutra. *Matemática financeira*. 7. ed. Atlas, 2000.

WOILER, S.; MATHIAS, W. F. *Projetos*: planejamento, elaboração e análise. 2. ed. São Paulo: Atlas, 2008.

Impressão e Acabamento:

Geográfica editora

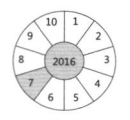
2016